러시아 프리아무르 한인사회와
정교회 선교활동

러시아 프리아무르 한인사회와 정교회 선교활동

19세기 중엽~20세기 초 극동 한인들의 이야기

이병조 지음

경인문화사

책을 내면서

지나는 세월은 흰머리도 아니고 주름도 아닌 어느 새 훌쩍 커버린 아이들의 모습 속에서 더 크게 느껴지기 마련이다. 그만큼 우리의 시간은 먼 길을 달려 온 것이다. 그 아이들은 누군가의 뒤를 이어 또 다시 그 길을 이어갈 것이며 그들에 의해 국가와 사회는 진화되어 갈 것이다. 기성세대를 대신해 나갈 새로운 피가 이 땅에 새롭게 공급되는 순환구조 속에서 역사는 오늘도 속절없이 지나쳐가는 시간처럼 거대한 역사의 물줄기를 만들어 나가고 있다. 아쉽게도 삶은 우리에게 닥쳐 올 미래에 대해 자세히 말해 주지 않는다. 어쩌면 그래서 우리는 오늘도 내일조차도 예측할 수 없는 혼돈의 삶을 살아가고 있는 것이 아닐까! 그럼에도 혼돈의 삶 속에서 한 줄기의 빛의 역할, 등불의 역할을 해주는 것은 바로 지난 세월의 이야기, 역사가 아닐 까 생각해 본다. 그것이 승자의 역사였든 패자의 역사였든 역사는 그 자체만으로도 후대에 적지 않은 교훈과 메시지를 던져주고 있다. 적어도 우리는 그때의 스토리 조각들을 맞추어 나가며 혼돈의 삶속에서 필요한 지혜와 혜안을 습득해 나갈 수 있는 것이다.

필자 또한 오늘을 바라보고 내일까지도 바라볼 수 있는 혜안과 지혜의 샘을 찾아보고자 역사를 시작했다. 하지만 여전히 지혜도 부족하고 사건과 사물을 분석하고 앞을 내다볼 수 있는 혜안도 부족하다. 그래도 자책하기 보다는 '진인사대천명'(盡人事待天命)의 자세로 주어진 예측불허의 삶에 최선을 다해나가고 있다. 나 자신이 알고 있는 알량하고 미천한 역사적 지식들, 바로 그 지식들을 붙들고 이렇게 몸부림치며 살아가고 있다. 과거의 흩어진 역사 파편들을 맞추어 나가고자....

본래 필자는 러시아사를 기반으로 러시아의 광활한 지역을 차지하고 있는 우랄산맥 동쪽의 시베리아에 대한 공부를 하고자 대학원을 진학했었다. 그래서 진학과 더불어 러시아 역사의 근간이자 대주제이기도 한 정교회를 공부하기 시작했고, 대학도서관에 비치된 다양한 소수민족들이 살아가고 있는 시베리아에 대한 자료들에 매료되어 자료를 모아나갔다. 그러던 어느 날, 지도교수님께서 안내해주신 한 편의 논문에서 필자는 비로소 운명적인 만남을 하게 되었다. 바로 19세기 중엽부터 20세기 초에 걸친 극동(당시 '프리아무르'로 불렸고, 현재의 이르쿠츠크에서 연해주에 걸쳐있는 공간이었음)과 조선에서의 러시아 정교회와 한인(조선인)들 간의 만남에 대한 이야기였다. 필자는 독실한 기독교 신자도 아니었지만 러시아라는 대국의 정신의 한 축인 정교회와 한인들 간의 만남에 대한 이야기는 이후 필자의 연구방향을 결정지었을 정도로 강렬했다.

필자의 의문은, '왜 당시 극동의 러시아인들은 한인들의 극동 이주를 받아들였고, 또 왜 한인들은 극동으로 갔으며, 게다가 지극히 생소하고 이질적인 정교 신앙을 받아들여야 했을까'라는 데에서부터 시작되었다. 이러한 단순한 의문에서 출발한 필자의 시선은 석사학위논문에 이어 박사학위논문에서는 1천년(블라디미르 1세 시기에 988년 비잔틴제국으로부터 기독교 수용)의 기독교 역사를 갖고 있는 러시아 국가와 정교회측의 시베리아-극동지역에서의 선교활동에서 추진된 다양한 정책과 현상, 결과들에 주목했다. 나아가 '과연 러시아 국가와 정교회 지도부는 어떤 목적으로, 어떤 의도로 한인을 포함한 소수민족 사회에서 선교활동을 했고, 그 성격은 어떻게 규정지을 수 있을까'라는 문제의식으로 귀결되었다. 이 연구의 문제의식은 이러한 인식에서 시작되었다.

이 연구서는 바로 이러한 인식과 의문의 결과물이며, 필자의 박사학위논문(「러시아 프리아무르 한인사회와 정교회 선교활동(1865-1916)」,

한국외국어대학교, 2008)을 수정 간행한 것이다. 본 연구서에서는 앞서 언급한대로 궁극적으로 19세기 중엽부터 20세기 초 러시아 혁명 직전까지 프리아무르, 즉 극동지역에서 행해졌던 러시아 정교회의 한인선교 활동의 성격을 집중 규명하는데 초점을 두고 있다. 제기된 문제를 풀어나가는 과정에서 우선적으로 10세기 말 러시아의 기독교 수용(988)에서 1917년 러시아 혁명까지 러시아 국가-교회 간의 역학관계 변화상황과 19세기 러시아 정부의 선교목표 및 정책, 그리고 정교회의 시베리아 및 극동지역에서의 이민족 선교활동 등이 고찰되었다. 또 당시 극동지방의 한인사회와 지역당국의 대 한인정책들 속에서 제기된 근본적인 물음에 대한 해답의 단서들을 찾고자 시도해 보았다. 마지막으로는 극동지방에서의 러시아 세속 당국 및 정교회 지도부에 의한 한인선교와 한인교육 상황에 대해서 집중적인 고찰이 이루어졌다.

연구의 결과 측면에서 볼 때, 전 시기를 통해서 프리아무르(극동) 지방당국은 한인들을 극동 개발의 식민요소로 활용하려고 했고, 안고 있던 근본적인 문제와 한계에도 불구하고 한인을 정교회의 선교활동을 통한 기독교화 및 러시아화의 대상으로 삼고자 했다. 이는 1905년 10월선언을 기점으로 정교회의 국가선교적인 위용은 점차 사라져가고 있는 반면, 세속 당국의 교육을 통한 한인 러시아화 정책은 지속되어 나가고 있는 것에서 찾아볼 수 있었다. 즉 1899년에 신설된 블라디보스톡 주교구와 동방대학교의 포드스타빈 교수를 통한 한인교육의 발전방안을 모색하는 등의 모습 속에서 극동 당국의 교육을 통해 한인을 러시아화 시키고자 하는 의도는 분명히 지속되고 있음이 확인되었다. 결론적으로 러시아 정부는 한인의 존재를 끌어 안고가야 할 포용의 대상이자 기독교화 및 러시아화의 대상으로 여겼으며, 여러 한계에도 불구하고 한인들을 국가-정치적인 선교의 대상으로 인식하고 극동 한인선교를 수행했음이 확인되었다.

본 연구서에서 한 가지 특기할 만한 것은 러시아 극동 당국의 한인정책과 정교회의 한인선교 활동 관련 다양한 형태의 1차 자료들이 다량 활용되었다는 점이다. 필자는 석박사 과정 시절부터 오랫동안 국가보훈처, 독립기념관, 한국연구재단 등의 학술사업을 통해 한인(고려인) 집거지가 형성되어 러시아, 중앙아시아(카자흐스탄, 우즈베키스탄, 키르기즈스탄 등) 등지에서 수차례에 걸쳐 학술답사 및 현지조사를 수행해 왔다. 그 과정에서 본 연구서에서 언급된 1937년 이전 과거 프리아무르 대군관구(극동지방)에 위치하고 있었던 의 수십 개의 주요 한인정착촌들을 대부분 직접 살펴보기도 했다(현재 이 정착촌들은 1937년 스탈린 강제이주와 소비에트 시기를 거치는 동안 대부분 폐허가 되었고, 일부 정착촌들은 명맥을 유지되고 있음). 또한 극동국립역사기록보존소(РГИАДВ), 하바로프스크 국립기록보존소(ГАХК), 하바로프스크 국립도서관 등, 한인 관련 1차 자료가 소장되어 있는 현지의 기록보존소에서도 한인 관련 1차 자료 조사 및 입수작업을 통해 다량의 1차 자료들을 확보했다. 활용된 1차 자료들의 형태는 다음과 같다.

1)일반문서 형태의 고문서 사료들, 2)중앙정부 법령문서와 중앙정부로 보낸 지방 행정책임자들(프리아무르 군사령관지사, 연해주지사 등)의 보고서들, 3)종교 및 일반 신문, 잡지에 게재된 일반 기사 및 논문 형태의 기사들, 4)학술탐험, 기행 및 조사보고서들. 본 연구서에 활용된 1차 자료들은 대부분 이렇게 여러 해에 걸쳐 필자에 의해 직접 입수된 자료들이라 할 수 있다.

본 연구서의 성과물 중에는 단순히 인문학 연구자 외에 종교계(기독교계)에서도 관심을 가질 만한 내용들(1910년대 최관흘 선교사 관련)이 부분적으로 포함되어 있다. 한때 1997년에 개정된 새 종교법을 근거로 러시아 당국이 기존에 법인으로 등록된 모든 종교단체의 재등록을 요구했던 적이 있었다(당시 재등록 요건의 핵심은 러시아 땅에서 15년 이상 존속했다는 증명서나 근거를 활동지 시당국의 확인을 받아 첨부하는 것이었다). 등록문제로 추방위기에 놓여있었던 한국측 기독교단체들이 가까스로 찾아낸 것은 1910년을 전후하여 블라디보스톡에서 정교회에 맞서 선풍적인 선교활동을 했었던 최관흘 선교사 관련 기록들이었다(최관흘 관련 자료는 연해주에서 한국측 기독교단체들이 재등록을 할 수 있는 법적 근거가 되었다). 하지만 국내 종교계에서는 최관흘 관련된 연구논문에 노어본 자료들이 활용되어 오지 못했었다. 이에 필자는 극동국립역사기록보존소에서 직접 입수한 관련 자료들을 바탕으로 한인연구자의 관점에서 1910년을 전후한 최관흘의 연해주에서의 선교활동을 조명을 했다.

본 연구서가 나오기까지 다소 많은 시간이 지나갔다. 보다 일찍 출간을 했어야 하나 개인적인 사정상 그리하지 못했다. 연구서 출간이 있기까지 많은 분들의 도움이 있었다. 무엇보다 지도교수이신 임영상 교수님께 감사의 인사를 드리고 싶다. 지도교수님은 오랫동안 인연을 이어오며 학문적으로 뿐만 아니라 인생의 선배로서도 늘 좋은 가르침을 주셨고, 인생의 어려운 고비 때마다 학문의 바른 길로 인도해 주셨다. 이외에도 더 깊은 학문의 길을 걸을 수 있도록 진지한 조언으로 이끌어 주셨던 노명환 교수님께도 감사를 드리고 싶다. 또한 꼼꼼하게 텍스트를 수정해주시고 조언을 해주신 방일권 선생님, 최덕규 선생님에게도 큰 감사를 드린다. 필자에게 석박사 과정 시절은 지금은 추억으로 떠올려질 만큼 경제적으로도 대단히 어려운 시절이었다. 애틋한 마음으로 마음의 온정을 베풀어준 늘 응원해 준 신운용 대학원 선배님께도 특별한 감사의 마음을 전하고 싶다. 연구서의 내용적 특성상 관련 분야 연구자로부터의 도움도 적지 않았다. 신학박사이신 남정우 목사님은 학위논문 집필과정에서 틀리기 쉬운 교회사 관련 지식이나 정보들을 제공해 주셨고, 오류 부분을 바로 잡아주시기도 했다. 다시 한번 감사의 마음을 전하고 싶다. 자료 관련하여 직접적인 도움을 주신 분도 있다. 필자가 직접 입수 한 자료 외에, 논문작성에 이용할 수 있도록 기관소장 자료의 활용기회를 제공해 주신 이현주 선생님께도 지면을 빌어 다시 한번 감사의 뜻을 전한다. 또한 러시아 학술답사를 통해 많은 학술적 도움을 제공해 주시고, 어려운 시절에 용기를 북돋아 주신 김도형, 박민영 선생님께도 감사의 마음을 전하는 바이다. 해외로부터의 도움도 있었다. 쉽게 구하기 어려웠던 노어본 자료들을 아낌없이 제공해 주신 김게르만 교수(카자흐 국립대)님께도 감사함을 전하고 싶다.

끝으로 마지막까지 본 연구서가 준비될 수 있도록 오랫동안 기다려 주시고 출간될 수 있도록 지원을 해주신 경인문화사 한정희 사장님과 편집을 맡아주신 담당자님께도 진심으로 감사의 마음을 전한다.

본 연구서 출간에 앞서 기쁨보다는 두려움이 앞선다. 너무 부족함이 많은 졸고이기 때문이다. 독자들의 애정어린 비판과 격려를 바라며, 이를 발판삼아 더 깊이있게 정진해 나가고자 한다.

2016년 5월
천산 만년설이 올려다 보이는 알마티 연구실에서
이 병 조

목 차

책을 내면서

제 I 장 문제의 제기, 연구사 검토, 연구의 범위 및 연구 사료

1. 문제의 제기

과거 2천여 년 동안 기독교 세계는 끊임없이 선교활동을 수행해 왔다. 기독교의 선교역사는 종파에 따라 크게 4가지로 구분해 볼 수 있다. 우선 A.D.5세기-15세기 시기의 시리아-네스토리우스파 기독교의 선교활동을 들 수 있다. 이 종파는 지리적으로 예루살렘, 안디옥을 중심으로 발흥하여 페르시아 제국과 인도, 몽고, 중국(당), 중앙아시아, 사마르칸트에서까지 선교활동을 했다.[1] 또 하나는 로마가톨릭 교회의 선교활동이다. 이 종파는 로마교황청을 선교본부로 하여 주로 서북유럽지역으로 기독교를 확산시켰으며, 주로 로마교황청의 정치적인 수완으로 선교가 이루어졌다. 6세기 말엽 교황 그레고리(Gregory the Great, 590-604)가 영국 켄터베리에 어거스틴(Augustin)을 선교사로 파송하고 위로부터 조직적으로 왕성하게 선교활동을 전개해 나갔다. 13세기 경에는 서유럽을 중심으로 하나의 거대한 기독교제국(Christendom)이 이루어 졌고, 15세기에는 콜롬부스를 비롯한 탐험가들의 지리상의 발견으로 로마카톨릭 교회는 남미에까지 이식되었다.[2] 다음은 19세기 개신교의 선교활동을 들 수 있다. 개신교 선교는 18세기 말인 1792

---

1) 이형기, 『세계교회사』(I) (서울 : 한국장로교출판사, 2002), pp.441-450, 636-642.

2) 위의 책, pp.385-411.

년 '근대선교의 아버지'라 불리는 윌리엄 케리(W.Carey, 1761-1834)의 끈질긴 선교적 열의에 힘입어 '이방인들에게 복음을 전도하는 특수침례교선교회'(The Particular Baptist Society for Propagation the Gospel amongst the Heathen)가 설립된 이후 본격적으로 시작되었다. 이후 19세기는 '개신교 선교의 위대한 세기'라고 불릴 정도로 왕성한 선교활동을 보여주었다.[3] 마지막으로 비잔틴제국을 중심으로 한 동방정교회[4]의 선교활동을 들 수 있다. 동방정교회의 선교활동은 9세기-20세기 초 러시아 10월혁명 이전까지 주로 불가리아, 체코, 유고슬라비아 등 동유럽 지역과 러시아 지역에서 이루어졌다.[5] 필자가 주목하는 부분은 바로 네 번째의 동방정교회의 선교전통을 이어온 러시아 정교회의 이민족 선교활동이다.

역사적으로 러시아 정교회는 988년 블라디미르 Ⅰ세가 비잔틴제국으로부터 동방정교회를 수용하면서부터 시작되었다. 그러한 연유로 학자들 간에는 러시아 정교회 또한 황제교황주의(케사로파피즘, 皇帝教皇主義, Caesaropapism)적인 특성을 갖고 있는가에 대한 여러 시각들

---

3) 이형기, 『세계교회사』(Ⅱ) (서울 : 한국장로교출판사, 2002), pp.507-528.
4) '동방정교회'라는 용어는 7개 고대 에큐메니컬 공의회들에서 정의된 신조와 예배의식을 지켜오는 기독교회를 지칭하는 말이다. '올바른 믿음', 혹은 '올바른 예배'라는 의미의 '오르쏘독씨아'(ορθοδοξυα)는 희랍어를 사용하는 기독교 세계의 7개 고대 에큐메니컬 공의회들에 의해 정의된 참 신앙을 보존한 공동체나 개인을 가리키는데 전통적으로 사용되어 왔다. 동방정교회의 전례서나 미사경본에 나와 있는 그들의 공식 명칭은 '정통 가톨릭 교회'이다. 하지만 이 동방정교회는 콘스탄티누스 대제(306-337)가 330년 수도를 콘스탄티노플로 옮긴 이후 동로마제국 및 비잔티움(콘스탄티노플)과 맺고 있는 역사적 관계로 인하여 관례상 이 교회를 가리켜 '동방교회'(Eastern Church), 혹은 희랍문화 유산과 맺고 있는 관계로 인하여 '희랍정교회'(Greek Orthodox Church)라고도 부른다(남정우, "동방정교회의 선교역사 연구", 『선교와 현장』 제10집(서울 : 장로회신학대학교 세계선교연구원, 2005), pp.29-30 참조).
5) 이형기(Ⅰ), 앞의 책, pp.430-441.

이 존재하고 있다.[6] 동방정교회의 황제교황주의적인 특성은 과거 비잔틴제국의 황제들인 콘스탄티누스 대제(306-337)로부터 시작하여 특히 유스티니아누스 대제(527-565)와 레오 3세(717-741) 시기를 거치며 강화된 측면이 있다.[7] 비잔틴제국의 선교는 비잔틴 교회의 그러한 특

---

6) 서방학자들 중에서 황제교황주의라는 용어를 처음 사용한 학자는 19세기 독일 교회사가 헤르겐료테르(I.Khergenrater)로 알려져 있다(임영상, "황제교황주의와 러시아정교회", 歷史學會편, 『歷史上의 國家權力과 宗教』, 일조각, 2002, p.210). 로마가톨릭 교회의 입장에서 황제교황주의에 대한 본격적인 연구가 나온 것은 1946년부터이다. 키릴 투마노프(Cyril Toumanoff)는 황제교황주의적인 이념의 완전한 형태가 바로 러시아에서 구현되었다고 보았으며, 커티스(J.S.Curtiss)와 파이프스(R.Pipes)도 모스크바국가 시대와 제정러시아에서의 국가와 교회 관계를 비잔틴적이고 황제교황주의적인 것으로 인식하고, 러시아 정교회를 국가의 종복으로 파악했다(남정우, "동방정교회의 선교역사 연구", 앞의 책, pp.40-41 참조). 국내에서는 한국외대 기연수와 임영상이 대조적인 시각으로 러시아 정교회의 황제교황주의를 설명하고 있다 기연수는 '황제교황주의는 교황황제주의에 대비되는 것으로서 교권을 속권의 하위에 두어 세속권의 수장인 황제가 실질적으로 종교권을 행사하는 것'이라고 규정하고, 황제교황주의의 가장 두드러진 예를 비잔틴제국, 모스크바대공국 말기, 제정러시아 시기에서 찾았다. 그는 비잔틴제국으로부터 정교와 함께 제정일치적인 황제교황주의적 통치이념을 수용한 러시아는 전 시기에 걸쳐 상호보완적이기는 하나 줄곧 교황권이 황제권에, 교회가 국가에 종속되는 속권 우위 상태에 있어왔다고 주장했다(기연수, "러시아 전제정치의 기원", 한국외국어대학교 정치학박사학위논문, 1983, pp. 217-218 참조), 반면 임영상은 비잔틴제국의 유스티니아누스 Ⅰ세와 성상파괴운동을 전개한 레오 Ⅲ세 시기에 황제교황주의적 특성이 두드러지게 나타나고 있지만, 황제는 교리를 고칠 권한도, 사제권의 핵심인 성례전을 행할 권한도 없었다. 또한 교리를 규정하는 것은 주교단과 교회의 신성불가침의 권한이었으며, 황제는 정교신앙의 기본적 교리나 교부들의 가르침을 비롯한 신앙의 기초적인 내용과 전통을 전혀 침해하지 못했다고 지적하며 러시아 국가와 러시아 정교회와의 관계를 황제교황주의로 보는 것은 무리가 있다고 보았다(임영상, "동방교회와 서방교회", 임영상, 황영삼 편, 『소련과 동유럽의 종교와 민족주의』(서울 : 한국외국어대학교 출판부, 1996), pp.381-390 참조).

7) 임영상, "동방교회와 서방교회", 임영상, 황영삼 편, 『소련과 동유럽의 종교

성 속에서 제국을 위한 봉사적 차원에서 이루어 졌다. 또한 비잔틴제국이 기독교 세계의 표준이 되고 중심이 되어야 한다는 확신 속에서 이민족들이 기독교를 받아들이는 것은 단순히 기독교 신자를 만드는 일 이상으로 받아들여졌다. 선교는 국가와 교회의 공동사역으로 간주되었고, 정교가 다민족으로 구성된 제국을 하나로 통합시켜준다고 믿었다. 따라서 식민지화 정책과 동시에 선교사역을 추진하여 제국의 평화와 일치를 꾀하고자 했다.[8] 비잔틴 교회의 이러한 특성은 18세기 초 강력한 왕권으로 서구화 개혁을 단행하고, 교회개혁을 통해 총대주교 체제 대신 신성종무원(Святейший Правительствующий Синод) 체제를 수립했던 러시아 표트르대제(1682-1725) 시기에 두드러지게 나타나기 시작했다.

필자는 이러한 황제교황주의적인 특성이 러시아 정교회의 역사 속에서도 존재했으며, 그러한 특성이 강하게 반영되었던 19세기에 정교회의 이민족 선교가 국내외적으로 활기를 띠었다는 점에 주목한다. 때로는 황제교황주의적인 특성 속에서, 때로는 양자 간의 협력과 동맹의 특성 속에서 관계를 유지해 오던 러시아 국가와 교회 간의 관계는 18세기에 표트르대제 시기에 급격하게 기울기 시작했다. 표트르대제의 교회개혁 차원에서 발표된 1721년 종교법(Духовный регламент)으로 교회의 권위를 대표하는 총대주교제가 폐지되고, 차리(Царь, 군주)에 의해 임명된 행정관 성직자의 감독을 받는 11명의 성직자로 구성된 신성종무원 체제가 확립되었다. 교회는 국가의 한 행정부서로 전락했으며, 차리는 교회의 수장으로 간주되었다. 또한 사제는 군주에게 충

와 민족주의』(서울 : 한국외국어대학교 출판부, 1996), pp.381-390; 기연수, "러시아 전제정치의 기원", 한국외국어대학교 정치학박사학위논문, 1983, pp.217-218; 이형기(Ⅰ), 앞의 책, p.436.

8) 남정우, "동방정교회의 선교역사 연구", 『선교와현장』 제10집(서울 : 장로회신학대학교 세계선교연구원, 2005), pp.51-52.

성서약을 했으며, 고해성사 시에 국가에 대한 공개적인 배반, 폭동에 관해 알릴 의무가 주어졌으며, 출생과 결혼, 죽음 등의 민원업무기능을 수행함으로써 점차 행정적인 예속도 심화되어 갔다.[9] 러시아 정교회는 국가법에 의해 지배적인 위치를 보호받았고, 상당 부분의 재정적인 지원을 받았으며, 종교적 선전, 선교, 종교서적 출판 등 모든 종교적 제반 영역에서 독점권을 보장받게 되었다. 또한 신성종무원장(Обер-Прокуратор)은 대신회의의 일원이 되었으며, 주교들은 교회의 이익을 지키기 위해 젬스트보(Земство, 지방의회)에 참가하였고, 정부 관료들은 교회의 이익을 지키도록 요청받는 상황에 있게 되었다.[10] 하지만 이러한 국가예속적인 상황은 교회 본연의 사역인 선교를 수행해 나가는데 선교방법, 선교사의 소명의식, 선교목표와 내용상에 있어서 본질을 퇴색시킬 수밖에 없었다. 이러한 부정적인 결과들은 이후 본 논문에서 다루게 될 프리아무르 지방의 한인선교 활동에서도 여실히 나타났고, 그 결과는 정교회 측에게는 치명적인 것이었다. 절대권력자의 꼭두각시와도 같은 교회의 상황은 실제적으로 1917년 혁명을 맞이하는 순간까지 이어졌다. 따라서 표트르대제 이후 러시아 정교회는 국가교회적인 성격을 이전 시기보다 강하게 갖게 되고, 그러한 상황 속에서 러시아 정교회는 일반적으로 국가-정치적인 성격의 이민족 선교활동을 수행해 왔다.[11]

---

9) B. A. Федоров(под ред.), *История России* 19-начала 20вв. (М : 2000), с.615.

10) J. S. Cutiss, *Church and State in Russia: The Last Years of the Empire 1900-1917*, New York, 1972, pp.35-38.

11) 국가-정치적인 선교는 국가교회의 선교를 의미한다. 국가교회란 교회의 지배적인 위치가 국가법에 의해 보장되고 재정적인 국고지원을 받으며, 정치 및 종교적인 경쟁자들로부터 보호를 받고 관료들은 교회의 이익을 지켜주어야 하는 등, 국가가 교회에게 특권을 부여하는 반면 교회에 대해 강력한 통제력을 보유하는 체계 속에 있는 교회를 말한다(남정우, "동방정교회의 선교역사 연구", 앞의 책, p.38 참조).

그런데 2세기 간의 불합리했던 신성종무원 시대에도 불구하고 러시아 정교회는 오토만제국(현재 이라크)의 네스토리우스교도인 앗시리아인들 사이에서, 그리고 특히 시베리아[12] 및 프리아무르, 일본, 청, 조선 등지에서의 이민족 선교활동에서 다소 놀라운 성과들을 보여주었다. 본고에서 필자가 주목하는 것은 19세기 중엽부터 20세기 초 러시아 혁명 직전까지 러시아 변방의 프리아무르[13] 지방(대군관구)에서 수행되었던 러시아 정교회의 한인을 상대로 한 선교활동이다. 1860년대 초-1910년대 말에 계속된 한인들의 이주로 연해주를 중심으로 프리아무르 지방에는 거대한 한인공동체가 이미 형성되어 있었다.[14]

---

12) 시베리아(Сибирь:시비리)의 지리적·영토적 구분은 다음과 같다. 16세기 후반 예르마크(Т.Ермак)의 시베리아 원정 이전에 시베리아는 우랄산맥 너머 현재의 토볼스크(Тобольск)에서 이르트이쉬강(Иртыш)을 따라 약 20km 지점에 있는 이스케르(Искер)성을 중심으로 세력을 가졌던 '시비리(Сибирь)'라는 소국을 지칭하던 말이었다. C.M.세레도닌 교수는 이 소국의 수도명칭이 시비리였기 때문에 확대된 개념으로 '시비리'라고 부르게 되었다고 주장하고 있다. 이후 예르마크 원정 이후 우랄산맥 동쪽은 '시비리'로 불리기 시작했고, '시비리'라는 말은 태평양연안까지 포함한 지리적 총칭으로 범위가 확대되었다(이철,『시베리아개발사』(서울 : 민음사, 1990), pp.35-36 참조).
13) 러시아 중앙정부는 1884년 행정개편에 따라 동시베리아를 동시베리아 대군관구(генерал-губернаторство, 수도 이르쿠츠크)와 프리아무르 대군관구(Приамурское генерал-губернаторство, 수도 하바로프스크)로 분리시켰다. 그 결과 동시베리아 대군관구에 포함되어 있던 자바이칼주(치타, 1851-1906), 아무르주(블라고베쉔스크, 1858-1917), 연해주(블라디보스톡, 1856-1917), 블라디보스톡 군직할지(1880-88), 캄차트카주(1909-17), 사할린주(1909-17)는 시기를 두고 프리아무르 대군관구에 편입되어 1917년 혁명전까지 이어졌다. '프리아무르'는 1937년 강제이주 전까지 과거 한인들의 주요 생활무대였으며, '프리아무르'는 넓은 의미에서 '극동'과 같은 지역적 개념 및 명칭으로도 이해될 수 있다. 다만 자바이칼주의 경우 1906년에 행정구역 상의 변화가 생기지만 논문의 전개과정에서 그대로 프리아무르 군관구로 포함시켰음을 밝혀둔다. 자바이칼주는 현재의 이르쿠츠크주, 치타주, 부랴티야 공화국을 포함하며, 아무르주는 현재의 아무르주, 유태인자치주를, 연해주는 현재의 하바로프스크 지방(변강주), 연해주를 포함하는 영역이다.
14) 필자는 2001-2006년 시기 동안 국가보훈처, 독립기념관, 한국연구재단 등이

1860년대부터 1880년대 중엽까지 연해주의 다수민족은 한인이었다.[15] 공식적인 자료에 따르면 1914년 경 연해주에만 64,309명(귀화자-20,109명, 비귀화자-44,200명)의 한인들이 있었다.[16] 이는 공식통계 수치 일 뿐 실제로 거주증이 없는 상시거주 한인들까지 포함하면 약 10만 명에 가까웠다. 그렇다면 동방정교회의 황제교황주의적인 특성과 선교 전통을 계승하고, 국가-정치적인 선교활동을 수행해 온 것으로 알려진 러시아 정교회의 프리아무르 지방 한인선교는 어떻게 평가할 수 있을까? 필자는 이미 석사학위논문을 통해서 프리아무르의 전 지역에서 수행된 러시아 정교회의 한인선교 활동을 살펴본 바 있다.[17] 이러한 사전연구를 토대로 필자는 본고에서 '러시아 정교회의 프리아무르 한인선교를 국가-정치적인 성격의 선교라고 규정할 수 있을까'라

주관한 한인(고려인) 관련 러시아 및 중앙아시아 지역 현지학술조사에 참여하여 본 논문에서 언급된 과거 프리아무르 대군관구의 수십 개의 주요 한인정착촌들을 대부분 직접 살펴보았다. 현재 이 정착촌들은 1937년 스탈린 강제이주와 소비에트 시기를 거치는 동안 대부분 폐허가 되었고, 그곳에는 주로 온돌식 집터와 당시 한인들의 생활 흔적으로 여겨지는 연자맷돌, 우물, 농기구, 전답 등이 남아 있다. 하지만 연해주 남서부의 안치헤(Янчихе, 연추, 煙秋, 현재 추카노프카 지역), 파타쉬, 우수리스크 서쪽의 코르사코프카, 크로우노프카, 시넬니코보, 푸칠로프카, 아무르주 남부의 블라고슬로벤노예(Благословенное, 사만리, 沙滿理)(현재 유태인자치주 남부)처럼 입지가 좋은 곳에 있던 마을들의 경우는 러시아인들에 의해서 지금까지도 명맥을 유지해 오고 있다.

15) 1870년대 말부터 러시아는 본격으로 남우수리스크 지방(현재의 연해주)으로 러시아인 이주에 관심을 기울였다. 1882년 연해주 전체인구(92,708명)에서 러시아인은 8,385명(9%), 한인은 10,137명(11%)이었다(В.В.Граве, "Китайцы, корейцы и японцы в Приамурье", (Отчёт Уполномоченного Министерства Иностранных Дел В. В. Граве), *Труды командированной по Высочайшему повелению Амурской экспедиции,* Вып.11, СПб., 1912, с.129 참조).

16) С. Д. Аносов, *Корейцы в Уссурийском крае* (Хабаровск-Владивосток : Книжное дело, 1928), с.27. 본 논문에서 '귀화자'는 '러시아 국적자'를 의미한다.

17) 이병조, "러시아정교회의 러시아극동 한인선교(1863-1916)", 한국외대 석사학위논문, 2002.

는 문제제기로 정교회의 프리아무르 한인선교의 성격을 규명해 보고
자 한다. 이 문제에 주목하는 이유는 프리아무르 한인선교의 성격이
국가-정치적이었다는 일반화된 주장을 넘어서, 프리아무르 한인선교
의 성격 규정이 단순히 정교회 지도부와 한인 간의 관계 속에서만 규
명될 수 있는 문제가 아니라는데 있기 때문이다. 즉 이 문제는 러시
아 중앙정부의 동아시아 및 한반도 정책과 프리아무르 지방 당국의
한인정책, 그리고 블라디보스톡 주교구 간의 상호관계망 속에서 보다
정확히 이해될 수 있는 문제인 것이다.

2. 기존 연구 검토

러시아 정교회의 프리아무르 지방의 한인선교와 관련해서, 러시아
정교회의 프리아무르 지방 한인선교를 직접적인 주제로 다루고 있는
연구물들은 그다지 많지 않다. 러시아 정교회의 한인을 제외한 이민
족 선교활동과 관련한 저작물들은 주로 러시아와 구미권 내에서 소개
되고 있으며, 최근에는 학위논문 차원에서도 연구물이 나오고 있다.

우선 러시아 정교회의 시베리아 선교활동에 대해 일반적인 평가
를 보여주고 있는 연구물들은 다음과 같다. 소비에트 초기의 교회사
가인 다브이도바(L.A.Davydova)는 "선교사는 토착민들을 노예화시켜서
이익을 취하라는 군주의 의지를 이행한 하수인이며, 선교부는 토착민
문화발전에 아무 것도 한 바가 없이 단지 상인들이 토착민들을 약탈
하도록 도왔다"[18]며 매우 적대적인 시각으로 비난했으며, 소비에트
시기 말기의 흐라포바(N.Y.Khrapova)와 사갈라예프(A.M.Sagalaev) 또한
"사제는 제국주의의 충복이었고, 토착민의 기독교화와 번영과는 무관

---

18) L. A. Davydova, "Gorno-Altaysk", *Krayevedcheskiye zapiski Altayskogo Krayevedches-
kogo muzeya*, pp.281-286.

했던 '사업가'에 불과했으며,[19] 선교부와 수도원은 토착민의 토지를 점유했다"[20]고 강하게 비판했다. 이들은 비교적 성공적인 선교활동이 이루어졌던 서시베리아 알타이선교를 주요 대상으로 삼고 비판적인 시각으로 정교회 선교활동을 평가하고 있다.

이에 반해 일부 학자들은 정교회 선교활동에 대해 양면적인 입장을 취하며 비교적 긍정적인 시각으로 평가하고 있다. 역사학자인 포타포프(L.P.Potapov)는 성직자들이 방대한 희생제물로 인해서 토착민의 경제를 황폐화시켜왔던 원시적인 샤마니즘 신앙을 제거하는데 도움을 주었다고 평가한다. 또한 성직자들이 진보적인 농업과 생활방식을 이식시켜 주었고, 러시아인들은 토착민들이 새로운 생산방식을 통해서 천연자원을 더 넓고 집약적으로 활용하도록 가르쳤다고 주장하고 있다.[21] 모로도프(N.S.Modorov) 또한 알타이 선교부는 러시아 정부의 식민정책의 '충실한 대리인'으로 활동을 했지만, 토착민의 문명화에 많은 부분 기여했다고 주장하고 있다.[22] 긍정적인 시각의 평가자들은 토착민들에 대한 기독교의 직접적인 영향이 해롭기는 했지만 장기적으로는 긍정적인 결과를 낳았으며, 러시아 교회가 토착민들에게 더 '선진적인' 러시아 문화를 연결시켜 준 이래로 기독교화는 축복

19) N. Y. Khrapova, "Zakhvati Zemel Gornogo Altaia Altaiskoi Dukhovnoi Missiiei v Poreformennii Period", in *Voproci Sotsialno-Ekonomiccheskogo Razvitia Sibiri v Period Kapitalizma*, ed. A. P. Vorodavkin(Barnaul: Barnaulskii Gosudarstvennii Universitet,), 1984.

20) A. M. Sagalaev, "Khristianizatsia Altaitsev v Kontse XIX-Nachale XX Veka (Metodi I Resultati)", in *Etnografiia Narodov Sibiri*, ed. I. N. Gemuevand I. S. Khudiakov (Novosibirsk: Nauka, 1984).

21) L. P. Potapov, *Ocherki po Istorii Altaitsev* (Moskva: Izd-vo Akademii Nauk SSSR, 1953).

22) N. S. Modorov, *Rossiia I Gornii Altai: Politicheskie, Sotsialno-Ekonomicheskie I Kulturnie Otnosheniia (XVII-XIX VV.)* (Gorno-Altaisk: Izd-vo Gorno-Altaiskogo Universiteta, 1996).

이 되었다고 대체적으로 긍정적인 시각으로 정교회의 시베리아 선교를 평가하고 있다. 이상의 연구물들은 소비에트 사가들의 러시아 정교회의 시베리아 선교에 대한 주로 일반적인 평가 및 견해들을 담고 있다.

그밖에도 러시아 정교회의 선교활동에 대한 단순한 평가를 넘어 러시아 정교회의 국내외 선교활동을 다루고 있는 연구물들은 적지 않게 있다. 예로 최초로 알타이 지역에서 토착민과 선교사 간의 관계에 대해서 언급한 서방학자로 콜린스(D.N.Collins)의 "식민주의와 시베리아 개발: 1830-1913년 시기 러시아 정교회의 알타이 선교 사례연구"[23]를 들 수 있다. 콜린스는 알타이 선교사들을 식민주의의 충성스런 요원들로 인식하는 것은 너무 단순화시키는 것이라는 입장을 견지하고 있다. 그밖에도 구미권과 망명 소비에트 학자들에 의해 소논문[24]이나 단행본[25] 형태로 러시아 정교회의 선교활동을 다루고 있는

---

23) D. N. Collins, "Colonialism and Siberian Deveolpment: A Case Study of the Orthodox Mission to the Altai 1830-1913", in *The Development of Siberia: Peoples and Resources*, ed. A. Wood and R. A. French(London: St. Martin's Press, 1989), pp.50-71.

24) 출간된 순서에 따르면 다음과 같다: Oleg Kobtzeff, "Ruling Siberia: The Imperial Power, the Orthodox Church and the Native People", *St Vladimir's Theological Quarterly 30*, No. 3, 1986, pp.269-280; Н. А. Смирнов, "Миссионерская деятельност церкви(Вторая половина XIXв.-1917г.)", А. И. Кливанов, ред., *Русское православие: Вехи истории*, М., 1989, c.438-463; Yuri Slezkine, "Savage Christians or Unorthodox Russians? The Missionary Dilemma in Siberia", Galya Diment, Yuri Slezkine, *Between Heaven and Hell: The Myth of Siberia in Russian Culture* (New York : St. Martin's Press, 1993), pp.15-31; J. Eugene Clay, "Orthodox Missionaries and 'Orthodox Heretics' in Russia, 1886-1917", Robert P. Gerasi, Michael Khodarkovsky, *Of Religion and Empire(mission, conversion, and Tolerance, in Tsarist Russia)*, Cornell Univ. Press, 2001, pp.38-69; John D. Klier, "State Policies and the Conversion of Jews in Imperial Russia", Robert P. Gerasi, Michael Khodarkovsky, *Of Religion and Empire(mission, conversion, and Tolerance, in Tsarist Russia)*, Cornell Univ. Press, 2001, pp.92-112; Michael Khodarkovsky, "The Conversion of Non-Chrtstians in Early

저작물들은 적지 않다. 이 연구물들 또한 시베리아, 알래스카 등 뿐만 아니라 중국, 일본, 조선, 중동 등의 해외 지역에서 정교회의 선교활 동을 다루고 있으며, 전반적으로 기독교화를 통해 러시아화를 추구

Modern Russia", Robert P. Gerasi, Michael Khodarkovsky, *Of Religion and Empire(mission, conversion, and Tolerance, in Tsarist Russia)*, Cornell Univ. Press, 2001, pp. 115-143; Sergei Kan, "Russian Orthodox Missionaries at Home and Abroad: The Case of Siberian and Alaskan Indigenous Peoples", Robert P. Gerasi, Michael Khodarkovsky, *Of Religion and Empire(mission, conversion, and Tolerance, in Tsarist Russia)*, Cornell Univ. Press, 2001, pp.173-200; Dittmar Schorkowitz, "The Orthodox Church, Lamaism, and Shamanism among the Buriats and Kalmyks, 1825-1925", Robert P. Gerasi, Michael Khodarkovsky, *Of Religion and Empire(mission, conversion, and Tolerance, in Tsarist Russia)*, Cornell Univ. Press, 2001, pp.201-225; Firouzeh Mostashari, "Colonial Dilemmas: Russian Policies in the Muslim Caucasus", Robert P. Gerasi, Michael Khodarkovsky, *Of Religion and Empire(mission, conversion, and Tolerance, in Tsarist Russia)*, Cornell Univ. Press, 2001, pp. 229-249; Robert P. Geraci, "Going Abroad or Going to Russia? Orthodox Missionaries in the Kazakh Steppe, 1881-1917", Robert P. Gerasi, Michael Khodarkovsky, *Of Religion and Empire(mission, conversion, and Tolerance, in Tsarist Russia)*, Cornell Univ. Press, 2001, pp.274-310.

25) 출간된 순서에 따르면 다음과 같다: *Русская православная церковь(Устройство, Положение, Деятельность)*, Издание Московской Патриархии, 1958, с.141-164; James Forsyth, *A History of the People of Siberia: Russia's North Asian Colony 1581-1990* (New York : Cambridge Univ. Press, 1992); Пётр Смирнов, *История христианской православной церкви* (М : Православная Беседа, 1994), с.160-164; П. В. Знаменский, *История русской церкви*, книга 10, М., 1996, с.352-440; И. К. Смолич, *История Русской Церкви, 1700-1917*, Часть Вторая, М., 1997, с.200-283; Dmitry V. Pospielovsky, *The Orthodox Church in the History of Russia* (New York : St Vladimir's Seminary Press, 1998), pp.159-190; В. А. Федоров, *История России 19-нач ала 20вв.* (М : 2000), с.625-628; N. K. Gvosdev, *An Examination of Church-State Relations in the Byzantine and Russian Empires with an Emphasis on Ideology and Models of Interaction*, Studies in Religion and Society, Edwin Mellen Press, 2001; 스 티븐 니일, 홍치모, 오만규 공역, 『기독교선교사(史)』 (서울 : 성광문화사, 2001), В. А. Федоров, *Русская православная церковь и государство(синодальный пер иод 1700-1917)*, М., 2003, с.130-149.

하고자 했던 러시아 국가의 지원 하에 국가-정치적인 성격의 선교활동이 수행되었다고 분석하고 있다.

다음으로는 특정한 주제를 통해서 선교활동에서 나타나는 러시아 정교회와 국가 관계, 정교회의 역할, 러시아화 방법, 선교사와 토착민 간의 관계 등을 집중적으로 다루고 있는 연구물들을 들 수 있다.

첫째로 암스트롱(P. Christopher Bruce Armstrong)의 "외국인들, 모피, 그리고 신앙: 모스크바 상인들의 서시베리아 진출, 1581-1649"[26]이 있다. 이 논문은 16세기 말 예르마크의 시베리아 진출 이후부터 17세기 중반 시기 시베리아 토착민들을 식민지배 하는데 있어서 정교회의 역할을 분석하고 있다. 그는 모스크바 정부의 시베리아 진출의 주요 목표는 상업적 이익을 얻기 위함이었으며, 그 방법의 하나로 러시아 정교회의 선교가 이용되었다고 분석하고 있다. 둘째로 로버트 게라시(Robert Geraci)의 "동으로 난 창: 1870-1914년 시기 카잔(Казань)의 인종학, 정교, 그리고 러시아 민족"[27]이 있다. 게라시는 러시아 정교회가 카잔(Казань) 지역에 주교구를 설립한 것이 볼가 지역 타타르족(Татар)과 마리족(Мари)에게 어떤 영향을 미쳤는지를 집중 분석했다. 또 19세기 초 중앙아시아 소수민족들을 선교하는데 카잔신학교와 카잔신학교 언어학 교수이며 선교전략가였던 일민스키(Н.И.Ильминский, 1822-1991)의 '일민스키 시스템'의 선교적 영향력을 분석하고 있다. 셋째로 웨르치(P. William Werth)의 "볼가카마 지역의 정교회 선교와 제국의 통치, 1825-1881"[28]가 있다. 그는 볼가강 유역 카마(Кама) 지역에 거주하

---

26) P. Christopher Bruce Armstrong, "Foreigners, furs and faith: Muscovy's expansion into western Siberia, 1581-1649", Ph.D. diss., University of Dalhousie(CANADA), 1997.

27) Robert Geraci, "Window on the East: Ethnography, Orthodoxy, and Russian Nationality in KAZAN 1870-1914", Ph.D. diss., University of Berkeley in California, 1995.

28) P. William Werth, "Orthodox mission and imperial governance in the VolgaKama region, 1825-1881", Ph.D. diss., University of Michigan, 1996.

는 타타르족에 대한 정교회의 선교와 러시아 정부의 러시아화 정책 간의 협력관계에 대해서 분석하고 있다. 넷째로 즈나멘스키(A.A. Znamenski)의 "샤마니즘과 기독교: 시베리아와 알래스카 원주민과 러시아 정교회 선교와의 만남"[29]이 있다. 이 연구물은 즈나멘스키의 박사학위논문(1997)이 단행본으로 출간된 것으로서,[30] 알래스카와 서시베리아, 동시베리아 북동부 지역에서 러시아 정교회의 선교활동을 분석하고 있다. 즈나멘스키는 서시베리아 남부의 알타이족, 동시베리아 북동부의 축치족(Чукчи), 알래스카의 데나이나족을 연구대상으로 삼았다. 그는 연구물에서 정교회 선교에 의해 알타이족들은 기존의 삶의 터전과 생활방식을 잃어버리고 러시아적인 것에 흡수되었다. 반면 축치족들은 선교를 거부하고 가장 늦게까지 비기독교도들로 남아있었으며, 데나이나족들은 앵글로-색슨족의 식민화의 위협 속에서 자신들의 정체성 보존을 위해서 자발적으로 러시아 정교회를 받아들였다고 분석하고 있다. 다섯째로 미카엘슨(A. Neil Michaelson)의 "러시아 정교회 선교협회, 1870-1917: 종교 및 교육사업 연구"[31]가 있다. 미카엘슨은 논문에서 러시아 정교회 선교협회의 조직과 발전과정에 대한 전반적인 전후 배경 및 상황을 언급하고 있다. 그는 논문에서 선교협회가 선교현장에서 경험있는 성직자들을 영입하고, 신성종무원이 정교회와 러시아 정교회 선교협회에 자율권을 부여함으로써 선교가 더 크게 발전하게 되었다고 분석하고 있다.

29) A. A. Znamenski, Shamanism and Christianity: Native Encounters With Russian Orthodox Missions in Siberia and Alaska 1820-1917 (Westport, Connecticut·London: GREENWOOD PRESS, 1999).

30) A. A. Znamenski, "Strategies of survival: Native encounters with Russion missionaries in Alaska and Siberia, 1820s-1917", Ph.D. diss., University of Toledo, 1997.

31) A. Neil Michaelson, "The Russian Othodox Missionary Society, 1870-1917: A study of religious and educational enterprise, 1879-1917", Ph.D.diss., University of Minnesota, 1999.

이상의 선행연구들은 주로 러시아 정교회의 선교활동이 국가-정치적인 성격을 띠고 진행되었음을 보여주고 있다. 하지만 러시아 정교회의 일반적인 이민족에 대한 선교활동을 다루고 있을 뿐 프리아무르의 한인들에 대해서는 직접적으로 다루고 있지는 않다.

본 논문의 주제와 직접적으로 관련이 있는 것으로, 러시아 정교회의 프리아무르 한인선교 활동을 직접적인 주제로 다루고 있는 러시아 및 구미권의 연구물은 다음과 같다.

먼저 러시아 정교회의 한인선교 활동을 직접적으로 다루고 있는 연구물로 벨로프(M. Belov)의 "한인들 사이에서 러시아 정교회의 경험, 1865-1914"[32]을 들 수 있다. 이 논문은 대부분 다양한 1차 자료들을 이용하고 있으며, 예리한 통찰력으로 사료를 활용 및 분석하여 논문을 구성하고 있다는 점에서 높은 학술적 가치를 지니고 있다. 연구자는 "러시아 정부는 프리아무르 개발을 위해 한인들의 기독교화와 러시아화를 우선적인 과제로 삼았으며, 이를 정교회 선교와 교육을 통해 해결하고자 했다. 하지만 한인들은 대부분의 시기동안 정교회를 국적취득을 위한 형식적인 절차로서 여겼다. 정교회 지도부는 또한 선교활동 과정에서 물리적이거나 제국주의적인 동기와 방법으로 한인들을 다루지는 않았다"고 분석하고 있다. 벨로프의 연구물은 이 분야에서 최초의 본격적인 연구라는 점에서, 다양한 1차 자료들을 통해서 연해주 한인선교의 전체적인 모습을 조망했다는 점에서 큰 의의가 있다고 할 수 있다. 하지만 연구자는 러시아 정부와 한인들 간의 관계망에 대해서는 다뤄짐이 없이 단순히 일반적인 국가와 교회 관계, 선교

---

32) M. Belov, "The Experience of The Russian Orthodox Church among Koreans 1865-1914", (Seoul : Yonsei International Univ., December, 1991). 그밖에도 벨로프는("Просветительская деятельность Русской Православеой Церкви среди корейских иммигрантов в дореволюционнойРосси", *Алтуальные проблемы Российского востоко- едения(памяти Ким Г.Ф. ЧК РАН)*, М., 1994, с.74-89)에서도 러시아 정교회의 프리아무르 한인선교 활동을 다루고 있다.

현장에서 나타나는 가시적인 현상들만을 가지고 정교회 한인선교의 성격규명을 시도했다. 또한 연해주에서의 정교회 한인선교만을 다루고 있으며, 주로 러시아 측의 자료들만으로 한인선교를 분석하고 있는 부분은 연구의 한계라고 할 수 있다.

다음으로 중국 및 한인연구자인 블라디보스톡 인류고고학 역사연구소(Институт истории, археологии и этнографии народов Дальнего Востока ДВО РАН) 페트로프(А.И.Петров)의 "19세기 1860-90년대 극동의 한인 디아스포라"33)와 "1897-1917년 시기 러시아 한인의 디아스포라"34)를 들 수 있다. 연구자는 다양한 1차 자료들을 토대로 전 시기에 걸쳐서 프리아무르 한인 디아스포라를 매우 상세하게 조망하면서, 특히 일정부분 러시아 정교회의 한인선교를 통한 기독교화 및 러시아화 문제를 다루고 있다. 그러나 일반적인 한인문제 및 선교상황을 보여주고 있을 뿐 정교회 한인선교의 성격을 규정하고 있지는 않다.

그 밖에 가장 최근의 연구물로서, 르인샤(О.Б.Лынша)의 "19세기 후반 남우수리스크(현재의 연해주) 지방 한인들 사이에서의 학교교육의 태동"35)이 있다. 르인샤는 "특히 이주 초기에 한인 학생들의 학교교육

---

33) А. И. Петров, *Корейскя диаспора на Дальнем Востоке России 60-90е годы 19века* (Владивосток : 2000), с.194-251.

34) А. И. Петров, *Корейскя диаспора в России 1897-1917гг.* (Владивосток : 2001), с.221-269. 페트로프는 다음의 연구물들에서도 프리아무르 한인 디아스포라 및 정교회 한인선교를 다루고 있다: "Школа культуры и нравственности: Русская православная миссия в Корее, 1897-1917гг.", *Россия и АТр*, No.4, Владивосток, 1995; "За любовь и справедливость к корейскому народу", *Утро России*, 4 февраля, Владивосток, 1998; "Когда же началась корейская иммиграция в Россию?", *Россия и АТр*, No.2, Владивосток, 2000; "Корейская иммиграция на Дальний Восток России в 1860-1917гг.", *Вестник Дальневосточного отделения Российской Академии наук*, No.5, Владивосток, 1998.

35) О. Б. Лынша, "Зарождение школьного образования среди корейского населения Южно-Уссурийского края во втор. пол. XIX века", 『역사문화연구』 24집 (서울 : 한국외대 역사문화연구소, 1992), pp.3-72.

을 위해 러시아 정부의 지원이 있었으며, 1890년대에는 얀치혜(Янчихе, 연추, 煙秋, 현재 추카노프카 지역) 읍장이었던 최재형의 물질적 지원이 얀치혜 볼로스치(волость, 읍‘邑’)의 학교교육 발전에 큰 힘이 되었다. 또한 선교 일선에서는 퍈코프 사제 같은 일부 헌신적인 사제들의 도움으로 많은 한인 학생들이 공부할 수 있는 기회를 얻기도 했다. 무엇보다 한인 부모들의 높은 교육열이 자녀들의 러시아어 교육을 가능하게 했으며, 물질적인 부족분을 채울 수 있었다"고 분석하고 있다.

마지막으로 로스 킹(Ross King)의 "블라고슬로벤노예: 아무르의 한인마을, 1871-1937"[36]을 들 수 있다. 로스 킹은 주로 1875년에 나온 시베리아 역사학자이자 지지학자, 사회평론가인 바긴(В.Вагин), 키릴로프(А.В.Кириллов, 1860-1921), 그라베(В.В.Граве)[37]와 근래의 자료인 벨로프와 대사제 아브구스틴 니키틴(Августин Никитин)의 논문[38]을 주요 분석자료로 활용했다. 연구자는 자료분석을 통해 블라고슬로벤노예(Благословенное, 사만리, 沙滿理) 마을 한인들의 삶을 언어사회학적인 측면에서 소개하고 있다. 그는 한인들의 언어를 통해서 한인들의 방언을 분석했으며, 한인들의 기독교화 및 러시아화 상태에 대해서는 회의적인 시각으로 기술하고 있다.

국내에서 러시아 정교회 연구[39]와 러시아를 포함한 독립국가연합

---

36) Ross King, "Blagoslovennoe: Korea Village on the Amur, 1871-1937", *Review of Korean Studies*, Vol.4, No.2, 2001, pp.133-176.

37) В. Вагин, "Корейцы на Амуре", (Сборник исторических и статистических сведений о Сибири и сопредельных ейстранах), СПб., Т.1, 1875, с.1-29,А. В. Кириллов, "Корейцы села Благословенного", (историко-этнографический очерк), 『Приамурские ведомости』, №№58,59, Приложения, 1895, с.1-13.

38) M. Belov, "The Experience of The Russian Orthodox Church among Koreans 1865-1914", (Seoul : Yonsei International Univ., December, 1991); Августин Никитин, "Православие у корейцев Приамурья и Забайкалья", 『Миссионерское обозрение』, No.4, Апрель, 1998, с.18-23.

39) 러시아 정교회 연구는 1990년대 초반 한국외대 임영상 교수를 중심으로 시

지역의 한인연구[40]는 1990년대에 들어서야 비로소 본격적으로 시작
되었다. 국내에서도 소량이지만 러시아 정교회의 한인선교를 주제로
연구가 이루어져 왔다. 국내의 연구물은 크게 두 가지(정교회의 한반
도 선교와 프리아무르 선교)로 분류해 볼 수 있다.

러시아 정교회의 한반도 선교를 다룬 연구물로는 한인연구 초기
의 이만열의 "한말 러시아 정교와 그 교폐(敎弊)문제"[41]와 박종효의
"한국 내 러시아 정교회의 설립 개요",[42] 그리고 임영상의 "러시아 정
교회와 한국: 서울 선교부의 설립과정과 초기 활동"[43]이 있다. 이 3편
의 소논문들은 1897년 러시아 정교회의 서울선교부 설립과 관련하여

작되어 소수의 학자들에 의해 진행되어 왔다. 정교회 관련 주요 연구물들
로는 다음과 같다: 임영상, "제정러시아의 교회와 국가", 『외대사학』 4집
(서울 : 한국외대 역사문화연구소, 1992); 황영삼, "페레스트로이카와 러시
아 정교회의 위상변화", 한국외대 박사학위논문, 1997; 방일권(Бан Ил Квон),
"К.П.Победоносцев и распространение церковно-приходских школ в 1884-1904гг.",
СПб., 2000; 황성우, "러시아의 基督敎 수용과 성격", 한국외대 박사학위논
문, 2000.

40) 한인연구 초기의 연구물로 이후의 한인연구에 큰 영향을 끼친 고송무 교
수의 연구물들은 다음과 같다: 고송무, 『쏘련의 한인들, 고려사람』(서울 :
이론과실천, 1990); 『쏘련 중앙아시아의 한인들』, 한국국제문화협회, 국협
총서 제5호, 1984. 특히 『쏘련의 한인들, 고려사람』은 고려인의 강제이주,
민족문화 보존, 쌀농사, 극장, 문학, 언어 등과 같은 다양한 주제들을 다루
고 있어서 이후 한인연구자들에게 큰 영향을 미친 연구물이기도 하다. 현
재 국내 학계에서는 전남대, 한국외대, 동국대 등의 학술연구소에서 한국
연구재단, 재외동포재단, 한국콘텐츠진흥원, 한국교육개발원, 국사편찬위
원회 등에서 주관하는 학술용역을 수주받아 러시아를 포함한 독립국가연
합 지역의 한인(고려인) 연구를 주도해 나가고 있다.
41) 이만열, "한말 러시아 정교와 그 敎弊문제", 『한국기독교와 민족의식』, 지
식산업사, 1991, pp.412-444.
42) Pak Chong Hio, "Ocherk sozdaniia russkoi praboslavnoi tserkvi v Koree", *VEPA I
ZHIZN'*, Moskovskii kul'turnyi tsentr 〈pervoe marta〉, 제5권, Moskva, 1996, pp.1-14.
43) 임영상, "러시아 정교회와 한국 : 서울 선교부의 설립과정과 초기 활동", 『슬
라브연구』 12집 (서울 : 한국외대 러시아연구소, 1996), pp.125-157.

정교회 한인선교 문제를 다루려고 시도하고 있다. 특히 논문 내용의 전개상 임영상의 연구물은 정교회의 선교활동을 가장 적절하게 설명하고 있다. 그러나 3편의 소논문들은 공통적으로 러시아가 아닌 조선 내에서의 정교회 선교활동을 주제로 다루고 있어서 위에 언급된 3편의 연구물들과는 차이가 있다.

러시아 정교회의 프리아무르 한인선교를 주제로 다룬 연구물로는 우선 이상근의 "韓人 露領移住史 硏究"(한인 노령이주사 연구)[44]를 들 수 있다. 연구자는 한인의 1860년대부터 1917년 혁명 이전까지의 이주사 전반을 다루며, 일부분을 러시아 정교회의 프리아무르 한인선교에 할애하고 있다. 그는 저작물에서 '한인들이 정교교리에 대한 이해없이 국적과 토지를 목적으로 세례에 임했다. 러시아 정부와 정교회 지도부는 한인들의 기독교화와 러시아화를 위해 선교와 교육활동을 수행했으며, 이 과정에서 한인들의 물질적인 지원에 힘입은 바 크다. 또한 1910년을 전후하여 장로교파에 대응하는 과정에서 정교회 측이 어려움을 겪었다'고 언급하고 있다.

다음으로 현직 선교사인 정균오의 "정교회와 개신교회의 러시아 한인 디아스포라 선교 비교 연구"[45]를 들 수 있다. 연구자는 러시아 교회 측의 외형적인 강요는 없었으나 한인의 정교회 세례와 입교가 경제적 목적에 따른 불가피한 상황 속에서 이루어 졌음을 언급하며 개신교 선교활동과 비교기술하고 있다. 그러나 연구자는 한인선교의 성격에 대해서는 다루지 않고 있으며, 특히 정교회의 한인선교를 다루는 부분에서 충분한 관련 1차 자료의 제시가 없이 주로 기존의 2차 자료에 의존한 결론을 도출해 냈다는 데에서 연구의 한계를 지니고 있다.

---

44) 이상근, 『韓人 露領移住史 硏究』(서울 : 탐구당, 1996).
45) 정균오, "정교회와 개신교회의 러시아 한인 디아스포라 선교 비교 연구", 장로회신학대학교 석사학위논문, 2003.

마지막으로 현직 목사로 정교회 연구자인 남정우의 "동방정교회의 선교역사 연구: 러시아정교회의 한인선교 사례를 중심으로"[46]를 들 수 있다. 이 논문은 필자가 본 논문에서 제기하는 문제들과 동일 선상에서 연구된 깊이 있는 논문이라 할 수 있다. 연구자는 논문을 통해서, '동방정교회의 황제교황주의적 신학전통을 이어받은 러시아 정교회가 황제교황주의적 특성 속에서 시베리아 및 알래스카에서 국가-정치적이고, 제국주의적인 속성의 선교를 했다. 러시아 국가와 정교회는 한인들의 기독교화 및 러시아화를 통해 러시아 국민으로서의 정체감을 심어주고 프리아무르 개발의 식민요소로서 활용하고자 했다. 특히 1910년대 들어서 한인들의 러시아 국가 및 정교회에 대한 쏠림 현상은 더 증대되었다. 정교회의 한인선교 발전 및 활성화를 위한 국고지원 요청 및 노력들을 볼 때, 프리아무르의 한인선교 역시 러시아 정교회의 국가-정치적인 성격이라고 규정할 수 있다'는 결론으로 정교회에 의한 한인선교의 성격을 분석 및 규정하고 있다. 그러나 연구자는 서구학자들에 의해 일반적으로 견지되고 있는 러시아 정교회의 이민족 선교의 성격을 그대로 수용하고 있다. 또한 관련된 다양하고 충분한 1차 자료의 분석이 부족한 가운데 프리아무르의 한인선교에 러시아 정교회의 일반적인 선교의 성격을 그대로 적용 및 규정하고 있는 점은 연구의 한계라 할 수 있다.

이상에서와 같이 시베리아, 알래스카와 프리아무르 한인사회에서 러시아 정교회의 선교활동과 관련한 선행연구물들을 살펴보았다. 물론 검색되지 못한 관련 연구물들이 더 있을 것으로 생각된다.[47] 필자

---

46) 남정우, "동방정교회의 선교역사 연구", 『선교와현장』 제10집(서울 : 장로회 신학대학교 세계선교연구원, 2005.

47) 그밖에 단행본 형태로 부분적이지만 프리아무르 한인선교를 언급된 저술물들이 있다: Б. Д. Пак, *Корейцы В Российской империи(Дальневосточный период)*, М., 1993; А. Т. Кузин, *Дальневосточные корейцы: жизнь и трагедия судьбы* (Южно-Сахалинск : 1993), Г. Н. Ким, Сим Енг Соб, *История просвещения корейцев России и*

는 이상의 관련 연구물들을 접하며 특별히 남정우의 논문에 주목한다. 남정우는 '19세기 후반 러시아 정교회 선교사들에게 부여된 명령들 중의 하나는 새롭게 개종한 사람들을 정교회 신앙의 빛 안에서 러시아 국민으로 통합시키는 것이었다'[48]는 강 세르게이(Sergei Kan)의 주장을 인용하며, 19세기 후반 러시아 프리아무르 지방과 한반도에서 수행된 러시아 정교회의 선교활동도 이와 비슷한 맥락에서 진행되었고, 따라서 러시아 정교회의 프리아무르 한인선교의 성격을 국가-정치적인 것으로 규정하고 있다.

그러나 필자는 러시아 정교회의 프리아무르 한인선교의 성격 규명을 위해서는 '러시아 정교회는 일반적으로 국가-정치적인 성격의 선교활동을 수행해 왔다'는 기존의 명제에서 벗어나 다른 각도에서 접근할 필요가 있다고 본다. 다시 말해서 이 문제의 접근을 위해서는 19세기 후반에서 1917년 러시아 혁명 이전 시기까지의 러시아 중앙정부의 동아시아 및 한반도 정책, 프리아무르 지방 당국의 한인정책과 지역 개발, 그리고 당시 일본, 중국 등의 주변국들과 관련된 정치적, 안보적 관계라는 보다 큰 구조 속에서 바라 볼 필요가 있다. 즉 1860년 아무르(Амур) 강 유역 병합 이후 러시아 정부는 프리아무르의 개발과 해군력 증강 및 부동항 확보를 프리아무르 정책의 중요한 과제로 삼기 시작했다. 그러나 한편으로 러시아인 이주자의 유입이 이어지고 있는 가운데 계속되는 한인의 유입은 향후 프리아무르의 개발과 태평양 지역에서의 안보구축 정책을 펼쳐 나가는데 있어서 예상치 못한 변수로 작용하기 시작했다. 그런 가운데 1891년 시베리아 횡단철

Казахстана (Втор. пол. 19в.-2000г.), Алматы, 2000г., с.70-83; 남정우, 『동방정교회 이야기』(서울 : 쿰란출판사, 2003), pp.150-228.

48) Sergei Kan, "Russian Orthodox Missionaries at Home and Abroad: The Case of Siberian and Alaskan Indigenous Peoples", Robert P. Gerasi, Michael Khodarkovsky, *Of Religion and Empire(mission, conversion, and Tolerance, in Tsarist Russia)*, Cornell Univ. Press, 2001, p.189.

도의 착공과 더불어 본격화되기 시작한 러시아의 동아시아 및 한반도 정책은 1905년 러일전쟁 패배를 기점으로 무산되고, 일본과의 우호적인 관계로 발전해 나가게 된다. 이러한 상황은 프리아무르 당국의 한인정책을 통해서 한인사회에 직접적인 영향을 미치게 되었으며, 나아가 정교회의 한인선교 활동에도 중대한 영향을 미치게 된 것이다.

필자는 또한 러시아 정교회 프리아무르 한인선교의 성격 규명의 열쇠 중의 하나로 프리아무르 당국의 한인이라는 존재에 대한 기본 시각, 즉 당시 한인의 존재가 갖고 있던 한인만의 특수성 문제와 밀접한 관련이 있다고 본다. 이러한 한인의 특수성 문제는 한인을 상대로 취했던 행정적으로는 국적편입 정책, 토지분여 정책, 노동 정책, 그리고 종교적으로 한인의 기독교화 및 러시아화를 위한 일련의 선교활동 지원과정과 결과 및 태도들 속에서 잘 나타나고 있다.

필자는 본고에 대한 고찰이 단순히 러시아 정교회의 한인선교의 성격 규명을 떠나서, 본고에서 언급되는 시기의 프리아무르 정부와 한인사회를 보다 세밀히 큰 구조에서 바라볼 수 있게 함으로써 기존의 양자 간의 관계를 재해석하는데 도움을 줄 수 있으리라 본다. 뿐만 아니라 러시아의 동아시아 및 한반도 정책과 프리아무르 한인정책의 틀 속에서 정교회의 한인선교 활동을 바라봄으로써 종교적 측면에서 과거 한러 관계에 대한 토대연구에도 작은 밑거름이 될 수 있으리라 생각한다.

3. 연구의 범위

러시아 정교회의 프리아무르 한인선교 활동의 고찰을 위해 필자는 언급된 시기에 시기적, 지역적으로 연구의 범위를 설정했다. 우선 필자는 러시아와 조선 간의 외교관계 체결의 해인 1884년을 전후로 총 두 시기 - 수용 및 지원정책기(1865-1884), 포용 및 분리정책기(1884-1916) - 로 시기적인 연구 범위를 설정했다. 전체적인 고찰 시기가 시기적으로 1865년-1916년 시기로 설정된 것은 정교회의 한인들을 상대로 한 최초의 선교활동이 1865년으로 기록되고 있으며, 이는 다시 1917년 러시아 10월혁명을 기점으로 정교회의 한인을 상대로 한 모든 선교활동이 중단되었기 때문이다. 또한 연구 대상지역이 두 시기로 설정된 것은 1884년을 기점으로 프리아무르 대군관구가 신설되어 이를 중심으로 러시아의 동아시아 및 한반도 정책이 추진되어 나가고, 한인사회와의 밀접한 관계망이 형성되기 때문이다.

우선 시기에 따른 선교배경을 개괄해 보면 다음과 같다.

수용 및 지원정책기(1865-1884)는 한인의 최초 세례가 이루어지는 1865년부터 러시아와 조선 간의 외교관계 체결 이전까지의 기간이다. 이 시기는 정치적으로는 양국 간에 외교관계가 없었던 관계로 한인의 이주는 공식적으로는 불법적 월경행위였으나 러시아 정부는 암묵적으로 한인의 유입을 허용하고 있었다. 한인들에 대한 프리아무르 당국의 정치적 태도가 전반적으로 고무적이고 수용적이었으며, 종교적으로는 정교회의 한인선교 활동이 비교적 원만히 진척되어 갔던 시기이다. 토지가 필수불가결한 생계의 원천이었던 한인들은 토지분여를 받기 위해서는 러시아 국적을 받아야 했고, 이를 위한 선결조건은 세례를 받는 것이었다.

포용 및 분리정책기(1884-1916)는 러시아와 조선 간의 외교관계 체결 이후부터 1916년 러시아 혁명 이전까지의 기간이다. 이 기간은 정치적으로는 1905년 러일전쟁을 전후로 한인정책의 변화가 크게 초래되고, 부분적으로는 프리아무르 군사령관지사[49]와 주지사의 한인

---

49) 1884년 시베리아 행정개편 전후 동시베리아 및 프리아무르 대군관구 군사령관지사들:
   동시베리아-①무라비요프-아무르스키(Н.Н.Муравьёв-Амурский,1847-61), ②코르사코프(М.С.Корсаков,1861-71), ③시넬니코프(Н.П.Синельников,1871-74), ④

에 대한 유용성 인식 차이에 따라 포용과 분리 통치방식의 한인정책
이 취해졌던 시기이다. 또 종교적으로는 1899년 블라디보스톡 주교구
신설과 1905년 10월선언을 전후하여 정교신앙 및 학교교육을 통한 한
인의 선교활동이 변화를 겪은 시기이다.

지역적으로 필자는 한인사회의 중심이었던 프리아무르의 연해주,
아무르주, 자바이칼주를 지역적인 연구의 범위로 설정했다. 이상의
세 지역을 고찰 대상으로 설정한 이유는 비록 선교활동의 시작에 있
어서 시기적인 차이는 있으나 1917년 이전까지 정교회의 선교활동이
세 지역에 국한되어 수행되고 종료되었기 때문이다. 필자는 또한 본
논문을 고찰해 나감에 있어서 지역적으로 연해주 지역에 더 많은 지
면을 할애하여 기술했다. 이는 연해주가 프리아무르의 한인사회의 중
심지였을 뿐만 아니라 다른 두 지역(아무르주, 자바이칼주)에 비해 이
주 초기부터 연해주를 중심으로 광범위하게 선교활동이 수행되었기
때문이다.

지역에 따른 선교배경을 개괄해 보면 다음과 같다.

우선 연해주 지역이다. 연해주는 프리아무르 지방 한인사회의 중
심으로, 이곳의 한인사회는 1864년 형성된 티진헤(Тизинхе, 지신허, 地
新虛)와 이후의 얀치헤 마을을 중심으로 형성되기 시작했다. 이후 연
해주의 한인사회는 이 마을들이 포함된 포시에트 지구와 블라디보스
톡의 신한촌(Ново-корейская слободка), 우수리스크를 중심으로 발전해
나갔다. 이곳을 중심으로 블라디보스톡 주교구 한인선교부와 오 바실
리, 황공도, 박 페오도르(Ф.И.Пак) 등의 한인 사역자들에 의해 한인선

프레데릭스(П.А.Фредерикс,1875-78), ⑤아누친(Д.Г.Анучин,1880-84). 프리아무르-
①코르프(А.Н.Корф,1884.5-93.2), ②두호프스코이(С.М.Духовской, 1893.3-98),
③그로데코프(Н.И.Гродеков,1898.3-1902), ④숩보티츠(Д.И.Субботич, 1902-03),
⑤리네비츠(Н.П.Линевич,1903-04), ⑥흐레샤티츠키(Р.А.Хрещатицкий,1904-05),
⑦운테르베르게르(П.Ф.Унтербергер,1905-10), ⑧곤닫티(Н.Л.Гондатти,1911.1-
17.5).

교 활동이 수행되었다.

다음은 아무르주 지역이다. 아무르주 한인사회는 국경문제를 의식한 러시아 정부의 재이주정책의 결과로 1872년 형성된 블라고슬로벤노예 마을을 중심으로 형성되기 시작했다. 또한 1880-90년대를 거치며 수도인 블라고베쉔스크와 산악 지역의 광산 등지에도 한인노동자들이 대거 몰려들면서 아무르주는 프리아무르 지방에서 또 하나의 한인 거주지역으로 급부상 했다. 아울러 정교회의 한인선교 대상지역도 넓어지게 되었다.

마지막으로 자바이칼주 지역이다. 자바이칼주의 한인사회는 1900년대 들어서 치타(г.Чита)를 중심으로 형성되기 시작했으며, 앞의 두 지역에 비해서 비교적 늦게 한인선교가 시작된 곳이다. 특히 이곳에서는 자바이칼주의 산악지대 광산이나 사금장 등지의 조선국적의 한인노동자들을 상대로 한 이강(李剛, 이기), 황공도 등의 한인 전도사들의 전도활동으로 많은 한인들이 세례를 받았으며, 이는 인력과 재정이 넉넉지 못한 자바이칼 선교부에게 큰 힘이 되었다.

이상에서와 같이 필자는 본고의 핵심 문제 고찰을 위해 한인사회의 중심이었던 프리아무르 지방을 두 시기(수용 및 지원정책기 / 포용 및 분리정책기)와 세 지역으로 설정하고, 정교회의 한인선교 활동을 집중 고찰해 볼 것이다.

아울러 본고의 전체적인 논의 전개와 관련, 필자는 제Ⅰ장에 이어, 제Ⅱ장에서는 10세기 말(988) 러시아의 기독교 수용(988)에서 1917년 러시아 혁명까지 러시아 국가-교회 간의 역학관계 변화상황, 19세기 러시아 정부의 선교목표 및 정책, 선교사, 그리고 정교회의 시베리아 및 프리아무르 지방의 이민족 선교활동 상황을 살펴볼 것이다. 또 제Ⅲ장에서는 프리아무르 지방의 한인사회와 프리아무르 당국의 한인정책을 통해서 본고에서 제기하는 근본적인 물음에 대한 해답의 단서들을 찾아볼 것이고, 제Ⅳ장에서는 프리아무르 지방에서의 러시아 세속 당국 및 정교회 지도부에 의한 한인선교와 한인교육 상황에 대해서 고찰하고자 한다. 마지막으로 제Ⅴ장에서는 본고의 연구성과를 토대로 결론을 도출해 보도록 할 것이다.

4. 연구 사료 검토

제기된 문제들을 해결해 나감에 있어서 필자는 본고에서 언급된 시기의 러시아 프리아무르 당국의 한인정책과 정교회의 한인선교 활동에 관한 여러 가지 형태의 사료들을 주요 1차 자료로서 활용했다. 이 자료들은 수차례에 걸쳐서 주로 프리아무르 지방에 있는 극동국립역사기록보존소(РоссийскийГосударственныйИсторический Архив Дальнего Востока/РГИАДВ)[50], 하바로프스크 국립기록보존소(ГосударственныйАрхив Хабаровского Края/ГАХК)[51], 하바로프스크 국립도서관(Краевая научная биб-

---

50) 극동국립역사기록보존소(РГИАДВ)는 역사와 자료의 소장 규모에 있어서 프리아무르 최대의 기록보존기관이다. 이 기관의 역사는 1922년 적군이 외국간섭군과 백위파들로부터 연해주를 차지한 이후 극동혁명위원회가 1923년 '연해주 기록보존국(Приморское губернское архивное бюро)'의 설립을 결정함으로써 시작되었다. 1938년 극동 지방(Дальневосточный край)이 연해주(Приморский край)와 하바로프스크 지방(변강주)(Хабаровский край)으로 분리되자, 기록보존국은 '연해주 국립기록보존소(Государственный архив Приморского края, ГАПК)'로 재편되었다. 이후 1943년 2차세계대전 당시 일본의 침략에 위협을 느낀 소련정부는 연해주와 하바로프스크 지방, 사할린주의 기록보존소를 톰스크로 옮겼으며, 1992년부터는 현재의 명칭으로 개칭하고 1993년부터 블라디보스톡으로 문서들을 재이전해 왔다. 이곳에는 1722년-1953년 시기 총 4129개의 기록군(фонд)에 약 500,000종에 달하는 문서들과 1882-1982년 시기의 365,537종에 달하는 사진자료들이 보존되고 있다. 특히 소비에트 시기 소련방 공산당(КПСС)과 국가보안위원회(КГБ) 지역기관들의 기록들도 다량 소장되어 있는데, 그중 한인들과 관련된 문서들 또한 다양한 분야에 걸쳐서 소장되어 있다(이병조, "극동지역의 한국학 및 한인자료 현황-기록보존소 및 한인연구 관련기관을 중심으로", *Известия корееведения в центральной Азии*, Выпуск 1-2(10), Алматы, 2005, pp.73-74 참조).

лиотека)[52] 등지에서 입수되었다. 이 자료들은 유형에 따라 크게 몇 가지 형태로 분류해 볼 수 있다.

첫째는 일반문서 형태의 고문서 사료들이다.

이 일반문서 형태의 고문서 사료들을 기록군(Фонд)[53] 별로 살펴보

---

51) 하바로프스크 국립기록보존소(ГАХК)는 극동국립역사기록보존소에 버금가는 기록보존기관이다. 이 기관의 역사는 1923년 3월 1일 연해주 집행위원회에 의해 결정된 기록보존국(Архивное бюро)의 창설과 더불어 시작되었다. 1955년에 현 위치에 보관체계를 갖춘 기록보존소 건물이 세워졌으며, 국립기록보존소를 중심으로 18개 지역기록보존소들이 운용되고 있다. 이 기관에는 한인과 관련하여 특히 1920-30년대 한인의 사회주의 활동 관련 사료들이 다량 포함되어 있다. 이들 한인 관련 문서들은 주로 총 14개 기록군(Ф.П-2, Ф.П-30, Ф.П-35, Ф.П-44, Ф.П-399, Ф.П-442, Ф.58, Ф.99, Ф.137, Ф.304, Ф.353, Ф.768, Ф.849, Ф.1718,)에 포진되어 있으며, 내전기(1918-22) 이후 주로 1920-30년대 한인들의 사회주의 건설과 사회주의 운동의 참여, 강제이주에 관한 사료들이 주축을 이루고 있다. 열거된 기록군들을 구체적으로 살펴보면, Ф.П-2는 전소련방 볼쉐비키 극동지방위원회 기록군, Ф.П-30은 러시아공화국 공산당 하바로프스크 시위원회 기록군, Ф.П-44는 러시아공화국 공산당 하바로프스크 지방위원회 당기록보존소 기록군, Ф.П-399는 전소련방 볼쉐비키 하바로프스크 지방위원회 기록군, Ф.58은 극동혁명위원회 기록군, Ф.99는 하바로프스크 농업 및 산업동맹 기록군, Ф.137은 하바로프스크 지방집행위원회 기록군, Ф.304는 하바로프스크 이주문제 당 기록군, Ф.353은 하바로프스크 지방집행위원회 산하 계획위원회 기록군, Ф.768은 극동 지방 군사문제 역사관련 기록군, Ф.849는 문화공훈근로자 체르느이쉐프(В.И.Чернышев) 개인 기록군에서 나온 사료들이며, Ф.1718은 1920-30년대 프리아무르 지방 한인정착촌의 위치를 구체적으로 표시하고 있는 지도들을 포함하고 있다(이병조, "극동지역의...., p.79 참조).

52) 하바로프스크 국립도서관은 블라디보스톡 시립도서관과 더불어 프리아무르 지방 최대의 학술도서관이다. 1894년 개관된 이 국립도서관은 현재 200만권 이상의 장서를 보유하고 있다. 1860년 북경조약으로 연해주가 러시아의 수중에 완전히 귀속된 이후 프리아무르 지방의 변화와 발전과정을 확인해 줄 수 있는 각종 자료들과 역사 저술물들을 소장하고 있다. 소장된 자료들 중에는 다수 민족인 러시아인 뿐만 아니라, 한인들을 포함, 여러 소수민족들과 관련한 각종 보고서 및 저술물들이 포함되어 있다.

53) 러시아 기록보존소의 고문서 정리체계는 폰드(Фонд), 오피스(Опись), 델로

면 다음과 같다.[54] 우선 Ф.1의 Оп.2, Д.2020과 Оп.11, Д.164의 문서들은 블라디보스톡과 하바로프스크 등지에서 개신교단의 최관흘 목사와 이후의 장로교 선교사들의 선교활동, 이에 대한 프리아무르, 연해주 당국 및 정교회 지도부의 반응과 대응에 관해 상세한 상황을 제공해 주고 있다. 또 Ф.28의 Оп.1, Д.377은 최관흘의 예배소 건물부지 할당 청원문제와 장로교의 활동에 대응한 정교회 지도부의 교회 건축, 교리문답학습 강화 등의 실질적인 대응 조치들에 대해서, Ф.87의 Оп.1, Д.278과 Д.1566은 최초의 한인정착촌인 티진헤 마을 촌장 최운국을 포함한 한인 3가구의 최초의 정교회 세례와 세례자들이 러시아 국적에 편입되며 행했던 선서문에 대해서, Ф.143의 Оп.5, Д.143은 블라디보스톡 주교구 정교선교협회 위원회(Владивостокский Епархиальный комитет Православного Миссионерского Обществ)의 활동 이후 한인을 포함한 이민족 교화 및 교육문제에 대해서, Ф.226의 Оп.1, Д.375는 블라디보스톡 및 캄차트카 대주교가 장로교의 침투에 대응해 한인들에 대한 호소문을 인쇄해 줄 것을 동방대학교(Восточный Институт)(현 극동국립대학교 'ДВГУ'의 전신) 학장에게 요청하는 내용과 부록으로 장로교에 대응한 호소

(Дело), 리스트(Лист)의 순서로 되어있다. 폰드(Фонд-기록군, 서고)는 고문서가 본래 있었던 출처지를, 오피스(Опись-목록)는 폰드의 하위 분류 단위로서 '목록'에 해당되며, 델로(Дело)는 단위별 사건을 묶어 놓은 것으로 '사안, 사건'에 해당되며, 리스트(Лист-쪽, 면)는 고문서의 '쪽, 면'을 의미한다. 본 글에서는 각주 표기 과정에서 폰드는 'Ф.', 오피스는 'Оп.', 델로는 'Д.', 리스트는 'Л.' 형태의 약자로 표기했다.

54) 본 글에서 활용된 극동국립역사기록보존소의 한인관련 기록군과 사료의 본래 출처를 보면 다음과 같다: Ф.1(연해주 주관리국, Приморское областное правление, 1898-1917), Ф.2, Ф.28(블라디보스톡 시참사회, Владивостокская Городская Управа), Ф.143, Ф.244(블라디보스톡 주교구 관리국, Владивостокское Епархиальное управление), Ф.226(블라디보스톡 동방대학교, Восточный Институт во Владивостоке), Ф.702(프리아무르 군사령관지사 사령부실, Канцелярия приамурского генерал-губернатора), Ф.704(아무르주지사, Военный губернатор Амурской области).

문 '장로교파의 선교활동과 관련 연해주에 거주하는 한인들에게 고하는 말'[55]에 대해서 기술하고 있다.

이상의 문서들은 주로 장로교가 블라디보스톡에 공식적으로 출현했던 1909년 이후 한인사회에서 장로교의 침투와 활동으로 인한 그 영향과 파장을 상세히 보여주고 있다. 무엇보다 정교회의 장로교파에 대한 대응과정에서 정교회의 50여년의 한인 및 이민족 선교의 실체를 잘 보여주고 있다.

Ф.244의 Оп.3, Д.353(22건)[56]은 1911년 4월 14일-1918년 1월 24일 시기 한인 박 페오도르(Ф.И.Пак) 사제의 정교회 활동에 대해서, Ф.702의 Оп.1, Д.566은 1914년 12월과 1915년 1월에 자레체 선교지구(Заречинский миссионерский стан, 선교구) 선교사 요안 톨마체프(Иоанн Толмачев) 사제와 군사령관지사 간의 무국적자 한인의 재이주문제에 대해서, Д.748은 1912년 4월, 5월 교회용도의 부지를 조선국적의 한인들에게 임대해 주는 것과 관련, 프리아무르 군사령관지사와 블라디보스톡 및 캄차트카 대주교 예프세비(Евсевий Никольский)에게 요청하는 내용에 대해서, Оп.3, Д.443은 블라디보스톡 3년제 선교사양성 전문학교 규정 내용과 1914년 1월 4일 신성종무원 산하 경제국이 국가두마에 제출한 블라디보스톡 주교구의 한인개종을 위한 한인선교부의 조직에 국고지원하는 문제에 관한 사업설명에 대해서, Оп.5, Д.143은 포시에트 지구(участок, рқйон) 한인선교 활동 및 선교사, 교회건축, 선교지구 설립, 교육발전에 대해

---

55) РГИАДВ, Ф.226, Оп.1, Д.375, Л.1-2об. 『Слово к Корейцам, проживающим в Приморской области (по поводу пропаганды пресвитерианского учения)』. 이 호소문은 1911년 블라디보스톡 포크로프 교회 대사제 포포프 바실리에 의해 러시아어로 작성되어 블라디보스톡 주교구 정교선교협회 위원회에 의해 발간되었으며, 한인 교리문답교사(катехизатор)인 오 바실리에 의해 조선어로 번역되어 한인들에게 배포되었다.

56) 입수된 문서의 쪽수(Лист) 표기가 분명치 않아서 쪽수를 표기하지 않았음을 밝혀둔다.

서 기술하고 있다.

언급된 문서들 중에서 특히 Ф.244의 Оп.3, Д.353(22건)의 사료들은 1910년대 프리아무르 한인사회의 대표적인 정교회 한인사제였던 박 페오도르의 사제 활동과 관련된 문서들이다. 총 35쪽 분량의 이 문건은 하나의 개별사례로서 사료적 가치가 있다. 이 자료들은 한인 사제로서 박 페오도르의 출신에서 사제가 되기까지의 수학 과정과 사역활동, 그리고 1917년 11월 1일 휴가에서 복귀하지 않음으로써 사제직을 박탈당하기까지의 전 과정을 상세하게 보여주고 있다. 또 Ф.702의 Оп.3, Д.443의 사료에는 러시아의 국가종교였던 정교회 지도부가 1910년대 이후 정교회의 이민족 선교활동을 강화하고 장로교파의 침투에 대응하기 위해서 취했던 일련의 정책들과 선교활동 상황, 통계자료 등이 포함되어 있다. 특히 이 자료들은 정교회 지도부가 장로교파에 대응하는 과정에서 정교회의 50여년에 걸친 한인 및 이민족 선교의 실체와 현실을 공식적으로 보여주고 있어서 러시아 정교회의 한인선교의 성격을 규명해 보는데 중요한 단서를 제공한다. 마지막으로 같은 기록군의 Оп.5, Д.143의 문서들은 1860년대 중반부터 1899년 블라디보스톡 주교구의 설립 전후 시기 연해주 남부 포시에트 지구에서의 한인선교의 공식적인 시작과 초기 선교사들의 활동, 교회와 선교지구의 건축 및 조직상황, 그리고 교육활동 상황에 대한 상세한 정보를 제공해 주고 있다.

둘째는 중앙정부 법령문서와 중앙정부로 보낸 지방 행정책임자들(프리아무르 군사령관지사, 연해주지사)의 보고서들이다.

우선 중앙정부 법령문서인 "블라디보스톡 주교구 설립 및 주교구 관리국 규정 승인에 관한 국무협의회(Государственный Совет)의 승인된 의견사항"[57]은 1840년에 설립된 캄차트카 주교구의 '블라디보스톡 주

---

57) ГАХК(Государственного Архива Хабаровского Края), Собрание узаконений и распо-

교구'와 '블라고베쉔스크 주교구'로의 분리에 관한 중요 문제들을 다루고 있다. 특히 이 법령으로 1899년 분리 신설된 블라디보스톡 주교구는 한인들의 정교회 신앙 활동의 중심에 서서 가장 크게 영향을 미쳤던 기관이기도 하다.

다음으로 중앙정부로 보낸 프리아무르 군사령관지사들 및 연해주지사의 보고서들[58]이 있다. 이 자료들에서는 특히 러시아 정부 차원에서 정교회의 한인을 포함한 이민족 선교활동에 대한 재정지원 규모와 정책, 한인들의 정교회 신앙활동 상황을 포함하고 있어서 한인들의 정교회 활동과 관련한 당시 러시아 정부 측의 공식적인 입장과 태도를 볼 수 있다.

셋째는 종교 및 일반 신문, 잡지에 게재된 일반 기사 및 논문 형태의 기사들이다.

필자는 공식적인 종교 신문인 블라디보스톡 주교구의 『블라디보스톡 주교구 통보』(Владивостокские Епархиальные Ведомости)와 일반 주간지인 『프리아무르 통보』(Приамурские Ведомости)의 일반 기사 및 논문 형태의 기사를 주요 분석 자료로 활용했다.[59]

ряжений Правительства, издаваемое при Правительствующем Сенате, №118, Инв.№ 2808, 25 сентября, 1898, с.5741-5745.

58) ГАХК, Всеподданнейший отчёт Приамурского генерал-губернатора генерал-лейтенанта С.М.Духовского за 1896-1897 годы, СПб., Инв.№2710, 1898, с.8-9; ГАХК, Всеподданнейший отчёт военного губернатора Приморской области генерал-лейтенанта Н.М. Чичагова за 1900 год, Владивосток, Инв.№2576, 1901, с.20-23; ГАХК, Всеподданнейший отчёт Приамурского генерал-губернатора генерала от инфантерии Н.И.Гродекова за 1898-1900 годы, Хабаровск, Инв.№2709, 1901, с.21-24; ГАХК, Всеподданнейший отчёт Приамурского генерал-губернатора генерала от инфантерии Н.И.Гродекова за 1901-1902 годы, Хабаровск, Инв.№2577, 1902, с.9-10.

59) 신문 『블라디보스톡 주교구 통보』는 1903년부터 1917까지 한 달에 2회(1일, 15일) 발행되었던 블라디보스톡 주교구 산하 종교감독국(Владивостокская Духовная Консистория)의 기관지로서, 종교-도덕적인 내용과 블라디보스톡 주교구의 소식 및 주교구 문서들을 게재했다. 1912-13년 시기에는 부록물로

먼저 신문『블라디보스톡 주교구 통보』에 게재된 기사들[60]은 제3시기 요안 톨마체프 사제의 선교활동 및 한인마을의 종교활동 상황, 블라디보스톡 한인선교부, 서울선교부의 활동목적, 신성종무원의 지시에 따른 한인 선교단(миссионерская дружина)의 조직문제를 다루고 있다.

다음으로 일반 주간지인『프리아무르 통보』에 게재된 기사들[61]은 아무르주 한인사회의 중심인 블라고슬로벤노예 마을 한인들의 제2시기 중반까지의 기독교화 및 러시아화 상황과 블라디보스톡 주교 예프세비의 활동, 블라디보스톡 주교구 정교선교협회 위원회의 한인선교 활동상황, 1911년도 연해주 한인 선교지구 상황을 상세히 보여주고 있다.

종교 학술지인『선교사』(Миссионер),『선교평론』(Миссионерское обозрение),『정교회보』(Православный благовестник)에 게재된 기사들[62]은 아무르

『동방의 종소리』(Восточный Благовест)가 발행되었다.『프리아무르 통보』는 1894년부터 하바로프스크에서 발행되었던 일요 주간 신문이다. 이 신문들에서는 한인들의 구체적인 정교신앙 활동에 관한 모습들을 다양하게 보여주고 있다(Э.В.Ермакова(глав. ред.), *Приморский Край-краткий энциклопедический справочник*, Владивосток, 1997, с.81 참조).

60) ГАХК,『Владивостокские епархиальные Ведомости』, №1, 1января, 1916, с.20-22; ГАХК, 『Владивостокские епархиальные Ведомости』, №3, 1января, 1916, с.103-104; ГАХК, 『Владивостокские епархиальные Ведомости』, №14, 15июля, 1916, с.488-489; ГАХК, 『Владивостокские епархиальные Ведомости』, №19, 1октября, 1916, с.445-446; ГАХК, 『Владивостокские епархиальные Ведомости』, №20, 15октября, 1916, с.666-667.

61) А. В. Кириллов, "Корейцы села Благословенного", (историко-этнографический очерк), 『Приамурские ведомости』, №№58,59, Приложения, 1895, с.1-13; ГАХК, 『Приамурские Ведомости』, №205, Сшив №703, 30 ноября, 1897, с.15-16; ГАХК, 『Приамурские Ведомости』, №1511, Сшив №407-2, 16 января, 1910, с.4; ГАХК, 『Приамурские Ведомости』, №2107, Сшив №230-1, 4 марта, 1914, с.3.

62) 『Миссионер』, №26, 1874, с.239-242. 『Миссионерская деятельность между корейцами, переселившимися на Амур』; 『Миссионерское обозрение』, Март, 1911, с.728. 『Просвещение св.крещением 19человек корейцев』; 『Православный благовестник』, No.1, 1914, с.288-289. 『Миссионерское поездка катихизатора Забайкальской миссии корейца А.Е.Лиганга』.

주와 자바이칼주의 한인들의 세례 및 선교활동 상황에 대해서 다루고 있다. 특히 이 기사들은 한인 전도사 이강의 아무르주 및 이르쿠츠크주의 산악지역 한인노동자들에 대한 선교순례 상황을 자세히 보여주고 있다. 또한 일반 학술지인 『러시아통보』(Русский вестник), 『식민화 문제』(Вопросы Колонизации) 등의 학술지에 실린 논문 형태의 기사들[63]은 특히 한인들에 대한 러시아 정부의 한인정책과 시각을 잘 보여주고 있다. 또한 이주 초기 한인들의 세례 및 개종상황, 한인의 동화문제, 아무르주 블라고슬로벤노예 마을 형성 등에 대해서 다루고 있다.

넷째는 프리아무르 지방의 학술탐험, 기행 및 조사보고서들이다. 이 자료들은 주로 하바로프스크 국립도서관에 소장된 것들로서, 19세기 중반-20세기 초 프리아무르 지방 한인사회에서 정교회의 선교 및 개종 활동과 한인들의 종교활동 상황을 현장감있게 전달해 주고 있다. 우선 필자는 제국러시아 지리협회 회보에 게재된 아무르지역 기행 및 조사보고서들[64]을 분석 자료들로 활용했다. 이 자료들은 이

---

63) Н. А. Насекин, "Корейский вопрос в Приамурье", 『Русский вестник』, Т.269, М., 1900, с.296-303; А. А. Панов, "Жёлтый вопрос в Приамурье", (Историко-статистический очерк), Отдельный оттиск из №7 журнала 『Вопросы Колонизации』, СПб., 1910, с.53-116; В. Вагин, "Корейцы на Амуре", (Сборник исторических и статистических сведений о Сибири и сопредельных ейстранах), СПб., Т.1, 1875, с.1-29; С. В. Недатин, "Корейцы-колонисты", (К вопросу о сближении корейцев с Россией), *Восточный сборник, издание общества русских ориенталистов*, Книга 1, СПб., 1913, с.183-203.

64) Н. М. Пржевальский, *Путешествие в Уссурийском крае, 1867-1869гг.*, Владивосток, 1990, с.5-329. 이 여행기는 여행가이자 극동 및 중앙아시아 연구자, 성-페테르부르그 과학아카데미 명예회원이었던 프르줴발스키가 1867-69년 남우수리스크 지방과 아무르강 유역을 탐험하며 해당 지역의 기후와 토착민들의 경제와 농업, 관습, 이주자들의 사회-경제적인 상황 등을 수집 및 연구한 결과물을 토대로 1870년에 출간되었다(СПб.,1870, М.,1937, М.-Л.,1941, М.,1947, Владивосток,1990-5판 인쇄)(Э.В.Ермакова(глав. ред.), с.371 참조); Н. М.

주 초기인 1860년대 말 한인들의 연해주 이주와 정착, 최초의 한인정착촌인 티진혜 마을에서 최초의 세례상황, 그리고 한인 이주가 시작된 지 30여년이 지난 1890년대 프리아무르 지방 32개 주요 한인정착촌들에 대한 세밀한 정보와 더불어 한인정착촌들 내에서의 교회의 수와 선교사의 활동 및 한인들의 개종 상황 등을 보여주고 있다.

이외에도 필자는 1910년 프리아무르 군사령관지사인 곤닫티(Н.Л.Гондатти, 1911-17)를 책임자로 하는 아무르탐험대(Амурская экспедиция)의 학술탐험 보고서들[65]을 활용했다. 프리아무르의 한인 외에, 중국인 및 일본인들에 대해서도 다루고 있는 이 보고서들은 선교사의 무지와 무능력 속에서 수반된 선교상황 등을 전하며 정교회 선교활동의 결과에 대해 다소 부정적인 시각을 가지고 기술하고 있다. 나아가 아무르주 한인사회의 시작인 블라고슬로벤노예 마을과 연해주 이주 초기 한인들의 개종과 그 원인, 한인들의 정교회 수용 정도와 종교생활 모습, 한인 선교지구, 1910년경 한인 정교도의 규모에 대해서도 다루고 있다.

다섯째는 단행본 형태로 이루어진 자료들이다.[66]

Пржевальский, "Инородческое население в южнойчасти Приморскойобласти", *ИРГО*, СПб., Т.5, No.5, отд.2, 1869, с.185-201; Н. А. Насекин, "Корейцы Приамурского края", (Краткий исторический очерк переселения корейцев в Южно-Уссурийскийкрай), *Труды Приамурского отдела ИРГО*, Вып.1(Т.11), Хабаровск, 1895, с.1-36; И. П. Надаров, "Южно-Уссурийский край в современном его состоянии", (Сообщение в общем собрании И.Р.Г.О. 1889. 4. 19), *Известия императорского русского географического общества*, т.25, СПб., 1889.

65) В. В. Граве, "Китайцы, корейцы и японцы в Приамурье", (Отчёт Уполномоченного Министерства Иностранных Дел В. В. Граве), *Труды командированной по Высочайшему повелению Амурской экспедиции*, Вып.11, СПб., 1912, с.128-200; В. Д. Песоцкий, "Корейский вопрос в Приамурье", (Отчёт поручика 1-го Сибирского стрелкового ЕГО ВЕЛИЧЕСТВА полка В.Д.Песоцкого), *Труды командированной по Высочайшему повелению Амурской экспедиции*, Приложение к выпуску 11, Хабаровск, 1913, с.1-189.

이 자료들은 '한인들의 정교회 개종은 국적을 받기 위한 의무조건
이었으며, 정교회의 외적인 성공은 순전히 형식적이었다. 또한 프리
아무르 지방의 한인들은 공식적으로는 정교도이지만, 여전히 질병,
가축판매, 새로운 일의 시작 시에는 미신을 의지하고 있다'고 지적하
며, 공통적으로 한인들의 정교회 개종 및 러시아화에 대한 회의적 견
해와 비판적인 시각을 보여주고 있다.

이상에서 언급된 사료들은 모두 러시아 측에 의해서 작성된 자료
들이다. 하지만 실제적으로 저술물들 모두가 다양한 시기와 저자, 출
처지에서 작성된 자료들이고, 다양한 시각으로 한인사회 및 한인의
정교신앙 활동을 조명해 주고 있어서 활용 자료로서의 명분과 가치
를 충분히 지니고 있다고 본다. 필자는 프리아무르 지방의 한인사회
에서 정교회의 선교활동에 대한 균형감있는 자료 활용과 고찰을 위
해서 적은 양이지만 한인들에 의해 작성된 자료들도 일부 활용했다.

먼저 전체가 순수하게 한글로만 작성된 '대한인국민회 시베리아지
방총회'의 기관지였던 『대한인정교보』(大韓人正敎報, Православие)를
들 수 있다.

『대한인정교보』는 국민회 계열인 서도파(평안도파)의 이강과 정재
관 등이 중심이 되어 1911년 치타에서 조직된 '대한인국민회 시베리
아지방총회'(시베리아지방총회)의 기관지로서 발행되었던 월간 종교
잡지이다. 1912년 1월 창간호를 시작으로 발행되기 시작한 『대한인정

66) П. Ф. Унтербергер, "Приамурский край, 1906-1910г.г.", (Очерк с 6 картами, 21 таб-
лицейприложенийи с 55 рисунками на 22 листах П.Ф.Унтербергера), Записки ИРГО
по отделению статистики, Т.8, СПб., 1912, с.70-95, 166-167, 418-428, 1-7(Приложения);
П. Ф. Унтербергер, "Приморская область 1856-1898гг.", Записки ИРГО по отделению
статистики, СПб., 1900; С. Д. Аносов, Корейыы в Уссурийском крае (Хабаровск-
Владивосток : Книжное дело, 1928), с.5-86; Н. В. Кюнер, 『Корейцы』, рукопись, Архив
автора, Санкт-Петербургское отделение Института Этнологии РАН, Ф.8, оп.1,
No.253-а, с.1-27.

교보』는 정교도와 비정교도 한인들에게 대한 종교적인 메시지뿐만 아니라, 한인들의 독립의식과 애국사상을 고취시키는 내용이 포함되어 있다. 『대한인정교보』는 프리아무르 지방 한인사회의 또 하나의 거점지역을 이루는 치타에서 한인들의 정교신앙 활동을 보여주고 있다는 점에서 활용의 의미가 크다.

다음으로 『獨立新聞』(독립신문)에 '뒤바보'라는 필명으로 총 12회에 걸쳐 연재되었던 『俄領實記』(아령실기)[67]를 들 수 있다.

『俄領實記』에 게재된 한인들의 종교 활동과 관련한 기사의 분량은 적다. 하지만 기사들은 한인들의 러시아 이주 원인(시점과 과정), 풍속, 노동, 사회, 종교, 교육, 독립운동 등에 관해 구체적으로 밝히고 있다. 또한 정교신앙과 나아가 1910년대 활발한 선교활동을 벌였던 개신교 종파에까지 저자의 분명한 견해를 담고 있어서 정교신앙에 대한 한인의 흥미로운 시각을 엿볼 수 있는 자료이다.

---

67) 『獨立新聞』(상해판), 1920년 2월 20일-4월 12일, 뒤바보 『俄領實記』 1-12회.

제 II 장 러시아 국가와 정교회 선교

1. 국가-교회 간의 역학관계 변천: 기독교 수용에서 러시아혁명까지

본 논문이 제기하는 물음에 대한 본격적인 논의에 앞서서 필자는 본 장에서 우선 러시아의 기독교 수용에서 20세기 초 러시아 사회주의 혁명까지의 러시아 국가와 교회 간의 역학관계의 변천과정을 살펴보고자 한다. 이는 정교회의 선교활동이 국가와 교회 간의 긴밀한 관계 속에서 수행되어 온 측면이 강하고, 이후 양자 간의 역학관계의 변화 속에서 수행된 정교회 선교의 일반적인 변화상을 살펴볼 수 있도록 해주기 때문이다.

A.D.10세기(988)에 러시아가 비잔틴제국으로부터 정교회를 수용한 이후, 정교회는 국가 초기 러시아의 정치, 문화와 민족의식 발달에 지대한 영향을 미쳤다. 또한 교회는 종교적 기능 이외에도 자선과 의료활동, 여행객들에 대한 숙박제공 등의 사회적 기능도 수행했다.[1] 언급된 시기에 러시아 교회는 국가와의 관계에 있어서 전반적으로 비잔틴제국의 황제교황주의적인 전통에도 불구하고 자체적인 힘과 독립을 유지해나갔으며, 대립보다는 협력의 길을 모색해 나가는 면이 두드러졌다. 하지만 1589년 모스크바의 수좌대주교(митрополит)가 총대주교(патриарх)로 승격되기 전까지 아직 러시아 국가 내에는 이른바 속권과 교권의 대립구도는 형성되어 있지 않았다.[2]

---

1) N. Riasanovsky, *A History of Russia* (Oxford Univ. Press, 1984), p.54.

먼저 러시아 정교회가 몽고-타타르족의 압제기(1240-1480)에 러시아 전역에 확대되어 나가며 추구했던 것은 비잔틴제국으로부터의 독립과 자치의 획득이었다. 몽고의 침입으로 폐허로 변한 러시아에 가려는 그리스인 성직자가 없게 되면서 콘스탄틴노플 총대주교에 의해 임명되어 러시아 교회를 관할해오던 그리스인 수좌대주교가 러시아인으로 바뀌게 되었다. 최초의 러시아인 수좌대주교 키릴(Кирилл)은 1242-39년 시기에 러시아 전역을 돌아다니며 러시아인 민중들을 위로하고 가르쳤으며, 성직자들을 세우고 교회들을 재건했다. 또한 압제기에 몽고로부터 면세혜택과 함께 신체상의 보호를 받았던 성직자들은 민족의 단결을 위해 활동했던 지역의 공후들을 도덕적으로 지원해줌으로써 러시아인들에게 권위와 영향력을 증대시켜나갔다.[3]

이후 러시아 정교회의 위상에 큰 변화를 가져다 준 것은 1448년 모스크바 대공 바실리 Ⅱ세(1425-62)가 모스크바의 그리스인 수좌대주교 이시도르(Исидор)를 퇴위시키고, 랴잔의 주교 요나(Иона)를 모스크바 수좌대주교로 선출한 사건이었다. 1439년 플로렌스 종교회의에서 이시도르는 투르크에 대항해 로마(서방교회)로부터 군사적인 도움을 얻고자 하는 그리스 정교회의 성직자들과 함께 카톨릭 교회와의 연합에 동의를 했다. 이는 로마 교황의 권위의 우위를 인정하는 행위로써 이시도르는 모스크바에 돌아온 직후 러시아인들의 거센 반대 속에

---

2) 러시아 정교회의 모태인 그리스 정교회(동방정교회)의 고위성직자의 일반적인 계서체계는 다음과 같다: ①총대주교(патриарх-patriarch), 총대주교구(патриархия-patriarchate), ②수좌대주교(митрополит-metropolitan), 수좌대주교구(митрополия-metropolitan see/metropolitanate), ③대주교(архиепископ-archbishop), 대주교구(архиепископия-archbishopric/archdiocese), ④주교(епископ-bishop), 주교구(епархия-diocese). 그러나 이와 같은 고위성직자 간의 구분의 기준이 로마 카톨릭과는 달리, 도시의 규모에 따른 차등 구분일 뿐 반드시 수직적인 명령체계를 의미하는 것은 아니다.

3) N. Zernov, *The Russians and their Church* (St. Vladimer's Seminary Press: N.Y., 1978). pp.25-26.

체포되어 수도원에 감금되었다가 이후 서방으로 탈출했다. 1443년 러시아 주교회의는 플로렌스 종교회의에서 나온 교회일치(동서방교회연합)를 비난했으며, 바실리 Ⅱ세는 랴잔의 주교 요나를 모스크바 수좌대주교로 선출하게 된 것이다.[4] 러시아인 요나의 수좌대주교 선출은 러시아 정교회의 독자적인 행동으로 비잔틴에 대한 러시아 교회의 행정적인 종속이 끝이 났음을 의미하는 것이기도 했다.

이후 러시아 정교회의 위상은 15세기 후반 콘스탄티노플의 함락(1453)과 바티칸의 주선으로 비잔틴제국의 마지막 황제(콘스탄티누스 Ⅺ세)의 질녀(소피아)와 이반 Ⅲ세(1462-1505)의 결혼 이후 더 높아졌다. 이반 Ⅲ세는 비잔틴의 쌍두 독수리를 모스크바 공국의 문장으로 삼고 군주로서의 권위를 높인데 이어,[5] 이후 높아지는 러시아의 위상 속에서 이반 Ⅳ세(1533-84)는 대공(великий князь)이 아니라 황제인 차리(царь)로 등극하게 된 것이다. 특히 이반 Ⅳ세 시기에는 위상이 높아진 정교회 지도부와의 협력 속에서 막강한 군사력을 바탕으로 러시아의 영토를 확장해 나가며 서로의 권위를 인정해 주며 긴밀한 협력관계를 유지해 나갔다. 이 시기에 양자 간의 관계는 정치적으로 종교적으로 더욱더 돈독해졌다. 아울러 15세기 말 프스코프 출신의 수도사제(архимандрит, 수도원장) 필로페이가 바실리 Ⅲ세에게 보내는 편지에서, 제1로마와 제2로마(콘스탄티노플)는 그들의 이단성 때문에 야만인들에게 굴복되었고, 이제 기독교 세계의 수도는 모스크바로 옮겨졌으며,

---

4) V. Rumyantseva, "The Orthodox Church in the 15h and 16th Centuries", in Alexander Preobrazhensky, ed., *The Russian Orthodox Church: 10th to 20th Centuries* (Progress Publisher, Moscow, 1988), p. 60(Alexander Preobrazhensky, ed., *The Russian Orthodox Church: 10th to 20th Centuries* (Progress Publisher, Moscow, 1988이하 ROC로 줄임); 니콜라이 V. 랴자노프스키, 이길주 옮김, 『러시아의 역사Ⅰ』 고대-1800, 까치, 1991, p.144.
5) 니콜라이 V. 랴자노프스키, 이길주 옮김, 『러시아의 역사Ⅰ』, 위의 책, pp. 150-151.

제4의 로마는 세워지지 않을 것이라는 '모스크바 제3의 로마설'을 내
놓으며 러시아인들에게 자긍심을 가져다주기도 했다.[6]

비잔틴의 전통에 따라 속권과 교권의 긴밀한 제휴를 강조했던 모
스크바 공국에서 양자의 관계는 16세기 초의 '소유파'와 '비소유파' 논
쟁에서 점차 속권으로 기울어지게 되었다. 수도사 닐 소르스키(Нил
Сорский, 1433-1508)가 이끄는 비소유파는 수도원의 재산소유는 수도원
운동의 타락으로 보고 교회의 재산과 특히 수도원의 재산소유에 반
대했다. 반면 볼로칼람스크의 요시프 볼로츠키(Иосиф Волоцкий) 수도
사제가 이끌었던 소유파는 교회의 종교적, 사회적 의무를 강조하며
교회의 재산소유를 주장했다.[7] 결정적으로 비소유파는 교회가 국가
보다 우위에 있음을 주장하며 이단에 대한 탄압 등 정부의 교회문제
에 대한 관여를 거부한 반면, 소유파는 재산과 정부의 도움없이는 종
교적, 사회적 의무를 감당할 수 없음을 주장하며 교회와 국가의 긴밀
한 협력을 강조했다.[8]

1503년과 1504년 연이어 개최된 교회회의의 결과 비소유파는 교회
와 수도원의 재산에 욕심을 내었던 이반 III세의 지지에도 불구하고
소유파에게 패하고 말았다. 이는 국가와 교회의 관계에 대한 소유파
의 견해가 성장해가는 모스크바 공국의 전제주의에 더 부합되고 요
구되어지는 견해였기 때문이었다.[9] 그러나 모스크바 공국 시기에 러
시아에서는 중세유럽에서처럼 교권과 속권의 투쟁, 나아가 교권이 속

6) J. Curtiss, *Church and State in Russia: The Last Years of the Empire, 1900-1917*
   (Octagon, Inc. : N.Y., 1940), p.13.
7) Д. В. Поспеловский, *Русская православная церковь в XX веке*, М., 1995, с.72-72.
8) Karl-Heinz Schroeder, "Religion in Russia: To 1917", in Eugene B. Shirley Jr. &
   Michael Rowe, ed., *Candle in the Wind: Religion in the Soviet Union* (Ethis & Public
   Policy Center: Washington, D.C., 1989), pp.12-13.
9) 니콜라이 V. 랴자노프스키, 이길주 옮김, 『러시아의 역사 I』, 앞의 책,
   p.174.

권 위에 군림하려는 움직임은 일어나지 않았다. 오히려 교회는 차리가 수도원의 재산에 대한 전면적인 공격을 취하지 않을 경우 국가권력을 증대시켜주고자 했다. 이반 IV세를 차리로 등극하도록 대관식을 베풀어 준 것이 바로 교회였고, 소유파의 주장대로 양자 간의 관계가 더욱 공고화되었기 때문이다.[10] 물론 교회의 협조를 받았음에도 이반 IV세는 자신의 폭정에 항거하는 대주교를 교살하는 등 교회와 갈등을 빚기도 했다. 하지만 기본적으로 모스크바 공국에서 국가와 교회는 비잔틴에서와 마찬가지로 신에 의해 만들어진 세계질서의 보호를 위해 외적과 이교도의 도전에 맞서 협력하게 되었다. 이러한 국가-교회 간의 동맹은 교회로 하여금 힘을 가진 차리의 보호에 의존하게 함으로써 교회는 '국가의 하급동반자'의 위치로 관계 지워지게 되었다.[11]

한편 1589년 러시아 정교회의 수좌대주교에서 총대주교로의 승격은 비로소 러시아 땅에도 차리와 총대주교라는 속권과 교권의 양대 세력 구조가 마침내 자리를 잡게 되는 계기가 되었다. 러시아 정교회의 위상은 더 한층 높아 졌고, 국가는 독립 정교회로 승격된 교회를 업고 시베리아 식민 진출을 시작하며 더 큰 팽창을 하게 되었다. 이러한 팽창은 키예프 수좌대주교구와 몇 개의 주교구들을 포함하고 있던 우크라이나를 병합(1654)했을 때 더 가시화되었다.[12] 뿐만 아니라 교회의 재산소유를 억제시키기 위한 국가의 노력에도 불구하고 러시아 교회와 수도원들은 엄청남 재산과 부의 특권을 누렸다.

17세기 초에 들어서 정교회는 국가의 존립 자체가 위태로웠던 시기에 국가의 안정을 꾀하는데 주요한 역할을 감당하기도 했다. 1613

---

10) 임영상, "제정러시아의 교회와 국가", 『외대사학』 (서울 : 한국외대 역사문화연구소, 1992), p.42.
11) 위의 글, p.42.
12) 니콜라이 V. 랴자노프스키, 이길주 옮김, 『러시아의 역사 I 』, 앞의 책, p.279.

년에는 국민회의(Земский Собор)를 개최하여 새로운 로마노프(М.Романов)
왕조를 세움으로써 러시아 사회를 안정시키기도 했으며, 총대주교 필
라레트(Филарет)는 스스로 대군주의 칭호를 갖고 아들인 차리와 공동으
로 모든 문서를 나오게 할 정도로 막강한 권한을 행사하기도 했다.[13]
그러나 이러한 국가-교회 관계는 17세기 후반 총대주교 니콘(Никон)의
교회개혁(1650-60년대)으로 인해 교회의 분열이 초래되며 다시 국가
권력에 의존하게 되는 결과로 이어졌다. 이는 마치 중세유럽에서
교황의 아비뇽유수(1309-76) 사건 이후 교회의 대분열(1318-1417) 시
기에 대립하는 두 교황과 세속군주와의 결탁으로 교황권의 권위가
손상되고 교회 전체가 타락되는 결과로 이어졌던 것과 비슷하다.[14]
1654년 황제의 전폭적인 지지아래 소집된 교회회의는 교회 서적들을
그리스어 원본으로부터 다시 번역하고 예배의식도 통일시키자는 총
대주교의 제안을 가결시켰다. 아바쿰(Аваакум)을 비롯한 많은 성직자
들과 수도원 사제들이 개혁에 반대하고 나섰으며, 자신들을 고의식주
의자(старообрядец, 구신도, 분리파)로 부르며 전통적인 의식을 고수하
는 운동을 전개해 나갔다. 결국 니콘 측은 1666-67년의 교회회의에서
개혁 반대자들을 파문에 처하고 이들과의 투쟁을 국가권력에 일임하
게 되었던 것이다.[15] 하지만 황제가 교회의 지배자로 군림한 것은 아

---

13) 임영상, "제정러시아의 교회와 국가", 『외대사학』, p.42.
14) 関錫泓, 『西洋史槪論』, 三英社, 1995, pp.328-332. 아비뇽 유수는 필립4세(1285-
   1314)와 교황 보니파키우스 8세와의 대립으로 발생한 사건이다. 1296년 영
   국과의 전쟁비용(가스코뉴공령 쟁탈전)을 위해 교회에도 과세하려는 프랑
   스의 필립4세를 교황은 파문하고자 했고, 이후 양자 간에 날카롭게 대립을
   했다. 이후 필립4세는 심복 노가레를 시켜 교황을 습격(1303)하여 사로잡게
   했으나 귀족들의 압력으로 교황은 풀려났으며, 노쇠한 교황은 충격과 굴
   욕감으로 사망하게 되었다. 1305년 추기경 회의는 새교황으로 보르도 대주
   교 클레멘트5세(1305-14)를 선출(크클레멘트는 25명의 주교를 임명했는데,
   이중 25명이 프랑스인)하고, 프랑스의 아비뇽에서 국왕의 지시에 따라 집
   무를 보도록 함으로써 교황권에 치명타를 가했다.

니었다. 황제의 대관식에는 황제와 총대주교의 보좌가 나란히 놓였
고, 교회의 주요 행사에는 다스릴 권리를 가진 자로서가 아닌 교회의
보호의무를 지닌 '정교회의 군주'로서 참여했다. 즉 이 시기기에 황제
가 교회생활에 관여는 했지만 교회회의에 의해 다스려지는 교회는
여전히 내부적으로 완전한 자유를 누리고 있었던 것이다.[16]

　서로 간에 명분과 힘을 실어주며 유지되어 오던 러시아의 국가-교
회 관계는 18세기 초 강력한 절대군주 표트르대제의 등장으로 기울기
시작했다. 표트르대제의 대개혁의 소용돌이 속에서 유지되어 왔던 양
자 간의 돈독한 협력 및 동맹 관계에 심각한 불균형이 초래되었다.
표트르대제의 교회개혁은 그가 강도 높게 추진했던 서구화 정책의
일환에서 이해될 수 있다. 그는 강력한 러시아의 건설을 꿈꾸었고, 따
라서 국가의 필요에 따라 교회재산을 사용하고자 하는 데에 교회개
혁의 목적이 있었다. 표트르대제의 교회개혁은 총대주교와 고위성직
자 및 수도원 저택과 토지에 대한 관리를 위임맡은 '수도원 프리카
즈'(Монострыский приказ)[17]의 설립에서 시작되었다. 이후 교회토지의
실제적인 세속화가 교회 측의 불만으로 제한적으로 이루어지게 되면
서 표트르대제는 교회재산의 완전한 세속화 정책을 포기하고 1720년
8월 칙령으로 수도원 프리카즈를 해체하고, 총대주교직 폐지와 '교회
콜레기야'(Духовная коллегия)[18]로의 대체를 통해 교회행정을 개혁해 나
갔다.[19] 수도원 프리카즈의 해체는 총대주교직 폐지에 따른 성직자들

---

15) С. Н. Сыров, *Страницы истории*, М., 1975, с.97-100.
16) 임영상, "제정러시아의 교회와 국가", 『외대사학』, p.43.
17) '수도원 프리카즈'는 1648-49년 국민회의 회기 중에 세속대표들의 청원에
　　 따라 1649년 대법전 울로줴니예(Уложение)에 의거해 설립되어 1677년 폐지
　　 되었다가 1701년 표트르대제에 의해 다시 설립되었다.
18) 교회 콜레기야(신성종무원)는 11인으로 구성되었는데, 스테판 총대주교
　　 직무대리가 의장이 되고, 두 명의 부의장과 그 외 고위성직자들로 구성이
　　 되었다가 1722년부터는 세속 행정관리가 신성종무원장으로 임명되기 시작
　　 했다.

의 반대를 누그러뜨리기 위한 방편이었다. 마침내 1721년 1월 25일 표트르대제는 칙령을 통해서 총대주교제 폐지와 교회 콜레기야 설립, 그리고 종교법의 승인을 선언했다. 그해 2월 14일 교회 콜레기야는 신성종무원으로 명칭이 바뀌었고, 교회의 재산과 관리가 신성종무원에 위임되었으며, 신성종무원은 성직을 임명하고 교리를 해석하며 각종 이단과의 투쟁의무가 주어졌다.[20] 1722년부터는 세속 행정관리가 신성종무원 원장으로 임명되면서 교회는 국가의 직접적인 통제를 받기 시작했고, 그해 4월 22일에는 황제에 대한 의무적인 충성서약을 규정하는 칙령이 내려짐으로써 국가권력에 완전히 종속되고 말았다.[21]

표트르대제의 개혁으로 국가는 확실히 교회조직, 재산 및 정책면에서 효과적인 통제력을 행사할 수 있게 되었다. 수도는 모스크바에서 성-페테르부르그로 옮겨졌으며, 러시아에는 이제 황제만 남게 되었다. 그러나 여전히 정교회의 신앙적인 교리와 전통은 유지가 되었다. 표트르대제 시기에 국가는 이미 1620년 설립된 최초의 토볼스크 주교구와 필로페이(Ф.Лещинский, 1702-11) 수좌대주교를 중심으로 시베리아 토착민 선교를 이끌어 나갔기 때문이다.

표트르대제 사후 교회는 국가와의 투쟁 끝에 1764년 2월 26일 예카테리나 II세(1762-96)의 칙령에 따라 교회토지가 세속화되고 수도원이 814개에서 396개로 감소되었음에도 국가와의 동맹관계를 져버리지 않았다. 현금수당과 별개로 성직자들은 생계수단으로 토지를 지급받아 1797년에 이르면 다시 성직자의 수가 크게 증가하게 되었고, 정교회는 여전히 중요한 역할을 수행하며 국가종교로서의 지위를 유지해 나갔다.[22]

---

19) I. Bulygin, "The Russian Church in the 18th Century", in *ROC*, pp.109-114.
20) Ibid., pp.114-115.
21) Ibid., pp.116-117.
22) Ibid., pp.121-123.

19세기에 들어서도 국가-교회 관계에는 큰 변화가 없었다. 표트르 대제에 의한 신성종무원 체제는 오히려 더 강화되었고, 이러한 상황은 1917년 혁명에 이르기까지 이어졌다. 표트르대제의 교회개혁 이후부터 1917년 혁명에 이르기까지 제정러시아 시기의 국가-교회 관계는 제반 법령들이 집대성되어 나온 1833년의 법전(Code of Laws)에서 살펴볼 수 있다. 이 법전의 제40조는 정교회가 러시아의 우선적이고 지도적인 신앙임을 선언하고, 황제는 오직 정교회 신앙만을 고수해야 하고 이를 지키는 최고의 보호자이며 후견인이 되어야한다고 규정하고 있다.[23] 정교회는 여전히 국가교회의 위치에 있었다. 교회행정을 담당했던 신성종무원은 이제 중앙정부의 단순한 행정부서로서 국가에 예속되었다. 신성종무원장은 황제의 대신자격으로 대신협의회(Совет министров)에 참여하고, 국무협의회의 위원이 됨으로써 교회의 국가예속이 확고해졌으며, 이는 법전이 편찬되었던 니콜라이 Ⅰ세(1825-55) 치세기에 이루어 졌다. 1835년 니콜라이 Ⅰ세는 신성종무원장에게 국무협의회의 위원 및 각료와 동등한 법적 지위를 부여했으며,[24] 국가와 그 통치자는 영적도움이 필요하기 때문에 교회는 이를 지원해줄 의무가 있다고 언급했다.[25]

신성종무원 자체도 중앙의 행정부서처럼 그 산하 기구가 확대되었다. 1833년에는 교회행정을 정규화하고자 종무국이 조직되었고, 1836년 신성종무원장에 취임한 프로타소프(Н.А. Протасов)의 제안에 따라 황제는 신성종무원에 재정지원을 확대해 주었다. 또한 각급 교회의 재정과 재산을 책임지고 있던 경제위원회가 경제국으로 승격되었

23) P. Ziryanov, "The Orthodox Church in the 19th Century", in ROC, p.133.
24) D. Edwards, "The system of Nicholas I in Church-State Relations," in Robert L. Nicholas & Theofanis George Stavrou, ed., Russian Orthodoxy under the Old Regime (Univ. of Minesota Press : Mineapolis, 1978), p.158.
25) Ibid., pp.159.

고, 1839년에는 교회학교위원회가 폐지되고 교회-학교국이 조직되었
다.[26] 이와 같이 니콜라이 Ⅰ세 시기에 러시아 정교회는 중앙정부의
한 부서로서 확고히 자리를 잡게 되었고, 교회행정은 세속인 주도 하
에 완전히 국가에 예속되었다.

불균형적인 국가-교회 간의 관계 속에서도 양자 간의 협력은 지속
되었다. 이는 정교를 국가종교로 규정하고 있는 상황에서 당연한 현
상이기도 했다. 19세기 국가-교회 간의 협력은 대개혁기의 농민문제
에서도 표면화되었다. 1861년 2월 19일 황제가 농노해방령을 서명한
후인 3월 5일 대주교 필라레트가 작성한 농노해방에 즈음한 선언문이
황제 알렉산드르 Ⅱ세의 이름으로 공표되었던 것이다.[27] 19세기에 양
자 간의 협력과 동맹관계가 절정을 이룬 것은 포베도노스체프(К.П.
Победоносцев)가 신성종무원을 이끌었던 1880-1905년의 기간이었다. 그
는 전제정치의 확고한 지지자였다.

포베도노스체프는 두 가지 방향에서 정책을 추진해 나갔다. 그는
먼저 교회주관의 초등교육을 확립해나가고자 하는 차원에서, 1884년
6월 13일 '교구학교에 관한 법령'을 공표하고 신성종무원이 운영하는
학교의 설립과 유지를 위해 많은 재정을 할당했다. 교회 주관의 초등
교육은 모스크바 대주교 필라레트가 정부에 촉구해 왔던 사안이기도
했다. 1884년 신성종무원이 관장하던 초등학교는 4,000개에서 1894년
에는 31,835개로 증가되었다. 또한 1896년에는 세속학교의 150만 루블
에 비해 교회교구학교에 340만 루블을 할당했다.[28] 19세기 중반 이래
영향력이 커지고 있던 혁명운동에 맞서서 대적할 수 있는 가장 신뢰
할 수 있는 방법은 교회가 초등교육을 담당하는 등 그 사회적인 힘을
강화시키는데 있다고 본 것이 모스크바 대주교 필라레트와 신성종무

---

26) Ibid., pp.158-161.
27) P. Ziryanov, op. cit., pp.149-152.
28) Ibid., pp.159-160.

원장의 공통된 입장이었던 것이다.[29)]

포베도노스체프가 추구했던 또 다른 정책은 정교회의 선교활동 강화였다. 여기에는 물론 시베리아 및 프리아무르 지방을 포함한 이민족 선교활동도 포함이 된다. 우선적으로 이슬람과 이단종파들 사이에서 정교회의 체계적, 조직적 확대를 위해 전 러시아 정교회 선교협회(Всероссийское Православное Миссионерское Общество)의 활동이 강화되었다. 나아가 내적으로는 고의식주의자를 압박하고, 외적으로는 타 종파의 정교회에 대한 선교활동에 대항해 행정당국 및 경찰당국에 협조를 요청해 대처해 나갔다.[30)] 한 예로 행정당국과 경찰당국을 통한 타 종파에 대한 견제와 압박은 1910년을 전후로 블라디보스톡을 중심으로 한 극동 지역에 들어온 최관흘 선교사가 이끄는 장로교파에 대한 블라디보스톡 주교구의 반응과 대응에서 잘 나타나고 있다. 이에 대해서는 본고의 제IV장에서 자세히 다루기로 한다.

국가의 한 행정부서로서 예속된 상황에서도 국가종교로서의 지위를 보장받으며 국가와의 협력관계를 유지해 왔던 러시아 정교회는 20세기 초에 들어서며 급격한 변화의 물결에 휩싸이게 되었다. 1905년 1월 9일 성상과 황제의 초상화를 들고 노동조건의 개선과 빵을 요구하는 시위노동자들에게 황제의 군대가 발포하여 수천의 사람들이 죽고 다치는 이른바 '피의 일요일 사건'이 발생한 것이다.[31)] 신성종무원은 1월 15일 메시지를 통해서 사태의 요인을 일본자본의 개입에 따른 것으로 책임을 돌리며 위험스런 선동가를 조심하라고 경고하고, 1월 19일에는 노동자를 이끌었던 가폰 사제의 성직을 박탈했다. 1월 11일, 14일, 21일에는 수도에서 일반 사제들의 열띤 논의가 이어졌고, 이어 1월 12일의 '342인 교수 시국선언'과 성탄절 휴가를 마친 학생들의 소

---

29) Ibid., pp.162-163.

30) Ibid., pp.160-161.

31) С. Н. Сыров, указ. соч., с.181-183.

요로 사회는 혁명적인 분위기로 전환되어 걷잡을 수 없는 상황으로
치닫기 시작했다. 결국 1월 25일 대신협의회는 종교적 관용에 관한 원
칙을 도입하기 위한 조치를 논의하기 시작했다. 이때 포베도노스체프
를 대신해 참석한 신성종무원 위원인 성-페테르부르그 대주교 안톤은
자치적인 교회행정의 회복이 개혁의 필수적인 부분이 되어야 하며,
신성종무원 체제는 폐지되어야 한다고 분명하게 피력했다.[32) 안톤 대
주교의 개혁안은 결국 국가로부터 빼앗겼던 제반 권한이 회복되어야
국가-교회 관계에서 양자의 협력과 동맹이 가능하다는 논리였다.

그러나 이 개혁안은 쉽게 받아들여지지 않았다. 황제는 가능한 5
월 말이나 6월 초까지 전러시아교회회의(Поместный собор)[33)를 소집할
것을 약속했다. 그러나 황제 정부는 교회회의를 결코 소집하지 않았
다. 예비교회회의 위원회가 1906년 5월에 소집되어 12월까지 지속되었
을 뿐이다. 교회개혁 문제로 주교 및 성직자들의 반란이 일단 가라앉
은 1905년 3월부터 혁명운동이 절정에 달했던 10월까지 러시아 정교
회의 중앙행정 체제는 완전히 붕괴된 것이나 다름없었다. 신성종무원
장이 거의 전 위원을 교체한데 이어 실질적으로 신성종무원의 활동
이 거의 없었기 때문이다.[34) 한편으로 10월 17일 니콜라이 II세(1894-
1917)의 10월선언과 비테(C.Витте, 1849-1915)[35)의 총리대신 임명, 10월

---

32) J. Cunningham, A Vanquished Hope: The Movement for Church Renewal in Russia
   (St. Vladimir's Seminary press : N.Y., 1981), p.95.
33) 전러시아교회회의(지역 교회회의, Поместный собор)는 과거 동서로마제국
   시기의 공의회의 개념에서 볼 때 지역공의회로 이해될 수 있다. 가장 권위
   있는 종교회의이며, 이 회의에는 주교급 이상이 전원 참석했으며, 그 밖에
   하급사제와 평신도 일부도 참석했다. 전러시아교회회의는 지금까지 총 5
   차례(1917, 1943, 1971, 1988, 1990)에 걸쳐 개최가 되어왔다.
34) P. Ziryanov, op. cit., p.188.
35) 비테(Сергей Витте)는 트빌리시 출생으로 1870년 오데사 대학 물리-수학과를
   졸업했다. 그는 재무장관으로 재직(1892-1903)하며 황제의 권위를 배경으로
   주류의 전매제도를 도입하는 등 재정개혁과 보호관세를 통한 산업보호정

19일 신성종무원장의 해임은 러시아 정교회의 앞날에 새로운 시대가 열릴 것이라는 희망을 갖게 했다. 여기에 전러시아교회회의 소집에 대한 기대감도 한몫했다. 그러나 지배체제가 입헌군주체제로 변화된 것을 제외하고 교회의 국가에 대한 예속적인 체제의 탈피까지는 아직 더 시간을 필요로 했다.

1905년 10월선언으로 입헌군주체제가 도입되었지만 국가-교회 간의 협력체제는 강도의 차이는 있지만 여전히 지속되었다. 가장 중요한 교회의 자치 또한 아직은 온전히 달성되지 못한 채 신성종무원 체제가 유지되어 나갔다. 1917년 2월혁명으로 황제정부가 무너지고 임시정부가 들어선 후에도 국가와 정교회 간의 협력관계는 유지가 되었다. 임시정부가 언론, 출판, 집회, 종교의 완전한 자유와 함께 신분, 종파, 민족적인 제한을 폐지하는 포고령을 제헌의회에서 새로운 기본법이 마련될 때까지 미루었기 때문이다. 여전히 신성종무원은 전쟁을 지속하려는 임시정부의 정책을 지지해 주었으며, 볼쉐비키의 7월봉기 동안에도 정부에 대한 지원을 해나갔다. 한편 1917년 6월 임시정부는 전러시아교회회의 소집을 허락하면서 완전한 종교의 자유를 추구했다.[36] 마침내 1917년 8월 15일 전러시아교회회의가 열리기 전날 신성종무원 체제가 폐지되었고, 종교부가 설치되었다. 이후 볼쉐비키의 권

책을 실시했다. 또한 금본위제를 확립(1897)했으며, 적극적인 외자도입을 통해 시베리아 철도 건설과 관련 산업발전을 촉진시키는 등 1890년대에 러시아 산업발전에 큰 역할을 했다. 비테는 포츠머스에서 돌아온 직후인 1905년 10월 전국적인 파업 속에서 10월선언을 기초하여 입법권을 가진 의회와 시민적 자유를 러시아에 도입하려고 시도했다. 또한 이 10월선언이 공포되는 동시에 총리가 된 그는 프리아무르에서 유럽으로 100만명의 군대를 이동하는 일과 외채도입에 성공함으로써 1905년 혁명을 성공적으로 수습했다. 그러나 이후 니콜라이 Ⅱ세와의 불편한 관계로 인해 재임 반년 만에 사임했다(김언호(펴낸이), 『러시아와 독립국가연합을 아는 사전』, 한길사, 1992, pp.350-351 참조).

36) 임영상, "제정러시아의 교회와 국가", 『외대사학』, pp.64-65.

력장악이 이루어진 10월 31일 전러시아교회회의는 3명의 총대주교 후보를 지명하고, 11월 5일 모스크바 대주교 티혼(Тихон)이 총대주교로 선출됨으로써 교회는 국가의 예속으로부터 완전히 벗어나게 되었다.

2. 19세기 선교를 둘러 싼 국가-교회 간의 관계

① 교회의 선교목표: 신앙을 통한 기독교화(복음화)

앞서 언급되었듯이 18세기 초 표트르대제의 교회개혁으로 완전히 국가에 예속된 상태 속에서도 러시아 정교회의 신앙적인 교리와 전통은 유지가 되었으며, 정교회는 국가와의 협력관계를 모색해 왔다. 러시아의 팽창이 공고화되어가는 19세기에는 특히 교육과 선교활동 분야에서 이러한 국가와 교회 간의 협력모습이 나타나고 있다.

러시아 정교회의 선교의 역사를 살펴보면 두 개의 큰 흐름이 존재해 왔음을 알 수 있다. 그것은 교회의 선교목표인 신앙을 통한 기독교화와 국가의 선교목표인 러시아화이다. 이 양자 간의 서로 다른 목표는 러시아 정교회의 선교역사 속에서 항상 공존해 왔다고 볼 수 있다. 선교의 목표로서 기독교화란 '토착화'를 의미하며, 선교현장에서 소수의 이민족을 러시아화하기 보다는 소수민족의 언어와 문화를 존중하고 성경을 토착언어로 번역하여 신앙교리를 전하는데 역점을 둔 선교사역을 의미한다.[37]

러시아 교회사가인 니콜라스 제르노프(N. Zernov)는 19세기에 기독교화와 토착화를 위해 헌신한 대표적인 선교사로서 1830년대 알타이 지역에서 선교한 마카리 글루하료프(М.Глухарёв, 1830-44)와 인노켄티 베니아미노프(И.Вениаминов, 1840-1868), 19세기 말 일본에서 선교활동을

---

37) 남정우, "동방정교회의 선교역사 연구", 『선교와현장』 제10집(서울 : 장로회 신학대학교 세계선교연구원, 2005), pp.90-91.

수행한 니콜라이 카사트킨(Н.Кассаткин, 1836-1912)을 언급한다.[38] 제르노프는 이 3인의 공통점과 선교사역의 원형을 14세기 코미-페름의 성 스테판[39]에게서 찾고 있다. 이들의 공통점은 국가-정치적인 선교를 거부하고, 보편적인 그리스도의 복음을 전하는데 역점을 두었다는 점이다. 하지만 이민족의 기독교화가 반드시 러시아화로 이어지는 것은 아니었다. 라디스 크리스토프(Ladis Christoper)는 '러시아 정교회의 선교를 러시아화 정책의 일환으로 볼 수 있느냐'는 질문에 '아니다'라고 대답한다.[40] 그 이유는 정부 관리들과 선교사들이 선교사를 통하여 추구한 것은 비러시아인들에게 정교회 신앙을 심어주려 한 것이었지 러시아어나 러시아 문명이 아니었기 때문이라는 것이다. 소비에트 사가 이반 스미르노프(И.Смирнов)는 "19세기 전반기에 러시아 정부가 동부지역 비러시아인들을 기독교인으로 만들려고 했지 러시아인으로 만들려고 하지는 않았다"[41]고 언급하고 있다. 따라서 19세기 후반들어 러시아 정부는 교회의 정교신앙을 통한 기독교화 활동에만 의지하지 않고 러시아어 및 문화 교육을 통한 이민족의 러시아화 정책에도 관심을 쏟기 시작했다.

② 국가의 선교목표: 러시아화

러시아화에 대한 개념 정의에 있어서 로만 스즈포르럭(Roman

---

38) N. Zernov, Eastern Christendom (New York: G. P. Putnam's Sons, 1961), pp.180-184.

39) 9세기 비잔틴제국의 선교사들이었던 키릴과 메소디우스의 토착어를 통한 이민족 선교전통을 이어받은 성 스테판은 14세기 우랄 북서쪽의 코미-페름의 핀족들을 상대로 선교활동을 했다. 그는 페르먀크어(Permiak language) 알파벳과 문법을 고안해 내었으며, 성서와 기도서를 번역하여 핀족들을 기독교화 시켰다(D. V. Pospielovsky, The Orthodox Church in the History of Russia (New York : St Vladimir's Seminary Press, 1998), p.160 참조).

40) Eli Weinermann, "Russification in imperial Russia: The search for homogeneity in the multinational state", Ph.D. diss., Indiana University, 1996, p.219.

41) 남정우, "동방정교회의 선교역사 연구", 앞의 책, p.110.

Szporluk)은 가장 전통적인 견해로서 "러시아화의 목적은 다름 아닌 비러시아인들을 언어와 정체감에 의해서 제국 러시아의 신민을 만드는 것이다"[42]라고 말하고 있다. 이러한 개념은 더 세분화되어 '행정적인 러시아화'와 '문화적인 러시아화'로 구분되었다. 행정적인 러시아화란 학교에서 러시아어를 가르치고 통일된 러시아 법률과 제도를 가르쳐 지키게 하고, 공공기관에서 러시아어를 사용하게 함으로서 변방 지역들을 제국의 중심부와 통합시켜 나가는 노력을 말한다. 문화적인 러시아화란 변방 민족들로 하여금 러시아인의 언어, 문화, 그리고 정교회 신앙을 받아들이도록 만드는 것을 의미한다.[43] 19세기 초 카람진은 정부관리들에게 변방지역 민족들을 러시아화시키는 방법과 관련해서, "성공적인 러시아화를 위해서는 반드시 해당 민족의 특성을 알아야 하며, 그들이 수용할 수 있도록 정신적인 준비작업이 필요하며, 무엇보다 중요한 것은 힘으로 바꾸려 하지 말고 아주 지혜롭게 시행 시기와 추진 기간을 정해야 한다"[44]고 중요한 충고를 했다. 러시아화의 방법에 대해서 다양한 견해가 존재하지만, 궁극적인 목표는 이민족의 언어, 문화, 신앙, 인종적인 충성심들을 점차적으로 약화시켜 소수민족들의 정체감을 없애고, 궁극적으로 러시아 민족으로 동화시킨다는 점에서는 일치하고 있다.

이러한 러시아화가 러시아의 공식적인 정책이 된 것은 19세기 후반인 알렉산드르 Ⅲ세(1881-94) 시대였다. 러시아인과 러시아어가 제국의 주인이 되어야 하며 다른 민족들은 제국의 이익과 자신들의 이익을 좇아서 러시아인이 되어야 한다고 믿었다. 하지만 점차 시간이 지

---

42) Eli Weatherman, op. cit., p.213.

43) Ibid., pp.213-214.

44) Ceymour Becker, "Contributions to a Nationalist Ideology: Histories of Russia in the first half of the Nineteenth Century", Russian History/Histoire Russe, 13-4(1986), p.351.

남에 따라 러시아 민족과 러시아어가 제국의 주인이 되어야 한다는 사상이 더 강해져 갔다.[45] 알렉산드르 III세의 정책은 신성종무원장 포베도노스체프에 의해 착상이 되고 구체화되었다. 포베도노스체프는 19세기 말 러시아화 정책의 상징적인 인물이었으며 정교에 대한 열렬한 지지자였다. 러시아화 정책은 부분적으로 국가의 통일성에 대한 위협을 내포하고 있는 제국 내의 상이한 민족들의 점증하는 민족감정에 대한 반응이었으며, 어느 의미에서는 대러시아인들 자신의 성장하는 민족주의에 대한 응답이었다. 알렉산드르 III세는 러시아 황제들 중에서 최초의 민족주의자로 간주되고 있다. 그의 통치 기간 동안 러시아화를 위한 조치는 반란을 일으킨 폴란드인들뿐만 아니라 그루지야인, 아르메니아인, 그리고 점차 충성스런 핀란드인들에게로 확대되었다.[46] 알렉산드르 III세의 민족주의적인 조치와 포베도노스체프의 교육 정책은 이후 1880년대 후반부터 등장하기 시작한 교회교구학교를 통해서 프리아무르의 한인교육에도 반영되기 시작했다.

러시아 정교회의 역사에서 토착민의 기독교화에 헌신한 선교사들보다는 국가의 목표인 러시아화를 위하여 봉사적 기능을 수행한 선교사들의 예가 훨씬 많다. 그것은 국가종교였던 러시아 정교회의 선교가 총체적으로 국가의 목표인 '러시아화'에 봉사적 기능을 수행했기 때문이다. 이러한 구조 속에서 19세기 후반에 러시아의 변방에서 선교활동을 수행한 사제나 선교사들은 대부분 국가 공무원과 같은 신분으로 봉급을 받으면서 러시아화를 위한 한 방편으로서 선교활동을 수행했다.[47] 소비에트 사가 이반 스미르노프는 "혁명 이전 러시아 선교사들의 사역의 진정한 목적이 무엇이었는지는 분명히 밝힐 수

---

45) 남정우, "동방정교회의 선교역사 연구", 앞의 책, pp.114-115.
46) 니콜라이 V. 랴자노프스키, 김현택 옮김, 『러시아의 역사II』 1801-1976, 까치, 1994, p.123.
47) 남정우, "동방정교회의 선교역사 연구", 앞의 책, p.110.

없지만, 그들의 선교 사역이 민족 종교들과 민족 문화들을 말살하고, 각 민족들을 억압하며 동시에 러시아화 시키는데 중요한 역할을 한 것만은 사실이다"[48]며 선교사들을 비판하고 있다.

③ 선교정책

19세기 전후반을 거치며 러시아 국가와 정교회를 이끈 통합된 가치체계는 관제국민주의 정책이었다. 관제국민주의 정책은 니콜라이 Ⅰ세 시기인 1833년에 교육부대신 우바로프(С.С.Уваров, 1786-1855) 백작에 의해 주창된 것으로 다민족을 거느린 광활한 러시아제국을 통치해 나가는 일종의 민족주의적인 통치이념이었다고 할 수 있다. 이 관제국민주의 이데올로기는 전제주의(Самодержавие), 정교(Православие), 국민성(Народность)을 골자로 하고 있는데, 모든 러시아 제국민들이 러시아 정교회를 믿음으로 황제에게 충성하고, 나아가 러시아제국의 통합을 이루는 것을 목표로 삼고 있었다.[49] 이러한 관제국민주의 정책은 러시아 제국민들로 하여금 정교를 강조하는 근간이 되었고, 이후 러시아 정교회의 시베리아 및 프리아무르 이민족 선교의 큰 축으로 작용했다.

19세기 러시아 정교회의 선교는 이와 같은 관제국민주의 정책 속에서 수립되고 이행되어 나갔다. 19세기 초반 정교회의 선교정책은 제국변방의 강화책으로 러시아 정부의 관심을 받았다. 전제정은 18세기 말의 관용적인 기독교화 정책은 폐지하고, 개종을 설득과 경제적인 이익에 따라 강요했다. 한편 토착민의 '미신'에 대해서는 관용적인 태도를 취했으며, 1826년부터는 개종자들에게 3년간의 세금 및 야삭 면제혜택을 주었다.[50]

---

48) Н. А. Смирнов, "Миссионерская деятельность церкви(Вторая половина ⅩⅨ в.-1917г.)", А. И. Кливанов(ред.), Русское православие: Вехи истории, М., 1989, с.441.
49) 니콜라이 Ⅴ. 랴자노프스키, 김현택 옮김, 『러시아의 역사Ⅱ』, 앞의 책, p.37.

무엇보다 가장 큰 변화는 정교회 지도부가 선교부(миссия) 설립을 통해서 체계적인 선교정책을 추구해 나가기 시작했다는 것이다. 시베리아 최초의 알타이 선교부는 1820년대 경건파의 복음화 영향에 직면하며 기독교화 활동을 등한시해 온 정교회의 인식에서 나온 결과물이었다. 1828년 알타이 선교부를 필두로 최초의 선교사 파송이 시작되었다. 또한 카잔과 이르쿠츠크 등지의 15개 신학교(духовная семинария)에서는 토착어 교육이 실시되었고, 선교활동에서 의료진료나 심지어는 토착민들에 대한 물질적인 원조도 선교사의 의무로 규정하기에 이르렀다.[51] 이러한 움직임은 이전 시기에 행해졌던 맹목적인 선교활동에 대한 자성과 교육적이고 체계적인 선교활동의 필요성에 대한 인식에서 비롯된 것이었다.

하지만 정교신앙을 통한 이민족의 기독교화 정책은 19세기 후반 들어서 정책적인 변화를 겪게 되었다. 정교회 지도부는 정교회의 내부적 결속과 조직 및 체제 정비를 강화해 나가는 한편, 특히 이민족의 교육을 통한 러시아화에 더 역점을 둔 선교정책을 수립 및 추진해 나가기 시작했다. 특히 1880-1905년 시기 신성종무원장을 역임했던 포베도노스체프에 의해 정교회 선교는 일종의 국가 정책으로 이민족들 사이에서 강력히 추진되어 나갔다. 이러한 변화는 19세기 후반 정교회 지도부가 맞이하게 되는 몇 가지의 상황변화에 따른 것이었다.

몇 가지의 상황변화를 살펴보면, 첫째로 기존의 정교신앙을 통한 선교활동이 이민족의 기독교화와 러시아화라는 국가의 입장에서 볼 때 만족할 만한 결과를 가져다주지 못한다는 인식의 변화를 들 수 있

---

50) A. A. Znamenski, Shamanism and Christianity: Native Encounters With Russian Orthodox Missions in Siberia and Alaska 1820-1917 (Westport, Connecticut·London : GREENWOOD PRESS, 1999), p.4. 야삭(ясак)은 15-20세기 볼가강 연안과 시베리아의 비러시아계 민족들이 부과했던 현물세이다.

51) В. А. Федоров, Русская православная церковь и государство(синодальный период 1700-1917), М., 2003, с.625.

다. 정교 국가인 러시아는 교회를 통해서 기독교화와 러시아화라는 두 가지 목표를 이루고자 노력해 왔다. 하지만 19세기 후반 러시아 정부는 정교회를 지원할 것인가, 러시아어 교육을 확대할 것인가를 두고 고민해야 했다. 이는 정교신앙을 통한 개종과 기독교화가 반드시 러시아화로 연결되지는 못했고, 체계적인 교육과 교육시스템의 도입이 지속적으로 필요함을 인식하게 된 때문이었다.

정교회 지도부는 우선적으로 선교조직과 선교사의 자격을 강화시키는 조치를 취했다. 1853년 신학아카데미와 일부 신학세미너리 내에 특별선교요원 양성을 위한 선교학과 개설에 관한 종무원령이 발표되어 실질적인 선교요원양성 차원의 교육이 행해지기 시작했다. 또 1868년 신성종무원장이자 교육부대신인 톨스토이(Д.А.Толстой)는 성-페테르부르그에 있던 3년 과정의 정교회 선교협회(Православное миссионерское общество)를 모스크바로 이전하고, 알래스카와 캄차트카 주교구에서 이민족 선교를 담당해왔던 인노켄티 베니아미노프 모스크바 수좌대주교로 하여금 체계적인 선교활동을 수행하도록 했다. 뿐만 아니라 1867년에는 카잔 신학아카데미를 설립하여 토착민들의 개종을 배가시키고, 세례받은 토착민들의 정교신앙을 강화시켜나가는 조치를 취했다.

또 하나의 조치로 신성종무원은 일민스키(Н.И.Ильминский, 1822-91)의 일민스키 시스템을 통한 이민족 교육을 추구해 나갔다. 일민스키 시스템은 토착민의 언어는 살리되 타타르식 문자나 이슬람과 관련된 문자를 폐기하고 러시아어 알파벳을 사용한 새로운 문자를 통해 교육하는 시스템으로 체계적인 교육을 통한 개종화 시스템이다.[52] 이는 각종 혜택을 받고 개종한 타타르족 등의 이민족들이 개종 이후에 상황에 따라 다시 원래의 신앙으로 되돌아가는 것을 막는데 큰 의미가

---

52) 남정우, "동방정교회의 선교역사 연구", 앞의 책, p.85.

있었다. 이러한 토착언어를 중시한 교육시스템은 9세기의 키릴과 메소디우스, 14세기 코미-페름의 성 스테판의 선교전통과 관련이 있다. 시스템의 도입 초기에 토착어로 된 교육이 토착민과 러시아인 사이의 간격을 오히려 넓혀놓을 것이라는 우려도 제기되었다. 하지만 종무원장 톨스토이는 일민스키의 편을 들어 주었고, 1870년 대신협의회 (Совет министров)는 토착민 교육의 목표는 러시아화이지만 그 방법은 현지의 특성을 따른다는 법령을 공표했다. 이런 일민스키 시스템은 점차 확대되어 1906-7년에 이르러 모든 토착민들과 무슬림, 불교도들에게도 적용되었으며, 1914년에는 모든 초등교육은 현지언어로 행해져야 한다고 선언되기에 이르렀다.[53]

교육을 통한 일민스키의 개종은 보다 안정적임이 입증되었다. 농노제폐지 이후 무슬림으로 돌아섰던 볼가-우랄지역의 무슬림들이 19세기 말경에는 볼가-우랄지역(대부분 핀계 종족들)의 99%에 가까운 과거 이교도들과 기타 지역의 약 10%정도의 과거 무슬림들이 기독교화가 되어 있었다.[54] 일민스키와 그의 교육 시스템은 당시 신성종무원장이었던 포베도노스체프의 전폭적인 지지를 받았고,[55] 1872년에는 카잔 민족훈련대학 책임자로 임명되어 활동하며 인노켄티 베니아미노프 주교의 적극적인 지원과 격려를 받기도 했다.[56] 일민스키는 히브리어와 라틴어는 물론 터어키어, 타타르어, 알타이어 등의 동방언어들을 구사했으며, 볼가-우랄지역 무슬림 타타르인들 사이에서 토착어에 바탕을 두고 선교활동을 한 인물이었다. 그는 "토착어는 가슴에

---

53) Yuri Slezkine, "Savage Christians or Unorthodox Russians? The Missionary Dilemma in Siberia", Between Heaven and Hell: The Myth of Siberia in Russian Culture (New York : St. Martin's Press, 1993), pp.21-22.

54) D. V. Pospielovsky, The Orthodox Church in the History of Russia (New York : St Vladimir's Seminary Press, 1998), pp. 160-161.

55) 남정우, "동방정교회의 선교역사 연구", 앞의 책, p.86.

56) 위의 책, p.87.

직접적인 전달을 하므로 기독교 개념이 토착민의 가슴에 뿌리내리자
마자 러시아인에 대한 사랑이 저절로 일게 된다"[57]며 형식적인 개종
과 러시아화로 발생되는 러시아인과 토착민 사이의 문화적인 격차를
극복하고자 했다. 일민스키는 토착민들이 전달되는 영적인 메시지의
아름다움을 이해하기만 한다면 이들의 러시아화와 기독교화가 가능
하다고 믿었다.

둘째로 18세기에 정교회로 집단 개종되었던 볼가-우랄지역의 이슬
람 타타르인들이 다시 이슬람으로 복귀하려는 움직임이 나타났기 때
문이다. 러시아 정부 및 신성종무원 주도 하의 정교회 선교활동은 신
성종무원에 의해 1850-60년대를 거치며 여러 가지 조직적이고 체계적
인 시스템이 도입되었지만 19세기 전반기에 제창된 관제국민주의 정
신을 수행해 나가기에 선교현장은 많은 현실적인 어려움을 안고 있
었다. 1870년대 후반 정교회 선교협회 기념축전에서 정부 관리인 이
반초프-플라토노프(А.Иванцов-Платонов)는, "선교업무에 할당된 정부기
금이 매우 적으며, 정교회 선교협회는 이에 신경을 쓰지 못하고 있다.
사람들은 선교부의 존재에 대해서도 잘 모르고 있으며, 선교사역을
감당하고 인재를 양성해낼 학교가 하나도 없다"[58]며 선교활동의 중요
성을 역설했다. 이반초프-플라토노프의 이런 언급의 배경은 1860년대
이슬람의 위협이 증가한 것과 관련이 있다. 이전 시기에 러시아는 볼
가-우랄지역의 무슬림 타타르인들에게 자유농지를 부여하거나, 농노
신분이나 군징집면제를 통해 이들을 개종시키고자 했다. 그 결과 18
세기에 25만명의 타타르인들이 개종되었다. 하지만 1861년 농노제 폐

---

57) Yuri Slezkine, op. cit., p.20.
58) Ibid., p. 19. 1896년 무렵 정교회 선교협회의 회원은 14,000명에 이르렀으며,
    1887년부터 시작해서 1910년까지 5차례의 선교회의가 열렸다. 또한 이때부
    터 선교잡지 '선교평론'(Миссионерское обозрение)과 '정교 종소리'(Православное
    благовест)가 발간되기 시작했다.

지 이후 정교도와 타타르인들을 포함한 군징집이 재개되면서, 정교도
로 남아있던 타타르인들이 다시 이슬람으로 돌아서기 시작한 것이
다.[59] 전통적으로 러시아 내에서 이슬람을 주요 적(敵) 중의 하나로
보아온 러시아와 정교회 지도부로서는 세례받은 타타르인들의 정교
회로부터의 대량 탈퇴를 간과 할 수 없었던 것이다. 따라서 1891년 제
2차 전러시아 선교회의에서는 반이슬람 투쟁을 위한 서적 및 잡지의
발행을 결의했으며,[60] 1910년 카잔 주교구 선교회의에서도 반이슬람
활동을 계속해 나갈 것을 결의하기에 이르렀다.[61]

셋째로 정교회 지도부의 정교회의 고의식주의자들과 흘르이스트
이(Хлысты), 스코프츠이(Скопцы), 몰로카네(молокане), 슈툰디스트이(Штун-
дисты) 등 분파교의 세력 및 영향력 확대에 따른 우려와 위기의식 때
문이다.

정교회 분파교의 문제는 19세기 후반 들어 정교회 지도부를 가장
긴장시키고 우려하게 만든 문제 중의 하나이기도 하다. 당시 정교회
지도부의 선교대상은 비단 토착민 이민족들에게만 국한된 것은 아니
었다. 정교회 국가의 공식교회에서 벗어난 정교분파 세력들도 재개종
의 범주에 포함시키고 있었다. 그런 상황에서 중앙에서 멀리 떨어진
동시베리아의 캄차트카 주교구에 고의식주의자, 몰로카네 등 분파교
도들이 프리아무르 지방으로 대량 유입되고 있었다. 이들은 18세기
말까지만 해도 주로 서시베리아 남부 알타이 지역과 동시베리아의
자바이칼주 지역에 거주하고 있었다. 분파교도들이 프리아무르 지방
으로 이동하자 캄차트카 주교구의 지도부는 긴장했다. 이에 인노켄티
베니아미노프 주교는 종무원장 톨스토이(Д.А.Толстой)에게 보내는 서
한에서, 분파교도들의 가르침은 거짓이며 근거없음을 밝혀주는 것이

59) D. V. Pospielovsky, op. cit., p.160.
60) Н. А. Смирнов, указ. соч., с.443.
61) Там же, с.450.

중요하다고 보고, 대안으로 교육을 통한 교화를 강조하고, 이를 위해 관련서적을 보내달라고 요청하기도 했다.[62]

이와 같이 정교회 지도부의 분파교의 세력 확산과 이들에 대한 우려는 특히 5차례에 걸쳐 개최된 전러시아 선교회의(всероссийский миссионерский съезд)에서 잘 반영되어 있다. 정교회 지도부는 1887년(1차, 모스크바), 1891년(2차), 1893년(3차, 카잔), 1908년 (4차, 키예프), 1917년(5차, 헤르손주 비주코프 수도원) 등 총 5차례에 걸쳐서 전러시아 선교회의를 개최했다.[63] 회의의 주요 의제는 고의식주의자들을 포함한 분파교들과 이들의 가르침의 위험성에 대한 논의와 대책마련이었다. 신성종무원장을 포함한 정교회 지도부는 "분파교들은 정교회뿐 아니라 국가에도 해로운 존재들이며, 극단적으로 위험스런 정치적인 성향들이 분파교 내에서 형성될 수 있다. 따라서 국가는 교회와 선교사들에게 분파교와의 투쟁에서 실질적인 도움들을 주어야 한다. 뿐만 아니라 러시아 국가, 정교, 전제주의는 서로 밀접하게 관련이 있으며, 정교회 국가인 러시아에서 신앙과 교회의 문제는 국가적인 문제에 해당된다"는데 인식을 같이하고, 정교회 지도부는 정교회와 선교부의 이해는 국가의 손에 달려있으며, 세속 당국과 사법기관들이 분파교 및 이교도들과의 투쟁에서 정교회 선교사들을 지원해줄 것을 호소했다.

정교회 지도부의 이러한 국가의존적인 성향은 19세기 후반을 거치며 더욱 강해졌고, 이는 결과적으로 선교활동의 침체로 이어지는 결과를 낳았다. 그 한 예로서 한인사회를 살펴볼 수 있다. 이르쿠츠크 베니아민(В.Благонравов, 1868-73) 대주교의 자료에 따르면, 1860-80년대 베니아민 대주교의 지휘 하에 자바이칼 선교부에서 1,850명, 캄차트카

---

62) И. Вениаминов, 『Письмо Толстому Дмитрию Андреевичу, 20 февраля 1867г.』, Б. Пивоваров(Сост.), Избранные труды святителя Иннокентия митрополита Московского, апостола сибири и Америки (М : 1997), с.349.

63) Н. А. Смирнов, указ. соч., с.442-450.

선교부에서 3,508명, 이르쿠츠크 주교구에서 12년(1873-84) 동안 31,212
명, 블라디보스톡 주교구에서 1,127명의 한인들이 세례를 받았다. 하
지만 1910-12년 시기의 세례를 보면 지극히 낮은 수치를 보여주고 있
다. 가령 카잔 주교구에서는 49명, 우핌 주교구에서는 55명, 페름 주교
구에서는 52명, 사마라 주교구에서는 60명의 세례자가 나왔을 뿐이
다.[64]

3. 19세기 러시아의 시베리아 팽창과 정교회 선교

러시아 정부와 정교회 지도부의 선교 목표 및 정책들은 영토적 팽
창과 동반된 정교회의 시베리아 및 프리아무르 지방 이민족 선교활
동에서 반영되어 나타나기 시작했다. 19세기 초에 러시아 정부는 예
카테리나 Ⅱ세 사후에 폐지된 군사령관지사 직제를 시베리아 지역에
서 부활(1803)시키며 이 지역에 대한 식민지배권을 확고히 해나갔다.
1819년 3월 22일 제3대 시베리아 군사령관지사로 임명된 스페란스키
(М.М.Сперанский, 1819-22)는 공직자의 특권과 임무를 규정하고, 유형자
에 대한 법적인 구속을 가했다. 또한 그는 소금과 알콜에 대한 독점
규정을 법률화하고, 자유농민의 이주를 촉진시켜 나가는 등 합리적인
시베리아 행정식민통치를 추구해 나갔다.[65] 이어 1821년 시베리아 위
원회(Сибирский комитет)가 구성되고, 시베리아의 동서분할과 군사령관
지사제가 실시되면서 아무르주와 연해주를 제외한 동서시베리아는
러시아의 확고한 정치적 지배 하에 놓이게 되었다.

19세기 초반 러시아 정교회가 시베리아 선교에서 가장 역점을 둔
곳은 특히 서시베리아의 알타이 지역이었다. 이곳은 17세기에 러시아

---

64) Там же, c.451-452.
65) J. J. Stephan, The Russian Far East: A History (California : Stanford Univ. Press,
1994), p.39.

의 침투가 시작되어 18세기 말에 러시아에 병합된 곳으로, 청과 몽고
의 국경교차지역에 위치하고 있었다. 따라서 알타이 지역은 '아시아
의 팔레스타인'이라 불릴 정도로 정교회와 샤머니즘, 고의식주의, 불
교 등이 어우러져 종교적인 혼합현상이 두드러지게 나타났던 곳이
다.[66] 또한 18세기 중엽에는 황실의 사유재산으로 알타이를 장악하라
는 예카테리나 II세의 결정이 내려질 정도로 금과 은 등의 유용광물
이 풍부한 곳이었다.[67] 러시아는 지정학적, 경제적 중요성을 갖는 알
타이 지역을 주요한 이권지역으로 삼고 공략에 나섰고, 알타이 선교
부 또한 큰 열정을 갖고 알타이 지역에 대한 선교적 공략에 가세했다.
당시 알타이 선교부는 정부로부터 많은 토지를 하사받고 있는 상황
이었고, 불교-라마교 지역에 근접해 있는 알타이 지역에 대해 정교회
자체도 큰 관심을 갖고 있었다.[68] 결론적으로 러시아 정부의 지정학
적, 경제적 목적에 기인한 알타이 지역에서의 식민적 지배권력은 무
엇보다 정교회 선교의 큰 힘으로 작용했다고 하겠다.

사실 19세기 초반부터 시베리아 선교의 야전사령부 역할을 했던
것이 바로 선교부였다. 알타이 선교는 야전사령부의 기능을 하는 선
교부와 특히 마카리 글루하료프라는 걸출한 인물에 의해서 큰 결실
을 맺었다. 선교부의 설립자이자 책임자였던 마카리는 무엇보다 강압
적인 개종을 배격하고 교육을 강조했던 인물이다. 마카리는 기독교에
입교했어도 장기간의 세례학습을 하고, 자신들의 토착어로 기독교 교
리를 이해한 후에야 세례를 베풀고자 했다.[69] 따라서 그는 지난 세기

---

66) A. A. Znamenski, op. cit., p.193.
67) D. N. Collins, "Colonialism and Siberian Development: A Case-Study of the Orthodox
    Mission to the Altay, 1830-1913", Alan Wood & R. A. French ed., The Development
    of Siberia: People and Resources (New York : St. Martin's Press, 1989), p.51.
68) A. A. Znamenski, op. cit., p.204.
69) 스티븐 니일, 홍치모, 오만규 공역, 『기독교선교사(史)』(서울 : 성광문화사,
    2001), p.552.

의 맹목적인 선교방식에서 탈피하여 알타이 문자를 만들고 예배서를
번역하여 정교교리를 전했다. 또한 1839년에 기근이 발생하자 국고지
원을 확보해 토착민을 돕는 등 선교뿐만 아니라 토착민들의 생활에
까지 적극 개입하는 선교활동을 수행했다. 첫 선교를 시작한 4년 동
안 마카리는 202명의 토착민에게 세례를 주었고,[70] 알타이를 떠나기
전까지 14년 동안 총 675명에게 세례를 주었다.[71] 마카리에 의한 알타
이 지역의 정교회 선교는 이후 설립되는 캄차트카 주교구(1840)를 중
심으로 인노켄티 베니아미노프에 의해 수행되었던 프리아무르 지방
선교에 견줄 수 있을 정도로 시베리아 선교 역사의 한 획을 긋는 사
건이었다고 볼 수 있다. 그가 심어놓은 가슴을 통한 정교교리 교육과
세례방식은 이후 일민스키 시스템과 연결되어 토착민 선교의 중요한
하나의 모범적인 지침으로 자리잡게 되었던 것이다.

마카리 이후 19세기 후반 정교회의 알타이 선교에서 가장 주목할
점은 러시아어 알파벳으로 만들어진 토착어를 이용한 일민스키 시스
템에 따른 토착민 교육이었다. 알타이 선교부의 주요 선교목표는 토
착민의 진정한 기독교화였으며, 이는 교육, 선교지구 조직, 의료와 자
선 활동을 통해 이루어 졌다. 그 중 시베리아 8개 선교부에 비해 특히
앞섰던 분야는 교육이었다. 마카리 당시 3개였던 학교는 1913년 무렵
에는 74개 학교를 보유할 정도로 토착어를 통한 교육선교는 성공적이
었다. 선교부의 계속된 선교활동으로 1864년경에는 3,200명(어린이 포
함 약 5,000명)이 세례를 받았으며, 1914년에는 알타이인과 러시아인
정교도가 총 69,357명에 이르렀다.[72] 알타이 선교부의 교육을 통한 선

---

70) Сергий, епископ Новосибирского и Бердского(под ред.), Жития Сибирских святых,
  Новосибирск, 1999, с.224-225.
71) D. N. Collins, "The Roll of the Orthodox Missionary in the Altai: Archimandrite
  Makarii and V.I.Verbitskii", Geoffrey A. Hosking ed., Church, Nation and State in
  Russia and Ukraine (New York : St. Martin's Press, 1991), p.99.
72) D. N. Collins, "Colonialism and....", op. cit., pp.54-62.

교활동은 알타이에만 국한되지 않고 주변의 예니세이강 유역까지 확산되었다. 그 결과 1890년대에는 터어키족 사이에서 러시아어 알파벳을 이용한 읽고쓰기가 가능하게 되었고, 1876년 아스키즈(Аскиз) 지역에서는 3,000명이 크라스노야르스크 주교에 의해 집단세례를 받기도 했다.[73] 1830년-1913년 시기 정교회의 알타이 선교를 결산해 볼 때, 알타이 선교부는 21개의 선교지부와 2개의 수도원, 74개 학교와 토착민 출신 성직자 양성을 위한 교리신학교를 보유하고 있었고, 이 무렵 알타이인들은 공식적으로는 대부분이 정교도가 되어 있었다.

그러나 이러한 수치적인 결과들이 토착민들의 내적인 개종상태와 반드시 일치하는 것은 아니다. 개종에는 물질적인 혜택이 주어졌는데, 당시 러시아인들은 이른바 야만인들에게 러시아제국의 문명을 가져다준다는 우월감과 함께 개종을 단순한 국가선교의 일부로 보는 측면이 있었다. 한편으로 증가된 러시아인들과 러시아 문명-보드카-의 침투는 알타이지역 토착민문화에 심각한 사회적 문제를 야기시키며 토착민들의 반감을 불러일으키기도 했다.[74] 토착민들에게 있어서 정교회는 한편으로는 식민주의, 강제적인 야삭 징수, 거주지 추방과 관련되었고, 이런 정서는 20세기 초 반식민운동으로 표출되기도 했다.

한편 19세기 중반 프리아무르를 제외하고 동서시베리아의 지배권을 구축한 러시아는 태평양 진출에 있어서 아무르강 유역의 중요성을 인식하고 어떻게든 아무르 문제를 매듭짓고자 시도했다. 1850년 무라비요프(Н.Н.Муравьёв-Амурский, 1847-61)는 황제 니콜라이 I 세 앞으로 보낸 보고서에서 '청과의 무역을 강화하고, 시베리아 경계를 캄차트카 반도와 아무르강까지 확대하며, 아무르 지역과 오호츠크해는 곧 서구열강의 각축장이 될 것이고, 아무르강을 지배하는 자가 시베리아

---

73) James Forsyth, A History of the People of Siberia: Russia's North Asian Colony 1581-1990 (New York : Cambridge Univ. Press, 1992), p.181.

74) Ibid., p.185.

를 지배하게 될 것"이라 주장하며 아무르강 유역 확보의 중요성을 강
조했다.[75] 한편 영국의 1차 아편전쟁 승리와 남경조약(1842)으로 홍콩
이 영국에 양도되고, 영국을 비롯한 서구열강의 청에 대한 압박은 러
시아를 자극했다. 또 1853년 1월 영국과 프랑스의 지지를 업은 터어키
와 벌인 크르임 전쟁에서 패배한 사건은 러시아의 국제적 지위뿐 아
니라 프리아무르 정책에도 영향을 미쳤다. 1854년 9월 영·불함대의 페
트로파블로프스크 항구 공격으로 무라비요프는 아무르 지역 병합의
필요성을 절감하게 되었던 것이다.

이같은 대내외적인 상황 속에서 국경문제 전권을 위임받은 무라
비요프는 청의 불리한 국제적 상황을 이용하여, 1858년 5월 아이훈(Ай
гунь)에서 회담을 성공적으로 이끌어냈다. 아이훈조약으로 러시아는
아무르강 좌안 지역을 획득하고, 연해주는 러시아와 청의 공동소유로
남게 되었다. 러시아의 영토 획득은 새로운 자연자원 뿐만 아니라 정
교회 측에게는 새로운 선교지를 확보하는 것을 의미했다. 당시 캄차
트카 주교구의 인노켄티 베니아미노프 대주교는 "우리 정교회는 교회
의 건설자인 당신을 결코 잊지 않을 것입니다. 당신은 신의 선택받은
자이며, 끝없이 넓은 아무르강 유역에 수천 개의 교회를 세울 수 있
는 가능성과 희망을 주었습니다"[76]라며 아무르 병합 축하기도식에서
무라비요프를 축복했다.

이듬해 이그나티예프(Н.П.Игнатьев)를 단장으로 러시아는 1860년 11
월 2일 청과 북경조약을 체결함으로써,[77] 러시아는 연해주를 획득하

---

75) В. А. Федоров(под ред.), История…., указ. соч., с.372; 현규환, 『韓國流移民史』
　　상, (서울 : 대한교과서주식회사, 1972), p.764.

76) И. Вениаминов, 『Речь, сказанная в г.Благовещеннске Н.Н.Муравьеву-Амурскому после
　　молебна по поводу присоединения Амурского края』, Б. Пивоваров(Сост.), Избранные
　　труды святителя Иннокентия митрополита Московского, апостола сибири и Америки
　　(М : 1997), с.314.

77) Сотрудники Института истории, археологии и этнографии народов Дальнего Востока

며 프리아무르 지방에서 확고한 지배권을 구축했다. 이보다 조금 앞
서서 1853년 연해주 북부 아무르강 하류(현재의 하바로프스크 변강주)
에는 한 동안 연해주의 군항 역할을 하게 되는 니콜라예프스크(г.Нико
лаевск) 요새(군항)가 세워졌으며, 1858년에는 하바로프카(현재의 하바
로프스크) 항, 1860년에는 블라디보스톡 항이 건설되었다. 이는 러시
아가 프리아무르 지방에 대한 세속적, 종교적 지배를 할 수 있는 토
대를 확보했음을 의미하는 것이기도 했다. 새롭게 병합된 영토는 종
교적으로는 1840년 신설된 캄차트카 주교구의 관할 하에 놓이게 되었
고, 이는 한편으로 러시아 국가의 팽창정책과 식민지배를 공고히 해
나가는데 정신적으로 큰 기여를 했다.

한편 19세기 중반 러시아 정부가 아무르강 유역을 중심으로 한 프
리아무르에 대한 지리적 지배권을 확보해 나가는 동안 신성종무원은
캄차트카 주교구의 신설을 통해 프리아무르 지방 토착민 선교의 길
을 열어 놓았다. 캄차트카 주교구는 이르쿠츠크 인노켄티 알렉산드로
프(И.Александров, 1835-38) 대주교의 설립 청원이 신성종무원에 제기된
이래, 닐(Н.Исакович) 수좌대주교 시기인 1840년 12월 21일 황제령에 따
라 설립되었다.[78] 캄차트카 주교구의 설립 제의는 이미 오래 전부터
논의되어 온 사항이었다. 동시베리아의 인구증가로 방대해진 이민족
선교업무를 원활히 수행할 필요성이 내부적으로 제기된데 따른 것이
었다.

캄차트카 주교구는 러·미회사(Русско-Американская компания)가 있던
알래스카의 시트하섬(о.Ситха)의 노보-아르한겔스크에 주교구 센터를

ДВО РАН, История Российского Приморья (Владивосток : Дальнаука, 1998),
с.49-50.

78) 『Polnoe sobranie zakonov rossiiskoi imperii s 1649 goda』, Second Series, Vol. 15,
   No.14073, Basil Dmytryshyn(ed.), Russian American Colonies, 1798-1867: To Siberia
   and Russian America, Three Centuries of RussianEastward Expansion, A Documentary
   Record, Vol.3, Oregon Historical Society Press, 1989, p.429.

두고 알래스카를 포함, 추코트카, 마가단, 연해주, 아무르주 등 광활한 지역을 관할했다. 캄차트카 주교구의 설립은 동시베리아의 토착민 선교에 일대 전환점을 가져다주는 대사건이었다.

캄차트카 주교구의 이민족 선교의 역사를 러시아 정교회의 위대한 선교의 역사로 바꾸어 놓은 것은 초대 주교 인노켄티 베니아미노프였다. 이르쿠츠크 지역 출신의 인노켄티 베니아미노프는 1821년 사제로 서임되어 1840년 12월 15일 캄차트카 주교로 서임되기까지 이미 캄차트카 주교구 관할의 알래스카 선교에서 이미 눈부신 이민족 선교경험을 갖고 있는 인물이었다.[79] 인노켄티 베니아미노프는 알래스카에서 총 4명의 사제-선교사들로 40,000명에 이르는 토착민들을 상대해야 했다. 따라서 부족한 인력과 재정상황에서 정교회는 밀접한 관계 하에 있던 러·미회사로부터 물질적인 지원을 받았다. 사제들은 회사로부터 적지만 소액의 봉급을 받았고,[80] 숙소와 봉급, 난방과 전기, 심지어는 급사까지 제공받았다. 또한 이 회사의 지원으로 1825년에는 우날라쉬카(Уналашка) 교회가 세워졌으며, 이후 목조로 된 아트힌스크 교회(1830)와 카댜크(Кадьяк) 교회(1841), 그리고 각지에 기도소(часовня)[81]

---

79) ГАХК, 『Приамурские Ведомости』, Сшив №703, №194, 14 сентября, с.13-15; №195, 21 сентября, с.13-14; №196, 28 сентября, с.15-16; №199, 19 октября, 1897, с.18-20. 『모스크바 수좌대주교 인노켄티 베니아미노프의 생애와 업적』. 알래스카 지역은 18세기 중엽 러시아인들에 의해 개척된 곳으로, 18세기 후반 러시아인들의 이주와 함께 정교회 선교도 시작되었다. 이곳에서 러시아 정교회 선교부의 활동은 1794년에 발람 수도원(성-페테르부르그 북동쪽)에서 온 3명의 러시아 수도사들과 더불어 시작되었다. 이오사프(Иосаф) 수도사제 하에서 선교부가 활동을 했으며, 인노켄티 베니아미노프가 들어올 무렵 알래스카에는 3명의 사제들이 활동하고 있었다.

80) Вера Глушкова, Люди и монастыри: Реальные исторические личности-Русские Святые, Воронеж, 1997, с.380.

81) 기도소(часовня)는 집전사제가 없는 단지 기도를 위한 작은 규모의 공공 기도장소로서, 교회와는 달리 예배가 행해지지 않으며 제단이 없다(А.М.Прохоров(глав ред.), с.1341; http://www.diam4.npi.msu.su/calendar/(2003.3.21 검색) 참조).

들이 세워졌다.[82] 인노켄티 베니아미노프는 첫 선교지인 우날라쉬카 섬과 1834년부터 시작된 시트하섬의 선교활동에서 대부분의 알레우트족(Алеут)과 콜로쉬족(Колош)들을 평화적인 개종으로 이끌었다. 또 학교를 세워 직접 만든 교과서로 학생들을 가르쳤으며, 토착민들에게 대장간 일과 목공일, 종두접종법을 가르쳐 주기도 했다.[83] 뿐만 아니라 토착민들의 언어와 생활방식, 문화 등의 연구학술물들을 저술해 냈으며, 많은 교회서적들을 토착언어로 번역해 내었다.[84] 그의 노력의 결실로 1840년대 들어서서 알래스카 여러 지역에 교회가 세워지고, 오랫동안 러시아인들에게도 위협적인 존재였던 샤만이나 샤만행위가 근절되고 교회 결혼식이 늘어갔다.

캄차트카의 주교가 된 이후 인노켄티 베니아미노프의 이민족 선교활동의 무대는 알래스카를 떠나 프리아무르 지방으로 옮겨졌다. 인노켄티 베니아미노프 주교의 첫 번째의 중요한 선교열매는 당시까지 오랫동안 러시아적인 것에 적대적이었던 시베리아 북동부의 코랴크족(коряк)과 축치족(чукча)의 세례와 개종이었다. 그는 적대관계에 있던 코랴크족과 축치족들의 마음에 정교신앙을 불어넣는 한편, 유목민인 올류토레츠족(олюторец)과의 끊임없는 접촉을 통해서

---

82) И. Вениаминов, 『Миссионерские записки из путевого журнала Иннокеннтия, епископа Камчатского, Курильского и Алеутского, веденного им во время первого путешествия его по вверенной ему епархии в 1842 и 1843 годах』, Б. Пивоваров(Сост.), Избранные труды святителя Иннокентия митрополита Московского, апостола сибири и Америки. (М : 1997), с.125-142.

83) Сергий, еписков Новосибирского и Бердского(под ред.), указ. соч., с.261-263. 1836-37년 시기에 천연두로 6,450명의 토착민 중에서 2,000명 정도가 사망했으며, 선교사들의 토착민들에 대한 천연두 치료는 토착민들과의 관계 증진의 계기가 되기도 했다.

84) 인노켄티 베니아미노프가 알래스카의 우날라쉬카섬과 시흐타섬에서 15년간의 선교활동 중에 출간해 낸 저술물로는 "Записка об островах Уналашкинского отдела"와 "Замечания о колошском и кадьякском языках и отчасти о прочих наречиях в Российско-американских владениях"이 있다.

샤만들로부터 세례약속을 받아 내는데 성공했다.[85] 인노켄티 베니아미노프 주교가 벌인 이민족 선교의 핵심은 광활한 주교구의 이민족들에 대한 지속적인 순회선교와 성서번역, 토착어를 통한 정교신앙 교리학습, 그리고 토착민들의 언어와 신앙, 관습, 습관 등에 대한 철저한 연구와 습득이었다.

1846-47년시기 동안에 인노켄트 베니아미노프는 캄차트카와 추코트카 지역에 대한 선교순회를 수행했다. 이 과정에서 인노켄티 베니아미노프는 코랴크족만이 더디게 정교회를 받아들일 뿐 퉁구스족, 축치족, 심지어 야쿠트족까지도 자연스런 개종을 받아들이고 있으며, 개종자들의 이교적인 샤만행위가 사라져 가고 있음을 목도했다.[86] 야쿠트족의 경우 축치족처럼 러시아인들에 대해 비우호적인 태도를 취해오고 있었다.[87] 이는 러시아인들이 야쿠트족과의 만남에서 야삭징수를 목적으로 야쿠트족의 인구수에 먼저 관심을 보이는 등[88] 야쿠트족을 선교의 대상으로 보다는 야삭 납부자로 보려는 경향이 존재해 왔기 때문이다. 인노켄티 베니아미노프의 노력으로 1851년 경에는 2,940명의 축치족에게 세례가 주어졌고,[89] 1871년에는 최초의 축치족 선교부가 조직되어 이를 중심으로 1870-80년대에는 디오니시(Дионисий, 1873-83)와 아나톨리, 아가판겔 같은 사제들은 688명에게 세례를 베풀었다.[90] 이후 1870년대부터 19세기말까지 이 지역에서 17,500명 이상의

85) Вера. Глушкова, указ. соч., с.382.

86) И. Вениаминов, 『Миссионерские записки из путевого журнала Иннокеннтия, епископа Камчатского, Курильского и Алеутского, веденного им во второе путешествие его по Камчатке и Охотской области в 1846 и 1847 годах』, Б. Пивоваров(Сост.), Избранные труды святителя Иннокентия митрополита Московского, апостола сибири и Америки (М : 1997), с.152.

87) J. J. Stephan, op. cit., p.22.

88) М. А. Тырылгин, Истоки феноменальной жизнеспособности народа Саха, Якутск, 2000, с.42.

89) А. А. Znamenski, op. cit., p.159.

토착민들이 개종을 했으며, 1899년 한 해 동안에만 626명의 토착민들이 세례를 받았다.[91] 이렇게 시베리아 북동지역에서 코랴크, 축치족들에 대한 선교가 성공적으로 지속되어 나갈 수 있었던 요인 중의 하나로 1860년대 말 인노켄티 베니아미노프 주교가 성-페테르부르그로 복귀한 이후 성-페테르부르그에서 이전되어 온 모스크바 정교회 선교협회를 맡아 계속해서 프리아무르의 토착민 선교에 쏟은 관심을 지적할 수 있다.

한편 1850년 대주교에 서임된 인노켄티 베니아미노프는 1853년 야쿠츠크(현재 러시아 사하(야쿠티야)공화국 수도)로 주교구 센터를 옮긴 후 야쿠트족 선교에도 힘을 쏟았다.[92] 인노켄티 베니아미노프 이전에 선물과 야삭면제 혜택으로 개종되었던 야쿠트족들은 사제들의 드문 방문으로 인해서 정교교리 지식이 매우 적고, 여전히 이교신앙과 관습들을 유지해 오고 있는 상황이었다.[93] 인노켄티 베니아미노프는 교회와 기도소를 세우고 야쿠트어로 성서를 번역했다. 그의 선교를 위한 토대작업은 1859년 7월 19일 야쿠츠크 삼위일체 성당에서 야쿠트어로 최초의 예배를 드림으로써 결실로 나타났고, 이후 300,000만 명에 달하는 야쿠트족들에 대한 세례로 이어졌다.[94] 토착민 선교가 결실을 맺어감에 따라 교회와 사제, 신도들의 수도 증가되어 갔다. 캄차트카와 오호츠크 지역에서는 많은 교회와 기도소가 생겨났는데, 주로 국고의 지원없이 러·미회사의 지원이나 지역주민들, 신자들의 노

---

90) Ibid., pp.167-168.

91) 1900년 경 캄차트카 주교구는 선교지구 24개, 사제 17명, 전도사 17명, 학생 500명, 교구학교 23개를 보유하게 되었다.

92) 인노켄티 베니아미노프의 10년 간의 야쿠츠크 선교활동에 대해서는 'НАРС (Я)(Национальныйархив Республика Саха(Якутия), Ф.225, Ф.227, Ф.230'에 수록된 사료들을 참조할 수 있다.

93) Сергий, еписков Новосибирского и Бердского(под ред.), указ. соч., с.267.

94) D. V. Pospielovsky, op. cit., p.171; П. Смирнов, История христианской православной церкви (М : Православная Беседа, 1994), с.162.

력으로 건립되었다. 한편으로 정교회 지도부는 교세의 확장과 더불어 성직자의 기강과 일반 러시아인들에 대한 관리에도 관심을 두었다. 이는 일부 러시아인들의 저속한 행동으로 인해 토착민들의 풍속이 훼손되었고, 때로는 그것이 토착민들의 세례를 방해하는 요인으로 작용한다고 판단했기 때문이다.

1862년 아무르주 블라고베쉔스크로 대주교구 센터를 옮긴 후 인노켄티 베니아미노프는 아무르강 및 우수리강 유역의 한인들과도 선교를 통한 인연을 맺게 되었다. 그는 우선적으로 연해주지사 푸루겔름 (И.В.Фуругельм, 1865-71)과의 서신접촉을 통해 우수리강과 한카(Ханка) 호수 주변의 교회건립에 노력했다. 또한 이미 60세를 넘긴 나이에도 불구하고 연해주의 올가와 포시에트 지구, 블라디보스톡 방문을 통해 한인을 포함한 이민족 선교현장에서 열정을 쏟았다.[95] 그 영향으로 이후 약 10,000명의 한인들이 세례를 받았으며,[96] 이는 프리아무르 정교도 한인사회를 형성하는 큰 밑거름으로 작용했다.

인노켄티 베니아미노프는 알타이 지역의 위대한 선교사 마카리 글루하료프를 능가하는 러시아 정교회의 역사상 가장 위대한 성직자-선교사이자 교파를 초월한 기독교 세계의 이상적이고 모범적인 선교사 중의 한 사람으로 추앙받고 있다. 그의 14개월에 걸친(1842-43/ 1846-47) 배, 썰매, 도보를 이용한 목숨을 넘나들던 광활한 주교구 순례와 적대관계에 있던 캄차트카 지역의 코랴크족과 축치족들의 개종, 10년 간에 걸친 야쿠트족 사회에서의 선교 및 개종활동, 블라고베쉔스크를 중심으로 한 프리아무르 한인을 포함한 토착민 선교활동은 러시아 선교역사에서 그 유래를 찾아볼 수 없다. 인노켄티 베니아미

---

95) И. Вениаминов, 『Письмо Толстому Дмитрию Андреевичу, 3 ноября 1866г.』, Б. Пивоваров(Сост.), Избранные труды святителя Иннокентия митрополита Московского, апостола сибири и Америки (М : 1997), с.346-347.

96) D. V. Pospielovsky, op. cit., p.171.

노프 주교는 이민족 뿐만 아니라, 시베리아 지역의 교육발전에도 관심을 갖고 있었다. 비록 받아들여지지는 않았지만 시베리아의 대학교육 확대와 유럽러시아 출신의 군인 및 전문인력의 정착을 유도하기 위해 시베리아 대학 설립을 중앙정부에 건의하기도 했다.[97] 47년 간의 선교사·성직자로서의 유례없는 헌신적 선교활동과 업적으로 1868년에 그는 모스크바 수좌대주교의 지위에 올랐다. 하지만 그는 귀환 후에도 모스크바 정교선교협회를 이끌면서 1879년 사망할 때까지 자신이 몸담았던 알래스카 및 프리아무르의 이민족 선교지에 대한 관심과 열정을 잃지 않았다. 이러한 열정은 일부 선교사들에 의해 새롭게 병합된 프리아무르 지방의 한인을 포함한 이민족 선교의 열기로 이어졌다.

인노켄티 베니아미노프 이후 캄차트카 주교구는 베니아민과 마르티니안(M.Муратовский, 1877-1885) 같은 주교들에 의해 더욱 강화되었다. 또한 1894년 자바이칼 주교구가 설립되면서 아무르주와 연해주에서도 보다 체계화된 선교의 필요성이 제기되었다. 마침내 1899년 캄차트카 주교구는 블라고베셴스크와 블라디보스톡 주교구로 분리되었다. 이로써 프리아무르 지방 한인들의 영적인 보호와 책임은 자바이칼, 블라고베셴스크, 블라디보스톡 주교구의 관할 하에 놓이게 되었다.

19세기 러시아의 시베리아 및 프리아무르 지방의 영토적 확장과 러시아 정교회의 이민족 선교활동을 정리해 보면 다음과 같다.

우선 러시아의 영토적 확장과 더불어 정교회의 이민족 선교도 동시에 진행되었다는 점이다. 정교회는 러시아 국가의 봉사자 입장에서 선교활동을 했다.

또 하나는 19세기 후반에는 러시아 국가가 선교적 목표로 이민족

---

97) 『Журнал Московской Патриархии』, No.9, 1999. 『Письмо святителья Иннокентия (Вениаминова) Министру народного просвещения Российской империи А.С.Норову, 30 октября, 1856г.』, http://212.188.13.168/izdat/JMp/99/9-99/13.htm(2007.5.21 검색).

의 기독교화와 러시아화를 추구하면서도 정교신앙을 통한 기독교화 보다는 교육을 통한 러시아화에 더 역점을 두는 경향을 보이기 시작 했다는 점이다. 이러한 측면은 19세기 1860년대 이후부터 도입되기 시작한 토착어를 강조한 일민스키 시스템의 확산에서 엿볼 수 있다. 이는 러시아 국가가 러시아인은 정교도, 정교도는 러시아인이라는 등식이 그간의 선교활동 속에서 일치하지 않는다는 것을 깨달았기 때문이다. 물론 동방정교회의 전통적인 선교방식을 고수하며 러시아화 보다도 순수한 기독교화를 추구했던 마카리 글루하료프와 인노켄티 베니아미노프, 그리고 지역은 다르지만 일본에서 활동한 니콜라이 카사트킨 같은 선교사들도 있었다. 하지만 러시아화 보다도 순수한 기독교화를 추구하며 선교활동에 임한 선교사들은 소수에 불과하다. 이는 교회가 국가에 예속되고, 생계수단으로서 국가로부터 봉급을 받으며 사역을 감당해야 했기 때문이다.

마지막으로 러시아 국가는 온전한 국가의 통합과 소수민족의 동화를 위한 방법으로 정교신앙을 통한 기독교화와 러시아어 및 문화를 통한 러시아화 사이에서 갈등했다는 점이다. 러시아 정부는 선교적 목표였던 기독교화와 러시아화 사이에서 갈등한 측면이 크며, 19세기 후반에는 교육을 통한 러시아화에 더 관심을 기울이기 시작했다.

이상의 상황들을 통해서 볼 때, 19세기 러시아 정교회는 러시아 국가의 행정적, 재정적 예속 상태에서 정교신앙을 통한 이민족의 기독교화와 교육을 통한 러시아화를 위해 국가-정치적인 성격의 선교활동을 수행해 왔다고 볼 수가 있다. 즉 러시아 정교회는 러시아 국가의 국가적인 목적의 선교정책에 동참해서 국가-정치적인 성격의 선교를 대행해 왔다고 할 수 있을 것이다.

제III장 프리아무르 지방 당국과 한인사회

앞서 러시아 역사 속에서 형성 및 유지되어 왔던 러시아 국가와 교회 간의 일반적인 관계변화와 19세기 국가와 교회의 선교를 둘러싼 양자 관계, 그리고 그러한 양자 관계 하에서 19세기 시베리아 및 프리아무르 지방에서 수행되었던 정교회의 일반적인 이민족 선교활동에 대해서 살펴보았다. 이 과정에서 19세기 시베리아 및 프리아무르 지방에서 수행되었던 러시아 정교회의 선교활동의 일반적인 성격을 규명해 보았다. 본 장에서는 앞서 규명된 러시아 정교회의 선교의 성격이 프리아무르 지방 한인사회에서의 정교회의 선교활동에서도 동일하게 적용되어 나타나는지를 살펴보고자 한다. 이를 위해 필자는 선결과제로 러시아 중앙정부, 프리아무르 지방당국, 그리고 한인사회 간의 정치적, 사회적, 경제적 상호 관계망과 러시아의 프리아무르 및 한반도를 둘러싼 안보 및 동아시아 정책을 분석해 보고, 이를 통해 정교회의 프리아무르 한인선교의 성격규명에 중요한 단서들을 찾아보고자 한다.

1. 러·조수교 이전 시기의 한인정책: 수용과 지원정책기(1865-1884)

1860년 러시아의 아무르강 및 우수리강 유역의 획득과 블라디보스톡 항의 건설은 동아시아 진출의 확고한 발판을 마련해주는 계기가 되었다. 1869년 수에즈운하가 개통됨에 따라 흑해의 오데사에서 블라디보스톡까지 45일이면 운항이 가능하게 되었다. 이러한 상황에서 프

리아무르의 개발과 그 방위를 위해서는 해군력 증강과 자국 함대의
기지로 이용될 수 있는 항만을 태평양 연안에 개발하는 것이 러시아
의 프리아무르 정책에서 중요한 과제로 부각되었다. 이러한 필요에서
러시아 정부는 태평양 연안에서 부동항(不凍港)을 획득하고자 집중적
인 노력을 기울여 나갔으며, 한반도는 점차 러시아의 관심지역으로
부상하게 되었다.[1]

태평양 지역에서 러시아의 안보에 대한 국가적 정책 및 전략 논의
는 심화되어 갔고, 러시아인 농민의 이주 또한 점차적으로 증가해 갔
다. 이런 상황에서 한인의 연해주 이주는 향후 러시아가 프리아무르
의 개발과 태평양 지역에서의 안보구축 정책을 펼쳐 나가는데 있어
서 미처 예상치 못한 변수로 작용하기 시작했다. 연해주 남우수리스
크 지방[2]으로 한인 이주에 관한 러시아 측의 최초의 공식기록은 당시
동시베리아 정규대대 3중대장인 노브고로드 경비대 레자노프(Резанов,
혹은 랴자노프, Рязанов) 중위의 카자케비치(П.В.Казакевич, 1856-65) 연해

---

1) 전홍찬, "한반도와 러시아", 정한구·문수언 공편, 『러시아 정치의 이해』(서
   울 : 나남출판, 1995), pp.520-521.
2) 남우수리스크 지방은 현재의 연해주를 지칭한다. 당시 연해주(연해지방, П
   риморский край)는 행정적으로 현재의 하바로프스크 지방(변강주)(Хабаровск
   ий край)을 포함하고 있었다. 소비에트 당국은 1918-22년 내전기 이후 붕괴
   된 극동의 국민경제를 재건하기 위해 1922년 11월 14일 임시기구인 극동혁
   명위원회(Дальревком)를 조직하고, 이를 중심으로 모든 권력을 이양함과 동
   시에 하바로프스크를 중심으로 극동 지방(Дальневосточный край)을 구성한
   바 있다. 이후 1938년 10월 20일자 소련방최고회의 결정(연해주와 하바로프
   스크 지방으로 극동 지방을 분리하는 것에 관한 결정)에 따라 극동 지방은
   연해주(Приморский край)와 하바로프스크 지방(Хабаровский край)으로 분리
   되었다(Э.В.Ермакова(глав. ред.), с.387 참조). 전후에 하바로프스크 지방은 더
   욱 세분화되어 1947년에 사할린주(Сахалинская область), 1948년에 아무르주
   (Амурская область), 1953년에 마가단주(Магаданская область), 1956년에 캄차트카
   주(Камчатская область)가 분리되었고, 이후 유태인자치주(Еврейская Автономная
   Область)가 분리되어 나왔다(『Историяг.Хабаровска(1946г.иТ.Д.)』
   http://www.khb.ru/history/ist4.html (2007.2.5 검색) 참조).

주지사에 대한 보고서(1863년 11월 20일, No.205)에서 나타나고 있다. 보고서는 "한인들이 노브고로드 경비대에서 15베르스타[3] 떨어져 있으며, 이미 농가 5-6채가 들어서 있는 티진헤(Тизинхе, 지신허, 地新虛) 강 평원으로 이주 허가를 요청하고 있다. 5명 정도의 군인들을 보내주어 안전이 보장된다면 100가구 이상이 더 이주할 준비를 하고 있다"[4]고 기록하고 있다. 이외에도 시기적으로 약간의 차이를 보이나 연해주 주둔 동시베리아 정규대대 검열관 올덴부르그(Ольденбург) 대령의 보고서도 "1864년 1월에 들어온 한인 14가구(65명)는 노브고로드 경비대에서 15베르스타 떨어진 곳에서 그 해 8채의 농가를 세우고 성공적으로 농사를 짓고 있다"[5]는 내용과 함께 최초의 한인이주에 대해서 전하고 있다.

한인의 러시아 이주와 관련하여 한인 측의 대표적인 자료로는 역사학자이자 독립운동가인 계봉우(桂奉瑀, 1880-1959)[6]가 『獨立新聞』에

---

3) 러시아의 거리단위로 1 베르스타(500사젠)는 1,067m이다.

4) РГИАДВ, Ф.87, Оп.1, Д.278, Л.1. 『Рапорт командующего 3-й ротойлинейного батальона Восточной Сибири поручка Резанова военному губернатору Приморской области от 20 ноября 1863г., №205』.

5) Там же, Л.9. 『Докладная записка и.д. инспектора линейных батальонов Восточной Сибири, расположенных в Приморской области полковника Ольденбурга военному губернатору Приморской области от 25 сентября 1864г., г.Николаевск』. 당시 러시아와 조선 간에 공식적인 외교관계가 없었고, 한인들이 불법적으로 국경을 넘나들었기 때문에 이주 시기와 가구 수에 있어서는 차이가 있다. 이외에도 프르줴발스키(Н.М.Пржевальский)는 1863년 12가구(Путешествие..., с.132), 바긴(В.И.Вагин)은 가구 수의 언급없이 1863년(Корейцы..., с.1), 군사령관지사 산하 특별위임수석관리 나세킨(Н.Насекин)은 1863년 13가구(Корейцы..., с.1), 남우수리스크 국경행정관 스미르노프(Е.Т.Смирнов)는 1864년 16가구(Приамурский край на Амурско-Приморской выставке 1899 года в г.Хабаровске, Хабаровск, 1899, с.78), 외무부 프리아무르 문제 전권위원 그라베(В.В.Граве)는 1863년 13구(Китайцы..., с.128)라고 기록하고 있다.

6) 함남 영흥 출신의 계봉우(호 北愚)는 1911년 1월 이동휘의 사위인 정창빈과 더불어 북간도로 망명했다....1919년 3.1운동에도 참여했으며, 이후 러시아

게재한 『俄領實記』를 들 수 있다. 계봉우는 『俄領實記』에서,

"기원 4197년 갑자(甲子) 춘(春)에 무산(茂山) 최운보(崔運寶)와 경흥
(慶興) 양응범(梁應範) 2인이 가만히 두만강을 건너 혼춘을 경유하야 지
신허(地新虛)(此는 연추(煙秋) 등지)에 내주(來住)하야 신개간에 착수하니
서대륙(西大陸)을 초발견한 '콜넘버스'의 기공(奇功)과는 의론(擬論)할수
무(無)하나...."[7]

상선에 은신하여 연해주 블라디보스톡으로 망명한 후 다시 8월에 중국 상
해로 건너갔다. 상해에서 계봉우는 1919년 11월 대한 임시정부 임시의정원
북간도 대표 의원으로 1년 간 활동하는 한편, 1920년 1월-5월 시기에 '뒤바
보'와 '사방자(四方子)'라는 필명으로 "북간도 그 과거와 현재", "俄領實記",
"김알렉산드라小傳"등의 민족운동 관련 저술물들을 『獨立新聞』에 발표했
다....1920년 상해 임시정부의 신문 『독립』의 편집장직을 맡기도 했으며, 4
월에는 이동휘, 김알렉산드라 등이 조직한 한인사회당에 가입하여 당 기
관지인 『자유종』의 주필을 맡았고, 5월에는 유동열, 이탁과 함께 임정간도
특파원으로 임명되어 간도지방 독립운동 단체의 통일을 위해 노력하였
다....1921년 11월 15일 코민테른 감사위원회의 결정으로 출옥한 계봉우는
치타에서 한인 잡지 『새사람』의 주필 직을 맡았으며, 이후 이동휘가 코르
뷰로(고려국)에서 활동하게 됨에 따라 이동휘를 따라 다시 블라디보스톡
으로 왔다....1924년 1월-6월 시기에는 블라디보스톡 제8호모범중학교에서,
1926년 8월-1930년 3월 시기에는 블라디보스톡 노동학원에서 대한문전 등
조선어를 가르쳤다. 1921년-37년 시기에 연해주 한인사회의 대표적인 교육
자로 활동하며 국어국문학과 한국사에 괄목할만한 업적과 저술물들을 남겼
다. 1937년 계봉우는 중앙아시아의 카자흐스탄 크즐오르다로 강제이주 되었
다(И.Т.Пак(глав. ред.), Корейцы Казахстана в науке, технике и культуре, Алматы,
2002, с.517-518; http://kosa.culturecontent.com/스토리뱅크-인물은행-계봉우(2007.
1.21 검색); 독립기념관(한국독립운동사연구소), 『국외항일운동 유적(지) 실
태조사 보고서-II』, 2002, pp. 98-99 참조).

7) 『獨立新聞』 대한민국 2년(1920) 2월 1일, 제49호, 뒤바보 『俄領實記』 제1호
(移植된 原因). 1890년대 제작된 『아국여지도』(俄國興地圖)의 지신허 마을
개관을 보면, "동서 5리, 남북 30리이며, 동쪽으로는 한천관(漢天關)이 65리
떨어져 있고, 서남으로 연추 군영이 40리, 남쪽으로 육성관(育城關)이 10리,
북쪽으로 고개 넘어 청나라 혼춘 지경까지 35리 떨어져 있다. 주민은 238

라고 평하며, 최초의 한인 이주와 정착촌인 티진헤 마을의 존재를 알리고 있다. 이외에도 『해조신문』(海朝新聞)에서는, "서력 1863년은 음력 갑자지년이라. 우리 동포 십여 가구가 처음으로 아국지방 지신허에 건너와서 황무지를 개척하고 살음에 해마다 몇십호씩 늘어가더니...."[8]라고 기록하며 한인의 이주를 알리고 있다.

한인 이주자들의 대부분은 조선 북부지역의 농민들이었다. 이들이 이주하게 된 주요 요인은 조선의 삼정문란으로 인한 빈곤과 자연재해에 따른 가뭄과 기아로 알려져 있다. 극동 및 중앙아시아 연구자이자 성-페테르부르그 과학아카데미 명예회원이었던 프르줴발스키의 기록을 보자. 그는 1867-69년 시기 남우수리스크 지방 및 조선 북부의 경흥지방을 여행했고, 자신의 저작물에 현지 토착민들인 골드족(나나이족), 오로치족(우데게예츠족), 타즈족을 포함, 중국인 및 한인들의 삶을 자세히 묘사했다. 프르줴발스키는 한반도의 높은 인구밀도, 이로 인해 수반된 극빈과 민중들의 훌륭한 역량을 구속시키는 잔혹한 전제정치, 그리고 때묻지 않은 채 남아있는 비옥한 연해주 땅의 근접성이 가만히 있는 한인들을 밖으로 밀어 낸 주요 원인이었다고 기록

호에 총 1,665명이다"고 기록하고 있다(국가보훈처, 『국외독립운동사적지 실태조사보고서 2000-2001년도』, 2001, p.365 참조). 지신허 마을은 남북으로 약 12km, 동서 2km의 규모이며, 1890년대 주민의 수는 1,700여명에 이르렀다. 지신허는 서쪽으로 10여 km 떨어진 항일세력의 근거지인 얀치헤와 더불어 대규모 한인 집단거주지였으나 1937년 강제이주 이후에는 폐촌이 되었다.

8) 『海朝新聞』 제1호, 1908년 2월 16일자. 티진헤 마을은 러시아를 포함한 독립국가연합(CHГ)지역 한인사회의 첫 장을 열어놓은 곳으로, 한인들은 1864년을 러시아 이주 원년으로 삼았다. 1914년에 프리아무르 당국의 지원과 협력 하에 러시아 이주 50주년 행사의 개최를 시도했으나 1914년 제1차세계대전 발발로 무산되기도 했다(РГИАДВ, Ф.226, Оп.1, Д.448, Л.1-3. 『Проше-ние Комитета по устройству празднования 50-летия переселения корейцев в Приамурский край г.Приамурскому генерал-губернатору от февраля 1914г., г.Владивосток』 참조).

하고 있다.[9] 한인 측 자료에서도 조선의 높은 인구밀도에 따른 토지 부족, 귀족계급들의 전제적 압박에서 기인했다고 한인의 이주 원인을 유사하게 기록하고 있다.[10] 그 외에도 고된 병역으로 인한 탈영 이주도 적지 않았다. 이주 초기의 한인연구자인 바긴(В.Вагин)은 이주 한인들 중 적지 않은 수가 과중한 병역을 피해 넘어온 조선인 탈영병들이었다고 기록하고 있다.[11] 대부분의 한인 이주자들은 주로 겨울철에 얼어붙은 두만강과 만주 국경을 통해서 불법 월경을 시도했다. 이는 얼마간의 살림살이들과 농기구, 그리고 농사의 핵심이었던 소나 말 등의 가축들의 수송이 가능했기 때문이었다. 이 시기 한인의 러시아 이주는 생계를 위한 경제적 요인에서 비롯된 것이라 할 수 있다.

한인들의 이주 물결을 크게 촉진시킨 것은 1861년 채택된 러시아인 및 외국인의 이주 관련 법령과 이후 한인들에게 취해진 우호적인 정책과 조치들이었다. 1860년 북경조약으로 연해주가 최종적으로 우수리강을 경계로 러시아 영토에 편입된 이후 러시아 중앙정부는 무엇보다 먼저 프리아무르 지방(당시 동시베리아 아무르강 유역 지역)에서의 군정치적인 임무수행을 주요 과제로 삼았다. 즉 아무르강 유역에 강력한 군방어 요새를 구축하는 것이었다. 이를 위한 실천적인 방안으로서 러시아 정부는 지역토착민들의 도움을 통해서 러시아인 농민과 카자크인 계층을 프리아무르의 주요 식민자원으로 확고히 심어놓고자 했다. 러시아 중앙정부와 지방 당국은 군대를 위한 확고한 후방을 필요로 했으며, 다른 한편으로는 군대를 위한 식량을 필요로 했다. 러시아 중앙정부에게 있어서 농민들은 어디까지나 군정치적인

---

9) Н. М. Пржевальский, Путешествие в Уссурийском крае, 1867-1869гг., Владивосток, 1990, с.132.

10) 십월혁명십주년원동긔념준비위원회, 『십월혁명십주년과 쏘베트고려민족』, 해삼위도서주식회사, 크니스노예델로, 1927, p.78.

11) В. Вагин, указ. соч., с.1.

목적 및 과제 수행을 위한 보조적인 요소였고, 군대의 든든한 후방이 자 식량생산의 원천이 되어야 했다.[12] 따라서 이후 소비에트 초기의 사가들은 제정러시아 정부의 아무르강 유역 및 태평양 연안에 대한 군정치적 목적 및 안보에 치우친 식민정책으로 이 지역의 자원개발, 농업 및 산업, 교통 등의 부문에서 발전이 이루어지지 못했다고 비판 하고 있기도 하다.[13]

군정치적인 식민정책의 동기 하에서 1861년 4월 27일 황제 알렉산드르 Ⅱ세(1855-81)는 시베리아위원회를 통해 이른바 '무라비요프 이민법' 이라 불리는 '동시베리아 아무르주와 연해주 거주 러시아인 및 외국인 정착 규정(원로원령 제36928호)(Правила для поселения русских и инородцев в Амурской и Приморской областях Восточной Сибири)'을 비준했다. 이 법안은 블라디보스톡(1860)과 하바로프스크를 확립(1858)하며 이민을 장려할 목적으로 마련된 것이었다. 이 법안에 따라 프리아무르 지방으로 이 주 및 정착을 희망하는 사람들은 가구당 최대 100데샤티나의 국유지 를 임시 혹은 영구 소유할 수 있게 되었고, 아울러 인두세의 영구면제, 10년 간의 군역면제, 20년 간의 토지임대료 면제 등의 특혜를 입게 되었다.[14] 이 법안은 자유로운 토지에서 농사를 열망했던 한인 농민 이주자들의 이해관계와도 부합되었고, 때마침 이주해온 한인 이주자 들에게도 그대로 적용되었다. 1900년 7월 22일자 법령으로 혜택이 대 폭 축소될 때까지 이 법안은 러시아인 및 한인 이주자들에게 적용되 었고, 특히 한인 이주자들의 경제적 자립에 큰 힘이 되어 주었다.

1861년의 이민법에 이어 한인 이주를 촉진 시킨 것은 지역 당국의

12) П. Я. Дербер и М. Л. Шер, *ОЧЕРКИ хозяйственной жизни Дальнего Востока,* М., 1927, с.31-33; М. И. Целищев, "Колонизация", Н. Н. Колосовский(под.ред.), *Экономика Дальнего Востока,* сборник, 1926, с.314.

13) П. Я. Дербер и М. Л. Шер, Там же, 34.

14) 박보리스, 부가이 니콜라이 저, 김광한, 이백용 옮김, 『러시아에서의 140년 간』, 시대정신, 2004, p.25.

한인에 대한 유화적 정책과 조치들이었다. 티진헤강 유역의 한인들은
첫해 농사에서 적지 않은 수확을 얻었다. 이에 노브고로드 수비대 책
임자인 레자노프 중위는 1864년 9월 21일자 연해주지사 카자케비치에
대한 보고서에서,

> "한인들이 티진헤강 유역에 잘 정착했고 근면하게 농사를 짓고 있습니
> 다.... 한인들의 곡물과 특히 메밀의 국고 판매를 허가해 줄 것을 요청합니
> 다. 아울러 당국이 한인들을 대신해 '라'라는 중국인으로부터 임차한 종자
> 와 겨울 식량 대금 200루블을 상환해 준 후, 한인들에게 방앗간을 세워주
> 고 보조금을 지급해줄 것을 요청합니다"[15]

라고 전하며 한인들에 대한 당국 차원의 정책적, 물질적 지원을 호소
했다. 이 보고는 당시 1884년 이후에 새롭게 편성된 프리아무르 대군
관구까지 관할지로 삼고 있던 동시베리아 군사령관지사 코르사코프
(М.С.Корсаков, 1861-71)에게 보고되었다. 코르사코프는 1864년 11월 16
일자 지시(№581)로 한인들을 보호하고 정착에 필요한 식료품과 최소
한의 비용을 지급할 것을 연해주지사 카자케비치에게 지시하기도 했
다.[16]

이주 초기 동시베리아 지방 당국의 이주 한인들에 대한 조치 및
정책의 방향은 한인들의 농업 경제 활동, 즉 이주 첫해 한인들의 농
업적인 결실과 독특한 민족적 특성에 의해서 많은 영향을 받은 것으
로 보인다. 실제로 1864년 최초의 한인 정착촌인 티진헤 마을을 방문

---

15) Н. А. Насекин, "Корейцы Приамурского края", (Краткий исторический очерк пересе-
ления корейцев в Южно-Уссурийскийкрай), Труды Приамурского отдела ИРГО, Вып.1
(Т.11), Хабаровск, 1895, с.1.

16) Там же, с.1; А. А. Панов, "Жёлтый вопрос в Приамурье", Историко-статистический
очерк, Отдельный оттиск из №7 журнала 『Вопросы Колонизации』, СПб., 1910,
с.10.

하여 현지조사를 수행했던 동시베리아 정규대대 올덴부르그 대령은 연해주지사에게 보낸 보고서에서 한인 이주자들의 순조로운 농업적인 자립 상황을 다음과 같이 전하고 있다.

> "실제로 그곳에는 8채의 농가가 있었고, 주변에는 잘 가꾸어진 텃밭들과 보리, 메밀, 옥수수 등의 곡식들이 경작되어 있는 15데샤티나 정도의 넓은 농지들이 들어서 있었습니다. 1년이 채 못되어 이룬 이런 성과들을 볼 때 한인들은 우리 지역에 실제적인 이익을 가져다 줄 것으로 생각합니다....한인들을 정착시키는 과정에서 특별한 비용은 필요치 않을 것 같습니다. 한인들은 적지 않은 수의 가축과 농기구들 보유하고 있습니다. 만일 도움을 요청한다면, 첫 수확 때까지 먹을 식량으로 국경 도시인 훈춘에서 만주인들부터 저렴한 가격에 구입할 수 있는 곡물을 나누어 주면 될 것으로 보입니다."[17]

한인들의 빠른 적응과 농업부문에서 거둔 결실의 큰 가능성은 동시베리아 당국자들로 하여금 한인 이주자들을 프리아무르 개발의 유용한 자원으로 인식하게 하는 동기가 되었다. 이러한 긍정적인 인식 속에서 연해주지사 카자케비치는 노브고로드 수비대 책임자에게 '이주 희망 한인의 정착을 지체없이 허가하고 적극적으로 협력할 것, 가능한 한 강압적이지 않은 방법으로 국경에서 먼 곳으로 정착하도록 설득할 것, 이주 한인들이 러시아 국법의 완전한 보호를 받을 수 있도록 하며 청국 관리의 어떠한 간섭도 허용하지 말 것'[18] 등을 지시하는

---

17) РГИАДВ, Ф.87, Оп.1, Д.278, Л.9-10об. 『Докладная записка и.д. инспектора линейных батальонов Восточной Сибири, расположенных в Приморской области полковника Ольденбурга военному губернатору Приморской области от 25 сентября 1864г., г.Николаевск』.

18) 박보리스, 부가이 니콜라이 저, 김광한, 이백용 옮김, 앞의 책, pp.31-32.

등 이주 한인에 대한 우호적인 정책을 취해 나갔다.

뿐만 아니라, 연해주지사는 "한인들의 이주 금지와 정착자들의 소환까지 조선 정부에 요구하고 있는 청국 정부를 의식하여, 조선 및 청국 정부의 생트집과 압력으로부터 보호하기 위해 한인들을 국유농민으로 편입시키고, 이와 같은 조치를 대외적으로 알릴 필요가 있다"[19]는 내용의 보고서를 동시베리아 사령부에 제출하기도 했다. 보고서에서 연해주지사는 한인들의 우수한 농업적 기술과 결과에 만족해하며, 우수한 미래의 식량조달자 역할을 감당할 수 있는 한인들에 대한 특별한 보호 조치를 역설하고 있다. 이는 동시베리아 당국이 한인들의 놀라운 근면성과 농업적 기술 등을 고려하면서, 한인 이주자들의 값싼 노동력을 통해서 새롭게 러시아에 편입된 프리아무르의 불모지를 개간하고자 했음을 알 수 있다. 또한 도시에 제공할 노동력이나 러시아인 농민들의 고용 노동자로 활용하거나 카자크 군대에 식량 등을 조달하는 역할을 감당시킬 수 있는 자원으로서 동시베리아 당국이 한인 이주자들을 바라보기 시작했음을 짐작해 볼 수 있는 대목이다.

계속해서 증가하는 한인 이주자들을 보다 효율적으로 관리하고 활용하기 위한 동시베리아 당국의 정책적인 노력은 계속 이어졌다. 1866년 코르사코프는 연해주지사의 제의에 따라 한인 이주자 자녀들의 러시아어 교육을 위한 학교 설립 비용으로 은화 100루블을 지원하기도 했다.[20] 이는 기독교 국가인 러시아 정부가 이교도인 한인들을 체계적인 교육을 통해서 미래의 자원으로 활용해 나가고자 하는 의

---

19) РГИАДВ, Ф.87, Оп.1, Д.278, Л.15-16об. 『Донесение военного губернатора Приморской области П.В.Казакевича председательствующему в Совете ГУВС о переселении корейцев от 14 января 1865г., г.Николаевск』.

20) Там же, Д.1007, Л.1-1об. 『Записка генерал-губернатора Восточной Сибири М.С.Карсакова о выделении средств на создание школы для корейцев, направленная военному губернатору Приморской области, 30 августа 1866г.』.

도가 있음을 보여주는 대목이라 할 수 있다. 동시베리아 군사령관지사 직 퇴임 이후에도 코르사코프는 한인들의 이주와 생활 정착에 지속적인 많은 관심을 기울였다. 그는 1866년 남우수리스크 지방 방문 시에는 원만한 행정 수행을 위해 한인들에 관한 정보 수집과 인구 목록 작성을 지시했다.[21] 또한 1867년 1월 1일자로 한인 이주자들을 주요 구성원으로 하는 새로운 수이푼 관구(Суйфунский округ)가 형성되도록 하는데 큰 영향을 미치기도 했다.[22] 당시 남우수리스크 지방 전체적으로 러시아인 이주자의 수가 극히 미미한 상황에서 실제적으로 '한인 관구'라 할 수 있는 수이푼 관구의 탄생은 한카 관구(Ханкайский округ), 수찬 관구(Сучанский округ)와 더불어 향후 남우수리스크 지방 한인사회의 한 축을 담당해 나가게 된다는 점에서 볼 때 큰 의미를 지니는 새로운 행정 질서의 편제였다고 평가해 볼 수 있다. 이러한 최고 군행정통치자의 관심은 해당 지방 당국으로 하여금 우호적인 한인정책을 지속적으로 취하도록 하는데 큰 힘으로 작용했으며, 이주 초기 한인 이주를 촉진시키는 주요 요인으로도 작용했다.

불법 월경을 통한 한인들의 이주과정이 순탄한 것만은 아니었다. 한인들의 계속되는 불법 월경에 조선 정부는 항의와 물리적인 저지를 통해 한인들의 월경을 막고자 했다. 조선 측 수비대원들은 이주자들이 비록 두만강을 건너 러시아 영역에 진입했는데도 사살을 하기

---

21) В. Вагин, "Корейцы на Амуре", (Сборник исторических и статистических сведений о Сибири и сопредельных ейстранах), СПб., Т.1, 1875, с.2.

22) 박보리스, 부가이 니콜라이 저, 김광한, 이백용 옮김, 앞의 책, p.32. 1867년 1월 1일자로 제정된 새로운 행정 절차의 내용은 다음과 같다: ㄱ) 표트르대제만 주변의 모든 거주자들은 노브고로드 수비대 책임자의 관할에 놓이게 된다. ㄴ) 서로는 국경, 북으로는 한카 호수, 우수리강으로 유입하는 강들과 바다로 흘러나가는 강들 간의 분수령, 동으로는 아메리카만과 그곳으로 유입되는 강들을 경계로 하는 새로운 행정지역을 '수이푼 관구'라고 명명한다. ㄷ) 수비대 책임자를 보좌하여 주민관리를 담당할 장교 1인을 임명하고 그에게 지방경찰서장의 권한을 부여한다.

도 했으며, 러시아 측 국경수비대로의 왕래나 러시아인에 대한 모든 판매 활동을 엄금했다.[23) 조선 정부는 한인들의 입국을 묵인하는 동시베리아 당국에 강한 항의를 표명했다. 1864년에는 김홍순과 최수학 2인이 러시아인과 통첩했다는 죄목으로 참수형을 당하는 사건이 발생하기도 했다.[24) 어려움 속에서도 한인들의 이주는 계속되었다. 당시 양국의 외교관계가 없는 상황에서 러시아 정부도 조선 정부도, 그리고 현장에서 감시하는 국경수비대들도 밀려드는 한인들의 이주 물결을 막기에는 역부족이었다.

이주 과정에서 러시아 측 수비대원들과의 불미스러운 사건들이 발생하기도 했다. 러시아 측 국경수비대원들 또한 국경을 지나는 이주 한인들을 약탈하고 부녀자를 폭행하거나, 심지어는 살인까지 저질렀다. 한 사례를 보면, 러시아 측 국경을 지나던 14명의 한인들(남자-7명, 여자-6명)이 러시아 측의 수비 초소에서 괴롭힘을 당하다가 여자 1명만 부상을 입은 채 달아나고 나머지는 끔찍하게 살해를 당하기도 했다. 또한 한인들의 국경수비대 통과 후 소가 없어졌다며 한인들에게 절도 혐의를 씌워 산 채로 구덩이에 넣고 불에 태워 죽인 경우도 있었다.[25) 바긴은 위 사건을 러시아인 농민이주자들에게 조차도 무시받거나 겨우 자신의 이름정도만 쓸 줄 아는 인격적으로 미성숙한 국경수비대원들에 의해 발생했던 사건으로 보았다. 그는 자신의 저작물에서 국경수비대원들의 눈에 비친 언어도 의복도 다르고, 관습도 종교도 완전히 다른 남루하고 부랑자와도 같은 한인 이주자들의 모습에서 유발된 슬픈 사건이었다고 기록하고 있다.[26)

티진헤강 유역에 세워진 티진헤 마을을 중심으로 한인 이주자의

23) Н. М. Пржевальский, Путешествие…., указ. соч., с.132-133.
24) 현규환, 앞의 책, p.777.
25) В. Вагин, указ. соч., с.5.
26) Там же, с.4.

수는 급증했다. 점차 시디미(Сидими) 강과 얀치혜(Янчихе, 연추, 煙秋, 현재 추카노프카 지역) 강, 파타쉬(Фаташи) 강 등을 따라서도 동일한 명칭의 한인 마을들이 형성되기 시작했다. 연해주 남부 티진헤, 얀치혜 마을들을 중심으로 한인거주지는 점차적으로 북쪽으로, 서쪽으로 확대되어 프리아무르 대군관구의 주요 3개 지역들(연해주, 아무르주, 자바이칼주)로 퍼져 나갔다. 그중에서도 절대 다수의 한인들이 연해주의 남우수리스크 지방에 밀집되어 있었다. 우선 시기별 한인거주지의 이동경로 및 정착지를 보면 다음과 같다.

[표 1] 시기에 따른 한인의 이주경로 및 정착지명

연도	이주경로 및 정착지명
1860년대 초	연해주 남서부-포시에트 지구(티진헤, 얀치헤, 시디미, 아디미 등)
1860년대 후반	연해주 중부-우수리스크 및 주변지역 (수이푼강, 슈판강, 레푸강, 다우비헤강 유역)
1860년대 후반 1870년대 초	연해주 중남부-블라디보스톡(구개척리-한인촌)
1871-72년	아무르주 남동부-블라고슬로벤노예
1890년대	연해주 북부-하바로프스크 남부 호르강, 이만강 유역, 아무르주
1910년대	연해주 중남부-블라디보스톡(신개척리-신한촌)
1900-10년대	자바이칼주, 우랄, 오비강 유역, 캄차트카, 기타

여기서 본고에서 등장하는 주요 한인정착촌들의 위치와 분포 및 행정편제 상황을 보다 자세히 살펴볼 필요가 있다. 이는 본 장에서 다루어지는 프리아무르 당국의 한인정책을 행정적, 지리적 측면에서 이해를 더해줄 것이기 때문이다. 다른 한편으로는 다음 장에서 다루어지게 될 정교회의 한인선교 활동이 프리아무르 전역에 산재해 있던 한인정착촌들을 중심으로 행해졌기 때문이다.

[그림 1]은 러시아 하바로프스크 국립기록보존소(ГАХК)에 소장되어 있는 1931년도 프리아무르 지방의 고문서 지도들[27]을 바탕으로 제작

[그림 1] 극동 남우수리스크(현재 연해주) 지역 주요 한인정착촌 위치

된 연해주 남우수리스크 지방의 주요 한인정착촌 지도이다.

고지도들에는 과거 남우수리스크 지방에서 기능했던 수십 개의 주요 한인정착촌들의 당시의 명칭과 위치가 상세하게 표기되어 있다.[28]

---

27) ГАХК, Карта Посьетского района(б.Владивостокского округа) Дальневосточного края; Карта Сучанского района(б.Владивостокского округа) Дальневосточного края; Карта Территории Никольск-Уссурийского горсовета(б.Владивостокского округа) Дальневосточного края; Карта Шкотовского района(б.Владивостокского округа) Дальневосточного края (Составлена по материалам Энциклопедии ДВК, по данным карт землепользования ДВ краевого переселенческого управления и военно-топографическим съёмкам разных лет), Масштаб 1:200,000, Дальневосточное Краевое Отделение ОГИЗ, Хабаровск, 1931г.

28) 한인마을의 명칭은 러시아어 발음이나 중국지명에서 차용해서 불려졌다: 티진헤(지신허), 포시에트(목허우), 크라스키노(연추), 블라디보스톡(해삼위), 우수리스크(송왕령, 송황령, 쌍성좌), 수이푼(추풍), 수찬(수청, 水淸, 소성), 라즈돌노예(하마탕), 달네레첸스크(이만, 라불류), 나호드카(동개터), 하바로프스크(화발포), 블라고슬로벤노예(사만리), 블라고베쉔스크(불개미스크), 치타(적탑), 톰스크(토옴치), 아누치노(다우비허, 도병하), 코르사코프카(허커우), 크로우노프카(황커우), 푸칠로프카(육성촌), 시넬니코보(영안평, 대전자) 등.

이외에도 또 다른 고지도에는 연해주 북부, 즉 하바로프스크 남부지
역에 위치하고 있던 코르사코보(Корсаково), 카자케비체보(Казакевичево)
등의 주요 한인정착촌들의 위치를 선명하게 보여주고 있다.[29] 뿐만
아니라 이 기록보존소에 소장되어 있는 총 9장의 고지도들도 당시 프
리아무르 지방의 한인정착촌들의 위치와 상황을 추측하고 이에 대한
밑그림을 그려보는데 중요한 단서들을 제공해 주고 있다.[30] 이 고지
도들에 나타나 있는 수십 개의 한인정착촌들은 1860-80년대에 형성
된 이후 소비에트 시기인 1937년 강제이주 직전까지 존재했다. 본
시기(1864-1884)의 후반에 프리아무르 한인사회에는 20여개의 주요

---

29) ГАХК, Карта сельской территории Хабаровского горсовета(бывш. Некрасовскийрайон
   Хабаровского округа), Масштаб 1:500,000, Дальневосточное Краевое Отделение ОГИЗ,
   Хабаровск, 1931г.

30) ГАХК, Ф.1718, Оп.1, Д.27а, Л.1. 『Карта Ленинского района(б.Хабаровского округа)
   ДВК』, Масштаб 1:500,000, Издание "Энциклопедии Дальневосточного Края", Хабар-
   овск, 1930г.; Л.2. 『Карта Яковлевского района(б.Владивостокского округа) ДВК』,
   Масштаб 1:400,000, Дальневосточное Краевое Издательство〈Книжное Дело〉, Хабаро-
   вск, 1931г.; Л.9. 『Карта Нижне-тамбовского района(Б.Николаевского округа) ДВК』,
   Масштаб 1:1,000,000, Дальневосточное Краевое Отделение ОГИЗ, Хабаровск, 1931г.;
   Л.13. 『Карта Завитинского района(Б.Амурского округа) ДВК』, Масштаб 1:500,000,
   Дальневосточное Краевое Издательство〈Книжное Дело〉, Хабаровск, 1930г.; Л.14.
   『Карта Свободненского района(Б.Зейского округа) ДВК』, Масштаб 1:500,000, Даль-
   невосточное Краевое Отделение ОГИЗ, Хабаровск, 1931г.; Л.15. 『Карта Ивановского
   района(Б.Амурского округа) ДВК』, Масштаб 1:200,000, Дальневосточное Краевое
   Отделение ОГИЗ, Хабаровск, 1931г.; Л.21.
   『Карта Тамбовского района(Б.Амурского округа) ДВК』, Масштаб 1:200,000, Дальне-
   осточное Краевое Отделение ОГИЗ, Хабаровск, 1931г.; Л.22. 『Карта Хингано-Архар-
   инского района(Б.Амурского округа) ДВК』, Масштаб 1:500,000, Дальневосточное
   Краевое Издательство〈Книжное Дело〉, Хабаровск, 1930г.; Л.23. 『Карта Советского
   района(быв.Хабаровского округа) ДВК』, Масштаб 1:1,000,000, ОГИЗ ДальКрайОтд-
   еление, Москва-Хабаровск, 1931г. (Составлена по материалам Энциклопедии ДВК, по
   данным карт землепользования ДВ краевого переселенческого управления и военно-
   топографическим съёмкам разных лет).

한인마을들이 기능을 하고 있었다. 이들 20여개 한인정착촌들의 행정적으로 대부분 프리아무르 대군관구의 연해주에 위치하고 있다. 1864-97년 시기 프리아무르 대군관구(자바이칼주, 아무르주, 연해주, 블라디보스톡, 캄차트카주, 사할린주)에서 한인이 가장 많이 분포되어 있었던 곳은 연해주였으며, 연해주는 남우수리스크 관구, 우수리스크 카자크 관구, 하바로프스크 관구 등 총 9개 관구(округа)로 행정편제되어 있었다.[31]

이주 규모를 보면, 1864년 여름 티진헤강 유역에는 이미 한인 30가구(140명)가 거주하고 있었으며,[32] 1865년에는 60여 가구, 이듬해인 1866년에는 100여 가구에 이르렀다.[33] 물론 이 수치는 자료마다 약간의 차이를 보여주고 있다. 또 다른 자료에는 1864년에 한인 60가구(308명)가 새롭게 이주해 왔으며, 1868년에는 165가구가 더 이주해 왔다고 기록하고 있다.[34] 해를 거듭할 수 록 한인들의 수는 증가해 갔다. 1862년부터 연해주 이민국 관리를 지냈으며, 1882년-1892년 시기 동안 이민국장을 지낸 부세(Ф.Ф.Буссе, 1838-96)의 인구조사목록을

---

31) А. И. Петров, Корейскя диаспора на Дальнем Востоке России 60-90е годы 19века (Владивосток : 2000), с.91. 이 무렵에 연해주 내에 과거 관구(округ, округа)로 설정되어 있던 수이푼, 한카, 수찬 관구 등은 행정단위가 지구(участок)로 변하고, 연해주는 새로운 9개 관구들로 새롭게 행정편제되었다. 1864-97년 시기 연해주 9개 행정관구는 다음과 같다: 남우수리스크 관구, 하바로프스크 관구, 우수리스크 카자크 관구, 우드 관구, 오호츠크 관구, 기쥐긴스크 관구, 페트로파블로프스크 관구, 아나드이르스크 관구, 코만도로스크 관구. 본 논문에서 행정편제에 따른 용어로서 등장하는 남우수리스크 '관구'는 남우수리스크 '지방'으로 이해할 수 있다.

32) РГИАДВ, Ф.87, Оп.1, Д.278, Л.15. 『Донесение военного губернатора Приморской области П.В.Казакевича председательствующему в Совете ГУВС о переселении корейцев от 14 января 1865г., г.Николаевск』.

33) Н. А. Насекин, "Корейцы...., указ. соч., с.1; I. B. Bishop, Korea and her Neighbours, I, II, NY., 1898. reprinted by YU Press, Seoul, 1970, p. 233.

34) РГИАДВ, Ф.702, Оп.1, Д.566, Л.24.

보면, 1867년 1월 1일 현재 티진헤강, 시디미강, 몽구가이(Монгугай, 몬구가이) 강 유역의 한인 마을들을 포함, 남우수리스크 지방에는 총 185가구(999명)의 한인들이 거주하고 있었다([표2]참조).[35] 또 1867년 중반-68년 초 시기에 두만강 하류와 남우수리스크 지방을 조사한 프르줴발스키는 포시에트만에 위치하고 있는 3개 한인마을들(티진헤, 얀치헤, 시디미)에는 총 1,800명의 한인들이 거주하고 있었음을 확인해 주고 있다.[36] 1867년 1월 1일 현재 정착지별 한인 이주자의 거주 및 경제 상황을 보면 다음과 같다.

[표 2] 1867년 1월 1일 현재 남우수리스크 지방 한인거주 및 경제상황

한인거주지 (한인마을명)	한인 거주자 수				가축 수		토지 면적	채무	
	가구 수	남	여	합계	말	황소	데샤티나	돈 (루블)	수수 (푸드)
티진헤강유역 (티진헤마을)	124	368	293	661	10	148	395	329	1209
시디미강유역 (시디미마을)	11	30	24	54	1	11	16	36	134
몽구가이강유역 (몽구가이마을)	8	21	14	35		7	15	31	23
임시거주 새이주자들*	42	134	45	249					
총합계	185	553	376	999	11	166	426	396	1366

* 정착지를 정하지 못해 겨울 동안 임시로 티진헤강 유역에 거주하는한인들이다.

이는 어디까지나 공식 집계된 수치로서 인구 목록에 포함되지 않

---

35) РГИАДВ, Ф.87, Оп.1, Д.278, Л.61-70. 『Рапорт чиновника особых поручении при Приморском областном правлении Ф.Ф.Буссе военному губернатору Приморской области от 6 марта 1867г.』.

36) Н. М. Пржевальский, Путешествие…., указ. соч., с.132. 또 다른 자료에는 1,415명으로 나타나고 있다(В.Вагин, с.2 참조).

은 상당한 규모의 한인들을 상정해 볼 수 있을 것이다. 위 표를 통해서 알 수 있듯이 티진헤강 유역에 형성된 티진헤 마을을 중심으로 한인 이주자들이 밀집되어 있으며, 가축의 수와 토지의 이용 면적에 있어서도 타 마을들에 비해 월등히 앞서 있음을 알 수 있다.

초기 한인들의 정착은 주로 연해주 남서부 국경지역에 밀집되어 이루어졌다. 이는 러시아 정부로 하여금 국경 문제에 대한 우려를 낳게 했으며, 결과적으로 기존의 정착 한인들을 몽구가이, 수이푼, 수찬, 나아가 아무르주 등 더 내륙으로 분산 배치나 재이주시키는 정책으로 이어지게 하는 요인이 되었다. 물론 여기에는 한인들의 단순한 국경 거주만이 아니라 고립적인 생활방식과 전통문화의 고수에 따른 한인들의 더딘 동화 및 정교신앙을 통한 기독교화에 대한 우려도 크게 작용했다. 게다가 비록 적은 규모이지만 유럽러시아 지역에서 이주해 오는 러시아 농민들의 이주 또한 한인들에게는 크게 부담스런 요소로 작용하기 시작했다. 1860년대 말(1860-68)까지 연해주 남우수리스크 지방에 거주하고 있는 러시아인의 규모는 13개 마을, 1,259명(214가구)으로, 이중 1,150명(남자-633명, 여자-517명)이 순수한 농민이었다.[37] 당시 연해주 지방 러시아인 이주자 및 정착민들의 경제적 상황은 매우 어려웠다. 프르줴발스키는 당시 연해주의 구성원을 크게 3부류-카자크인 농민, 러시아인 정착민(유형수, 퇴직군인 및 선원), 한인-로 분류했다. 그는 러시아인 정착자들의 어려운 경제상황은 의무적이고 강제적인 이주와 노동력의 부족, 가축의 부족, 농업에 부적합한 기후, 그리고 마지막으로 당국의 부적절한 행정적 조치들에서 기인된

---

37) Н. М. Пржевальский, Путешествие...., указ. соч., с.305, 316. 이들은 유럽러시아의 아스트라한, 보로네쉬, 탐보프, 페름, 뱌트카 등지에서 들어온 러시아인 농민들로서, 주로 한카호수 주변, 수이푼강 유역, 수찬, 올가항 근처에서 거주했다. 나머지는 유형자-54명(남자-27명, 여자-27명)과 퇴직군인 및 선원 55명이었다.

것으로 보았다.[38] 하지만 그보다는 러시아 정부가 이주자들의 입장에서 보다는 군전략적인 이해에 맞추어 정착지를 선정해 준 것에서 더 큰 요인을 찾아볼 수가 있다.[39]

한편 이전까지 수 십 가구씩 소규모로 행해졌던 한인 이주는 1869년에 들어서 큰 변화를 맞이했다. 1869년 말 한인들의 대량 유입은 러시아 정부 뿐만 아니라 국경수비대 병사들의 한인 이주자들에 대한 태도에도 적지 않게 영향을 미쳤다. 1869년 여름에 조선 북부에서 갑작스레 발생한 홍수와 8월 30-31일 새벽에 연해주 일대와 조선 북부지역에 내린 강한 한파(서리), 그에 따른 기근으로 수천 명의 한인들이 대량 이주를 해왔다. 이때 한인들은 갑작스런 상황에 제대로 살림살이를 챙겨 들어오지 못한 관계로 이전에 들어온 한인들에 비해 더 열악한 처지에 놓여 있었다. 9월 말-10월 8일 무렵의 대량 이주로 들어온 한인은 1,850명(남자-1,300명, 여자-850명)에 이르렀다. 한인들의 대거 유입에 수비대 책임자(이후 수이푼 관구 책임자)인 댜첸코(Дьяченко) 중령은 이중 600명 정도를 배를 이용하여 블라디보스톡으로 보냈다. 또 그는 가축이 있는 70명은 해안가를 따라 니콜스크 마을로 보냈으며, 나머지는 봄까지 티진헤 마을에 임시 거주시켰다.[40] 동시베리아 당국은 굶주린 한인들 사이에서 티푸스가 발병하여 러시아인들에게까지 번질 수도 있음을 우려하여 4,000푸드의 호밀과 2,000푸드의 밀가루를 빈곤한 한인들에게 방출했다. 뿐만 아니라, 이듬해 봄에 수이푼강 유역이나 올가 지역에 정착시킬 때까지 동시베리아 당국은 한인들을 블라디보스톡의 선거(船渠) 건설이나 다우비헤(Даубихэ) 강 계곡을 따라 길을 내는 관공사에 동원했다. 이로써 이주한인 문제가 해결된 것은 아니었다. 그해 11월-12월 초 새벽을 이용하여 4,500명의 한

---

38) Там же, с.298-304.
39) М. И. Целищев, указ. соч., с.314.
40) В. Вагин, указ. соч., с.3.

인들이 다시 국경을 넘어 연해주에 들어왔는데,[41] 이중 약 3,800명 정도가 극빈자에 속했다.[42] 1870년경 이주자 수는 약 8,000-9,000명까지 증가했다.[43] 한인들은 국경의 여러 지역에서 동시다발적으로 월경을 감행했고, 이로 인해서 수적인 열세 속에 있던 러시아, 조선, 청국 측의 수비대는 이주의 물결을 막아내지 못했다.

한편 계속되는 대규모 이주에 동시베리아 당국의 한인에 대한 시각에도 큰 변화가 생겼다. 프리아무르 당국은 한인의 정착에 따른 정치적, 경제적 문제를 우려하며 이주를 비호의적인 시각으로 바라보기 시작했다. 그 결과 1870년 1월 24일 러시아 측 국경대표인 트루베츠코이(Трубецкой)와 경흥지방 책임자간에 '월경자 인수협정'이 체결되었다. 동시베리아 당국은 이 무렵 티진헤 마을에 머물고 있던 642가구의 새이주자 한인들을 상대로 조선 정부가 협상 과정에서 귀환자들의 신변보장과 식량지원을 약속했음을 전하며, 생계 수단을 가지고 있지 않은 한인들을 조선 측에 귀환시키려 시도했다. 그러나 한인들은 무력을 통한 추방을 언급하며 설득과 회유에 나선 동시베리아 당국에 맞섰다. 한인들은 돌아가 조선인의 손에 죽느니 차라리 러시아인의 창검에 맞아 죽는 것이 낫다며 남을 것을 고수했고, 동시베리아 당국의 노력은 무위로 끝나고 말았다.[44]

---

41) Там же, c.3-4; А. А. Панов, указ. соч., c.11. 1869년 한 해 동안 두만강을 넘어 러시아에 온 한인은 약 6,543명이었으며, 이중 1/3이 아이들이었다. 또한 이중 300-400가구가 가축과 식량을 보유하고 있었고, 나머지 700가구는 맨몸으로 이주한 자들이었다.

42) I. B. Bishop, op. cit., p.233.

43) С. Д. Аносов, Корейыы в Уссурийском крае (Хабаровск-Владивосток : Книжное дело, 1928), c.6. 막시모프는 약 9,000명, 부세는 약 8,000명의 한인들이 있었던 것으로 기록하고 있다.

44) В. Вагин, указ. соч., c.6. 한인들의 이주제한 배경에는 이외에도 당시 연해주 남부의 또 다른 복잡한 상황을 들 수 있다. 1868-69년 연해주 남부에서는 마적떼들의 기승으로 많은 러시아인 마을이 불타고 약탈을 당했으며, 도

연해주지사인 푸루겔름(И.В.Фуругельм, 1865-71)은 정치적으로는 한인들의 국경지역 밀집거주에 따른 조선과의 마찰을, 경제적으로는 뒤늦게 이주해 오는 러시아인 이주자들에게 분여해 줄 비옥한 토지의 부족을 막고자 했다. 실제로 1860-80년대 중엽 연해주의 다수 민족은 러시아인이 아닌 바로 한인이었다. 예로 1882년 연해주의 전체인구 92,708명 중 러시아인은 8,385명(9%)으로 한인 10,137명(11%)보다 적었었다.[45] 근본적으로 러시아 정부는 한인 이주자들로 프리아무르를 채우는 것은 러시아의 국익에 부합되지 않을 뿐만 아니라 해로운 것이라는 생각을 갖고 있었다.[46] 러시아 정부는 1880년대 초 해로를 이용한 러시아인 농민들의 이주가 급증하고 수적으로 주변 민족들을 압도해 나가자 러시아인 중심의 프리아무르 식민화에 초점을 맞추고 모든 국가적 에너지를 쏟아 붓기 시작했다.

한인들의 죽음을 불사한 저항에 봉착한 연해주지사는 결국 정착을 허가하고 자립에 필요한 식량을 제공했다. 정교회 한인선교 연구자인 벨로프(М.Белов)는 연해주지사의 이러한 행위는 당시 연해주의 러시아인 인구가 극히 적고 서서히 증가하는 상황 속에서 한인들을 이용해 빈 땅을 채우고, 이들로 하여금 청국인과 마적들에 대항한 완충제 역할을 하도록 하기 위한 정치적 의도에서 비롯된 것이라 분석했다.[47] 그렇지만 러시아 정부의 정치적, 경제적 의도가 무엇이었든

처에서 기아에 허덕였고, 포로로 잡힌 만주인들과 마적들을 먹이는데 많은 부담을 지고 있었다.

45) В. В. Граве, "Китайцы, корейцы и японцы в Приамурье", (Отчёт Уполномоченного Министерства Иностранных Дел В. В. Граве), Труды командированной по Высочайшему повелению Амурской экспедиции, Вып.11, СПб., 1912, с.129-130.

46) П. Ивановский, "Краткий очерк развития миссионерского дела среди корейцев Южно-уссурийского края", Д. Поздняев(Сост.), История российской духовной миссии в Корее (сборник статей), М., 1999, с.119.

47) M. Belov, "The Experience of The Russian Orthodox Church among Koreans 1865-1914", (Seoul : Yonsei International Univ., December, 1991), p.25.

지 간에 당시 러시아 정부의 한인들에 대한 인도주의적인 발로 또한 간과할 수 없다고 본다. 이는 귀환자의 경우 조선 정부에 의해서 참수형을 당할 것을 우려하여 무력이나 강압적인 방법으로 이주자들을 귀환시키지 않았다는 점을 들 수 있다. 또한 당시 동시베리아 당국이 수천의 한인 이주자들을 맞이할 준비가 되어 있지 않은 상태에서도 국고를 통해 한인들에게 구호품을 지급했다는 점에서도 찾아볼 수 있다. 러시아 정부는 한편으로는 이주를 제한하며, 다른 한편으로는 기존의 이주자들을 국경에서 먼 몽구가이강이나 수이푼강, 레푸(Лефу, 현재 일리스타야강) 강 유역 일대로 재이주시켜 국경지대에서 조선적인 요소를 제거해 나가는 쪽으로 정책을 세워나갔다.

비록 러시아 정부가 한인들의 강한 잔류 의사를 수용했지만, 한인들의 국경지역 밀집거주에 대한 우려는 사그라들지 않았다. 결국 1870년 봄 동시베리아 당국은 수이푼강, 슈판(Шуфан) 강(수이푼강 오른쪽 지류), 레푸강, 다우비헤강 유역으로 한인들의 재이주 정책을 실행에 옮기기 시작했다. 5월 말까지 니콜스코예(Никольское) 마을로 448명의 한인들이 재이주 되었으며,[48] 가을에는 수이푼강 유역으로 500명의 한인들이 더 재이주되어 이 지역에 새로운 한인정착촌이 형성되기 시작했다.[49] 결과적으로 1869-70년 시기에 수이푼강, 레푸강과 다우비헤강 평원으로 총 5,700명의 한인들이 재이주 되었다. 이중 새로 신설된 한카(Ханка) 관구에 세워진 6개의 새로운 마을들, 즉 푸르겔모프카(Фуругельмовка), 카자케비체보, 그리고 추풍사사(秋風四社)로 알

---

48) В. Вагин, указ. соч., с.9. 이중 68가구(282명/남자-162명, 여자-120명)가 니콜스코예에서 12베르스타 떨어진 슈판강 유역에 코르사코프카, 푸칠로프카 마을을 이루었고, 25가구(101명/남자54명, 여자-47명)가 레푸강 유역에 카자케비체보(Казакевичево) 마을을 이루었다.

49) 이들은 수이푼강 좌안에 시넬니코보(Синельниково) 마을을 이루었고, 이외에도 콘스탄티노프스키(Константиновский), 포크로프카(Покровка) 마을을 이루었다.

려진 코르사코프카(Корсаковка, 허커우), 크로우노프카(Кроуновка, 황커우), 푸칠로프카(Пуциловка, 육성촌), 시넬니코보(Синельниково, 영안평 대전자)에 330가구(1,466명)가 자리를 잡았다. 당국은 이들이 자립할 수 있도록 식료품과 가축을 주고, 200데샤티나에 이르는 토지를 부여했다.[50] 이렇듯 일부 한인마을들은 러시아 정부의 인위적인 재이주 정책에 의해서 조성되기도 했다.

소비에트 시기 저명한 한인 역사가인 김승화(Ким Сын Хва) 또한 한인들이 재이주 된 곳에는 마을이 들어섰지만, 마을의 형성이 자연발생적이지 못했음을 언급하고 있다. 그는 한인마을의 형성에 러시아 정부의 관여가 있었고, 러시아의 이익에 유리하도록 자연적인 한인마을의 형성을 막으려고 노력했다고 지적하고 있다.[51] 한편 지속적인 한인 유입의 결과, 1872년 남우수리스크 지방의 13개 한인마을에 총 3,473명(496가구)(남자-1,850명, 여자-1,623명)이 거주하고 있었다.

러시아와 조선 정부에 의해 수립된 이주 억제정책은 한인의 이주 규모와 속도를 감소시키는 결과를 가져오는 듯 했다. 하지만 1870년대 중반 들어서면서 '돈벌이노동'이나 '계절노동' 이주는 다시 증가했다. 이들 중에는 귀국하지 않고 정착을 위해 남아있는 자들이 있었으며, 이는 남우수리스크 지방 한인의 수를 증가시키는 결과를 낳았다.[52] 1878년 동시베리아 군사령관지사 산하 특별위임관리 비슬레네

---

50) Б. Д. Пак, Корейцы В Российской империи(Дадьневосточный период), М., 1993, c.36. 1890년대에 제작된 것으로 추정되는 『아국여지도』(俄國輿地圖)에 의하면, 코르사코프카는 마을규모가 동서, 남북 각각 8리, 인구는 1,569명이 거주하고 있었을 정도로 큰 촌락이었으며, 푸칠로프카는 동서 30리, 남북 10리, 인구는 2,827명의 큰 마을이었다. 시넬니코보는 한인여성 혁명가 김 알렉산드라 스탄케비치의 고향이며, 한인 민족학교인 동흥학교의 소재지이기도 하다(국가보훈처, pp.389-393 참조).

51) Ким Сын Хва, Очерки по истории советских корейцев (Алма-Ата : Наука, 1965), c.30.

52) Г. Н. Ким, Сим Енг Соб, История просвещения корейцев России и Казахстана (Вторая

프(B.Висленев)에 의해 시행된 남우수리스크 지방의 3개 관구(округ, 한 카, 수이푼, 수찬 관구) 인구조사에 따르면, 총 20개 한인정착촌의 한 인의 수는 총 6,142명이었다.[53] 비슷한 시기인 1879년 아무르주 블라 고슬로벤노예 마을에는 624명의 한인이 거주하고 있었다. 결과적으로 1870년대 말 프리아무르 지방 21개 한인마을의 인구는 총 6,766명에 이 르렀다. 계속된 이주로 1880년대 초 한인의 수는 총 8,768명까지 증가 했다.[54]

2. 러·조수교 이후 시기의 한인정책: 포용과 분리정책기(1884-1916)

러시아와 조선 간에 체결된 조로수호통상조약(朝露修好通商條約, 1884년 7월 7일)과 조로육로통상장정(朝露陸路通商章程, 1888년 8월)은 러시아의 한반도 진출을 위한 확실한 발판의 계기가 되었다. 1885년 고종의 밀명을 받은 외교고문 묄렌도르프(P.Mollendorf)가 주일 러시아 공사 다브이도프(А.Давыдов)를 만나 청·일 충돌 시에 러시아가 조선을 보호해 주는 대가로 영흥만을 조차한다는 내용의 러·조밀약이 성사되 었다. 이를 통해 러시아는 한반도 진출이 현실화되고 영국과 일본을 견제하면서 청일양국과 동등한 권리를 누릴 수 있게 되었다.[55]

19세기 후반 러시아의 한반도 정책의 골자는 니콜라이 II세의 발

половина 19в.-2000г.), (Алматы : КазГУ, 2000), с.53. 해마다 수청지역으로만 돈 벌이와 농업을 하기 위해 1,500명, 미역 채취를 위해서 500명 정도의 한인 들이 오고갔다. 1880년대 초에는 우수리스크 지역에 임시적인 한인 잡역부 의 수가 3,000명에 이르렀다.
53) Б. Д. Пак, указ. соч., с.47-48. 이 수치는 자료마다 조금씩 차이를 보이고 있다.
54) В. В. Граве, указ. соч., с.128.
55) 박상우, "러일전쟁 전후 한반도 및 동북아 정세 변화: 러시아와 일본의 대 외관계와 국내정세변화를 중심으로", 『슬라브학보』 20권 1호, 2005, pp.355-356.

언에서 잘 나타나고 있다. 1895년 니콜라이 II세는 "러시아는 단연코 일년 내내 공개되고 자유롭게 사용될 수 있는 항구를 필요로 하며.... 그러한 항구는 한반도 동남부에서 발견될 것임에 틀림없다"[56]고 언급했다. 러시아의 동아시아 정책의 기본노선은 프리아무르 초대 군사령관지사인 코르프(A.H.Корф, 1884-93) 시기에 결정되었다. 1886년 4월 26일 군사령관지사 코르프와 외무부 아시아국장 지노비예프(И.А.Зиновиев)는 동아시아 정책에 관한 특별회의에서 러시아에게 있어서 한반도는 부동항 획득 대상지역으로서 관심의 대상이나 한반도의 경제, 군사 등의 전반적인 전략적 가치를 고려한다는 한반도에 대한 신중 노선을 견지해 나갔다. 이러한 배경에는 전세계에 걸쳐서 봉쇄조치를 취해오면서 조선에 대해 전통적 종주권을 행사해 온 청과 신흥 강국 일본에 대한 의식이 있었다.[57] 하지만 러시아의 노선은 1891년 시베리아 횡단철도의 착공과 더불어 적극성을 띠기 시작했고, 1905년 러일전쟁 패배 이전까지 점차 만주와 한반도에 대한 동시집중정책을 취해 나갔다. 그러나 1905년 러시아의 러일전쟁 패배는 러시아 정부의 동아시아 및 한반도 정책에 중대한 변화를 초래했고, 프리아무르의 한인사회는 이러한 변화의 소용돌이 속에 놓이게 되었다.

러시아와 조선 간의 외교관계 체결로 한인이주는 새로운 국면을 맞았다. 러시아는 한인의 이주문제를 외교 채널을 통해서 해결하고자 했다. 이때 조약에 명시된 이주관련 조항들은 이후 한인들의 법적지위 및 토지분여 문제를 규정하는 근간이 되었다. 한인들의 법적 지위, 즉 러시아 국적편입 문제와 토지분여 문제는 대다수가 농민이었던 한인들의 생계와 직결된 중대한 사안들이었다. 한인들의 프리아무르 거주시기에 이주 한인들에게 있어서 최대의 쟁점 사안은 국적과 토지취득 문제였다. 국적취득 문제의 경우 1910년대 들어서 완전히 그

---

56) 전홍찬, 앞의 글, p.522.
57) 박상우, 앞의 글, pp.356-357; 전홍찬, 위의 글, p.523.

해결책을 찾아가기 시작했다. 하지만 토지취득 문제는 소비에트 시기인 1920년대 후반까지도 끊임없이 소비에트 행정 당국자들의 머리를 고민스럽게 만든 사안이기도 했다. 사실 한인들의 러시아 국적편입 문제는 앞 시기인 1867년에 이미 제기된 바 있으나 구체적인 결정이 내려지지 못한 채 보류되었었다.[58] 이토록 한인들에게 있어서 법적지위 문제는 매우 중요한 사안이었음에도 이주관련 조항들은 곧바로 실행되지 못했다.

한편으로 1884-1910년 시기에 프리아무르의 한인사회는 정착촌의 수와 인구 규모에 있어서도 행정적으로 변화를 맞이하게 되었다. 1880년대를 거치며 몽구가이, 수하노프카(Сухановка) 등의 비교적 큰 규모의 정착촌들이 형성되면서 30여개의 주요 정착촌들이 대부분 윤곽을 나타내기 시작했다. 또 1897년의 전러시아 인구조사로 프리아무르 지방 한인 이주자들의 규모 또한 공식적으로 집계가 되었다. 1882년부터 군사적 목적으로 프리아무르 대군관구에 대한 전략적 학술 및 탐사기행을 수행한 바 있는 나다로프(И.П.Надаров)는 1887년 현재 약 10,000명의 한인들이 거주하고 있는 전체 한인정착촌들을 행정적, 지리적으로 아래의 4개 지구로 구분하고 있다([표 3]참조).[59] 또한 이 시기를 전후한 포시에트 지구의 인구 규모에 대해서도 살펴볼 수 있다 ([표 4]).

우선 [표 3]에서도 나타나고 있듯이 연해주 남우수리스크 지방의 포시에트 지구에만 압도적으로 많은 수십 개의 마을들이 집중되어 있다.

---

58) ГАХК, Ф.304, Оп.1, Д.12, Л.2-3. 『극동의 한인 문제-한인의 토지 정착 문제, 1926』.

59) И. П. Надаров, "Южно-Уссурийский край в современном его состоянии", (Сообщение в общем собрании И.Р.Г.О. 1889. 4. 19), *Известия императорского русского географического общества*, т.25, СПб., 1889, с.211-213.

[표 3] 1887년 1월 현재 남우수리스크 4개 주요 한인집거지구

	거주 지구	정착촌 명칭	가구수 (двор)
1	레푸강 상류	카자케비체보(д.Казакевичево) *	
	마이헤강 유역	마이헤(д.Майхэ) *	
	아누치노(Анучино) 부근/다우비헤강 유역		
2	수이푼강/ 슈판강 유역	코르사코프카(д.Корсаковка) *	
		크로우노프카(д.Кроуновка) *	
		시넬니코보(д.Пуциловка) *	
		푸칠로프카(д.Синельниково) *	
3	포시에트 지구	크라스노예 셀로(Красное село) *	59
		만호타우(Манхотау)	3
		바노이(Ваной)	22
		자레체(с.Заречье) *	69
		호노모레이(Хономорей)	12
		파타쉬(с.Фаташи) *	146
		소브차코리(Собцакори)	5
		노바야 데레브냐(с.Новая Деревня) *	40
		캄트호포이(Камтхопой)	17
		토크멘코르(Токменькор)	9
		하드쥐다(с.Хаджида) *	22
		얀타우자(Янтауза)	39
		순타포(Сунтафо)	10
		남치히다(Намчихида)	4
		마하자(Махаза)	8
		니크흐바이(Никхвай)	11
		탸줴쟈(Тяжеза)	22
		문체노보(Мунченово)	3
		타이샨(Тайшан)	6
		운루치토(Унлучто)	9
		랴자노바(с.Рязанова) *	50
		아디미(с.Адими) *	49
		한추톤(Ханцутон)	4
		톤실라이(Тонсилай)	3
		브루세(Брусье)	4
		케드로바야 파지(с.Кедровая падь) *	27
		몽구가이(Монгугай)	9

		시디미(с.Сидими) *	23
		티진헤(с.Тизинхе) *	136
		차피카우(Цафикау)(재피고우-필자)	8
		바라노프카(Барановка)	11
		가프소이(Гапсой)(글라드카야강 유역)	8
		투크사호이(Туксахой)(자호이)(Захой)	22
		얀치헤(с.Янчихе) *	303
4	수찬 지구 (수찬강 유역)	수찬 * (д.Сучан) 타오데미(д.Таодеми)(타우-데미-필자) * 샤오데미(Сяодеми)	

기호(*) 표시는 규모가 주요 한인정착촌들을 의미한다.

[표 4] 1881, 1891, 1901년도 포시에트 지구 한인마을 상황

마을명칭	형성 연도	1881			1891			1901		
		가구수	남	여	가구수	남	여	가구수	남	여
티진헤	1864	135	325	300	195	509	388	132	507	425
하얀치헤								146	558	529
상얀치헤	1866	160	420	385	294	855	762	69	258	235
사벨로프카	1879	117								
시디미	1866	13	35	30	130	285	227	60	221	204
바라노프카	1869							20	77	79
크랍베	1872	102	250	230	146	389	356	114	388	414
하아디미								49	152	165
상아디미	1873	54	140	135	133	330	266	34	128	118
파타쉬	1878	61	150	130	161	420	390	81	306	271
노바야 데레브냐	1879	20	50	45	107	276	244	39	148	144
크라스노예 셀로	1880	18	45	43	164	439	388	119	401	401
나고르노예	1880							28	105	92
자례체	1880	15	40	30	144	351	324	83	322	303
랴자노바야	1880	10	30	25	87	235	182	34	128	162
페스차나야	1884				47	104	80	17	73	74

케드로바야 파지	1884				75	128	111	17	50	550
몽구가이	1885				64	127	104			
수하노프카	1885				44	117	101	29	118	106
브루세	1889				134	311	279	44	147	139
합 계		706	1485	1343	1925	4876	4138	1043	4087	3911

출처: Павел Ивановский, c.122-123.

1887년 1월 현재 포시에트 지구의 한인 거주자의 수는 5,364명(1,173가구)(남자-2,921명, 여자-2,443명)으로 전체 한인인구의 약 54%(약 10,000명 기준)를 차지하고 있었다. 이 무렵 황색인(중국인, 한인)으로서 한인들과 여러 가지 측면에서 비슷한 입장에 처해있었던 중국인의 경우, 1887년 현재 약 8,500여명이 거주하고 있다. 이들은 주로 블라디보스톡, 니콜스코예(현재의 우수리스크), 수찬강에서 올가만 연안지역, 탐험대곳 연안에 걸쳐 거주했다. 한편 일본인의 경우는 약 500여명이 거주하고 있었으며, 주로 블라디보스톡 지역에서 무역과 수공업에 종사했다.[60]

하지만 여전히 남우수리스크 지방의 인구밀도는 극히 낮았다. 이 당시 남우수리스크 지방의 인구는 러시아인 35,000명과 골드인 및 오로찬인, 기타 유럽인을 포함 총 54,600명으로 기록되고 있다.[61] 이는 결과적으로 한인 이주자의 유입이 매우 빠르게 진행되었음을 보여주는 것이며, 다른 한편으로는 중국인과 더불어 러시아 정부의 외국인 이주정책의 주요 대상이 될 수밖에 없었음을 보여주는 것이기도 하다. 이는 [표 4]에서도 나타나듯이 1890년대에 들어서 포시에트 지구에서만 한인인구가 9,000명대를 넘어서고 있는 것에서도 짐작해 볼 수 있다. 따라서 연해주 전체적으로 러시아인 다음가는 인구 규모를 차

---

60) Там же, c.210-211.
61) Там же, c.213.

지하고 있는 한인들을 통제하고 활용하기 위해 러시아 정부는 당근과 채찍을 이용한 회유책을 동반해 한인정책을 취해나갔다.

행정적으로 한인정착촌의 행정적 편제 또한 분명해졌다. 1860-80년대를 거치며 연해주 전역에는 계속해서 크고 작은 한인정착촌들이 형성되어 나갔다. 1897년 러시아 전역에 걸친 인구조사 실시 결과 총 25,886명의 한인이 연해주를 포함한 프리아무르 대군관구 전역의 총 30여개의 한인정착촌들에서 거주하고 있는 것으로 파악되었다([표 5] 참조). 이 무렵 대부분의 주요 한인정착촌들이 행정적으로 연해주에 속해 있었다. 이를 세부적으로 살펴보면, 이중에서 31개 한인정착촌이 니콜스코예(с.Никольское)(현재의 우수리스크)를 행정중심으로 남우수리스크 관구(округ)에 속해 있었고, 나머지 1개 정착촌(오시포프카, Осиповка)은 하바로프스크 관구(소피야 관구 제1지구)[62]에 속해 있었다. 그 밖에 아무르주에는 대표적인 한인정착촌인 블라고슬로벤노예 마을이 예카테리노-니콜스크 카자크 관구에 속해 있었다.

[표 5] 1897년 현재 프리아무르 한인정착촌 및 한인 거주자 수

행정구역		마을명칭(형성연도)	남자	여자	합계	총합
아무르주(예카테리노-니콜스크 카자크 관구)						
		블라고슬로벤노예(1872)	615	532	1194	
블라고베셴스크			74		74	1,562
광산, 금광					294	
연해주(남우수리스크 관구)						
상우수리스크 지구	이바노프스코 예읍	카자케비체보	203	114	317	
		상로마노보(로마노프카)	141	76	217	
수이푼지구	코르사코프카 읍	코르사코프카(1869)	743	551	1,294	
		크로우노프카(1869)	385	303	688	
		푸칠로프카(1869)	767	692	1,459	24,306
		시넬니코보(1869)	727	578	1,305	
수찬지구	치무헤읍	안드레예프카	109	90	199	
	수찬읍	니콜라예프카	259	136	395	
		타우데미	342	237	579	

---

62) 자료에 따라 '소피야 관구'로 행정구역이 다르게 표기되어 있는 곳도 있다.

		티진헤(1864)	549	532	1,081
		상얀치헤(1867)	296	260	556
		하얀치헤(1867)	615	541	1,156
		상시디미(1867)	233	261	494
		하시디미(1867)	81	74	155
		몽구가이(1885)	211	185	396
		바라노프카(1869)	76	76	152
		크랍베(1872)	411	414	825
		상아디미(1872)	152	121	273
		하아디미(1872)	141	139	280
포시에트지구	얀치헤읍	파타쉬(1871)	374	359	733
		노바야 데레브냐(1878)	163	156	319
		자레체(1880)	445	538	883
		크라스노예 셀로(1875)	431	429	860
		나고르나야(1875)	93	92	185
		랴자노프카(1880)	167	165	332
		페스차노예(1884)	81	60	141
		케드로바야 파지(1884)	117	111	228
		수하노프카(1885)	113	106	219
		암바비라(1884)	135	90	225
		브루세(1878)	211	231	442
(하바로프스크 관구) *					
제1지구	하바로프스크 한인시관리국	시포프카	120	116	236
블라디보스톡			1,066	285	1,351
하바로프스크			149	10	159
93개 장소					6,072
한인 총 거주자 수				25,886	

이들 30여개의 주요 한인정착촌들을 다시 행정적, 지리적으로 세
분화시켜서 파악해 보면 다음과 같다. 연해주 31개 한인정착촌 중 22
개 정착촌이 압도적으로 포시에트 지구(участок)[63]의 얀치헤 볼로스치

---

63) 대부분이 한인으로 구성된 5개 한인 행정지구들은 소비에트 시기인 1930년
　　대까지도 한인 행정지구로서 기능을 해 나갔다. 포시에트 지구는 1930년
　　현재 지구(участок, район) 전체 인구 42,200명 중에서 약 90%가 한인으로 이
　　루어져 있었으며, 수이푼 지구는 당시 가장 인구가 많았던 곳이며, 1926년
　　현재 전체 인구 78,000명 중에서 농업인구는 49,831명(1928-29년 기준)으로
　　이중 50%가 한인이었다. 또 수찬 지구는 중심인 수찬(5,000명)을 제외하고,
　　전체 인구 39,327명 중에서 약 51%(20,095명)가 한인이었고, 아무르주의 블라

(Янчихинская волость, 얀치혜 읍; 읍소재지-с.Янчихэ)에 속했다([그림 2] 참조). 또 4개 정착촌은 수이푼 지구의 코르사코프카 읍(Корсаковская волость; 읍소재지-с.Корсаковка)에, 2개 정착촌은 상우수리스크 지구의 이바노프스코예 읍(Ивановская волость; 읍소재지-с.Ивановское)에, 3개 정착촌은 수찬 지구에 속했는데, 이중 1개는 치무혜 읍(Цимухэнская волость; 읍소재지-с.Шкотово)에, 2개는 수찬 읍(Сучанская волость; 읍소재지-с.Владимиро-Александровское)에 속해 있었고, 마지막으로 1개의 한인정착촌인 오시포프카 마을은 하바로프스크 관구(소피야 관구 제1지구)에 속해 있었다. 그 외에도 현재의 우수리스크인 니콜스코예(с.Никольское)에도 니콜스코예 한-중사회관리국(Никольское китайско-корейское общественное управление)의 행정 관할 하에 한인사회가 형성되어 있었다. 또한 블라디보스톡에는 1873년 경에 형성된 한인촌(Корейская слободка, 구개척리)이 있었다. 이 한인촌은 1890년대 초부터 블라디보스톡 시당국에 의해 이전이 계획되었다. 이후 한인촌 이전 문제는 1911년 초에 들어와 본격적으로 실행에 옮겨졌고, 마침내 위생문제와 콜레라 창궐을 구실로 내세운 블라디보스톡 시당국에 의해 쿠페로프스카야 파지(Куперовская Падь) 지역의 아무르만 산기슭에 신한촌(Ново-корейская слободка)이 형성되었다. 특히 신한촌은 이후 프리아무르 지방 한인사회의 정치, 문화, 교육의 중심이자, 한민족의 역사 및 문화전통의 구심적 역할을 해나가는 곳으로서 역사적인 의미가 큰 곳이다. 뿐만 아니라 하바로프스크에도 하바로프스크 한인시관리국(Хабаровское корейское городское управление)의 행정 관할 하에 한인사회가 형성되어 있었다.[64] 이상의 한인정착촌의

고슬로벤노예 마을은 2,039명으로 주변의 예카테리노-니콜스코예(1,961명), 미하일로-세묘노프스코예(1,153명) 마을들보다도 더 인구가 많았다(Районы Дальневосточного края, 1931, с.11, 16, 44, 97 참조).

64) Н. А. Насекин, "Корейцы…, указ. соч., с.4, 7. 얀치혜읍은 가장 규모가 크며, 얀치혜에 있던 읍사무소(Янчихинское волостное правление)는 읍행정사무국과 읍회관으로 이루어져 있었다. 행정업무는 러시아어로 행해졌으며, 업무지

행정구역, 마을명칭(형성연도), 인구 상황은 [표 5]와 같이 정리해 볼 수 있다.[65]

표기된 30여 개의 한인정착촌들은 프리아무르 지방 한인사회를 대표하는 마을들이라고 할 수 있다. 이들 마을들은 단순히 하나의 작은 마을이 아닌 여러 개의 크고 작은 촌락들을 포함하고 있는 읍정도의 규모를 지닌 마을들이었음을 주지할 필요가 있다. 언급된 마을들 이외에도 1937년 강제이주 이전까지 프리아무르 지방 전역에는 최소 몇 가구에서 10-20가구 규모의 소규모 촌락들을 포함해서 약 600여개의 한인마을들이 있었다고 한다.[66] 소비에트 시기에 들어와서도 한인 및 한인마을들의 분포상태가 이전 시기와 비교해 큰 변동없이 유지되어 나갔음은 다음의 그림(지도)에서도 살펴볼 수 있다.

시는 조선어로 번역되어 모든 지역으로 발송되었다. 특히 1893년부터 최표트르(최재형)가 얀치혜 읍장으로 근무하며, 10년 동안 얀치혜 경찰서장의 통역으로도 근무했다. 그는 도로건설에 헌신한 공로를 인정받아 스타니슬라프 은메달과 훈장을 받기도 했다. 코르사코프카 읍사무소는 1882년에 조직되었고, 1892년 이전까지는 '수이푼 한인사회관리국'으로 불렸다. 이후 1892년 시넬니코보에서 코르사코프카로 읍사무소가 이전되며 명칭도 개칭되었다. 1894년 현재 코르사코프카, 크로우노프카, 시넬니코보, 푸칠로프카를 포함하고 있는 코르사코프카 읍의 총 인구는 3,830명(한인-3,806명, 러시아인-24명)이었다(Н.А.Насекин, "Корейцы…., с.5-6 참조).

65) РГИАДВ, Ф.226, Оп.1, Д.429, Л.1-17. 『연해주 한인정착촌의 형성과 발전 개요』; Н. А. Насекин, "Корейцы…., указ. соч., с.4, 7-13; А. И. Петров, Корейскя ….19века, указ. соч., с.90-92. 언급된 마을들 이외에도 한인정착촌 클레르키(Клерки)가 있다. 이 마을은 1884년 혼합된 한인들로 형성되었으며, 클레르키 반도의 곳에 위치하고 있었다. 도표에서 1898년에 금광지역에 1,441명의 한인노동자들이 거주하고 있었다는 공식기록으로 볼 때, 아무르주의 광산, 금광지역 한인노동자의 수가 294명으로 표기된 것은 큰 차이가 있는 것으로 보인다(Б.Д.Пак, с.86 참조).

66) 반병률, "50만 고려인 역사의 첫 장 연 지신허(地新墟)마을", 『신동아』6월호, 2003, p.550.

[그림 2] 1923년도 현재 연해주 한인 인구밀도 분포도

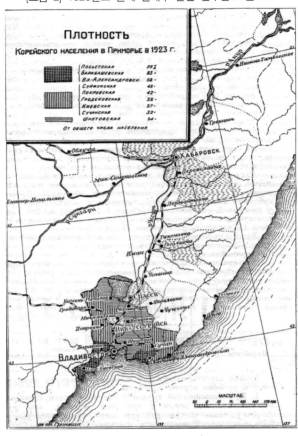

출처: Λ. B. Крылов, "Сельское Хозяйство", Н. Н. Колосовский
(под.ред.), Экономика Дальнего Востока, сборник, 1926,
с.303.

지도에서 보여지듯이 한인들은 소비에트 형성 이후에도 변함없이
남우수리스크 지방의 니콜스크-우수리스크를 중심으로 거주해 나갔
다. 지도 안의 격자무늬 기호는 남우수리스크 지방의 포시에트 지구
와 블라디미로-알렉산드로프스코예 지구의 타민족에 대비한 한인 인

구밀도를 보여주고 있다. 포시에트 지구의 경우 한인 인구밀도는 99%, 바라바쉬 지구의 경우 83%라는 높은 수치를 보여주고 있다.

본 시기에 한인정책은 1884년 시베리아 행정개편의 결과로 새로 형성된 프리아무르 대군관구 당국과 총책임자인 군사령관지사들과의 밀접한 관계 속에서 수행되었다. 프리아무르 대군관구는 1884년 6월 국무협의회의 심의와 알렉산드르 Ⅲ세의 황제령으로 동시베리아 대군관구에서 분리 신설되었다.[67] 군사령관지사는 황제에 의해 직접 임명되었고, 중앙권력과의 상호관계는 상하 수직적인 질서체계를 유지하고 있었지만 관할지에 대한 막강한 자치권한이 주어져 있었다. 그에게는 관할지 상황에 따라 관할지의 복지, 질서, 안보(계엄령) 등에 관한 법령공표 권한이 있었으며, 관할지 주지사들의 결정사항을 변경 또는 폐지할 권한까지 갖고 있었다.[68]

따라서 19세기 말-20세기 초에 황제와 정부가 대변하는 중앙권력과 군사령관지사가 대변하는 지방권력 간의 상호관계는 전제적인 체제 속에서 모순적인 성격을 지니고 있었다. 즉 중앙권력의 입장에서 한편으로는 황제의 전제권력 수호인 지방의 권력집행자들에게 관할지에서의 복잡해져가는 사회-경제 및 정치적인 상황들을 감안하여 어느 정도의 자치권을 제공해야 할 필요성이 있었다. 다른 한편으로는 전제권력이 약화되고 잠식당할 것을 두려워한 중앙권력이 지방의 권력집행자들에 의한 중앙권력의 상실을 원치 않았던 측면이 있었다. 극동연구자인 블리노프(И.Блинов)는 1905년 저서 『주지사들. 역사-법률적 개관』에서, "한편으로는 마치 자치권이 제한되지 않고 있는 것처럼, 마치 행동에 대해 심판받지 않고 있는 것처럼 어느 정도의 자치

---

67) Н. И. Дубинина, Приамурский генерал-губернатор Н.Л.Гондатти, Хабаровск, 1997, с.50.

68) Н. И. Дубинина, Приамурский генерал-губернатор Н.И.Гродеков, Хабаровск, 2001, с.53-55.

권은 필요하다. 하지만 책임기관의 항시적인 관리가 필요하며, 이러한 관리의 부재 시에는 아주 하찮고 제한적인 권력의 소유자도 엄청난 권력악용을 행할 수 있는 강한 자가 될 수 있다"[69] 고 지적하고 있다. 따라서 한인정책은 이러한 막강한 자치권한을 행사할 수 있었던 여러 명의 군사령관지사들의 치세 하에서 다양한 모습으로 표출되어 수행되어 나갈 수밖에 없었다.

초대 프리아무르 군사령관지사직에 부임한 코르프는 한인들에 대해 비우호적인 시각의 소유자였다. 그는 한인들을 프리아무르의 식민화에 불필요한 요소로 보았고, 따라서 외교관계 조약상에 이주자들의 법적지위 문제가 명확하게 규정되어 있었음에도 1894년까지 국적부여를 연기시켰다.[70] 코르프의 비우호적인 한인정책은 한인사회에 큰 영향을 미쳤고, 경제적 자립을 이루지 못한 조선국적 한인들의 삶을 어렵게 만들었다. 뿐만 아니라 국적편입 연기정책은 세례와 국적편입을 원하는 한인들의 의지를 꺾어 놓는 요인으로도 작용되어 한때 세례자의 수를 감소시키는 결과를 낳기도 했다.

조약에 명시된 한인들의 법적지위 문제의 실마리가 풀리기 시작한 것은 코르프 치세 말기에 이르러서이다. 1891년 7월 21일자 프리아무르 군사령관지사 코르프의 지시(№2977)로 마침내 한인들은 이주 시점을 기준으로 제3그룹으로 분류되었다. 이러한 입장의 변화는 1891년 시베리아 횡단철도의 착공과 더불어 본격화되기 시작한 러시아의 동아시아 정책과 관련이 있다고 할 수 있다. 영국의 거문도 점령(1885-87)으로 러시아함대의 동해를 통한 태평양 진출에 차질이 생기

69) Там же, с.142-143.
70) С. Д. Аносов, указ. соч., с.10. 동방학자인 큐네르는 한인들에 대한 국적편입 시기가 1893년부터 시작되었다고 기록하고 있다(Н.В.Кюнер, Статистико-географический и экономический ОЧЕРК КОРЕИ, ныне японского генерал-губернаторства Циосен, Владивосток, 1912, с.251).

게 되었다. 또한 동아시아의 방위를 해군력에만 의존할 수 없게 된 러시아 정부는 새로운 동아시아 방위정책 실현의 하나로 1886년부터는 시베리아 횡단철도를 논의하기 시작했다.[71] 코르프는 프리아무르의 당면한 과제는 인구증가와 교통발달이며, 당분간 프리아무르 이주민에게 특혜연장이 필요하고, 무엇보다 시베리아 횡단철도의 조속한 완공이라고 보았다.[72] 결과적으로 한인의 분류는 노동력의 필요성을 절감하기 시작한 프리아무르 당국의 정책적인 전략의 수정에서 비롯된 것이라 할 수 있다.

지시에 따라 제1그룹의 한인은 1884년 6월 25일 이전에 러시아에 들어온 자들이 해당되었다. 이들에게는 러시아 국적을 받을 자격이 부여되고, 조선국적 한인들에게 토지임대를 하지 않는다는 조건 하에 가구당 15데샤티나의 토지취득 자격이 주어졌다. 제2그룹의 한인은 1884년 6월 25일 이후에 러시아에 들어왔으나 러시아 국적을 희망하는 자들이 해당되었다. 이들에게는 2년 간의 체류 기간 안에 가산을 정리하고, 이후에는 제3그룹의 한인들과 동등한 자격에 처해지게 되며, 체류 동안에는 제1그룹의 한인들을 위해 마련된 규정의 이행의무가 주어졌다. 제3그룹의 한인은 돈벌이를 위해 들어온 임시거주자들로서, 정착권리가 없으며, 1년짜리 거주증을 받아야만 남아 있을 수 있었다.[73] 그런데 국적부여 문제를 지연시켜 왔던 프리아무르 당국이

---

71) 박상우, 앞의 글, p.356.

72) 최덕규, "러시아의 동아시아정책과 노령지역 한인(1891-1910)", 『한국사학보』 제19호, 2005, pp.268-273.

73) 『Приамурские ведомости』, No.181, июнь, 1897, c.17-18. 『Русско-подданные корейцы в Приморской области』; В. В. Граве, указ. соч., c.131; В. Д. Песоцкий, указ. соч. c.3-4. 그러나 제2그룹에 해당되지만 러시아 국적을 희망하지 않는 자와 제1그룹의 한인들을 위해 마련된 규정의 이행의무를 거부한 자들은 제2그룹의 범주에서 제외되었다. 또한 제2그룹 한인의 처분되는 가산은 국고에 귀속되도록 명시가 되었다.

이번에는 한인 이주자 문제를 조속히 끝내려는 의도로 강경한 조치를 들고서 전면에 나서기 시작했다. 즉 구체적으로 시기에 따른 법적인 자격 구분을 마친 프리아무르 지방 당국은 1894년 7월 1일까지 제2그룹 한인들에 대한 강제추방 지시를 내렸다. 이러한 지시는 당시 모든 제2그룹의 한인들을 공포 속에 몰아넣기도 했다.[74] 궁극적으로 이 문제는 추방 연기를 끈질기게 강하게 청원한 한인들의 요구가 반영되어 2년 간 유예되었고, 이후 새로운 군사령관지사의 등장으로 전면 재검토 되었다.

1884년을 기준으로 한인들이 세 그룹으로 분류만 되었을 뿐 국적이 주어지기까지는 다음 군사령관지사의 등장을 기다려야 했다. 한인들의 법적지위 문제가 이토록 지연된 배경에는 한인들을 겨냥한 몇 가지 이유들이 있었다.

먼저 계속해서 밀려드는 조선국적 한인들의 정착에 대한 의지를 꺾어 놓고자 하는 러시아 정부의 의도를 들 수 있다.[75] 가령 한인문제와 관련한 1885년과 1886년에 개최된 하바로프스크 제1, 2차 회의에서 프리아무르 당국은 향후 한인들의 러시아 유입을 완전 불허하기로 결정했다. 나아가 기존의 한인들을 남우수리스크 지방에서 타지역으로 추방하고, 대신 포시에트 지구가 러시아인들의 정착지로는 기후적으로 그다지 유용하지 못한 관계로 포시에트 지구의 6개 마을(티진헤, 얀치헤, 파타쉬, 랴자노프카, 아디미, 시디미)은 남겨두고 나머지 한인들은 아무르주나 북우수리스크 지방으로 추방시키기로 결정하기도 했다.[76] 이 결정은 동년 11월 22일에 알렉산드르 III세에 의해 최종 승인 되었다. 하지만 1888년 러시아와 조선 간의 육로통상조약에 대

---

74) Там же, с.19.

75) Н. А. Насекин, "Корейский вопрос в Приамурье", 『Русский вестник』, Т.269, М., 1900, с.297.

76) И. П. Надаров, указ. соч., с.213, 217.

한 논의가 시작되며 잠시 실행이 보류되었고,[77] 이듬해인 1887년에만 약 2,000명의 한인들이 러시아 국경을 넘어왔다.[78] 이후 당장의 한인 재이주는 득보다는 실을 더 초래할 수 있다는 연해주지사 운테르베르게르(П.Ф.Унтербергер, 1905-10)의 견해가 받아들여지고, 코르프도 1891년 4월 17일자 내무대신 앞으로 보내는 전문에서 이와 같은 뜻을 전함으로써 재이주는 실행으로 이어지지 못했다.[79]

또 하나는 기존의 불온한 한인들을 국외로 추방시키고자 하는 의도를 들 수 있다. 또한 다른 한편으로는 한인들 사이에 러시아어 학교를 확대시키고, 보다 더 학교 운영 체계를 바르게 하며, 나아가 러시아어를 더 보급시키도록 한인들을 간접적으로 압박하기 위함이었다.[80]

그 밖에 한인들이 러시아 국적에 편입됨으로써 발생하는 거주증세의 감소로 인한 막대한 국고수입의 손실을 프리아무르 당국이 고려했기 때문이다.[81] 당시 러시아인 농민과 러시아 국적의 한인은 국가 세금으로부터 자유로웠지만 조선국적의 한인들은 1년짜리 거주증을 구입해야만 체류가 가능했다. 이러한 거주증 제도의 목적은 러시아 국경을 통한 중국인 및 한인의 유입을 제한하는데 있었다. 또한 한인과 중국인들로부터 특별 거주증세 징수를 통해 체류자들을 프리아무르 당국의 감시 하에 두는데 있었다.[82] 한인과 중국인들로부터 징수되는 거주증세는 프리아무르 당국에게 있어서 큰 규모의 수입원이 되었다. 예로 프리아무르 당국은 조선국적의 한인들로부터 징수한

---

77) Б. Д. Пак, указ. соч., с.71.

78) И. П. Надаров, указ. соч., с.213.

79) А. И. Петров, *Корейскя....19века*, указ. соч., с.127.

80) Н. А. Насекин, "Корейский....", указ. соч., с.298; В. В. Граве, указ. соч., с.132.

81) Там же.

82) РГИАДВ, Ф.702, Оп.1, Д.590, Л.2. 『1908년 6월 3일자 중국인 및 한인의 러시아 입국제한 조치관련 국무협회의(각료회의) 특별회의록 및 규정』.

막대한 거주증세 및 각종 세금들을 통해서 남우수리스크 지방에 800 베르스타에 이르는 도로를 부설하기도 했었다.[83] 하지만 3루블짜리 거주증은 가난한 한인들에게 적지 않은 부담을 주었고, 조선국적 한인들 중에서 적어도 1/2 이상이 거주증을 보유하지 못하고 있었다. 게다가 거주증세는 점차 인상되었고 이로 인해 많은 한인들이 어려움을 당하기도 했다.

1908년 6월, 운테르베르게르 군사령관지사의 한인문제 관련 제의를 협의하기 위해 국무협의회의 지시에 따라 내무성 각 부처 간에 협의회가 열렸다. 이 협의회에서 황색인종들의 프리아무르 지방 거주조건 및 절차에 관한 규정안이 마련되었다. 이 규정안에 따라 러시아 영사관에서 발행한 비자와 1년짜리 특별거주증을 소지하고, 무역이나 상업 활동만을 목적으로 하는 자에 한해서만 해당지역으로 입국과 거주가 허용되었다. 또한 중국인이든 한인이든 10세 이상이면 거주증을 소지해야 했으며, 가격은 인지세를 포함해 성인은 5루블, 10세-15세 미만은 2루블 50코페이카로 책정되었다. 뿐만 아니라 거주증이 없거나 기간이 만료된 거주증을 소지한 중국인이나 한인들은 개인이나 민간, 국영업체에서 종사할 수 없으며, 위반 시에는 10루블 미만의 벌금을 물리도록 규정했다. 또한 인지세를 제외하고 징수된 거주증세는 국고로, 벌금은 내무부 특별기금으로 귀속시키도록 규정했다.[84]

거주증 제도는 사실상 소비에트 시기인 1920년대 초중반 까지도 존재했다. 예로 1923년 경 수찬 지구 남부지역의 한인 6,000명 중에서 불과 31% 정도만이 거주증을 지니고 있었다.[85] 수찬 지구는 산악지역이 많고, 특히 한인 빈농들이 많이 거주하고 있었던 곳이었다. 이러한

---

83) Н. А. Насекин, "Корейский…, указ. соч., с.298.

84) РГИАДВ, Ф.702, Оп.1, Д.590, Л.2-3.

85) РГИАДВ, Ф.329, Оп.1, Д.130, Л.114. 『1923년 한인문제 전권대표 이규성이 주 집행위원회 관리분과 한인문제 전권대표에게 보낸 보고서』.

거주증 제도는 국적 및 토지취득 문제와 아울러 제도적 올무가 되어 결코 적지 않은 어려움을 한인들에게 안겨주기도 했다.

마지막으로 프리아무르의 식민적 요소로서 한인들에 대한 엇갈린 평가 또한 크게 작용했다. 한인들의 프리아무르 개발 및 식민화에 따른 유용성 문제를 두고 이주 초기부터 많은 분분한 논의들이 있어왔다. 한인의 유용성 문제와 관련해서 있어온 주요 견해들을 살펴보면 다음과 같다. 우선 1860년대 말 남우수리스크 지방의 한인 사회를 기행하고 상세한 학술보고 자료를 출간한 바 있는 프르줴발스키의 견해를 들 수 있다. 프르줴발스키는 "한인들의 특성은 친절하고 예의바르며 근면하다는 데에 있다. 이점에 있어서 한인들은 거칠고 돈에 탐욕스러운 이웃 중국인들보다 더 낫다. 가정 풍습에 있어서도 한인들은 근면하고, 더 할 나이없이 불결한 만주인들과 달리 청결하다"[86]고 비교적 한인에 대한 긍정적인 평가를 내어놓고 있다.

반면 러시아 과학아카데미 회원인 코르쥔스키(Коржинский)는 다소 다른 측면에서 한인들을 평가하고 있다. 그는 "한인들의 농업적인 특성은 카자크인이나 러시아인의 그것과 크게 다르지 않다. 하지만 한인들의 생활방식에 독특한 색깔을 부여해 주는 원칙이 있다"고 언급하면서, "카자크인들이 대단위 농업을 경영할 수 있는 반면에 한인들은 꼼꼼하고 집약적인 농업을 추구하기를 좋아한다. 이 때문에 한인들은 자신들의 경작면적을 점차적으로 확대해 나가는 것에 신경을 쓰지 않는다"[87]고 다소 약간 빗나간 듯한 부정적인 평가를 내리고 있다. 뿐만 아니라 그레브니츠키(Гребниыкий) 또한,

---

86) Н. М. Пржевальский, "Инородческое население в южнойчасти Приморскойобласти", ИРГО, СПб., Т.5, No.5, отд.2, 1869, с.201; Н. А. Насекин, "Корейцы....., указ. соч., с.33.

87) Н. А. Насекин, "Корейцы....., указ. соч., с.34.

"일반적으로 사람들은 한인들의 도덕적인 우수성, 엄한 도덕적인 가정 생활, 친기독교적인 성향을 언급하는데, 이를 기초로 볼 때 한인들은 프리아무르 지방의 식민화에 가장 훌륭한 요소들이다. 그러나 프리아무르 지방의 발전을 위해서는 이 지역의 풍부한 자연자원을 개발할 수 있는 에너지 넘치는 산업 인구들이 더 필요하다. 한인들은 오랫동안 형성된 성격적인 특성상 그런 요소들은 될 수가 없다"

며 노골적으로 한인들의 유용성을 부정하고 있다.[88]

이러한 평가들에 비해 그룸-그르쥐마일로(Грум-Гржимайло)는,

"한인들을 프리아무르의 개척자나 손으로 프리아무르의 자연자원을 개발할 수 있을 정도의 강력한 노동자원으로 볼 필요는 없다. 프리아무르 지방은 전적으로 러시아적인 식민화가 이루어져야 한다.... 하지만 만일 1,300데샤티나의 토지를 분여받고, 주변지역을 더 점유하거나 확대시키거나 하지 않는 1,000명 인구의 한인마을이 프리아무르의 총생산에 주요한 역할을 하지 않는다고 했을 때, 아무르지역에 그러한 마을이 존재하는 것이 프리아무르에 있어서는 유용하다고 할 수 있다. 왜냐하면 한편으로는 개종한 한인들이 몇 세대가 지나면 러시아인에 의해 동화가 될 것이고, 다른 한편으로는 한인들은 오랫동안 전반적인 농업관습을 유지해 나갈 것이기 때문이다. 이러한 농업관습은 육체적으로 약한 민족이 자신들의 집약적인 농업 덕분에 비교적 보잘 것 없는 분여지에서 완전하게 존재해 올 수 있었다는 교훈적인 본보기가 될 것이다"[89]

며 중간자적인 평가를 내어 놓고 있다. 이처럼 한인에 대한 분분한 평가에 대해 프리아무르 대군관구 산하 특별위임수석관리 나세킨(H.

---

88) Там же, с.34.
89) Там же, с.34.

A.Насекин)은 다각적으로 반박하며 한인의 유용성에 대해 긍정적인 견해를 피력하고 있다. 나세킨은,

> "한인이 대단위 농업을 경영하기에는 능력이 부족하다는 코르줸스키의 견해는 예전에는 옳았을지 모르지만 지금은 그렇지 않다. 예로 밀과 호밀 농사에는 척박한 포시에트 지구에서 한인들은 해마다 귀리 파종면적을 늘려나가고 있으며, 수이푼과 상우수리스크, 수찬 지구의 한인들도 밀과 호밀의 파종면적을 매우 확대해 나가고 있다.... 한인들은 프리아무르의 식민화에 부적합한 요소들이며, 프리아무르의 발전을 위해서는 에너지 넘치는 산업 인구가 필요하다는 그레브니츠키의 견해에는 동의할 수 없다. 왜냐하면 프리아무르의 식민화를 위해서 초기에는 산업 생산이 아닌 농업, 즉 곡물과 축산업이 의심의 여지없이 더 중요하기 때문이다"[90]

며 한인의 유용성에 대해 전적으로 긍정적인 의견을 피력했다. 그의 이러한 견해들은 당시 프리아무르 군사령관지사였던 두호프스코이(С.М.Духовской, 1893-98)에게 영향을 미쳤던 것으로 보이며, 두호프스코이의 우호적인 한인정책의 기반이 되었던 것으로 보인다.

한인들의 유용성과 관련한 논의는 1880년대에 들어서도 계속되었다. 특히 프리아무르 지방 고위관리들 사이나 지역 고위당국자급 회의에서도 논의가 되었고, 이는 결국 프리아무르 지방 당국의 정책집행에도 영향을 미쳤다. 가령 나다로프는 자신의 기행조사보고서에서 한인들에 대해 부정적인 시각으로 기술하고 있다. 1882년부터 군사적 목적을 띠고 연해주 지역을 포함한 프리아무르 지방에 대한 전략적 기행을 수행한 바 있는 나다로프는 1880년대 블라디보

---

90) Там же, с.34-35.

스톡 군관구 산하 고위관리 및 자바이칼주지사를 지냈던 인물이다. 그는,

> "한인들은 매우 게으르고 주변의 상황에 소극적이며, 다만 등에 무거운 짐을 옮기는 것에 소질이 있을 뿐이다....그들은 가족의 생계를 위해서만 땅을 일구고, 드물게만 판매용 잉여 생산물을 얻을 뿐이다.... 한인들은 또한 더 이상 먹을 것이 없을 때에만 일을 하고, 먹을 것을 얻은 후에는 계약에도 불구하고 하던 일을 중단해 버린다. 일반적으로 러시아인 이주자들은 한인들이 일하는 것보다 더 많이 먹기 때문에 고용하기를 꺼린다"[91]

라며 한인들을 비웃듯이 부정적으로 기술하고 있다.

1893년에 코르프 주관으로 개최된 하바로프스크 제3차 회의에서도 프리아무르 당국자들은 "남우수리스크 지방으로 이주해온 한인들은 초기에는 식량 생산자들로서 지역에 이익을 가져다주었으나 지금은 러시아인들의 증가로 한인들의 필요성이 해마다 감소하고 있다. 게다가 한인들의 토지 경작법은 풀조차도 더 이상 자라지 않을 정도로 토질을 고갈시키기 때문에 약탈적이다"[92]라는 평가들을 내어 놓으며, 한인들의 유용성에 부정적인 의견들을 내어놓았다.

그러나 1896년 출간된 공식보고서에서 스미르노프(Е.Т.Смирнов)는,

> "남우수리스크 지방에 정착한 정교도 한인과 15년 동안 지내며 한인들은 러시아식 생활에 동화될 수 있으며, 기독교신앙으로 기우는 경향이 있음을 알았다. 이들은 마을에 교회와 학교를 세우는데 많은 액수의 돈을 기부했다. 한인들은 러시아 관습을 익혔으며, 러시아인과 결혼도 하였고,

---

91) И. П. Надаров, указ. соч., с.217.
92) Н. А. Насекин, "Корейцы...., указ. соч., с.35.

성직자와 교사 중에는 한인도 있었다"[93]

며 한인들의 유용성을 피력했다. 나세킨 또한 "프리아무르 당국자들의 그러한 견해들은 공정치 못하다. 현장에서의 전반적인 평가들을 통해서 볼 때 한인들의 토지 경작법은 가장 적게 토질을 고갈시키고 있으며, 많은 마을들에서 한인들은 여전히 초기부터 행해왔던 방식으로 토지를 경작하고 있다"[94]며 한인들을 옹호했다. 이처럼 한인들의 유용성 문제는 한인을 둘러싼 큰 논쟁거리 중의 하나였다.

따라서 프리아무르 대군관구 사령부가 위치하고 있던 하바로프스크에서는 여러 차례에 걸쳐서 조선국적의 한인들을 추방시키기 위한 논의들이 이루어졌었다. 이때 이 문제를 두고 가장 부정적인 입장을 주도했던 인물이 바로 러일전쟁 직후 군사령관지사로 프리아무르의 모든 군행정 실권을 책임지게 되는 당시 운테르베르게르 연해주지사(1880-98)였다. 하지만 수차례의 공식 회의가 있었지만 현실적으로 조선국적 한인들의 추방은 이루어지지 않았다. 이는 당시 프리아무르 개발의 주도적인 역할을 기대할 수 있는 러시아인 이주자의 수가 아직 충분하지 않았기 때문이다. 또한 무엇보다 한인들의 농업적 능력을 부정하지 못하고 있던 프리아무르 당국이 한인의 추방에 따른 농업적, 경제적 침체를 우려한 때문이었다.

한인들의 법적지위 문제는 코르프 치세 이후에서야 마침내 해결의 실마리를 찾아가기 시작했다. 코르프의 후임인 두호프스코이와 후임자인 그로데코프(Н.И.Гродеков, 1898-1902)의 등장으로 적채되어 있던 국적취득 희망자들에게 러시아 국적 취득의 길이 열리기 시작했다. 이는 국적취득의 선결조건이 되었던 정교회 세례의 증가에도 영향을 미쳤다. 두호프스코이와 그로데코프 군사령관 치세기는 본고에서 언

---

93) 이상근, 『韓人 露領移住史 硏究』(서울 : 탐구당, 1996), pp.121-122.

94) Н. А. Насекин, "Корейцы...., указ. соч., с.35.

급되는 전 시기를 통틀어 한인사회의 중흥기라 할 수 있을 만큼 한인
들에 대한 우호적인 정책들이 취해진 시기였다. 두호프스코이는 전임
자의 견해와는 달리 한인들로라도 빽빽하게 프리아무르를 채우고, 이
들을 통해서 프리아무르의 개발과 식민화를 이루고자 하는 의도를
가지고 있었다.[95] 바로 이는 두호프스코이와 그로데코프가 행했던 우
호적인 한인정책의 핵심이기도 했다.

신임 군사령관지사 두호프스코이는 1894년 무렵 한인문제를 보다
상세하게 파악하기 위하여 프리아무르 대군관구 산하 특별위임수석
관리인 나세킨을 파견하여 그룹별 한인 가족목록을 작성하도록 지시
했다. 그는 나세킨의 보고를 통해서 수백명의 한인들을 추방하는 것
은 바람직스럽지 못하다는 결론을 내렸다. 이는 추방된 한인들이 결
과적으로 조선으로는 돌아가지 않고 소작농이나 불법체류자, 부랑자
신분으로 프리아무르의 여러 마을들을 배회할 것이라 판단했기 때문
이다. 또한 매우 근면하고 세금을 납부할 수 있는 한인 수천가구를
잃게 될 것을 우려했기 때문이기도 했다.[96] 이러한 그의 시각은 정책
적으로 지연되어 왔던 한인들의 국적편입 문제 해결에 우선적으로
착수하게 만드는 요인으로 작용했다. 두호프스코이는 우선적으로 신
속하게 제1그룹 한인들을 국적편입 선서를 시행하고, 제2그룹 한인들
의 추방을 연기시키고 이들의 권리를 재심사하도록 지시했다.[97] 당시
프리아무르 당국에 의해서 법적인 자격군별로 파악된 한인들의 수를
살펴보면 다음과 같다. 국적편입 자격을 획득한 제1그룹의 한인들은
총 1,929가구, 11,354명(남자-5,877명, 여자-5,477명)이다. 이를 다시 거주
지역별로 보면, 포시에트 지구에 1,272가구, 수이푼 지구 513가구, 수

---

95) В. В. Граве, указ. соч., с.132.

96) 『Приамурские ведомости』, No.182, июнь, 1897, с.13. 『Русско-подданные корейцы в
Приморской области』.

97) Н. А. Насекин, "Корейский…, указ. соч., с.298.

찬 지구 95가구, 상우수리스크 지구 49가구에 달했다. 또한 제2그룹의 한인들은 언급된 전 지역에 535가구, 2,407명(남자-1,305명, 여자-1,102 명)이었고, 제3그룹의 한인들은 임시 돈벌이로 들어온 자들로서 이동이 심한 관계로 파악되지 않았다.[98] 마침내 1895년 수이푼 지역을 시작으로 한인의 국적편입이 시작되었다. 계속해서 이듬해인 1896년에는 포시에트 지구에서, 1897년-98년은 기타 사유로 국적을 받지 못한 두 지역의 한인들이 러시아 국적을 받았고,[99] 그 결과 1894-97년 시기에 총 12,278명의 한인들이 러시아 국적을 취득했다.[100] 러시아 국적에 편입된다는 것은 국가적인 중요한 의미를 지니는 일이었다. 즉 국적편입은 곧 토지분여와 연결되었고, 새로운 러시아 시민이 된 한인들에게 국가의 토지가 할당되는 것을 의미했다.

앞에서 언급한 나세킨의 프리아무르 지방 시찰보고서는 직속상관인 두호프스코이와 이후 등장하는 그로데코프 군사령관지사에게도 큰 영향을 미쳤다. 나세킨 또한 10여년의 코르프 치세기를 거치며 행해졌던 많은 한인정책들과 한인사회의 어려움 및 문제점들을 목도했던 인물이다. 그는 많은 부분에 있어서 긍정적인 시각으로 한인문제를 바라보고자 했다. 그는 성격적으로 유약하고 종교문제에 무관심한 한인들은 러시아 측의 모든 요구에 쉽게 순종한다고 언급하며, 한인

---

98) 『Приамурские ведомости』, No.181, июнь, 1897, c.19.

99) В. Д. Песоцкий, "Корейский вопрос в Приамурье", (Отчёт поручика 1-го Сибирского стрелкового ЕГО ВЕЛИЧЕСТВА полка В.Д.Песоцкого), Труды командированной по Высочайшему повелению Амурской экспедиции, Приложение к выпуску 11, Хабаровск, 1913, c.157. 아무르주의 블라고슬로벤노예 마을에서는 조금 앞선 1894년부터 러시아 국적편입이 시작되었는데, 일부 자료(Б.Д.Пак, c.97.)에서는 공식적인 국적편입 시기를 1895년으로 적고 있다.

100) РГИАДВ, Ф.1284, Оп.185, Д.11, Л.38. 또 다른 기록에는 1895년에 제1그룹에 11,311명, 제2그룹에 2,400명, 제3그룹에 3,000명 정도가 있었으며, 1896년에 제1그룹의 약 1,500가구가 서약을 통해서 국적을 받았다고 한다(『海潮新聞』 1908년 2월 26일, p.2 참조).

문제 해결을 위한 여러 가지 대안들을 제시했다. 나세킨은 우선 가장 중요한 국적취득과 관련해서, "성공적인 동화와 러시아화를 위해서는 한인들의 공식적인 러시아 국적편입 허용이 바람직하다. 또한 학교와 선교부에 더 진지한 관심을 기울일 필요가 있으며, 군역의무를 지울 필요가 있다"[101]고 역설했다. 그는 러시아 국적의 한인들이 머리 모양을 바꾸고, 가능하면 러시아 의복을 입을 수 있도록 의무를 지움으로써 이전의 이웃 국가에 복종을 의미하는 외부적인 표시들을 제거해야 한다고 덧붙였다. 나아가 그는 토지분여와 관련해서는, "러시아 국적의 한인들에게는 매매 금지를 전제로 분여토지를 할당해 주어야 한다. 그리고 러시아인 농민들과 동등하게 모든 권리를 부여하고 의무를 이행하도록 할 필요가 있다[102]"는 대안들을 보고서를 통해 제기했다. 다행스러운 점은 나세킨의 이러한 대안들이 두호프스코이에 이어서 그로데코프 시기에도 상당 부분 반영되었다는 점이다. 그로데코프가 정착을 원하는 제2, 3그룹의 한인들을 하바로프스크 남부지역에서 정착을 허용함으로써 국적취득의 토대와 근거를 마련해 주었다는 측면에서 볼 때 더욱 그렇다.

두호프스코이는 프리아무르의 군사 및 행정의 총책임자로서 프리아무르의 안보강화 및 식민개발에 가장 역점을 두었다. 그는 러시아인들을 이러한 안보강화의 주요 요소로 보았으며, 그들과의 관계 속에서 한인문제를 풀어나가고자 했다. 두호프스코이는 어떻게든지 프리아무르를 가능한 빨리 러시아인들로 채우고자 했다. 하지만 직속참모인 그로데코프의 주도로 당시 실시된 프리아무르 인구조사에 따르면 당시 프리아무르의 인구는 자바이칼주를 제외하고 총 371,800명으로 연해주와 아무르주의 인구밀도는 매우 낮은 상태에 있었다.[103] 두

---

101) Н. А. Насекин, "Корейцы...., указ. соч., с.35.
102) Там же, с.35.
103) Н. И. Дубинина, *Приамурский....Н.И.Гродеков*, указ. соч., с.95.

호프스코이의 한인정책의 딜레마는 바로 여기에 있었다. 프리아무르 개발에 필요한 러시아인 인구는 너무 부족했으며, 게다가 이들의 농업 및 노동 경쟁력은 중국인이나 한인에 밀리고 있었다. 뿐만 아니라 러시아인 농민들의 농업적 적응과 정착에는 한인들의 도움이 크게 작용하고 있었고, 이미 시작된 시베리아 철도 건설에 이민족들의 노동력이 절대적으로 필요한 상황이었다.

두호프스코이는 프리아무르 개발과 방어라는 두 가지 목표를 실행하기 위해 우선 현역 병사들(보병, 수병)을 활용했다. 병사들은 다양한 농업활동이나 건물, 도로, 통신선 건설, 목재 및 석탄 준비, 화물 승하차, 선박 수리 등의 노동에 투입되었다. 그는 또한 1894년 12월에는 특별철도부대를 조직했다. 이 부대에게는 철도 방어뿐만 아니라 우수리 철도의 개발이라는 임무가 주어졌으며, 철도부대 병사들은 전신수나 기계 및 전기기술자로 근무를 했다.[104] 두호프스코이는 나아가 군복무가 해제된 병사들에 대한 고용혜택 및 국고귀환 보장을 통해서도 이들의 노동력을 프리아무르 개발에 최대한 활용하고자 했다. 그는 제대한 군인들이 3년 동안 더 프리아무르에 체류하며 개발지역에 고용될 수 있도록 하는 지시를 내렸다. 이들 제대 병사들에 대해서는 3년 후 국고귀환이 보장되었고, 국고로 가족을 불러올 수 있는 권리가 주어지기도 했다. 이러한 조치는 퇴역 군인들로 하여금 프리아무르 개발에 동참하도록 하는데 큰 자극제가 되었다.[105]

나아가 두호프스코이는 프리아무르의 안보확보를 위한 방편으로 프리아무르의 전력증강에 힘을 쏟았다. 특히 1894-95년 청일전쟁 발발은 러시아 중앙정부를 크게 자극했는데, 그해 봄 프리아무르에서는 군동원령이 내려져 전시체제가 유지되기도 했다. 따라서 두호프스코이는 프리아무르의 안보를 위해서는 군전력의 증강이 최우선 과제라

---

104) Там же, с.96.
105) Там же, с.96-97.

고 보았다. 그는 특별 카자크 함대의 창설을 중앙정부에 제기했으며, 이 청원은 받아들여져 130,000루블이 국고지원되었다. 그 결과 1896-97년에 특별 카자크 함대는 〈우수리 카자크〉, 〈아타만〉 등의 함선을 보유할 수 있게 되었다.[106]

이어진 그로데코프 시기(1898-1902)에는 더 적극적인 한인정책들이 나왔다. 1893년 10월 두호프스코이의 직속참모로 임명된 그로데코프는 이미 수년을 프리아무르와 인연을 맺어오며 많은 군행정 경험을 갖고 있는 인물이었다. 특히 1년여의 기간을 직무대리로 활동하며 군사령관지사를 대신해 많은 업무를 처리하며 경험을 쌓아갔다. 그는 두호프스코이를 대신해 1894년 최초의 신문인 『프리아무르 통보』 창간이나 사할린 섬 방문조사, 1897년 프리아무르 지방 인구조사실시 등의 업무를 수행했으며, 중국인 및 한인 등의 이민족 문제에 대해서도 조력자로서의 역할을 수행해내었다.[107]

두호프스코이의 오랜 조력자로서 그로데코프는 이민족 문제와 관련 전임자의 정책을 이어가는 쪽으로 정책의 방향을 취해나갔다. 그 또한 한인들을 통해서라도 프리아무르의 개발과 식민화를 추진해 나가고자 하는 의도를 갖고 있었다. 그는 전임자 시기에 국적편입에서 제외되었던 제2그룹의 한인들을 재심하고, 심지어 3그룹의 한인들까지 그 자격을 재심하여 국적편입을 유도했다. 그로데코프는 우선 체류 기간 5년 이상인 제2그룹의 한인들에 대한 상세한 신상목록을 작성케 했다. 이를 토대로 1898-99년에 제2그룹의 한인들은 이만(Иман) 강, 호르(Хор) 강, 키이(Кий) 강, 하바로프스크와 가까운 아무르강 유역에 정착을 허용받았고, 5년 후에는 토지취득과 함께 러시아 국적에 편입되었다.[108] 이때 한인들에 의해서 루키아노프카, 오시포프카, 알렉

---

106) Там же, с.101.

107) Там же, с.80-96.

108) Н. В. Кюнер, *Статистико-географический и экономический ОЧЕРК КОРЕИ, ныне*

산드로프카 마을이 형성되었다.[109] 러시아 국적에 편입된 한인들은,

> "과거 조선 국민이었던 본인은 본인의 성을 걸고 제국러시아 황제 니
> 콜라이 알렉산드르비치와 황태자 그레고리 알렉산드로비치의 충실하고
> 선하며, 순종적인 공민이 될 것을 선서합니다. 또한 황제의 허가와 지시
> 없이는 해외로 나가거나 타국의 공직에 몸담지 않을 것을 모든 신들과 조
> 상 및 고인들 앞에서 선서합니다"[110]

라는 내용의 충성을 맹세하는 서약을 했고, 이를 통해 공식적으로 러
시아 국적에 편입되었다. 프리아무르 당국은 더 많은 한인들에게 국
적을 부여하여 프리아무르의 식민화에 이용하고자 했다.

그러나 근본적으로 프리아무르 당국자들의 한인에 대한 경계는
동일한 맥락에서 취해졌다고 볼 수 있다. 1900년 한 해에만 자바이칼
철도를 통해서 1898년보다 3배가 많은 15,000여명의 러시아인들이 유
입되었고, 치세 말기인 1902년까지 프리아무르에 유입된 러시아인의
수는 총 150,000여명에 이르렀다.[111] 한인에 대한 경계는 한인의 유입
뿐만 아니라 급증하는 러시아인 이주자들의 유입 및 정착문제와도
맞물려서 이루어 졌다. 그로데코프 또한 근본적으로 프리아무르는 러
시아인들에 의해서 채워지고, 그들에 의해서 식민화가 이루어져야 한
다고 생각했다.[112] 이러한 그의 생각은 1900년 6월 22일자 이주 법령
으로 인한 1861년 이주법의 폐지에서도 나타나고 있다. 토지 관련 혜
택조항과 함께 이민족에게까지 적용되어 왔던 이주법이 폐지되고, 새

японского генерал-губернаторства Циосен, Владивосток, 1912, с.251; В. Д. Песоцкий,
указ. соч., с.5.

109) В. В. Граве, указ. соч., с.132.
110) РГИАДВ, Ф.87, Оп.1, Д.1566, Л.3. 『이교도를 위한 러시아 국적편입 선서 문』.
111) Н. И. Дубинина, Приамурский....Н.И.Гродеков, указ. соч., с.148, 151.
112) Там же, с.147.

법령으로 새러시아인 이주자들과 러시아국적의 한인들은 단지 15데 샤티나의 토지만을 분여받게 되었다.[113) 비록 1900년의 새법령이 모든 러시아인 및 이민족들게 적용되는 것이었으나 실상은 증가하는 한인에 대한 토지분여를 최대한 억제하기 위한 조치였으며, 결과적으로 조선국적의 한인들은 러시아인의 토지를 임차하는 소작농으로 전락해 갔다.

그로데코프는 무엇보다 프리아무르 및 태평양 지역에서 러시아의 국익과 안보에 큰 관심을 두고 있었다. 러시아 중앙정부는 1860년대부터 꾸준히 프리아무르 지방에 대한 군병력을 증강해 오고 있는 상황이었다. 1894-95년 청일전쟁을 전후로 프리아무르의 안보문제는 일선의 군사령관지사들에 의해 더 중대한 국가적인 과제로 다루어져 나갔다. 따라서 1880년대 초에 프리아무르에 14,000여 명이었던 군병력은 1890년대 초반에는 20,000여 명으로 증가되었고, 만주에 동중철도(Китайско-Восточная Железная Дорога, КВЖД)가 건설되기 시작하고 중국과 일본의 관계가 더욱 첨예화되던 전임자(두호프스코이) 시기인 1890년대 중반에는 더 많은 군병력이 증강 배치되었다.[114) 그로데코프는 프리아무르 및 태평양 지역에서 러시아의 안보와 국익보호를 위한 노력을 중앙정부와 교신을 통해 유지해 나갔다. 그는 이미 1896-97년 시기에 전략적인 목적을 띠고 조선, 일본, 중국, 필리핀, 홍콩 등의 동아시아 국가들을 방문한 경험을 갖고 있었다. 당시 그는 특히 일본의 나가사키에서 학생들까지 소총을 들고 군가를 부르며 열을 지어 거리를 다니는 것에 큰 충격을 받은바 있었다.[115) 따라서 일본의 전시

---

113) Ким Сын Хва, указ. соч., с.44-45. 동시베리아 아무르주와 연해주 거주 러시아인 및 외국인 정착 규정(원로원령 제36928호)은 가구당 20년간 100데샤티나까지 토지의 무상이용을 규정해 왔었다.

114) Н. И. Дубинина, *Приамурский....Н.И.Гродеков*, указ. соч., с.185-186.

115) Там же, с.102-103.

적인 체제에 적지 않게 놀란 그로데코프는 특히 군사적으로 제일 늦게 병합된 프리아무르의 전략적 방어와 안보구축에 염두를 두었다. 그의 노력으로 1901년 경에는 군병력이 41,000여명까지 증강되었고, 이중 30,000명이 연해주에 배치되었다. 그로데코프는 한편으로는 첩보활동을 지속하고, 다른 한편으로는 프리아무르 지방에서 발생할 수도 있을 군사적 갈등을 예의 주시하며 확고한 군사적 보루를 건설하는데 힘을 집중시켜 나갔다.[116]

두호프스코이와 그로데코프는 여러명의 군사령관 지사들 중에서 가장 우호적인 시각의 소유자들이었다. 하지만 양자 모두 러시아인 이주자들과 프리아무르의 안보를 염두에 두며 유입되는 한인 이주자들에 대해서 근본적으로는 우려와 경계의 마음을 갖고 있었다. 이는 계속해서 줄어드는 관유지를 확보해둘 필요성을 인식했기 때문이었다. 두호프스코이든 그로데코프든 그들 또한 한인의 토지정착을 경계했으며, 프리아무르의 식민화의 주인은 근본적으로 러시아인이어야 된다는 의식을 견지하고 있었다. 프리아무르 당국은 한인이든 다른 이민족이든 프리아무르의 러시아인들을 대신할 수는 없으며, 단지 보조적인 역할만을 할 수 있다고 보았다.[117] 그러나 그러한 의도에서 한인들의 국적편입을 일정하게 제한하고, 국적편입된 자들의 러시아인들과의 빠른 동화를 추구하고자 했음에도 모순적으로 러시아화를 시켜나가는 데에 따른 정부차원의 확고한 기본 지침들은 마련되어 있지 않았다. 따라서 나세킨은 "한인들의 상투머리를 자르거나 자체적인 한인마을을 이루고 살게하는 등의 방식은 한인의 러시아화를 위한 그다지 좋은 생각은 아닌 것 같다. 차라리 러시아어 구사여부를 러시아 국적의 편입조건으로 삼던지, 혹은 가족 중의 1인만이라도 러시아어를 구사하도록 국적편입 조건을 삼는 것이 더 좋을 것 같다"[118]

---

116) Там же, с.146, 186.
117) Н. А. Насекин, "Корейский...., указ. соч., с.302.

는 대안을 제시하며 프리아무르 당국의 소극적인 국적편입 정책을 꼬집었다.

한인들의 이주규모를 보자. 1897년에 실시된 전(全)러시아 인구조사 결과, 연해주의 24,306명[119]과 아무르주의 1,562명을 포함, 프리아무르 지방에는 총 25,868명,[120] 1905년경에는 연해주에만 총 34,399명(귀화자-15,122명)의 한인이 거주하고 있었다.[121] 한편 1897년 수도인 블라디보스톡의 인구는 25,000명으로 이중 한인이 3,000명이었으며,[122] 블라디보스톡 주교구의 총인구는 248,723명으로 이중 약 10% 정도가 한인들이었다.[123] 이후 러일전쟁과 조선에 대한 일본의 보호체제 확립으로 이주규모는 더 커졌다. 한인들의 이주는 정치적인 망명이주의 성격을 띠기 시작했으며, 이주자 중에는 항일독립운동가들이 많이 포함되어 있었다.

1905년 러시아의 러일전쟁의 패배는 기존의 동아시아 정책에 큰 변화를 초래했다. 시베리아 횡단철도의 부설과 태평양함대의 증강을 통해 한반도에 대한 독점적인 지배체제 구축이라는 러시아의 동아시아 집중정책은 좌절되고 말았다. 러시아 중앙정부 내에서는 제2의 러일전쟁으로 대일 복수를 주장하는 황실 측근 및 군부 중심의 극우파와 대일 군사력 열세를 인정하고 대일타협을 통해 프리아무르의 안전을 확보하자는 개혁파 간의 의견대립으로 이어 졌다. 이같은 대립은 일본과의 연대를 주장하는 대일접근파와 일본에 대항해 영국, 미

---

118) Там же, с.302.

119) 『Первая Всеобщая перепись населения Российской империи 1897г., XXVI, Приморская область』, тетрадь 3, СПб., 1904, с.XVI.

120) 『Первая Всеобщая перепись населения Российской империи 1897г., XXII, Амурская область』, тетрадь 2, СПб., 1904, с.XVI.

121) Ким Сын Хва, указ. соч., с.40.

122) I. B. Bishop, op. cit., p.219.

123) И. К. Смолич, *История Русской Церкви, 1700-1917*, Часть II, М., 1997, с.456.

국과의 연대를 주장하는 반일연대파 간의 갈등으로 나타나고, 갈등은 신임 외무대신 이즈볼스키(А.П.Извольский)의 등장으로 대일접근파의 승리로 종료가 되었다.[124] 게다가 1907년 일본과의 협정 체결은 프리아무르 군사령관지사의 한인정책에도 중대한 영향을 미쳐 항일운동과 조선국적의 한인들에 대한 탄압으로 이어졌다.

러일전쟁의 결과로 러시아는 일본에 사할린 북위 50도 이남의 영토를 일본에 양보했으며, 황화론의 대두로 황색인종에 대한 경계심은 더해가고 있었다. 이런 가운데 신임 군사령관지사인 운테르베르게르의 등장으로 한동안 유지되어 오던 한인우호정책은 완전 중단되었다. 운테르베르게르는 총 8명의 역대 프리아무르 군사령관지사들 중에서 한인들에 대해 가장 강경한 탄압 및 제한조치를 취했던 인물이다. 연해주지사이면서 우수리 카자크부대 대장(하바로프스크, 1888-90/블라디보스톡, 1890-97) 직책을 수행했던 그는 전형적인 군인 출신으로 일찍부터 프리아무르 지방에 깊은 관심을 갖고 있었다. 운테르베르게르가 관심을 두었던 것은 남우수리스크 지방으로 유럽러시아 출신의 농민-이주자의 이주 및 정착과 돈 지역, 오렌부르그 지역, 자바이칼 지역으로 카자크인 이주를 통한 국경지역의 카자크 부대를 강화시키는 것이었다. 특히 그는 치세 기간 동안에 불안해지는 프리아무르의 정치적 안보 속에서 프리아무르의 안보와 황색민족의 유입 및 정착을 억제시키는데 많은 힘을 기울였다.[125] 운테르베르게르는 한인의 존재는 결국 국가적인 이익에 큰 해가된다고 여겼고,[126] 프리아무르

---

124) 최덕규, 앞의 글, p.282; 최 도뀨, "Внешняя политика России и Корейцы в российской империи(1905-1914)," 『슬라브학보』 제18권, 2호, 2003, с.567.

125) Э. В. Ермакова(глав. ред.), Приморский Край-краткий энциклопедический справочник, Владивосток, 1997, с.494-495.

126) П. Ф. Унтербергер, "Приамурский край, 1906-1910г.г.," (Очерк с 6 картами, 21 таблицейприложенийи с 55 рисунками на 22 листах П.Ф.Унтербергера), Записки ИРГО по отделению статистики, Т.8, СПб., 1912, с.73.

지방의 개발과 온전한 식민화의 완성은 절대적으로 황색인이 아닌 순수한 러시아인에 의해서 이루어져야 한다고 보았다. 이러한 그의 시각은 프리아무르의 황색민족들에 대한 식민정책에 강한 영향을 미쳤고, 이는 곧바로 한인들의 고통으로 이어졌다.

운테르베르게르 군사령관지사의 황색인들에 대한 우려와 노골적인 반한인정책은 앞서 언급한대로 1880년대 연해주지사(1888-97) 시절부터 표출되어 왔었다. 일찍이 1900년 발간한 자신의 저서『연해주, 1856-1898』에서,

> "30년을 넘게 러시아에서 살아온 한인들은 프리아무르의 피식민 요소로서 부적합하다. 프리아무르 지방에서는 황색인의 내습에 보루가 되어 맞서기 위해서, 그리고 태평양 연안지역에서 해군력 및 국방력의 지주로서 토착 러시아인이 필요하다. 또한 신앙과 풍습, 세계관, 경제적 생활 방식 등에 있어서도 한인들은 우리에게는 전혀 낯설고, 러시아인들과 쉽게 동화하지 않는다....프리아무르 지방에 정치적인 어려움이 초래될 경우, 한인들은 강한 편에 서거나, 아예 자신들이 러시아인이라는 의식도 없이 행동하게 될 것이다"[127]

고 언급한바 있다.

당시 그의 이런 강경한 시각은 1900년대 프리아무르 당국자들에게 적지 않은 영향을 미쳤다. 기존까지 유지되어 오던 100데샤티나의 토지분여 정책이 1900년 7월 22일자 법령으로 폐지되고, 1901년부터 가구당 15데샤티나의 토지분여 정책으로 대체되었던 것에서도 그 영향을 찾아볼 수 있다.[128]

운테르베르게르의 한인에 대한 부정적인 시각은 20세기 초(1905)

---

127) В. В. Граве, указ. соч., с.135; С. Д. Аносов, указ. соч., с.12.
128) С. Д. Аносов, указ. соч., с.7.

군사령관지사가 된 이후에도 변함없이 이어졌다. 한인의 동화문제와 관련해서, 그는 1912년 발간된 자신의 저서에서,

"40여년의 경험으로 볼 때 한인들은 완전히 부정적인 결과들만을 보여 주었다. 고립적인 형태로 삶을 살아가는 한인들의 농업문화와 세계관은 독특하고 슬라브 민족들의 그것과는 다르다. 따라서 향후라도 러시아인 들과의 동화를 고려해보기란 어렵다....프리아무르에서 거주해오는 동안 러시아인과 한인 간의 혼인율도 지극히 낮다. 이는 한인들의 생활방식과 러시아인들의 그것과는 전혀 공통점이 없기 때문이다. 뿐만 아니라 수십 년을 살아오는 동안 소수의 한인들만이 러시아어를 구사하고 있으며, 게 다가 여자들의 경우는 거의 러시아어를 사용하지 않고 있다. 문제는 이러 한 현상이 더욱 심화될 것이라는데 있다"[129]

며 변함없이 한인에 대한 부정적인 시각을 피력했다.

운테르베르게르는 한인들의 세례 및 개종, 국적편입, 마을의 학교 건립에 대해서도 전혀 인정하지 않았다. 그는,

"한인들이 세례 및 개종을 하고 자신들의 마을에 학교를 설립하는 것 은 피상적인 것에 불과하며, 그 속에서 러시아인과의 동화를 위한 바램은 찾아볼 수 없다....한인들이 국적취득을 원하는 것은 조선에서 보다 나은 자신들의 물질적, 경제적 상황을 개선시키기 위함이다....한인들이 집단으 로 정교신앙을 받아들이고 있는 것은 러시아 국적취득을 용이하게 하기 위해서이다. 한인선교 활동상황을 볼 때, 실제적으로 선교사들이 조선어 를 모름으로 인해서 정교신앙이 제대로 전달되지 못하고 있고 만족할만 한 결과들을 얻지 못하고 있다. 뿐만 아니라 한인들은 세례를 하나의 외

---

129) П. Ф. Унтербергер, "Приамурский...., указ. соч., с.83-84.

형적인 신앙의식으로 받아들이고 있으며, 그나마 비정교도 한인들과의 잦은 접촉과 사제들의 열악한 관리 하에서 신앙심을 상실하고 있다"[130]

며 한인과 관련된 모든 것을 부정했다.

특히 일본에 의한 조선의 외교권 상실 이후 운테르베르게르의 한인의 국적취득 문제에 대한 입장은 더욱 분명해 졌다. 운테르베르게르는 한인들이 조선국적으로 남아있는 경우에는 프리아무르 당국이 일본과의 정치적, 경제적 협정 하에서 일본과의 관계를 유지하며 러시아의 국익과도 부합될 수 있는 조선국적의 한인들을 위한 생활조건을 만들 수 있을 것이라 여겼다. 하지만 러시아인으로 남아있는 경우에는 토지분여를 요청하게 될 것이라고 보았다.[131] 따라서 그는 쇄도하는 한인들의 국적편입 청원을 끝까지 외면하는 입장을 취해나갔다. 이는 당시 일본의 한인에 대한 지배권 주장을 불식시키기 위해서는 한인에게 러시아 국적을 주어 프리아무르 당국의 관할 하에 두어야 한다는 생각들과도 정면으로 배치되는 입장이기도 했다.

운테르베르게르의 이러한 시각들은 한인에 대한 부정적인 탄압정책의 근간이 되었다. 한인에 대한 그의 부정적인 입장은 이후 프리아무르 지방의 최고 실권자로 부임한 시점에서 유감없이 발휘되었다. 그는 무엇보다 먼저 1884년 외교관계 조약으로 규정되고 있는 제1그룹의 한인들을 재심하고, 광산이나 어장 등에서 한인노동자의 고용을 금지시켰으며, 한인학교와 한인단체, 무역활동 등과 관련된 일련의 제한 조치들을 내렸다.[132] 또한 1908년 3월 8일자 지시로 중국인과 한인들, 특히 러시아 국적의 한인들에게까지 국유지 임대를 금지시키고, 1910년 6월 21일자 지시로 프리아무르의 모든 외국인들에게 확대

---

130) Там же, с.84, 89.
131) Там же, с.85.
132) В. В. Граве, указ. соч., с.134.

시켰다.[133] 운테르베르게르의 탄압적인 정책들은 여기서 그치지 않았다. 1907년 러시아와 일본 간의 어업협정 이후에는 러시아 국적의 한인들까지도 어업관련 사업장에 고용이 금지되었다. 또한 같은 해에 강경한 조치로서 금광산업에 종사하는 한인노동자들의 수를 2,600명으로 제한하라고 각 사업장에 지시했다. 이는 한인들에 대한 고용의 존도를 최대한 줄이기 위한 의도였다. 그 결과 금광산업 한인노동자들의 수는 빠르게 감소했다. 1909년 무렵 아무르주에서는 2,000명, 연해주 우드군 지역에서는 5,000명의 한인들이 프리아무르 금광산 지역에서 추방되었다. 당시 한인에 대한 광산노동 고용금지 정책은 언론과 한인의 노동력을 필요로 하는 산업가들의 계속되는 청원으로 성-페테르부르그 중앙정부에까지 소식이 전해졌으며, 큰 사회적 반응을 유발시키기도 했다.[134] 다음의 표는 1906-10년 시기 금광산업 한인노동자들의 고용 및 감소 상황을 보여주고 있다.[135]

[표 6] 1906-10년 시기 금광산업 한인노동자의 고용 및 감소 상황

지 역	1906		1907		1908		1909		1910	
	중국인	한인	중국인	한인	중국인	한인	중국인	한인	중국인	한인
아무르 산악관구	980	477	2,052	332	2,463	406	3,802			
부레인 산악관구	1,340	2,779	1,335	1,428	1,619	1,731	3,689	359	6,822	
연해주 산악관구	551	1,859	667	1,667	2,092		2,991		3,400	
제야 산악관구	1,000	750	1,700	1,800	3,500	2,500	4,200	1,800	9,800	150
결산	3,871 (19.1)	5,865 (29.1)	5,754 (30.8)	5,227 (28.1)	9,674 (47.1)	4,637 (22.7)	14,682 (61.4)	2,159 (9.2)	20,022 (82.3)	150 (0.7)

---

133) Там же, c.154-155.

134) Там же, c.144-146.

135) Там же, Приложение No.31, c.422.

표에서 나타나고 있듯이 한인노동자의 수는 1906년에 5,865명 (29.1%)에서 1910년에는 150명(0.7%)까지 큰 폭으로 감소했다. 반면 중국인 노동자의 수는 같은 시기에 3,871명(19.1%)에서 20,022명(82.3%)로 한인노동자의 감소폭보다 2배 이상 크게 증가했음을 알 수 있다. 이는 추방된 한인노동자의 자리를 중국인 노동자가 대신했기 때문이다. 운테르베르게르의 금광산업에 종사하는 한인노동자의 추방조치는 그렇지 않아도 경직된 한인사회를 극도로 긴장시켰다. 이는 절대다수의 조선국적 러시아 한인들의 생계 및 존립마저 어렵게 만드는 결과를 낳았다.

운테르베르게르의 한인정책이 강경하고 탄압적인 성격을 띠었음은 러시아 국적의 한인들에게까지 법적인 구속이 가해졌다는 점에서도 잘 드러난다. 기존의 군사령관지사들이 주로 조선국적의 한인들에 대해 제한정책을 취해왔던 반면, 운테르베르게르에게 있어서 한인은 황색인이라는 이유 하나만으로도 충분히 탄압의 조건이 되었던 것이다.

흥미로운 점은 당시 운테르베르게르는 한인의 주요 노동 경쟁 대상이 되었던 중국인에 대해서는 관대했다는 사실이다. 중국인의 경우 단순히 돈을 벌고 떠나는 반면 한인들은 상시 거주를 목적으로 들어와 텃밭이나 경작지를 만드는 등 토지정착을 강하게 추구하기 때문이다.[136] 이 또한 기존의 군사령관지사들이 중국인보다는 적어도 한인에 대한 호감을 더 표출시켜왔던 것과 대치되는 측면이기도 하다.

한 가지 분명한 점은 프리아무르 및 태평양지역의 군사적 안보에 힘을 기울여 왔던 운테르베르게르가 러일 전쟁 패배 이후 황색인들에 대한 불신이 더 깊어졌다는 것이다. 운테르베르게르는,

"제국의 동쪽 변방의 안보를 확고히 다지기 위해서는 가능한 빠르고

---

136) Там же, с.136.

빽빽하게 러시아인들로 프리아무르를 채워야 한다. 또한 황색인들로부터 의 높은 경제적 의존상태에서 벗어나기 위해 모든 조치들을 취해야 한 다....프리아무르를 병합한 것은 황색인들이 아닌 러시아인들로 채우기 위함이다. 따라서 러시아인들의 정착을 용이하게 하고 경쟁력이 강한 황 색인들을 제거하기 위해서 모든 역량이 집중되어야 한다....궁극적으로 토지정착을 하는 한인들은 중국인들보다 더 위험한 존재들이다. 황색인 의 유입 저지를 위해 강경한 조치들을 취해야 하며, 황색인들이 체류하기 에 힘든 상황과 조건들을 만들어 놓아야 한다. 그렇게 될 때 황색인 문제 는 자연스럽게 해결이 될 것이다"[137)

고 여겼다. 프리아무르 당국이 우선적으로 고려한 것은 러시아의 국 익과 프리아무르의 안보였다. 프리아무르 당국에게 있어서 한인은 궁 극적으로는 경제적으로도 안보적으로도 잠재적인 위협을 지닌 요소 에 불과했던 존재들이었다고 볼 수 있다.

운테르베르게르가 중국인보다 한인에 대해 더 큰 우려와 부정적 인 견해를 표출시킨 이유는 1908년 3월 8일자(№2205) 내무성에 대한 보고서에서도 분명하게 나타나고 있다. 그는 보고서에서,

"한인의 특성은 가능만 하면 토지에 정착하려는 것이다. 러시아 국적의 한인들은 전국적으로 자신들의 토지 이용지를 넓혀나가며 조선국적의 한 인들에게 임대하는 방식으로 조선국적 한인들의 새로운 근원지를 양산하 고 있다. 문제는 러시아 농민들이 값싼 한인 노동력이나 유능한 한인 임 대농민들을 고용하고 있다는데 있다. 우리에게 있어서 프리아무르 지방 을 러시아인으로 채워야 한다는 중대성을 고려해 볼 때, 대부분의 지역이 한인들로 점령되어 있다는 점은 태평양 연안 지역에서 우리의 입지가 약

---

137) П. Ф. Унтербергер, "Приамурский...., указ. соч., с.91, 95, 419, 428.

화되어 있다는 것과 동일하다....또한 일본이나 중국과의 전쟁 발발 시에 한인들의 충성심을 기대할 수 없다. 반대로 한인들은 적들로 하여금 스파이 행위를 할 수 있는 좋은 토양이 될 것이다"[138]

라며 프리아무르 지방에서 조선국적이든 러시아 국적이든 한인이라는 존재에 대한 위험성을 강조했다.

운테르베르게르의 강경한 입장은 1910년 10월 18일 외무부 프리아무르 문제 전권위원 그라베(B.B.Граве)와의 만남에서도 분명히 드러나고 있다. 그는,

"황색인들이 프리아무르를 위협하고 있다. 중국인이든 조선인이든 일본인이든 이들에 맞서 싸우고 철저한 조치를 취해야 한다....나는 한인의 적이 아니다. 하지만 한인들로라도 프리아무르를 채워야 한다는 전임자들의 견해에는 동의할 수 없다. 나에게는 한인들로 가득찬 프리아무르보다 비어있는 프리아무르가 더 좋다. 러시아인들로 가득차고 토지가 개간되는 그날이 올 것이다. 어쩌면 100년 후에나 실현될 수도 있지만 적어도 내 마음에 러시아 땅을 황색인들이 탈취하도록 주었다는 마음은 생기지 않을 것이다"[139]

라며 다분히 민족주의 색채가 강한 발언을 숨기지 않았다.

운테르베르게르의 이러한 강경한 입장들은 이미 러시아 중앙정부에 의해서도 진지하게 주목받아오고 있었다. 중앙정부는 외국인의 프리아무르 유입 금지 및 과세적용, 외국인에 대한 국유지 분여 및 임대 금지, 1910년 1월 1일부터 외국인의 국영사업장 고용금지 등의 내용을 골자로 하는 법안을 1910년 6월 1일자로 국무협의회와 황제승인

138) В. В. Граве, указ. соч., с.134-135.
139) Там же, с.136-137.

을 거쳐 발포했다.[140]

하지만 국영사업장을 제외한 민간사업장에서는 외국인의 고용이 허용되었다. 이는 농업이든 일반 사업장에서든 러시아인은 값싼 노동력의 중국인과 한인의 경쟁상대가 되지 못했기 때문이다. 게다가 이러한 규정은 군사령관지사에게 재량권과 함께 일임되었고, 특히 러시아인의 노동력이 부족하거나 노동력이 크게 필요로 하는 곳에서는 탄력있게 적용시킬 수 있게 되었다.[141] 순수한 러시아인으로 프리아무르 지방을 채우고, 이 지역의 식민화를 이루어야 한다는 생각은 모든 군사령관지사들의 근본적인 생각이었다. 단지 러시아인 농민들의 낮은 경제적 자립도와 농업 및 광산업 등의 기타 여러 산업 부문에서의 노동력 부재, 황색인에 대한 경제적 의존도를 고려하여 누가 융통성있는 정책을 취했느냐에 차이가 있었을 뿐이다.

운테르베르게르의 반한인정책을 가중시킨 배경에는 당시의 정치적 상황들 또한 적지 않은 영향을 미쳤던 것으로 보인다.

우선 1905년 을사늑약 이후 만주와 연해주를 주요 무대로 전개되었던 한인 의병활동을 들 수 있다. 1907-08년을 기점으로 분수령을 이루었던 연해주와 만주 등지에서의 항일무장투쟁은 한국독립운동사에서 큰 족적을 남긴 사건이었다. 1910년을 전후로 최재형, 이범윤, 안중근, 전재익, 홍범도, 유인석 등은 무장항일투쟁을 통해서, 이후 김 알렉산드라,[142] 이동휘, 김립 등은 사회주의 활동을 통해서 항일투쟁을

---

140) П. Ф. Унтербергер, "Приамурский...., указ. соч., с.78-81.

141) Там же, с.79, 82.

142) 김-스탄케비치 알렉산드라 페트로브나(1885.2-1918.9, А.П.Ким-Станкевич)는 최초의 한인여성 공산주의자로 하바로프스크 극동인민위원회 외무위원장을 지냈다. 그녀의 열정적인 혁명활동은 러시아 혁명가들에게 뿐만 아니라 한인 망명 항일지도자들에게도 큰 영향을 미쳤다. 김 알렉산드라는 아버지의 폴란드인 친구의 아들인 스탄케비치(М.И.Станкевич)와의 결혼 생활 실패 후 카잔교사양성학교(Казанская Духовная Семинария)의 졸업

전개해 나갔었다. 의병들은 바로 연해주의 국경지역에 있는 포드고르
노예, 나고르노예, 크라스노예 셀로(c.Красное Село), 얀치혜, 수찬 등지
의 한인정착촌들을 근거지로 생필품과 군자금을 지원받았다. 기록에
따르면, 1908년 한 해에만 일본군들과 1,451회의 무장충돌이 있었고,
한인 의병수가 69,804명[143]에 달했을 정도로 1910년을 전후로 의병들
의 항일투쟁은 절정에 달했었다.

당시 연해주 한인 의병부대들의 이끌었던 주요 지도자들로는 포
시에트 지구와 블라디보스톡 지역에서 체류하며 활동했던 이범윤, 니
콜스크-우수리스크와 블라디보스톡에서 체류하며 활동했던 홍범도,
그리고 유인석 등이었다. 이들은 1910년 7월 8일 야유쉬카(암반비) 마
을에서 150명의 한인 의병들이 모인 가운데 회의를 개최하고, 군사조
직인 13도의군(十三道義軍)[144]인 창의소를 조직하기에 이르렀다.[145]

생으로 블라디보스톡 주교구의 교리문답교사이자 신한촌 인노켄티 교회
학교에서 사제-교사로 활동했던 오 바실리(B.B.Огай)와 재혼했다. 그녀는
1918년 4월 28일 이동휘, 김립, 오 바실리, 이인섭 등과 연계하여 최초의
한인사회당을 창립했으며, 100여 명으로 구성된 한인적위군을 구성하여
뱌젬스크, 크라스나야 레츠카 등지에서 백위파인 칼므이코프 군대에 맞
서 투쟁했다. 1918년 9월 초 '바론 코르프'호를 타고 아무강을 따라 피신하
던 김 알렉산드라는 동료들과 체포되었고, 백위파들에 의해 고문 끝에 9
월 16일 일명 '죽음의 골짜기'(Овраг смерти)에서 처형되었다(ГАХК, Ф.П
-442, Оп.2, Д.18, Л.39-46. 『1905-1918년 시기 김-스탄케비치 알렉산드라 페트
로브나의 혁명 활동에 관한 여동생 김 마리야 페트로브나의 회상기』;
Л.55-57. 『여성혁명가 김 알렉산드라 페트로브나』; ГАХК, Ф.П-442, Оп.1,
Д.476, Л.1-27. 『혁명 전사 김-스탄케비치 알렉산드라 페트로브나』; ГАХК,
Ф.П-442, Оп.2, Д.273, Л.2-15. 『김-스탄케비치 알렉산드라 페트로브나』; 『레
닌기치』 1972년 10월 25일, 3면. 『첫 조선녀성공산당원, 인민위원』; 『레닌
기치』 1988년 9월 14일, 2면. 『첫 조선녀성-혁명가, 인민위원 - 김쓰딴께위
츠 알렉싼드라 뻬드로브나의 최후 70주년에 즈음하여』 참조).

143) Ким Сын Хва, указ. соч., с.71.
144) 1910년 6월 21일(음5월15일) 망명한 의병장 유인석, 간도관리사 이범윤 등
  이 함경도 의병장 홍범도, 이남기, 황해도 의병장 이진용 등과 더불어 국

특히 당시 이범윤 부대는 1909년 11월 경에는 적어도 1,000여명이 소총으로 무장했을 정도로 그 규모가 컸고,[146] 또 출신 신분으로 인해서 이범윤의 존재는 러시아 측과 일본 측 모두에게 큰 관심과 우려의 대상이었다. 정3품 간도국경행정관(관리사) 겸 조선북부 지역 군사령관이었던 이범윤은 러일전쟁 기간에 동시베리아 보병연대 2사단장 아니시모프(Анисимов) 장군 휘하에서 특별 한인무장대를 조직하여 항일투쟁을 전개하기도 했던 인물이다. 전후 1907년 여름 항일운동을 위해 노보키예프스크에 정착한 후,[147] 이범윤은 아니시모프가 일본과의 포츠담 회담을 근거로 한인들에 대한 공식적인 지원을 거부하자 러시아와 만주 등지에서 무기를 구입하며 의병투쟁에 돌입한 것으로 보인다.[148]

한인 의병들의 게릴라식 기습에 골머리를 앓고 있던 일본은 성-페테르부르그 주재 일본대사관과 블라디보스톡 주재 일본영사관을 통해서 러시아 중앙정부에 압력을 행사했다. 일본의 압력에 러시아 중앙정부 또한 프리아무르 군사령관지사에게 러시아 내에서 항일활동이 전개되지 않도록 실제적인 조치를 즉시 취할 것을 지시하기에 이

내외 의병세력을 통합해 편성 조직한 의병 통합군단이다. 한말 시기에 해외에서 단일통합군단을 표방하며 대규모 항일투쟁을 전개해나갔던 데에 이 단체의 큰 역사적 의의가 있다. 십삼도의군의 편성지는 티진헤 지역과 우수리스크 서쪽 코르사코프카 지역의 재피고우로 추정되고 있으며, 러시아 측 자료에서는 암반비 지역으로 기록하고 있다.

145) РГИАДВ, Ф.1, Оп.10, Д.327, Л.7-8. 『블라디보스톡 경비대장이 연해주지사에게 보낸 1910년 10월 27일자 전문』. 창의소 사령관에는 유인석, 의장에 이범윤, 부대장에 이나식, 군사교관에 이상설이 선출되었다.

146) РГВИА, Ф.2000, Оп.1, Д.4107, Л. 『프리아무르 대군관구 사령부로 보내는 1909년 11월 11일자 첩보보고서』.

147) АВПРИ, Ф.ЯС(Японский стол), Оп.493, Д.1968, Л.12. 『1908년 5월 24일 플란손(Плансон)이 작성한 이범윤관련 메모』.

148) Там же, Л.4. 『남우수리스크 노보키예프스크 국경행정관 스미르노프가 연해주지사 프루그(В.Е.Флуг)에게 보낸 1908년 4월 5일자 전문』.

르렀다.[149] 이범윤의 경우 프리아무르 당국의 체포를 피해 블라디보스톡, 중국, 샹얀치헤 등지에서 피신 생활을 했으며, 일본은 이범윤 체포에 1만루블의 현상금을 내걸기까지 했다.[150] 이범윤을 포함한 홍범도, 유인석 등의 주요 항일인사들을 체포하기 위한 프리아무르 당국의 체포 작전은 지속적으로 시도되었다. 1910년 8월 28일, 첩보를 입수한 프리아무르 당국은 한인촌 459호와 463호 체류 중인 이범윤, 홍범도, 유인석, 김학만 일행의 체포를 시도했으나 실패했다.[151] 하지만 8월 29-30일 새벽까지 실시된 한인촌 269호, 613호, 614호에 대한 수색에서는조선 국적의 김화도(남정환), 안한주, 권유상, 이규풍, 이범석(이치구), 이강(이기), 이치권, 이상설 등 수십 명(42명)의 의병지도자들이 체포되었다.[152] 조사를 마친 프리아무르 당국은 9월 하순 김화도, 안한주, 권유상, 이규풍, 이범석, 이강, 이치권 등의 7인을 이르쿠츠크주로 추방할 것을 결정했다.[153] 한편 1910년 3월-9월 시기에 한인촌 463호에 은신 중이던 이범윤은 10월 중순 바라바쉬(Барабаш)에서 체포되었고, 이때 한인촌 가택수색을 당하는 과정에서 러시아 정부로부터 받았던 성 안나 훈장도 몰수되었다.[154]

결국 당시 프리아무르 군사령관지사였던 운테르베르게르는 이범윤 등 7명의 항일인사들을 이르쿠츠크로 추방시켰으며,[155] 1911년 5월

---

149) Там же, Л.6. 『내무성 부내무대신 이즈볼스키에게 보낸 1908년 5월 8일자 전문』.
150) РГИАДВ, 『한국어 통역관 3등관 팀(С.Тим)이 남우수리스크 국경행정관에게 보낸 1909년 1월 30일자 보고서』.
151) РГИАДВ, Ф.1, Оп.10, Д.326, Л.13-17об.
152) Там же, Л.12, 16-16об., 18-18об., 20, 24-25об., 30-32об., 39.
153) Там же, Л.67, 76, 77. 사건 조사 직후 언급된 7인을 제외하고 나머지 한인들은 8월 30일 석방되었고, 참모부 통역관으로 활동하던 이상설은 10월 1일자로 석방하기로 결정했다.
154) РГИАДВ, Ф.1, Оп.10, Д.327, Л.4об. 『이범윤 심문 조서-1』.
155) Там же, Л.8. 『블라디보스톡 경비대장이 연해주지사에게 보낸 1910년 10월

에야 재입국을 허락했다.[156] 당시 프리아무르 및 태평양 지역의 러시
아의 안보를 책임지고 있던 운테르베르게르로서는 한인들의 계속되
는 이주도, 나아가 연해주를 중심으로 벌어지고 있던 한인무장투쟁도
결과적으로 프리아무르의 안보를 위협하는 일이라 여겼고, 계속해서
탄압적인 방법으로 대응해 나갔다.

또 하나는 1909년 10월 26일에 만주 하얼빈에서 발생한 안중근의
이토 히로부미(伊藤博文, 1841-1909) 척살사건을 들 수 있다. 한인 의병
들의 항일무장활동으로 프리아무르의 한인들이 눈총을 받고 있고, 그
에 따른 일본의 외교적 압박이 계속되고 있는 가운데 발생한 안중근
의 의거는 러시아의 입장을 곤혹스럽게 만들었다. 사건은 일본 특사
이토가 러시아 재무대신 코코프초프(В.Н.Коковцов)와의 회담을 위해
방문했다가 러시아의 관할 하에서 발생했기 때문이다. 운테르베르게
르의 사건에 대한 우려는 재무대신 코코프초프와의 만남에서 잘 드
러나고 있다. 재빠르게 사고 처리를 마치고 연해주 포그라니치나야
역에 도착한 재무대신 코코프초프를 운테르베르게르는 거의 넋이 나
간 상태에서 맞이했다. 그는 하얼빈 사건이 향후 사태를 더욱 급박하
게 몰고 갈 것이며, 수일 내에 일본의 무력도발이 있으리라 의식하여
큰 우려를 나타냈다.[157] 이러한 정치적 상황들 또한 당시 프리아무르
지방 및 태평양 지역의 안보를 총책임지고 있던 운테르베르게르의
한인정책 수립에 부정적인 요인으로 작용했을 것으로 여겨진다.

증가해온 이주자의 러시아 국적편입자의 수도 둔화되기 시작했다.
운테르베르게르 시기의 반한인정책의 흔적은 1906-10년 시기 연해주
한인의 국적취득 상황을 통해서 살펴볼 수 있다.[158]

27일자 전문』; В. В. Граве, указ. соч., с.184.

156) Ким Сын Хва, указ. соч., с.73.

157) В. С. Баковецкая(глав.ред.), *Коковцов Владимир Николаевич, Из моего прошлого
вспоминания 1903-1919гг.,* книга 1, 1992, с.345-348.

[표 7] 1906-10년 시기 연해주 한인 국적취득 상황

연도	귀화자			비귀화자		
	남자	여자	합계	남자	여자	합계
1906	9,675	7,290	16,965	11,380	6,054	17,434
1907	9,052	6,955	16,007	20,465	9,442	29,907
1908	8,925	7,265	16,190	20,486	8,821	29,307
1909	7,894	6,905	14,799	25,210	11,545	36,755
1910	9,403	7,677	17,080	22,132	11,753	33,885

표에서 확연히 나타나고 있듯이, 운테르베르게르 집권 시기에 러시아 국적 취득자의 수는 거의 변동이 없다. 반면 국적을 받지 못해 거주증을 구입하고 조선국적자로 등록되는 한인의 수는 집권 말기에 거의 2배 가까이 이른 것으로 나타나고 있다. 이는 결과적으로 국적 편입 거부정책을 취했던 운테르베르게르의 탄압적인 한인정책에서 기인된 것으로 파악해 볼 수 있다.

운테르베르게르의 한인들에 대한 강경한 대처는 1880년대부터 어느 정도 예고된 것이었다. 그러나 그의 강경한 반한인정책은 1905년 이후의 정치적 상황변화 속에서 더 잘 드러나고 있다. 긴스버그스 (G.Ginsburgs)는 러시아 정부의 반한인정책은 근본적으로 러시아 정부가 증가한 러시인 농민들을 우선적으로 보호하고자 하는 의도를 갖고 있는 가운데 인접 국가와의 긴장이 커짐에 따라 소위 '황화(Yellow Peril)의식' 속에서 황색인들을 프리아무르에 허용하는 것은 정치적·안보적으로 현명치 못하다는 판단에서 취해진 것이라 보았다. 또한 그는 한일합방 이후 연해주에서 한인들의 반일감정과 항일무장투쟁으로 러시아가 일본과의 외교적 마찰을 우려한 상황 속에서도 그러한 반한인정책이 취해졌다고 보았다. [159]

---

158) П. Ф. Унтербергер, указ. соч., Приложения 1, с.2-3.
159) G. 긴스버그, 이계희옮김, "소련내 韓人의 法的 지위," 김학준편, 『現代蘇聯의 解剖』(서울 : 한길사, 1981), p.318.

러시아 정부의 제한적인 국적편입 정책은 한인들의 직접적인 생계활동에 큰 제약으로 작용했다. 조선국적의 한인들은 1년짜리 러시아 거주증을 소지해야만 러시아 땅에서 활동할 수 있었다. 한인에 대한 1년짜리 거주증은 일반적으로 3루블이었는데, 이는 일본 정부에 의해 발급받은 자국 여권을 소지한 자에게 해당되었고, 거주증이 없이 체류하다가 체포되는 경우에는 벌금과 함께 거주증을 재구입해야만 남아있을 수 있었다. 따라서 전 시기를 두고 러시아 국적을 필요로 했던 한인들은 계속해서 러시아 정부에 국적청원을 제기하는 상황이 계속되었다.

운테르베르게르의 후임 군사령관지사로 곤닫티(Н.Л.Гондатти, 1911-1917)가 부임해 오며 경직되어있던 한인사회는 조금씩 해빙을 맞이하기 시작했다. 1911년 1월 29일에 황제 니콜라이 Ⅱ세의 황제령으로 프리아무르 군사령관지사 직에 임명된 곤닫티는 최초의 문관 출신 군사령관지사이자 다양한 행정적 경험의 소유자였다. 그의 어깨에는 프리아무르 군사령관지사로서 러일 전쟁 이후 약화된 프리아무르의 정치적, 경제적 입지를 회복하고, 아시아-태평양 지역에서 러시아의 손상된 권위를 회복시켜야 한다는 국가적 임무가 주어졌다.[160] 모스크바대학 출신의 인종지학자이기도 한 그는 광활한 프리아무르 지방의 수많은 소수민족들과 함께하며 저마다의 이해관계를 조절하고 국가의 이해에 부합시켜야 한다는 부담감을 안고 있었다.

군사령관지사가 되기 이전부터 곤닫티는 프리아무르 지방과는 이미 많은 인연을 맺고 있었다. 곤닫티 자신이 1909년 10월 27일에 조직된 아무르 탐험대(Амурская экспедиыия)의 책임자로서 프리아무르 지방의 전체적인 상황을 학술탐험하여 중앙정부에 보고한 바 있었다. 이같은 경력의 영향으로 그는 최초의 문관 출신이자 마지막 군사령관지사로서

---

160) Н. И. Дубинина, *Приамурский....Н.Л.Гондатти*, указ. соч., с.49.

프리아무르의 소수민족 문제에 나름대로의 소신을 갖고 있었다.

곤닫티는 전임자의 중국인 및 한인을 대상으로 한 국적편입과 토지분여에 대한 강경한 제한정책으로 인해서 프리아무르의 황색인 사회가 크게 경직되어 있음을 알고 있었다. 그 또한 기본적으로는 러시아인에 의한 프리아무르의 개발과 식민화를 추구했으며, 전임자처럼 중국인 및 한인 노동력의 유용성을 부정하지는 않았다. 그는 부임지로 떠나기 전 이미 황색인 문제와 관련한 지시를 받아든 상태였다. 1911년 2월 5일자 신문 『우수리 변방』(Уссурийская окраина)은, "곤닫티가 프리아무르 군사령관지사로 부임받아 프리아무르로 떠나기 전에 러시아 국적을 취득하고 있는 한인들의 러시아 이주와 관련한 훈령이 이미 그에게 주어졌다"[161]고 전하고 있다.

신임자로서 곤닫티는 한인 노동력의 유용성을 재인식하고 한인의 국적편입에 적극적이었다. 그는 토지를 중국인들에게 임대하는 것과 경작지에 중국인 노동력을 이용하는 것을 반대하는 일련의 조치들을 취하며, 한인들을 프리아무르의 농민으로 정착시키는 것이 불가피하다는 결론에 이르렀다.[162] 흥미로운 점은 운테르베르게르가 한인보다는 중국인에 대해 보다 관대했던 반면, 곤닫티는 중국인보다는 한인에 대해 관대한 정책을 취하고자 했다는 점이다. 지정학적인 상황으로 인해 러시아 정부는 점차 프리아무르로 들어오는 대량의 중국인 이주자들을 제한했다.

곤닫티가 중국인들을 싫어했던 이유는 그가 대신협의회에 보낸한 서신에서 잘 나타나고 있다. 그는 1914년 대신협의회 의장 고레프이킨(И.Л.Горемыкин) 앞으로 보낸 서신에서 "본인은 현재 엄청난 규모

---

161) C. B. Недатин, "Корейцы-колонисты," (К вопросу о сближении корейцев с Россией), *Восточный сборник, издание общества русских ориенталистов*, Книга 1, СПб., 1913, с.187.

162) Там же, с.187.

로 유입되어 있는 중국인들이 국가 및 국민적 자원을 빨아먹고 있으며, 해로운 것 이외에는 우리에게 아무 것도 가져다주지 않을 것으로 확신한다. 그들은 또한 값싼 노동력을 이용하여 농업 및 노동부분에서 러시아인들은 감당할 수 없는 경쟁을 부추기고 있다"[163]며 중국인들에 대한 위험성을 알렸다. 곤닫티는 또한 중국인들의 절도 및 약탈, 알콜 밀무역 등의 범죄행위에 대해서도 심각한 우려를 나타냈다. 특히 중국인들의 타이가 지대에서의 무차별적인 약탈행위와 밀무역은 러시아의 국가적인 손실을 초래시키고 있다고 보았다.[164]

반면 곤닫티 시기에 들어서 한인들에 대해서는 긍정적인 측면들이 더 부각되기 시작했고, 이는 우호적인 정책으로 이어졌다. 한인들에 대한 시각의 변화는 당시 언론들에서도 나타나고 있다.

"노동력 측면에서 한인들은 중국인들에게 뒤지지 않았으며, 겸손함과 규율적인 면에서도 우월했다....프리아무르는 이미 많은 것에서 한인들에게 신세를 지고 있다. 한인들은 남우수리스크 지방의 가장 가까운 이웃이나 일부의 토착민들처럼 러시아인들의 소작인이나 고용 인력으로 이 지방의 토지를 이용할 수 있도록 도와왔다. 이제 한인들은 아무르강 하류까지 거주하고 있으며, 한인들 덕분에 아무르강 하류가 조금씩 활기를 띠기 시작했다. 그곳에서는 하바로프스크에서 니콜라예프스크(하바로프스크 변강주 북동부 항구도시-필자) 구간에 사는 아무르강 기슭의 러시아인들이 전혀 종사하지 않고 있는 농업이 시작되고 있다. 또한 한인과 러시아인들과의 관계는 프리아무르 어느 곳에서나 좋았으며, 반면 중국인들과의 사이에서는 충돌이 잦다"[165]

---

163) Н. И. Дубинина, *Приамурский....Н.Л.Гондатти*, указ. соч., с.109-110.

164) Там же, с.113-116.

165) 『Миссионерское обозрение』, No.11, Ноябрь, 1912, с.727.

고 신문 『모스크바 목소리』(Голос Москвы)는 1911년 6월 26일자와 7월 26일자 기사에서 전하고 있다. 프리아무르 당국이 한인들을 선호한 데에는 일련의 또 다른 이유가 있었다. "한인들은 번 돈을 생활비와 의복에 지출하게 되며, 결국 이 돈은 러시아 내에 남게 된다. 하지만 중국인 노동자들의 경우에는 번 돈이 중국으로 흘러 들어간다. 또한 중국인들은 러시아 문화에는 관심을 갖지 않으며, 그럼에도 여전히 프리아무르 변방을 가득 채우고 있다"[166]고 1911년 3월 19일자 신문 『자바이칼 두마』(Дума Забайкалья)는 기록하고 있다.

지루하게 끌어왔던 한인의 국적, 토지, 노동문제는 1911년 초가 되어서야 가닥을 잡아나가기 시작했다. 1911년 2월 4일, 극동이주위원회에서 곤닫티는 "러시아에 동화하려는 한인들의 희망은 크다. 한인들은 러시아의 풍습과 러시아어를 익히고 학교를 세우며, 국적취득자들은 군역의무를 수행하고 있다. 따라서 제기되는 한인들의 국적신청을 들어주지 않을 이유가 없다"[167]고 말했다.

그러나 한편으로 한인의 국적취득 허용은 일본의 조선병합이라는 또 다른 현실적인 배경 또한 크게 작용했음을 알 수 있다. 곤닫티는 "러시아가 한인의 권리를 어떻게 보든지 간에 조선국적 한인들의 이권보호가 필요한 경우에는 일본 영사가 개입하게 될 것이다. 한인들에게 국적을 부여하는 것은 향후 일본 정부의 개입가능성을 점차 줄일 수 있는 방법이 될 것이다"[168]고 보았다. 즉 러시아 정부는 한일합방 이후 한인의 국적문제 등, 한인문제에 대한 일본의 간섭여지를 차단하고자 하는 의도도 갖고 있었던 것이다. 결국 1911년 3월 20일 성-페테르부르그 중앙정부에서 비귀화 한인들의 금광노동을 허락하는 대신 토지분여없이 귀화를 받아들인다는 결정이 나왔으며, 1911년 3

---

166) С. В. Недатин, "Корейцы...., указ. соч., с.203.

167) РГИАДВ, Ф.702, Оп.1, Д.640, Л.246.

168) Там же.

월 23일자로 '외국인노동자 사용제한 규정'은 최종적으로 폐지되었다.[169]

러시아 중앙정부에 의해 한인들의 노동제한이 풀리면서 광산 등지의 한인노동자의 수는 다시 증가하기 시작했다. 1915년 경 민족별 노동비율 상황을 보면 러시아인 10%, 중국인 77%, 한인 13%였다.[170] 이러한 토지분여없는 국적편입 정책은 한인의 법적지위를 우선적으로 고려한 것이었다기보다는 궁극적으로는 러시아인 이주자들과 일본의 정치적 간섭을 더 크게 의식한데 따른 결과였다고 짐작해 볼 수가 있다. 그러나 이는 어디까지나 자격요건에 맞는 한인들에게 해당되는 조치들이었고 계속해서 들어오는 조선국적의 한인들에 대해서는 여전히 정책적인 압박이 가해졌다.

한편 곤달티 군사령관지사는 조선국적의 한인들에 대해서는 기존의 사령관지사들과 마찬가지로 강경한 탄압적인 입장을 취했다. 그는 러시아 국적의 한인들과 조선국적의 한인들을 분리통치하는 방식을 취했다. 곤달티 군사령관지사는 조선국적의 한인들에 대해서 두만강 북부로 추방시킬 것을 지시했다. 그는 일련의 지시들을 통해서 1912년 7월에는 블라디보스톡 에겔셀리드의 한인들을 추방하고, 8월 이후에는 러시아인만 사업장에 고용할 것을 지시하기도 했다.[171] 뿐만 아니라 곤달티는 교회에 할당된 종교용 토지에 대해서조차도 한인들에

---

169) Ban Byung Yool, "Korean nationalist activities in the Russian Far East and North Chientao(1905-1921)," Ph.D. diss., August, 1996, pp.75-77; 박보리스, 부가이 니콜라이 저, 김광한, 이백용 옮김, 앞의 책, pp.99-103. 이런 정책으로 1916년대 한인은 우랄산맥 근처인 오비강(p.Обь), 즉 서시베리아에서 블라디보스톡, 캄차트카에까지 걸쳐 거주하고 있었다.

170) М. Н. Нерсесов, *Экономические ОЧЕРКИ Дальнего Востока*, М., 1926, с.38.

171) 『勸業新聞』 1912년 7월 21일 (제12호), p.3. 『츌을 잠시정지』; 동년 8월 4일 (제14호), p.3. 『황인종 로동쟈 거절』. 프리아무르 당국은 권업회(勸業會)의 호소로 한인들이 그 해 수확을 마칠 때까지 한인들의 추방을 잠시 정지했다.

대한 임대를 금지시켰다. 1912년 4월, 5월에 곤닫티는 블라디보스톡 주교 예프세비에게 보내는 서신을 통해서,

> "포크로프-수이푼 교회의 부지 3데샤티나를 조선국적의 한인들에게 임대한 것과 관련, 교회용도의 부지를 조선국적자들에게 임대한 것은 매우 부적절하다. 이는 특히 중국인 및 한인들에 대한 할당된 종교용 토지의 임대금지를 규정하고 있는 1904년 10월 29일자 블라디보스톡 주교구 성직자 건물에 대한 국유지 할당에 관한 황제명령과도 부합되지 않는다"[172]

며 조선국적 한인들에 대한 토지임대를 강하게 금지시켰다.

물론 이 문제는 러시아 국적의 한인들이 불만을 제기함으로써 촉발된 측면도 없지는 않다. 하지만 보다 근본적인 이유는 토지를 통한 압박을 통해서 프리아무르에서 황색인들의 세력을 감소시키고자 하는데 목적을 둔 조치였다. 이어 동년 7월에는 "블라디보스톡 주교구의 성직자 건물에 대한 수드주혜강 유역의 국유지 할당이 이루어졌지만 약 80데샤티나(18개 한인농가, 8개 중국인 농가, 총 133명)의 토지가 외국국적의 이민족들에 의해서 경작되고 있음이 확인되었다"[173] 며 다시 한번 성직자 용도의 건물 부지를 외국국적자들이 타용도로 이용하는 것을 금지시켰다. 종교용 토지를 외국국적의 중국인이나 한인에게 임대하는 것은 금지시키면서도 꼭 필요한 경우에 한해서 노동자에 대해서는 허용하도록 한 것은 흥미롭다. 이 또한 한인 농민의 유입은 막고, 대신 기존에 들어와 있는 한인들의 노동력을 통한 석탄,

---

172) РГИАДВ, Ф.702, Оп.1, Д.748, Л.14. 『1912년 4월 30일, 5월 5일 프리아무르 군사령관지사 사령부실에서 블라디보스톡 및 캄차트카 대주교 예프세비에게 보낸 서신』.

173) Там же, Л.16. 『1912년 7월 7일 프리아무르 군사령관지사(곤닫티)가 블라디보스톡 및 캄차트카 대주교 예프세비에게 보낸 전문』.

금 채굴 등의 광산업의 노동력 활용을 염두에 둔 지극히 경제적 이해를 고려한 조치들이라 하겠다.

곤닫티는 중앙권력과 지방권력 간의 상하권력 관계의 고리가 약화되어 가고 있는 상황 속에서도 국가, 정교, 국민성이라는 관제국민주의 원칙에 입각하여 전제체제를 옹호해 나간 인물이다. 그 또한 전임자들과 동일하게 프리아무르에 러시아적인 요소, 즉 러시아인의 확고한 농업정착과 이들을 통한 농업 및 각종 산업의 발전을 자신의 첫번째 소명과제로 삼고 있었다.[174]

그의 치세기 또한 당시 프리아무르의 특수한 군정치적 상황 속에서 이해해 볼 수 있다. 이미 1907년 러일 간의 우호조약이 체결되어 러시아는 일본의 외교적 눈치를 보고있는 상황이었고, 1911년 중국에서 발발한 최초의 민주주의 혁명인 신해혁명(辛亥革命)으로 국경지역은 긴장상태가 고조되어 있었다. 또한 1914년을 전후로 한 제1차세계대전의 전운 속에서 실제적으로 곤닫티는 전 치세기간을 전시계엄상태(военное положение) 속에서 업무를 수행해 나가는 것과 같은 상황 속에 있었다. 그는 1912년 4월 프리아무르 전 지역에 전시계엄을 선포했으며, 이를 통해 국가적 이익에 저해되는 이민족들을 포함한 사회 각 부분의 무질서, 범죄, 위법행위 등 모든 불법요소들을 정화해 나가기 시작했다.[175]

이러한 상황들 속에서 곤닫티 또한 운테르베르게르 못지않은 민족주의적이고 인종주의적인 성향을 강하게 띠었다고 볼 수 있다. 소비에트 초기 한인들은 국적편입과 토지분여를 불허한 운테르베르게르의 포기(抛棄)정책과 토지분여없이 국적편입만 허가한 곤닫티의 적극정책을 언급하며, 기본적으로 러시아 정부의 이러한 정책은 한인의 권리를 박탈하여 러시아의 이익을 위해 착취하도록 편하게 만들기

174) Н. И. Дубинина, *Приамурский....Н.Л.Гондатти*, указ. соч., с.98.
175) Там же, с.67-69.

위함이었다고 강하게 비판하고 있다.[176] 운테르베르게르는 한인은 동화하기 어렵고, 신뢰할 수 없는 민족이라고 배척한 반면, 곤닫티는 한인들은 동화되기 쉬운 민족이라는데 기반을 두고 경제적인 입장을 더 고려한 동화정책을 취했던 것이다. 분명한 것은 양자 모두 프리아무르는 러시아인으로 채우고, 이들을 통해서 안보를 구축해야 한다는데에는 공통된 견해를 갖고 있었다는 점이다. 러시아의 저명한 한인 연구자인 박보리스 또한 "19세기 마지막 20년 동안 러시아 정부의 한인정책은 한인들로 하여금 남우수리스크의 황무지를 개척하여 러시아인들의 정착을 용이하게 하도록 하는데 있었다"[177]고 평가하고 있다.

프리아무르 당국의 한인에 대한 탄압은 단순히 국적 및 토지문제에만 그치지 않았다. 운테르베르게르에 이어 곤닫티 또한 한인들의 무장항일활동에 대해 강경한 탄압으로 일관했다. 이러한 배경은 1907년 러일 간의 협정 체결 이후 러시아 중앙정부가 일본과의 마찰을 유발시킬 수 있는 프리아무르 지방의 항일무장운동은 진압하기로 한 방침에서 찾아볼 수 있다. 러시아 정부는 국익차원에서는 일본과의 우호관계를 유지하면서, 다른 한편으로는 한인의 항일운동 탄압은 대일 접근의 카드로 이용하려는 의도를 또한 갖고 있었다.[178] 1911년 4월에도 프리아무르 당국은 자나드보로프카(c.Занадворовка) 마을에서 22명의 한인 의병들을 검거해 불법모금 및 항일무장조직 가담혐의로 만주로 추방 조치했다.[179] 곤닫티 시기인 1911년 6월 1일에 러일 양국은 정치범 인도를 규정하고 있는 비밀선언[180]이 첨부된 '러일범죄인

---

176) 십월혁명십주년원동긔념준비위원회, op. cit., pp.78-79.

177) Б. Д. Пак, указ. соч., c.98.

178) 최덕규, 앞의 글, p.293.

179) РГИАДВ, Ф.1, Оп.10, Д.326, Л.101-104.

180) 러시아 정부는 독립운동가들을 일본에 신병인도하지는 않았지만 이들을 시베리아 등지로 유배를 보냈으며, 조선국적 한인들을 국경 밖으로 추방

인도협정'을 체결한 상황이었고, 따라서 의병들과 조선국적 한인들의 입지는 극도로 좁아져 있는 상태였었다. 곤닫티는 "이 협정은 한인 의병들과 투쟁할 수 있는 강력한 수단을 일본의 손아귀에 제공해 주는 것이다"[181]고 기록하고 있다.

그러나 러시아 정부의 의병문제 처리에 만족하지 못한 일본 측은 성-페테르부르그 주재 일본대사관을 통해서 프리아무르 한인사회에서 활동하던 이동휘, 이범윤, 홍범도, 이강, 정재관, 이위종, 김성립, 김성백, 최재형, 김진, 엄인섭, 이상설 등의 주요 항일인사들의 명단과 항일내력이 적힌 문건을 러시아 외무부에 보내는 등 의병의 신병 인도 및 강경 조치를 취해주도록 끊임없이 요구해 나갔다.[182]

곤닫티는 또한 한인의 단체 및 신문, 잡지 등의 언론매체들에 대해서도 탄압을 가했다. 비록 일본의 끈질긴 방해공작에서 비롯된 조치임을 감안하더라도 그 탄압의 정도는 도를 넘어서는 면이 있었다. 1911년 프리아무르 당국의 공식허가로 조직되었던 권업회(勸業會)가 프리아무르 당국에 의해 1914년 7월에 해체되었다.[183] 또한 1912년 4

했다.

181) Чой Доккю, указ. соч., с.574-575.
182) АВПРИ Ф.ЯС, Оп.487, Д.767, Л.24-26. 『1915년 8월 16일(29일)에 페트로그라드 일본대사관에서 러시아 외무부에 보낸 구두문서』; Л.28-31. 『1915년 10월 16일(29일)에 페트로그라드 일본대사관에서 러시아 외무부에 보낸 구두문서에 대한 첨부문서』; Л.32. 『1915년 12월 9일(22일)자 일본대사관에서 러시아 외무부에 보낸 일본대사관의 카피본 문서』; Л.40. 『1915년 12월 9일(22일)에 페트로그라드 일본대사관에서 러시아 외무부에 보낸 문서』; Л.115. 『1916년 9월 19일(10월 2일)에 페트로그라드 일본대사관에서 러시아 외무부에 보낸 구두문서』.
183) РГИАДВ, Ф.1, Оп.12, Д.581, Л.1. '권업회'는 한일병합 이후에 블라디보스톡 신한촌에서 보다 체계적인 항일운동을 위해 1911년 5월 프리아무르 당국의 공식허가(동년 12월 17일)로 조직된 항일독립운동 단체이다. 설립취지는 회원들의 사업을 돕고 상부상조하는 것이지만, 독립운동의 기반을 다지고 독립정신을 고양하며 애국심을 고취하는데 목적이 있었으며, 한

월 22일에 프리아무르 당국의 허가로 공식 창간되어 프리아무르에서 전국적인 규모를 갖추고 있던 권업회의 『권업신문』(勸業新聞)과 조금 앞서 창간되었던 『대한인정교보』가 역시 1914년에 폐간되었다.

일본의 방해 공작에 영향을 받아 프리아무르 당국이 한인 언론매체를 탄압하는 현상은 그보다 앞서서 진행되고 있었다. 프리아무르 지방 한인사회에서 신문의 발행은 이미 1900년대 초부터 시작되었다. 예로 블라디보스톡에서는 1907년에 『해조신문』(海朝新聞), 1909년에는 『대동신보』(大東新報), 1911년 5월에는 『대양보』(大洋報)가 발행되기 시작했고, 같은 시기인 1911년 치타에서는 『대한인정교보』잡지가 발행되었다.[184] 이들 출판물들은 앞서서 프리아무르 당국의 폐간령으로

───────────────

인들의 국적취득을 위해 캠페인을 벌이기도 했다. 또한 1912년 4월 22일 '권업신문'(총무 한성권, 주필겸 부장 신채호)을 창간하여 애국계몽운동을 폈으며, 교육의 중요성을 인식하여 블라디보스톡의 계동학교를 구입하여 한민학교(韓民學敎)로 개칭하고 항일사상을 고취하였다. 또 러일전쟁 10주년을 기해 대한광복군정부(大韓光復軍政府)를 수립, 이상설과 이동휘를 정부통령으로 추대하였다.

184) 『레닌기치』 1968년 5월 15일, 3면. 『조선말 적기간행물의 어제와 오늘』. 1917년 혁명 이후에도 한인을 상대로 하는 출판물들의 발행이 있었다. 혁명 초기에 우수리스크(소왕령)에서는 『청구신문』(청구신문)이, 1917년에는 『한인신보』가 역시 짧은 기간 동안 발간되었다. 또 1918년 봄에는 하바로프스크에서 이동휘와 김알렉산드라 등의 한인사회당 인사들에 의해 조직된 출판사 〈보문사〉에서 잡지 『자유종』이, 1920년 말에는 신문 『우리목소리』가 간행되었다. 뿐만 아니라 같은 시기인 1920년 봄 블라고베쉔스크에서는 러시아공산당 흑룡주위원회(프리아무레) 조선부(고려부) 기관지인 『새세계』, 흑하 공청동맹에서 잡지 『붉은별』, 대한국민의회 기관지 신문 『자유보』가 발행되었다. 이외에도 프리아무르 지방의 한인사회에서 발간되었던 언론매체들은 많이 있었다. 이들 출판물들 역시 일본의 압력과 이에 부응한 러시아 정부의 언론탄압 정책에 의해 단명에 그치고 말았다. 강제이주 이전 극동의 한인사회에서 발간되어 오늘날까지 맥을 이어오고 있는 신문은 카자흐스탄 알마타에서 발행되고 있는 『고려일보』이다. 비록 늦은 시기인 1923년에 창간되었지만 90여년의 오랜 역사동안 프리아무르 및 중앙아시아 한인사회의 발자취를 고스란히 담고 있다는 점에서 역

대부분 단명에 그치고 말았다.

　이주자 수와 관련해서, 주춤했던 귀화자(러시아 국적자) 수는 곤달티 시기에 크게 증가했다. 1907년도 연해주에서만 약 50,000명(귀화자-14,000명, 26,000명),[185] 1910년 경에는 약 51,700명의 한인들이 거주하고 있었으며,[186] 1914년 무렵에는 64,309명(귀화자-20,109명, 비귀화자-44,200명)이 거주하고 있었다. 하지만 이 수치는 공식적인 수치만을 의미할 뿐 거주등록증이 없이 거주하거나 돈벌이를 하고 한인들의 수는 그 보다 훨씬 많았다. 마지막 시점인 1917년 러시아 내의 전체 한인의 수는 총 10만명에 달했다. 이중에서 연해주에만 전체 인구의 30%에 달하는 81,825명(귀화자-32,841명, 비귀화자-48,984명)의 한인이 거주했다.[187]

　다음 [표 8]은 여러 자료를 토대로 작성된 것이다. 러시아인 이주자와 비교해 전 시기에 걸친 한인 이주규모 상황을 정리해 보면 다음과 같다. 자료마다 수치상 약 간씩의 차이를 보이고 있음을 감안해 볼 수 있다. 1860-80년대 초기까지의 기록이 명시되지 못한 것은 양국 간의 외교관계가 없었던 데에서 그 원인을 찾아볼 수 있을 것이다.

　일반적으로 조선국적의 한인들의 삶은 러시아 국적 한인들의 그것에 비해 더 어려운 상황 속에 있었다.

　사적 가치를 지니고 있는 신문이라 할 수 있을 것이다.

185) П. Ф. Унтербергер, указ. соч., с.73.

186) С. В. Недатин, "Корейцы…, с.186. 이중 16,780명(남자-9,103명, 여자-7,677명)이 귀화자이고, 34,932명(남자-22,843명, 여자-12,089명)이 비귀화자였다.

187) 이외에도 내전기(1918-22) 무렵에 유럽러시아 지역에 7천여명의 한인들이 거주했으며, 서시베리아 지역에 5천여명의 한인들이 거주하고 있었다. 한인들은 유럽러시아 지역들 중에서 주로 모스크바, 페트로그라드, 로스토프 나 도누, 아스트라한, 사라토프, 우파, 오렌부르그 등의 18개 도시에서 활동을 했다(박보리스, 부가이 니콜라이 저, 김광한, 이백용 옮김, pp. 159-160 참조).

[표 8] 1882-1923년 시기 연해주 한인 및 러시아인 인구

연도 \ 구분	한 인			러시아인	전체인구
	귀화자	비귀화자	합계(한인)		
1863			12(13) 가구		
1864			65명(14가구)		
1867			999		
1870			8,000-9,000		
1882		10,137	10,137	8,385	92,708
1884	10,000		?		
1890			12,857		
1892	12,940	3,624	16,564	57,000	147,517
1895			18,400		
1897			24,306		710,300
1898		10,923			
1902	16,140	16,270	32,410	66,320	312,541
1906	16,965	17,434	34,399	218,475	377,129
1907	16,007	29,907	45,914	323808	503,191
1908	16,190	29,207	45,397	383,083	525,353
1908	16,190	29,307	45,497	383,244	562,755
1909	14,799	36,755	51,554	353,247	523,361
1910	17,080	36,996	54,076		523,840
1911	17,476	39,813	57,289		
1912	16,263	43,452	59,715		
1913	19,277	38,163	57,440		
1914	20,109	44,200	64,309		
1915			72,600		
1917	32,791	48,984	81,775		
1923	34,559	72,258	106,817		1,574,100

출처: Н.М.Пржевальский(с.132), С.Д.Аносов(с.6, 27-29), В.В.Граве(с.129-130), 현규환 (pp.809-810), 박보리스, 부가이 니콜라이...(p.108), Б.Пак(84, 86, 103, 126, 137.), П.Ф.Унтербергер(Приложение с.2-3), М.Н.Нерсесов, Экономические ОЧЕРКИ Дальнего Востока, М., с.108, РГИАДВ, Ф.87, Оп.1, Д.278, Л.9, Л.61-70.

페소츠키(В.Песоцкий)는 "토지가 없는 한인은 법의 보호로부터 소 외되어 있었다. 이들의 생존권은 토지 주인과 경찰관리, 행정관들의 재량에 달려 있었다"[188]고 적고 있다. 한인들은 러시아인이나 카자크

부농들의 소작을 통해 착취를 당했으며, 각종 세금정책으로 고통을
받았다. 때로는 아이들이 세례를 받지 않았거나, 교회에서 결혼을 하
지 않았거나, 심지어 상투를 틀고 다닌다고 해서 세금이 부과되기도
했다.[189]

　일부 한인들은 경제적 어려움의 타개를 목적으로 수익성이 높은
아편을 재배하기도 했다. 이는 프리아무르 당국의 큰 우려를 낳았으
며, 결국 1912년 곤닫티 군사령관지사는 한인의 아편재배를 금지시켰
다. 하지만 1915년부터는 아편재배를 본업으로 삼는 자가 더 증가하
고, 한인 중에는 복용하는 자들도 있었다. 당시 『권업신문』에서는 아
편의 피해를 지적하며 한인들에게 경각심을 심어주기도 했다.[190]

　거주증을 구입하지 못해 불법체류자 신분으로 전락한 많은 한인
들은 연해주와 아무르주의 산악지대의 광산에서 일하거나 바닷가에
서 게, 검은 담비 등을 사냥하고 화전 농업에 종사하기도 했다.[191]
1902-07년 시기에 연해주 지역의 시호테 알린 산맥 일대를 포함한 여
러 지역을 탐사했던 탐험가, 지리학자 겸 인류학자였던 아르세니예프
(В.К.Арсеньев)는 "특히 산악 및 타이가 지대에서 생활하는 한인들의 삶
은 한마디로 약탈과 착취에 기반을 두고 있다. 중국인처럼 토착민을
괴롭히지는 않지만 자연에는 악영향을 미치고 있다....이 때문에 군사
령관지사 운테르베르게르가 한인들에 대한 단속을 많이 했으며, 한인
들은 단속을 피하기 위해 머리를 밀고 변발을 한 채 중국식 복장을
하고 숨어 지내고 있는 것 같다"[192]고 기록하고 있다. 대다수의 조선

---

188) В. Д. Песоцкий, указ. соч., с.27.
189) 고송무, 『쏘련 중앙아시아의 한인들』, 한국국제문화협회, 1984. p.28.
190) 『勸業新聞』 1913년 2월 17일. 『론설 : 아편 먹는이를 경계ᄒ노라』.
191) 베. 카. 아르세니에프 지음, 김욱 옮김, 『데르수 우잘라-시베리아 우수리
　　　강변의 숲이 된 사람』(극동시베리아탐사기행), 갈라파고스, 2005, pp.181-
　　　184.
192) 위의 책, p.81.

국적의 한인들은 아무르주의 산악지역에서 광산 노동에 종사했으며, 연해주 동부의 시호테 알린 산맥 너머 산악지역에까지 거주지역이 미치지 않은 곳이 없었다. 1911년 외국인에 대한 노동제한조치가 풀린 이후에는 한인들의 거주 및 노동가능 지역이 확대되었다. 이로 인해 1916년대에 한인들은 우랄산맥 근처인 오비강, 즉 서시베리아지역에까지 걸쳐 거주하게 되었다.

제Ⅳ장 러시아 정교회의 한인 선교활동

본 장에서는 제Ⅱ장에서 드러난 19세기 러시아 국가와 정교회의 선교정책 및 목표와 일반적인 러시아 정교회의 선교활동의 성격, 그리고 제Ⅲ장에서 얻어진 정교회의 프리아무르 한인선교의 성격규명에 중요한 상황적 단서들이 정교회의 프리아무르 지방 한인선교의 현장에서 어떻게 구체적으로 반영되어 나타나는지를 살펴볼 것이다. 이를 통해 필자는 최종적으로 본고에서 제기하고 있는 근본적인 물음에 대한 해답을 도출해 보고자 한다.

1. 정교회의 확산

1) 선교사와 한인들의 만남

① 러시아인 선교사의 세례활동

1868년 베니아민 대주교의 보고서에는 남우수리스크 지방에서 정교회의 한인선교 활동이 처음으로 기록되고 있다. 보고서는 "베니아민 대주교는 캄차트카 주교구를 11개 선교지구(миссионерский стан)로 분할했으며, 이중 하나가 남우수리스크 지방의 한인선교부이다. 또한 한인에 대한 선교활동은 한인들이 이주를 시작한 때인 1865년에 시작되었다"[1]고 기록하고 있다.

1860년대 말까지 한인세례는 주로 지역사제들의 주도 하에 이루어

---

1) M. Belov, op. cit., p.36; П. Ивановский, указ. соч., с.125.

졌다. 최초의 선교사는 발레리안(Валериан, 1865-70)수도사와 자하리 티아프킨(З.Тиапкин)이다. 그리고 티혼(Тихон, 1871)수도사, 요안 베레샤긴(И.Верещагин, 1871-73) 주임사제와 블라고슬로벤노예 마을의 선교를 책임졌던 요안 곰쟈코프(И.Гомзяков)사제가 그 뒤를 이었다. 또한 열정적인 선교사였던 바실리 퍈코프(В.Пьянков, 1871-76)와 요시프 니콜스키(И.Никольский, 1872-80), 요안 세치코(И.Сечко, 1876-82) 등이 남우수리스크 지방의 한인선교를 이끌었고, 나아가 캄차트카 주교구 최초의 토착민 사제로 우크라이나 출신자였던 필립 티프제프(Ф.Типцев, 1882-85)사제, 일랴 플랴스킨(И.Пляскин), 알렉산드르 노보크쉐노프(А.Новокшенов) 같은 선교사들이 전임자들의 뒤를 이어 활동했다.[2] 그러나 1860년대 후반까지 한인선교는 마치 부차적인 일에 해당되었다. 선교사역은 교구사제들에게 부담스런 짐처럼 위임되었고, 때로는 준비되지 않은 사람들에 의해서 수행되었다.

발레리안 사제의 경우, 우니아트 교회에 속해 있어서 공식임명을 받지 못하고, 포시에트 지구에 들어와 한인선교를 시작한 인물이다. 그는 준비되지 못한 토착민 선교활동의 여건 속에서도 포시에트에서 올가(Ольга), 수이푼강과 다우비헤강 유역에 이르기까지 순회선교를 하며 한인선교의 길을 열어놓았다.[3] 기록으로 남아있는 최초의 한인세례는 1865년에 바로 발레리안 사제에 의해서 티진헤 마을에서 행해졌다. 1865년 1월 17일, 티진헤 마을 촌장 최운국(세례명-표트르 세묘노프)은 자신의 아내(나리야), 그리고 같은 마을의 안톤 부부(아내-페오도시야)와 함께 블라디보스톡 교회의 발레리안 사제에 의해 세례를

---

2) РГИАДВ, Ф.702, Оп.5, Д.143, Л.64. 『포시에트 지구 한인선교 활동 및 선교사, 교회건축, 선교지구 설립, 교육발전에 관한 자료』;『Миссионер』, No.26, 1874, с.239-242. 『Миссионерская деятельность между корейцами, переселившимися на Амур』.

3) П. Ивановский, указ. соч., с.127-128.

받았다. 같은 달인 1월 21일에는 한인 파벨 부부(아내-크세니야)가 세
례를 받았으며, 발레리안 사제는 이와 같은 사실을 노브고로드 수비
대 책임자에게 알렸다.[4] 최운국에 대한 기록은 1867년에 남우수리스
크 지방을 여행하며 티진헤 마을을 방문한 프르줴발스키의 기행보고
서에도 나타나고 있다. 프르줴발스키는,

> "48세의 이 촌장은 어눌하지만 러시아어를 구사했으며, 머리와 복장은
> 러시아식으로 하고, 심지어는 큰 러시아식 농가를 짓고 살았다. 그는 호
> 기심이 아주 많고, 친절하고 정직했으며, 나를 안내해주는 이틀 동안 여
> 러 차례 모스크바와 성-페테르부르그를 가보고싶다고 나에게 말했다. 헤
> 어질 때 여러 차례 간곡한 나의 제의가 있은 후에야 그는 마지못해 수고
> 비를 받았다"[5]

며 최운국에 대해 언급하고 있다. 이 무렵 티진헤 마을에는 총 17명의
한인세례자들이 있었다.[6]

1867년도 베니아민 대주교의 보고서에 따르면, 발레리안은 그 해
한인 10명과 이듬해에는 한인 4명에게 세례를 주었다. 1869년 8월, 발
레리안은 사망한 자하리 티아프킨 선교사를 대신해 남우수리스크 지
방으로 옮기게 되었으며, 얀치헤에서 한인 14명과 다른 마을에서 13
명의 한인에게 세례를 주었다. 1869년에는 세례자 수가 크게 늘어 91
명에 다다랐다.

1870년대 들어서 한인선교는 세속 당국의 본격적인 주목을 받기

---

4) РГИАДВ, Ф.87, Оп.1, Д.278, Л.19. 『Свидетельство о крешении корейских переселе-
   нцев, 22 января 1865г.』. 최운국은 지역 러시아 장교 중의 한 명의 이름과 성
   을 따라 '표트르 세묘노프'라는 세례명을 받았다.

5) Н. М. Пржевальский, *Путешествие...,* указ. соч., с.137; Н. М.
   Пржевальский, "Инородческое...., указ. соч., с.200.

6) Н. М. Пржевальский, "Инородческое...., Там же, с.200.

시작했다. 1870년 동시베리아 군사령관지사 코르사코프는 남우수리스크 지방 방문에서 지방 당국과 한인들의 청원을 통해서 교회와 세속 당국이 관심을 기울인다면 한인들이 정교신앙을 기꺼이 받아들일 것이라는 확신을 하게 되었던 것이다.[7] 이 무렵 남우스리스크 지방과 아무르주의 한인선교는 요안 베레샤긴과 요안 곰쟈코프, 바실리 퍈코프 사제에 의해서 수행되었다. 이들에 의해 1869-70년에는 특히 많은 어린이들이 세례를 받았으며, 1871년 한해 동안에만 363명의 아이들이 세례를 받았다.[8] 이는 열악한 환경에서라도 자녀만큼은 세례를 받아야 양육상의 여러 유익을 누릴 수 있다고 판단한 한인 부모들이 의식적으로 세례를 허용했기 때문이었다. 당시 세례받은 아이들 중에는 생계의 어려움으로 러시아인 가정에 양육이 맡겨졌다가 세례받은 아이들도 다수가 포함되어 있었다.

그런데 러시아인 가정에서 아이를 찾아오는 경우에 종종 불미스러운 상황이 연출되곤 했다. 한인들은 생활이 안정되어감에 따라 자녀들을 되찾아 오고자 했는데, 일부 러시아인 가정에서는 아이를 돌려주지 않으려 했던 것이다. 때로는 지역 사제들 또한 이교도 한인 부모들에게 세례받은 아이를 돌려보내서는 안된다면서 러시아인 가정의 편을 들어주는 경우도 있었다.[9] 이러한 경우에는 세례받은 아이를 부모에게서 떼어놓을 수 있는 법적근거가 없다는 당국의 판결로 끝나는 경우가 많았다.

남우수리스크 지방에서 한인세례는 특히 퍈코프 사제에 의해 주도되었다. 1872년도에 총 931명의 세례자 중에서 697명(75%)이 퍈코프

---

7) Там же, с.18.

8) Там же, с.19. 이때 많은 성인 한인들이 세례에서 제외되었는데, 이는 이들이 아직 세대를 이루지 못한 채 정확한 거주지를 제시하지 못했기 때문이며, 또한 세례 희망자들에게 줄 셔츠와 십자가가 부족했기 때문이었다.

9) Там же, с.19.

의 수세자였다.[10] 1872년 남우수리스크 지방 13개 한인마을에 496가구 총 3,473명(남자-1,850명, 여자-1,623명)의 한인이 거주하고 있었는데, 이중 2,154명(62%)이 세례를 받은 상태였다.[11]

이주 초기에 한인의 세례율이 적어도 60% 이상을 차지하고 있었다는 점은 주목할 만하다. 이처럼 높은 세례율을 보이는 데에는 러시아 정부가 한인 이주자에 대해 전반적으로 긍정적인 시각을 견지했으며, 한인들 또한 자발적으로 세례에 임했기 때문이다. 한인들은 정교회 측의 특별한 간청없이도 기꺼이 세례에 응했다.

이하의 표는 1875년 남우수리스크 지방 일부 한인마을의 세례자 수를 보여주고 있다.

[표 9] 1875년 11월 13일 현재 한인 세례자 수와 세례자 비율

한인마을	비세례자	세례자	합계	세례율(%)	세례자수 (1875년)
티진혜	808	399	1,207	33.1	120
시모노보(얀치혜)	383	199	582	34.2	45
하드쥐다	200	93	293	31.4	-
아디미	79	30	109	27.5	-
시디미	34	27	61	44.3	-
총계	1,504	748	2,252	33.2	165

출처: А.И.Петров, с.230.

10) M. Belov, op. cit., p.44.
11) Б. Д. Пак, указ. соч., с.44. 한인들의 세례자 수는 자료에 따라 다르게 나타나고 있다. 또 다른 자료에서는 1873년 남우수리스크 지방에 2,083명(60%)의 세례한인들이 있었던 것으로 집계되고 있다(П.Ивановский, с.125; Н.Г.Мизь, А.М.Буяков, *Вековой юбилей: к 100-летию епархии*, Владивосток, 1999, с.82 참조). 13개 한인마을은 다음과 같다: 수이푼 관구-얀치혜, 티진혜, 페레쉐예크 (Перешеек), 시디미, 치무혜(Цимухэ), 한카 관구-시넬니코보, 코르사코프카, 코로우노프카, 푸칠로프카, 카자케비체보, 푸르겔모프카(이후에 '베르흐네-로마노보, Верхне-Романово'로 개칭), 수찬 관구-퓬코보(Пьянково), 바실예프카(Васильевка).

[표 10] 1878년 남우수리스크 3개 관구 한인 및 세례자 수

마을	가구 수	한인 거주자 수			
		합계	남성	여성	세례자 수
한카관구(округ)					
시넬니코보	92	404	247	157	28
산차코우	12	59	38	21	-
우샤코우	5	28	16	22	-
함발루아	12	54	27	27	-
푸칠로프카	173	799	426	373	21
크로우노프카	103	484	262	222	332
코르사코프카	147	698	366	332	294
카자케비체보	52	300	161	139	52
합계	596	2,826	1,543	1,293	727(26%)
수가푼관구					
시 디 미	30	136	82	54	28
아 디 미	46	176	96	80	29
차피고우	14	68	41	27	3
티진헤	170	844	462	382	198
코가세이	5	25	14	11	
하드쥐다	94	490	266	224	74
얀치헤	140	672	364	308	153
파타쉬	29	130	65	65	
사벨로프카	84	417	230	187	52
합계	612	2,958	1,620	1,338	537(18%)
수찬관구					
마이헤	24	118	64	54	9
치무헤	8	42	29	13	2
수찬	30	198	118	80	9
합계	62	358	211	147	20(5.5%)
총합계	1,270	6,142	3,374	2,778	1,284(20.9%)

출처: Б.Пак, с.47-48

　1872년도에 60%에 달하던 세례율에 비한다면 비율면에서 큰 폭의 감소세가 나타나는 듯 보이지만, 이는 조선에서 새 이주자들이 들어 왔기 때문으로 볼 수 있다. 정교회 당국의 입장에서 보면 선교활동 10

년 만에 이주 초기 한인들의 세례율이 33% 이상을 유지하고 있었다는
것은 큰 성과로 평가될 수 있다. 그러나 적극적으로 새로운 삶을 찾
아 러시아로 이주했던 초기 10년 간 이주 한인사회의 구성원들 사이
에서 나온 세례자 비율만으로 러시아 정교회 선교의 결실을 평가하
기는 시기상조이다. 다음의 표에서 보여주고 있듯이 이후 5년 간 한
인사회는 크게 팽창했던 것이다.

표에서 나타나듯이 1878년도 남우수리스크 지방에는 총 20개의
한인마을에 6,142명의 한인이 거주했다. 5년 만에 주민 수는 2배 이
상 증가했다. 이에 비해 세례자 수는 1,284명으로 세례율은 20.9%로
나타나고 있다. 1872년도와 비교해 세례율은 크게 감소했다. 물론
이것이 세례자의 수적 감소를 의미하는 것은 아니며, 이 또한 세례
받는 사람의 수보다 이주해 들어오는 이의 수가 훨씬 많았기 때문
으로 설명할 수 있다. 이는 당시 한인선교 현장에서 나타나는 상황
적 한계였다고 할 수 있다. 아울러 지역별 수세자 비율의 차이도 주
목되어야 한다. 한카나 수이푼 관구에 비해 수찬 관구의 세례자 비
율 간의 격차는 두드러지게 나타나고 있다. 이는 수찬 관구의 한인
사회가 언급된 두 지역보다 늦게 형성된 상황에서 무엇보다 선교인
력이 부족했던 데에서 그 원인을 찾아볼 수가 있을 것이다.

이하의 표는 연해주 지방의 연도별 세례자 수를 제시해 주고 있다.

[표 11] 연해주 지방 연도별 세례자 수

	1883	1884	1885	1886	1888	총계(%) 한인 약 11000명 기준
남 성	109	37	288	76	128	638 (약 5.8%)
여 성	93	25	271	27	89	505 (약 4.6%)
합 계	202	62	559	103	217	1143 (약 10.4%)

출처: А.И.Петров, с.231.

표에서 알 수 있듯이, 1885년 이후부터는 외교관계 수립에 따른 기대심리로 높아졌던 세례자 수가 급격하게 감소되고 있다. 또한 전체적인 세례율에 있어서도 1878년의 20.9%에서 약 10.4%로 절반 가까이 하락했음을 알 수가 있다. 이러한 세례율은 비교적 정확성을 자랑하는 나다로프의 1887년도 1월 현재 남우수리스지역 포시에트 지구의 한인 세례율을 통해서 재확인해 볼 수 있다. 1887년도 1월 현재 남우수리스크 포시에트 지구의 크고 작은 34개 한인정착촌에 총 1,173가구(5,364명)의 한인들이 거주하고 있었고, 이중 505명의 한인들이 정교도였다.[12] 이는 포시에트 지구 전체 한인인구의 9.4%에 해당하는 수치로 위 도표에서 보여주고 있는 세례율과 비슷한 양상을 보이고 있다.

하지만 이러한 추세는 비교적 우호적인 한인정책을 펼쳤던 두호프스코이(1893-98)와 그로데코프(1898-1902) 치세기에 점차적인 증가세로 반전되었다. 두호프스코이 시기에 얀치헤보다 더 남쪽에 위치하고 있는 자레체 마을의 경우, 한인 600여명(120가구) 가운데 450명(세례율 -75%)이 러시아 국적의 정교도 한인들이었으며,[13] 1900년도 한 해 동안에만 총 850명의 한인들이 세례를 받는 등 느리지만 선교사업은 계속해서 수행되어 나갔다.[14] 1904년 경 세례자 수는 8,664명으로 증가되었고,[15] 1903년경에 세례자 수는 60%에서 90%로, 교회 참여도는 40%에서 85%로 증가할 정도로[16] 세례자 수와 교회참여도는 증가추세를 보였다. 1910년 블라디보스톡 주교구 정교선교협회 위원회 자료에 따르면, 한인정교도는 10,237명(남자-5,955명, 여자-4,282명)으로, 전체 한인의 28.5%를 차지하고 있었다.[17]

---

12) И. П. Надаров, указ. соч., с.216-217.

13) I. B. Bishop, op. cit., pp.229.

14) ГАХК, Всеподданнейший отчёт военного губернатора Приморской области генерал-лейтенанта Н.М.Чичагова за 1900 год, Владивосток, Инв.№2576, 1901, с.22.

15) И. К. Смолич, указ. соч., с.255.

16) Г. Н. Ким, Сим Енг Соб, указ. соч., с.75.

정교회의 아무르주 한인선교 또한 1871년 9월에 동시베리아 군사
령관지사의 지원금으로 성인 알렉산드로 네프스키를 기리는 최초의
교회가 블라고슬로벤노예 마을에 세워지며 시작되었다.[18] 당시 블라
고슬로벤노예 마을 한인들의 세례를 주도해 나간 인물은 마을 서쪽
에 위치하고 있던 예카테리노-니콜스코예 카자크마을의 요안 곰쟈코
프 사제였다. 요안 사제는 이미 약 40명의 세례한인들이 이미 있었기
때문에 비세례 한인들의 기독교화에 큰 관심을 두고 있었다. 첫 세례
로 교회 착공식날 부모들의 희망으로 3명의 소년들이 세례를 받았
다.[19] 그러나 요안 사제는 성인 한인들의 신앙적인 진실성을 잘 알지
못해 세례를 주저했기 때문에 성인세례는 조금 늦게 이루어졌다.
1872년에 최초의 성인세례가 후에 알렉산드르 III세가 될 후계자 알렉
산드르 알렉산드로비치 대공의 생일날인 2월 26일날 행해졌다. 15-25
세 미만의 11명의 세례희망자가 예카테리노-니콜스코예 카자크마을
에서 요안 사제에게 세례를 받았다.[20] 요안 사제는 대육식금지기간(В
еликий пост)에는 교구민들에게 성만찬식을 베풀었으며, 둘째주에는 블
라고슬로벤노예 마을에서 약 50명의 한인정교도들에게 성만찬식을
베풀고 추가로 세례를 주었다. 나아가 5월에는 29명에게, 6월 정기순
회동안에는 49명의 한인에게 세례를 주었다.

당시 교회는 "신앙에 대한 한인들의 진실성은 의심의 여지가 없었
다. 한인들은 과거의 신앙 속에 남아있는 것은 러시아인 기독교도들
사이에서 자신들의 새로운 상황을 인정하지 않는 것과 같다는 것을

17) В. В. Граве, указ. соч., с.190-191.
18) 『Миссионер』, No.26, 1874, с.239, В. Вагин, указ. соч., с.19. 교회건립은 주택
　　및 학교의 건립과 동시에 시작되었으며, 당시 교회건립에 특별히 2,000루
　　블이 할당되었다. 당초 교회는 성인 '니콜라이 추도트보레츠'를 기릴려고
　　예정되었으나 지방 당국에 의해 변경되었다.
19) 『Миссионер』, Там же, с.239.
20) Там же, с.240.

알고 있다"[21]고 전하며 재이주 초기 마을의 한인들이 정교회의 세례
와 개종에 대해서 긍정적인 반응을 나타냈다고 평가했다.

한편 1872년 7월 8일 이르쿠츠크 베니아민 대주교의 블라고슬로벤
노예 마을 방문 또한 한인들에게 강한 인상을 주었다. 자바이칼주 선
교부 책임자를 지낸 베니아민 대주교는 1868년 인노켄티 베니아미노
프(И.Вениаминов, 1840-68)의 후임으로 캄차트카 주교가 되었다가 이후
1873년 이르쿠츠크 주교로 전임된 인물이다.[22] 한 목격자는 베니아민
대주교와 한인들과의 만남을 다음과 같이 서술하고 있다.

> "베니아민이 탄 배가 포구에 닿자 모든 한인들이 부두에 나왔다. 먼저
> 기독교도들이, 이후에 비기독교도들이 축복을 받기 위해 주교에게 다가
> 왔다....많은 한인들이 러시아식 복장을 하고 있었으며, 더러는 마포로 된
> 흰색의 조선 전통의상을 입은 자들이 있었다. 이들은 베니아민 대주교에
> 게 강한 인상을 주었다."[23]

이러한 모습은 당시 블라고슬로벤노예 마을 한인들은 이미 상당수가
정교회를 받아들였으며, 이들의 기독교화와 러시아화가 상당히 진행
되고 있었음을 짐작해 보게 한다.

관할지역 교회의 최고 대표자인 베니아민 대주교의 방문 이후에
한인들의 정교회에 대한 관심은 증가하기 시작했다. 그 해 7월에는 47
명이 더 세례를 받았으며, 1872년 후반에는 거의 모든 성인한인들이
세례를 받았다. 이후 요안 사제는 블라고슬로벤노예 마을을 방문하여
비기독교도 부모가 희망하는 유아들에게만 세례를 주었다. 1872년도

---

21) 『Миссионерское обозрение』, No.4, Апрель, 1998, c.18.

22) И. В. Калинина, Православные храмы Иркутской епархии 17-начало 20века, М.,
   2000, c.437.

23) 『Миссионерское обозрение』, No.4, Апрель, 1998, c.18.

캄차트카 주교구 선교부 보고서에 따르면, 요안 사제는 1년 동안 아무르주에서 총 148명(남자-93명, 여자-55명)에게 세례를 주었다.[24] 1873년부터는 블라디미르(В.Веляев) 사제가 요안 사제를 대신했으며, 9월부터는 예카테리노-니콜스코예 카자크 마을의 파벨(П.Сергиевский) 사제가 블라고슬로벤노예 마을 한인들을 영적으로 양육해 갔다. 이 두 사제의 노력은 결실을 맺어 이후 95명의 한인들이 추가로 세례를 받았으며,[25] 1871-72년 시기에 대부분의 마을한인들이 세례를 받았다. 정착 원년인 1872년 블라고슬로벤노예 마을의 전체 한인인구 431명(남자-246명, 여자-185명) 중에 세례자가 148명으로 세례율은 34%에 이르렀다.

블라고슬로벤노예 마을 한인들의 세례는 계속해서 크게 증가해 나갔다. 1879년 동시베리아 군관구 산하 특별위임관리인 비슬레네프에 의해 실시된 블라고슬로벤노예 마을 인구조사 결과, 129채의 건물과 농가들(Фанза)에 마을인구는 624명으로 정착 원년에 비해 약 50% 가까이 증가했다. 이중 세례자는 618명으로[26] 세례율이 99%까지 크게 증가했다. 이러한 압도적인 세례율은 한인들에게 주어졌던 법적, 경제적 혜택과 정교 세례 간의 관련성을 반영한다고 할 수 있다.

1908년에는 새로운 교회의 건축이 이루어 졌는데, 이 무렵 러시아인 사제 1명과 한인 시낭송자(Псаломщик)가 마을의 사역을 담당하고 있었다.[27] 20세기 들어서서 마을 한인들의 대부분은 이미 정교도인이 되어 있었다. 블라고슬로벤노예 마을의 높은 세례율은 비록 내적인 개종까지는 시간을 필요로 하는 것이었지만 대부분의 시기 동안 유

---

24) Там же, с.19. 이후 한인들이 1894년 11월 14일에 러시아 국적에 공식적으로 편입될 무렵에는 이 마을의 모든 한인들이 정교도 농민들이 되어있었다.

25) Там же, с.19.

26) Б. Д. Пак, указ. соч., с.48.

27) В. В. Граве, указ. соч., с.177. 시낭송자(Псаломщик)는 예배 중에 사제를 도와 주는 교회봉사자이다.

지되어 나갔다.

언급된 두 지역 이외에 1900년대 들어서 시기적으로 가장 늦게 자바이칼주에서도 정교회의 한인선교가 시작되었다. 이는 자바이칼주 한인들의 최초의 세례로서 이들은 주로 돈벌이를 위해 자바이칼주로 들어온 자들이었다.[28] 당시 한인들의 진출과 거주는 주로 아무르주로 국한되어 있었다. 1904년경 자바이칼주에는 약 100명의 한인들이 거주하고 있었고,[29] 아직은 규모에 있어서 미미한 단계에 머물러 있었다. 표는 1910년도 자바이칼주 한인 거주자 현황을 보여주고 있다.[30]

[표 12] 1910년도 현재 자바이칼주 한인 거주자 수

지역	종교		남/여		가족수
	정교도	비정교도	남	여	
치타		53	53		
치타군	1		1		1
실코-아군산악경찰관구		28	28		1
호로친스크 금광지구		165	165		
우스치-카리지구		14	14		
아크쉰군		2	2		
바르구진 산악관구		70	70		
네르친스크-공장군	2		2		1
네르친스크군		46	44	2	2
합 계	3	378	379	2	5

표에서 나타나듯이, 1910년에 이르러서는 자바이칼주에 수도인 치타의 53명을 포함해서 총 381명으로 한인의 수가 증가했다. 하지만 이 중에서 아직까지 세례자는 공식적으로 3명에 불과했다. 이 무렵 자바

---

28) 『Православный благовестник』, No.13, Июль, 1912, с.162. 『Отчёт о состоянии Забайкальской духовной Миссии в 1911 году』.

29) 현규환, 앞의 책, p.810.

30) В. Д. Песоцкий, указ. соч., Приложение XII, с.155.

이칼주의 한인 거주상황 또한 위의 표에서처럼 비슷한 양상을 보여
주고 있다. 즉 수도인 치타를 제외하고 대부분 지역의 한인들이 가족
을 구성하고 있지 않은 광산 및 기타 노동자들이었던 관계로 여자 보
다는 남자가 많고, 가족의 수도 상대적으로 매우 적게 기록되고 있다.

하지만 한일합방 이후 일본의 식민통치를 거부하는 수천 명의 한
인들이 이 지역으로 들어왔다. 이때부터 한인들의 정교회로의 대규모
개종이 본격적으로 시작되었다.[31] 자바이칼주에서 한인선교는 정교
회 당국에 대한 한인들의 자발적인 세례요청이 받아들여지며 시작되
었다. 연해주, 아무르주에서와 마찬가지로 이곳에서도 소수의 정교회
사제나 고위성직자들에 의해서 한인들의 세례가 이루어졌다. 1910년
12월 15일자 이르쿠츠크 주교구 회보는 한인들의 기독화가 어떻게 시
작되었는지를 보여주고 있다. 1910년 11월 1일, 이르쿠츠크 교회의 교
사양성학교 한인 교육생 이반 니(И.Ни)는 당시 이민족 선교에 헌신해
오던 이르쿠츠크 티혼(М.Троицкий-Донебин) 대주교에게,[32]

> "간절히 청원합니다. 저희 한인들은 성삼위일체 신앙의 가르침을 받
> 았으며, 세례받을 준비가 잘 되어 있습니다. 저희 민족에 대한 애정을 갖
> 고 있기에 이르쿠츠크 선교회의 이후부터 한인들에게 정교신앙을 전하
> 고 있으며, 많은 이들을 교회로 인도했습니다. 한인들의 세례와 관련해
> 조치를 취해줄 것을 간청합니다"[33]

라는 청원서를 보냈으며, 아울러 세례를 희망하는 한인들의 청원서를

---

31) 『Православный благовестник』, No.13, Июль, 1912, с.162.
32) И. В. Калинина, указ. соч., с.437. 티혼은 1882년 사라풀스크 주교, 1886년부터
    는 크라스노야르스크 주교를 거쳐 1892년 3월 23일자로 이르쿠츠크 대주교
    에 임명되었다.
33) 『Миссионерское обозрение』, Март, 1911, с.728.

첨부했다.

이 청원서의 후속 조치로 "1910년 11월 1일, 니콜라이 자토플랴예프 (Н.Затопляев) 수석사제가 성스러운 사역을 수행하도록 축복하는 바이다"[34]라는 이르쿠츠크 주교구의 결정이 내려졌으며, 그 흐름을 타고 한인세례가 이어졌다. 1911년 니콜라이 수석사제에 의해 65명의 한인들이 치타강에서 세례를 받았다. 세례식은 많은 사람들이 운집한 가운데 주교의 가정교회에서 시작된 성대한 십자가 행렬을 수반했고, 이후 가을과 겨울 동안에도 10-20명씩 한인들의 세례가 이어졌다. 세례는 축일에 맞춰 예배 전에 선교부 교회에서 행해졌고, 새로운 개종자들은 예배에서 성찬을 받았다.[35] 세례는 주로 여름철에 치타강에서 행해졌다. 이러한 현상은 연해주, 아무르주와 나란히 자연스럽게 이어져 갔다. 이는 한일합방 이후 자바이칼주의 한인들 또한 신앙에 의지하려는 성향이 강하게 표출되고 있었기 때문이다.

자바이칼주에서 한인선교가 활성화되기까지는 특히 예프렘 쿠즈네초프 대사제(архимандрит Ефрем-Е.Кузнецов)의 노력이 컸다.

예프렘은 1911년 12월 18일에 있었던 치타 한인정교학교 개교식에서 "공부하는데 중요한 두 가지는, 첫째는 성경연구요, 둘째는 조국의 역사와 지지를 공부하는 것이다. 사람마다 애국심이 풍부하면....내일은 안락한 땅에 나갈 수 있으며"[36]라고 말할 정도로 한인들의 애국심을 강조하고, 한인들의 처지에 동정적이었던 인물이었다. 1910년부터 자바이칼 선교부를 이끌어온 예프렘[37]은 1911년 6월에 통역겸 전도사

---

34) Там же, с.728.

35) 『Миссионерское обозрение』, No.4, Апрель, 1998, с.20.

36) 『대한인정교보』 1912년 1월 (창간호), 『교회소식』, pp.28-29.

37) А. Д. Жалсараев, *Поселения, Православные храмы, священнослужители Бурятии, 17-20 столетий*, Улан-Удэ, 2001, с.320-321. 예프렘 대사제는 1876년 자바이칼주 카자크인 가정 태생이다. 그는 1910년에 자바이칼주 선교부 책임자가 되었으며, 1916년 11월 20일에는 셀렌긴스크 주교이자 자바이칼주 및 네르친스

인 이반 팀보(И.Тимбо)를 대동하고 60명의 금광 한인노동자를 위해 치
타 남부의 아가(Ara) 선교지구 선교순행을 했다.[38]

[그림 3] 자바이칼주 선교부 책임자 예프렘 대사제

출처: 『대한인정교보』 1912년 2월 (2호), p.2.

당시 아무르주와 자바이칼주 주변 각처의 광산과 사금장에는 다
수의 조선국적의 한인노동자들이 있었다. 예로 1906년에는 아무르주
에서만 한인노동자가 6,300명에 이르렀다.[39] 이르쿠츠크와 치타의 한

크 주교구의 보좌주교로 임명되었다. 하지만 이후 1918년 9월 5일 볼쉐비
키에 의해 요안 보스토르고프 사제 등과 체포되어 처형당했다.

38) 『Православный благовестник』, No.13, Июль, 1912, c.165.

인들이 정교신앙을 접할 수 있었던 반면에 멀리 광산지역의 노동자들은 그렇지 못한 상황에 있었다. 이때 예프렘의 선교활동으로 많은 한인노동자들이 세례를 받았다.

한편으로 비슷한 시기인 1910년대 들어서 수도인 치타에서와 마찬가지로 이르쿠츠크에서도 한인들에 대한 세례가 활발하게 진행되기 시작했다. 당시 한인들은 세 가지 형태의 생업 활동, 즉 세탁업, 가게 운영, 그리고 나염 및 담배판매업 등에 종사하고 있었다. 1911년 초에 황후 마리야 페오도로브나의 생일날에 이르쿠츠크 그리스도 변용(變容)교회(Преображенская церковь)에서 19명의 한인들이 세례를 받았다. 세례는 그리스도 변용교회 책임자이자 선교교회의 구역교구장(благочинный)인 니콜라이 자토플랴예프에 의해 행해졌다.[40] 세례자는 점차 늘어 1914년 봄 무렵에는 약 40명을 헤아렸다.[41] 당시 한인공동체에는 자체 운영되던 작은 초등학교가 있었다. 자바이칼 선교부의 한 교리문답교사(катехизатор)는 "한인들은 모든 일을 기도로 시작했으며, 특히 기독교적인 사랑과 협력을 볼 수 있었다"며,[42] 한인들의 깊은 종교성을 지적했다. 이처럼 1910년대 들어서 자바이칼주의 정교회 선교는 치타를 중심으로 이르쿠츠크 한인들 사이에서도 확산됨으로써 많은 한인들이 정교에 입교했다.

러시아인 사제나 선교부의 경우, 선교지 현장에서 세례나 의식집

39) В. В. Граве, указ. соч., с.145. 한인들의 상 아무르 진출은 1891년 후반에 시작되었는데, 1888-91년에는 단지 러시아 관리들의 급사로서 6-15명이 있었을 뿐이다.

40) 『Миссионерское обозрение』, Март, 1911, с.728. 구역교구장(благочинный)은 18세기부터 러시아 정교회 내에서 존재해온 주교 밑의 직책이며, 교회와 수도원 등의 성직자들을 감독하는 임무를 맡고있는 성직자이다. (http://www.diam4.npi.msu.su/calendar/(2003.3.21 검색); А.М.Прохоров(глав ред.), Большой энциклопедический словарь, М., 1998, с.133 참조).

41) 『Православный благовестник』, No.1, 1914, с.286.

42) Там же, с.286.

전 등의 종교업무에만 수행한 것은 아니었다. 선교부는 세례 및 그 밖의 성례사역 외에 개종자의 법적지위, 귀화, 결혼 등의 문제에서도 한인들과 함께하곤 했다.[43] 또한 일선의 사제들은 경우에 따라서는 프리아무르 당국에 의해 거주지로부터 추방당할 처지에 있는 한인들을 대신해 당국에 거주지 이전 연기청원을 제기하거나 한인들의 러시아 국적청원 건을 대행해 주기도 했다. 특히 자레체 선교지구 요안 톨마체프(Иоанн Толмачев) 사제는 조선국적의 한인들에 대해 남다른 관심으로 인간 사랑을 실천한 사제로 꼽힌다. 1910년대 곤달티 군사령관지사 치세기에는 1911년 3월에 러시아 중앙정부에 의해 제정된 법안으로 한인들의 토지분여없는 국적편입이 허용되어 있었다. 하지만 앞서 살펴보았듯이 곤달티 또한 조선국적 한인들에 대한 추방과 탄압을 은근히 이어오고 있었다. 이러한 상황에서 1914년 말에 요안 톨마체프 사제는 자레체 교구의 42가구의 조선국적 한인들이 1915년 4월 봄 이전까지 유아들과 노인들, 병자들, 여성들을 위해서라도 현 거주지역에 남아있을 수 있도록 허가해 줄 것을 프리아무르 군사령관지사에게 청원했다.[44] 실제로 그의 청원으로 자레체 거주 한인 37 명이 러시아 국적편입을 할 수 있도록 도움을 받았다.[45] 이는 일선의 선교사들에 의해서 실질적으로 한인들의 애로 사항이나 기타 민생 문제들이 다루어지기도 했음을 보여주는 사례이기도 하다. 한편으로는 세속 당국의 정치적 목적과는 별도로 일선의 사제들이 인간애 실천과 신앙 그 자체의 목적과 열정으로 한인들에게 다가선 측면이 있음을 보여주는 대목이기도 하다.

---

43) 『Миссионерское обозрение』, No.4, Апрель, 1998, c.20.

44) РГИАДВ, Ф.702, Оп.1, Д.566, Л.332, 337. 『1914년 12월 8일 자레체 선교지구 선교사 요안 톨마체프 사제가 프리아무르 군사령관지사 곤달티에게 보낸 전문』.

45) Там же, Л.336. 『1915년 1월 1일 연해주 주관리국에서 프리아무르 군사령관지사 사령부실로 보낸 보고서』.

② 한인 선교사의 세례활동

러시아인 사제들의 한인 세례 이외에 1910년대에 한인 전도사나 사제들의 역할 또한 주목할 만하다. 한인 전도사나 사제들의 역할이 크고 중요성을 갖고 있었던 이유는 1905년 10월선언 이후의 상황 변화 속에서 찾아볼 수 있다. 즉 전제정부와 교회 간의 관계가 느슨해지고, 세속 당국이 전폭적인 종교적 지원을 해주지 못하고 있는 상황에서 한인 전도사나 사제들이 거리문제와 재정적인 지원의 부족으로 선교의 손길이 쉽게 미치지 않는 프리아무르의 산악지대에서 생활하는 한인노동자들을 상대로 정교신앙을 전달하는 선교활동을 수행했기 때문이다. 가령 자바이칼주 치타의 경우, 1910년대 한인선교는 자바이칼 이민족 선교부(Забайкальская духовная инородческая миссия)의 통제 하에서 이루어지고 있었다. 그런데 선교 초반에 한인들의 집단개종은 의외의 현상으로 받아들여졌을 정도로 당시 선교부는 한인선교의 준비가 되어있지 못했고, 선교부로서는 세례자들을 교육시킬 재정도 인력도 없었으며, 모든 어려움은 선교부 책임자의 어깨에 놓여있었다.[46] 그런 차원에서 볼 때 한인 전도사나 사제의 존재는 정교회 지도부로서는 중요한 한인선교 인력자원이 아닐 수 없었다.

연해주에서 한인 사제의 대표적인 인물로는 박 페오도르(Ф.И.Пак)를 들 수 있다. 박 페오도르 사제는 블라고슬로벤노예 출신으로 자신이 태어난 곳의 교회교구학교와 하바로프스크에서 가까운 오시포프카 지역의 교육부 산하 학교에서 2년간 교편생활을 하기도 했다. 또한 1908-9년에는 프리아무르 대군관구 본부의 조선어 통역인으로 근무하며 러시아 정부와 관련을 맺기 시작했다.[47] 이후 정교 신앙에 깊

---

46) 『Миссионерское обозрение』, No.4, Апрель, 1998, с.20.

47) РГИАДВ, Ф.244, Оп.3, Д.353, Л. 『박 페오도르의 블라고슬로벤노예 학교 졸업증명서』, 『1909년 4월 20일자 프리아무르 대군관구 본부가 발급한 박 페오도르의 근무확인서』. 해당 각주에서 Лист(쪽, 면수)의 확인이 불가능한

은 뜻을 둔 박 페오도르는 1910년 신성종무원이 개설한 모스크바 목
회자과정(1910.10.5-1911.4.3)을 이수하고,[48] 이듬해인 1911년 4월 블라
디보스톡 포크로프 교회의 사제로 서임되었다.[49] 그는 이후 10월 1일
자로 티진혜 선교지구의 책임사제로 임명되어 수년간 한인들에게 세
례를 베풀며 한인들을 정교로 이끌었으며,[50] 1916년 6월에는 다시 황
제항구 교회의 사제로 전임되어 한인들에게 세례를 베풀고 정교 신
앙을 전하는 등,[51] 신세대 한인 사제로서 한인들의 정교신앙 입교에
충실한 가교 역할을 했다.

그렇지만 그의 사제로서의 마지막 행적에 대해서는 여전히 의문
이 남아 있다. 박 페오도르의 사제직 수행에는 적지 않은 어려움이
동반된 듯 하다. 박 페오도르는 황제항구 교회에서 1년여 동안 적응
하기 힘든 기후와 열악한 의료혜택으로 인해서 고생을 했다. 그리고
아내와 2명의 자녀들의 나빠진 건강을 돌보는 문제로 인해서 사제직
을 수행하는데 그는 많은 어려움을 겪었다. 마침내 1917년 7월 박 페
오도르 사제는 블라디보스톡 주교구 종교감독국으로부터 가족들의
건강회복을 위한 3개월 간의 휴가를 얻었다.[52] 그런데 3개월 후 그는
아무런 사유를 밝히지도 않은 채 복귀하지 않았고,[53] 결국 1917년 11

관계로 쪽수를 표기하지 않았다.

48) Там же, 『1911년 4월 3일자 박 페오도르의 신성종무원 개설 모스크바 목회
　　자과정 이수증명서』, РГИАДВ, Ф.702, Оп.3, Д.443, Л.68-68об.

49) Там же, 『1911년 4월 5일 박 페오도르 사제가 블라디보스톡 및 캄차트카 대
　　주교 예프세비에게 보낸 보고서』, 『박 페오도르의 사제 서임선서문』, 『박
　　페오도르의 사제 서임전 서약문』.

50) РГИАДВ, Ф.702, Оп.3, Д.443, Л.68об.

51) РГИАДВ, Ф.244, Оп.3, Д.353, Л. 『1916년 6월 13일자 박 페오도르 사제의 티
　　진혜 교회에서 황제황구 교회로의 전임증명서』.

52) Там же, 『1917년 7월 황제항구 교회 박 페오도르 사제가 블라디보스톡 및
　　연해주 대주교 예프세비에게 보낸 청원서』, 『1917년 9월 29일 블라디보스
　　톡 주교구 종교감독국에서 박 페오도르 사제에게 보낸 휴가허가서』.

53) Там же, 『1918년 1월 10일 블라디보스톡 주교구 협의회(소비에트) 잡지 발췌

월 1일, 박 페오도르 사제는 사제직을 박탈당했다.[54]

박 페오도르 이외에도 연해주 여러 지역에서 많은 신세대 정교도 한인들이 정교신앙 전도활동을 활발하게 전개했다. 수청 진영동에서는 박근찬, 신영동에서는 박영갑, 청지동에서는 김창무, 우지미에서는 최영귀, 소항령(송왕영, 우수리스크)에서는 최영관 등이 그 대표적인 인물들이다. 당시 치타에서 발간되던 『대한인정교보』는 "아령한인의 정교회는 튼튼하기가 반석위에 건설한 집과 같고, 맹진할 형세는 시베리아에 다니는 철도와 같다"[55]고 전하며, 당시 정교도 한인들의 활발한 정교신앙 전도상황을 전하고 있다.

이들 신세대 한인들의 활발한 선교활동으로 많은 한인들이 정교로 개종을 했다. 1910년에만 블라디보스톡에서 유아와 청소년을 제외하고 728명이 대거 세례를 받았으며,[56] 1911년에는 250여 명과 도비허 등에서 360여명이 세례를 받았다. 또 신한촌에는 수천원의 경비를 들여 한인교회를 웅장하게 건설함으로써, 한인동포의 '만복의 근원'으로 삼았다.[57] 이들 신세대 한인들의 활동은 당시 한인 정교도 공동체의 형성에 적지 않은 영향을 미쳤다. 신세대 정교도 한인들은 사제가 됨으로써 정교회와 한인 간의 밀접한 관계를 확립하는데 도움을 주었다. 또한 이후 진정으로 의식있는 한인 정교도 집단의 새로운 핵을 형성해 나가기 시작했다.

1910년 한일합방 이후 아무르주에서의 정교회 선교상황도 예외는 아니었다. 특히 교회교구학교 출신의 한인 전도사나 사제의 활동으로

<hr>

문박 페오도르 사제 해임결정안』.
54) Там же, 『1918년 1월 24일 블라디보스톡 주교구 종교감독국이 박 페오도르 사제에게 보낸 해임통보서』.
55) 『대한인정교보』 1912년 1월 (창간호), 『아령한인정교회의근상』, pp.20-21.
56) Н. Г. Мизь, А. М. Буяков, Вековой юбилей: к 100-летию епархии, Владивосток, 1999, с.84.
57) 『대한인정교보』 1912년 1월 (창간호), 『아령한인정교회의근상』, p.21.

세례받은 정교도 한인들이 늘어났으며, 아무르주의 수도인 블라고베셴스크에서는 수십명이 세례를 받았다. 한인 선교사 중에서는 한인 전도를 도맡아 했던 김봉초의 역할이 컸다.[58] 그의 한국어로 전하는 정교교리는 많은 이들이 정교에 입문하는데 큰 힘이 되었다. 이러한 현상은 비슷한 시기에 연해주 지역에서 조선에서 입국한 최관흘 일행에 의해 거둔 성공적이었던 장로교파 선교의 사례와 비슷한 맥락이라 할 수 있다.

시기적으로 가장 늦게 시작되었지만 자바이칼주의 치타에서도 한인 전도사나 사제에 의해 한인들의 세례와 선교활동이 많이 이루어졌다. 1911년 후반에만 한인 전도사를 통한 선교가 이루어져 100여명이 세례를 받기도 했다.[59] 치타에서는 특히 정치적인 한인 망명인사들의 선교활동이 한인들을 세례로 이끄는데 큰 기여를 한 것으로 나타나고 있다. 이곳에서 한인선교는 특히 이강, 정재관, 그리고 같은 국민회 회원이었던 전도사 황공도에 의해서 수행되었다. 이들은 정교회로 개종하고 정교회 전도사로서 한인들에게 정교신앙을 전했는데, 그 중에서도 이강의 선교활동은 많은 주목을 끌고 있다.

처음 이강과 정재관의 치타 지역 입성은 정치적 동기와 깊은 관계가 있었다. 당시 연해주의 한인사회는 지방파벌 간의 파쟁으로 심각한 위기에 직면해있었다. 그 파쟁의 여파로 국민회 계열인 서도파(평안도파)의 이강과 정재관(세례명 미하일 예프레모프)은 블라디보스톡을 떠나 1911년 9월 10일에 하바로프스크와 블라고베셴스크를 거쳐서 치타에 들어오게 되었던 것이다.[60] 이강과 정재관은 치타에 도착한

---

58) 위와 같음, p.20.
59) 위와 같음.
60) 반병률, 『임시정부 초대 국무총리─성재 이동휘 일대기』, 범우사, 1998, pp. 98-100; Ban Byung Yool, op. cit., p.210. 국민회 계열인 서도파(평안도파)의 정재관과 기호파(서울파)의 이상설 간의 의견대립에서 비롯된 파쟁은 러시아 정부와 일제의 고도의 첩보공작과 결합되었고, 권업회의 조직, 인가과

직후 1911년 9월 12일자 도산 안창호에게 보내는 편지에서, 자바이칼
주 금광에 약 100,000여명의 한인노동자들이 거주하고 있음을 알렸다.
나아가 그들은 자바이칼주와 아무르주, 시베리아에서 교회, 학교 건
립과 잡지의 발간계획을 논의했으며,[61] 동년 10월 20일에 이강을 중심
으로 『대한인국민회 시베리아지방총회』(시베리아총회)가 설립되기에
이르렀다.[62] 당시 프리아무르 당국은 대한인국민회를 장로교파의 선
전기구로서 인식하여 불법단체로 규정하고 있었다.[63] 따라서 개신교
신자였던 이강과 정재관은 원활한 활동을 위해서 개신교가 아닌 정
교회를 이용하고자 했다. 이들은 정교회로 개종하고 『대한인정교보』
(大韓人正敎報, Православие)[64]라는 기관지를 발행하여 한인들의 민족
의식과 애국사상을 고취시켜 나가고자 했다. 하지만 이후 이강의 정
교회 전도사로서의 활동을 볼 때, 그의 개종이 단지 정치적 목적달성

정에서 더욱 심화되었다. 이후 1911년 중반 블라디보스톡의 안창호와 이강
중심의 국민회 간부들(서도파)은 북파(함경파)와 기호파의 양면공격과
러시아 정부의 탄압으로 어려운 처지에 놓여 있었다.

61) Ban Byung Yool, op. cit., p.210.

62) 박환, 『러시아한인민족운동사』(서울 : 탐구당, 1995), pp.207-208.

63) Ким Сын Хва, указ. соч., с.71.

64) 당시 정기출판물은 해당외국어를 아는 관리에 의해 검열을 받아야 했는데,
지방 당국은 조선어를 아는 관리가 없다하여 불허했다. 이후 선교에 공감
을 가진 치타 신임부지사 이즈마일로프(М.И.Измаилов)에 의해 잡지의 검열
이 이루어지고, 종교적인 목적을 발행조건으로 치타 정교회 예프렘 대사
제의 책임 하에 출판허가를 받았다. 출판소는 치타시 아스트라한스카야
거리(ул.Астраханская)에 위치하고 있었다. 『대한인정교보』는 1912년 1월 2일
자 창간호(1호)를 시작으로, 2호(1912년 1월 1일 −실제로는 2월 − 4월 중의
1일에 발간된 것으로 보임), 3호(5월 1일), 4호(6월 1일), 5호(8월 1일), 6호(9
월 1일), 7호(12월 1일), 8호(1914년 2월 1일), 9호(3월 1일), 10호(5월 1일), 11
호(6월 1일)까지 총 11회 발간되었다. 발행 간격이 일정하지 못하고 단명을
한 이유는 자체적인 이유와 일제의 공작 때문이었다. 이후 1914년 러시아
정부에 대한 일본의 압력으로 『대한인정교보』는 완전히 폐간되었다. 1호
부터 10호까지는 이강이 주필을 맡았으며, 마지막 11호에서는 이광수가 주
필을 담당하였다.

만을 위한 가식적인 행위로만 그치지 않았음을 짐작해 볼 수 있다.

미국에서 감리교(Методистская Епископальная Церковь)를 받아들인 이강은 정교회로 개종해 예프렘 대사제로부터 성과 부칭(아브람 예프레모비치, Авраам Ефремович)을 부여받았다.[65] 『대한인정교보』에 대한 한인들의 반응은 매우 컸다. 1912년 1월(구력 1911년 12월 20일)부터 500부씩 순수하게 조선어로만 출간되기 시작했다. 1911년 자바이칼 선교부 보고서는 "첫 호 발행이후 500부로는 부족할 정도로 자바이칼주와 아무르주, 연해주 등 각지에서 잡지수요가 매우 컸지만, 자금부족으로 그 이상의 발행은 불가능했다. 각지의 한인들은 정교보를 정교회 선교 측면에서 큰 의미를 지닌 것으로 평가하고 있다"[66]고 전하고 있다.

이강은 전도사 황공도와 더불어 『대한인정교보』를 통해 한인들의 정교입교를 호소했다. 이들은 문명한 인간, 문명한 집안, 문명한 국가를 이루기 위해서는 정교를 믿어야 하며,[67] 망국의 슬픔을 달래줄 이는 하나님이니, 우리동포는 남녀노소 막론하고 정교로 급히 돌아올 것을 부르짖었다.[68] 또한 한인들 중에는 여러 가지 편리를 위해 세례받는 경우가 많음을 지적하며 세례받은 자는 행적을 분명히 하고 진심으로 정교를 믿을 것을 호소했다.[69] 정교보는 한인들의 애국심과 신앙적인 공동체성을 형성시키는 가교 역할을 했다. 한인 전도사들은 이를 통해 한인들의 애국사상을 고취시키며 진정한 정교도인으로 거듭날 것을 함께 호소했다.

특히 자바이칼주 선교부 소속의 한인 전도사인 이강과 황공도의

---

65) 『Миссионерское обозрение』, No.4, Апрель, 1998, с.21.

66) Там же, с.21.

67) 『대한인정교보』 1912년 1월 (창간호), 『정교론』, p.10.

68) 위와 같음, 『우리한국 사름은 급히 정교에 도라올지어다』, pp.13-15.

69) 위와 같음, 『정교세례밧은쟈에게고흠』, pp.15-16.

선교활동은 한인들에게 큰 영향을 미쳤다. 황공도의 선교지는 자바이 칼주에만 국한되지 않았고, 1914년부터는 연해주의 수청 일대에서도 선교를 했다.[70] 1914년에 전도사 이강은 이르쿠츠크 한인공동체를 방문했다. 당시 이르쿠츠크 세례한인들은 지역성직자들의 영적-도덕적인 비호 하에 있었으며, 치타와의 관계도 유지하고 있었다. 이강은 선교보고서에서 "이르쿠츠크에서 5일 동안 정교도 한인들에게 세례란 무엇이며, 죄 가운데 마치 이교도들처럼 살아간다면, 단지 세례만으로는 구원받을 수 없을 것이라고 말했다"[71]고 적고 있다. 이강은 이르쿠츠크 한인들의 생활 상태를 접한 후, "비기독교적으로 살 때는 어렵게 번 돈을 먹고 마시는데 사용했었는데, 이제는 학교를 운영하거나 복음서와 기도서 등을 구입하고 있다"[72]며, 기독교 교리가 한인들의 삶에 유익한 영향을 주고 있다고 보았다.

이강은 전도사로서 한인들의 정교화에 강한 열정을 표출시켰다. 특히 그는 치타에서 먼 금광이나 사금장 등을 선교순회하며 조선인 노동자들에게 정교교리를 전하고자 힘썼다. 하지만 재정부족으로 먼 광산지역을 정기적으로 방문하는 일은 만만한 것이 아니었다. 1914년 여름 이강은 레나금광회사의 금광에서 일하는 한인들을 위해 선교순회를 했다. 당시 소수의 한인들이 거주하고 있던 보다이보(Бодайбо) 지역에 대한 6일 동안의 선교활동에서, 이강은 "한인들은 기꺼이 설교를 경청하며 정교신앙을 수용할 것을 희망했다"[73]고 적고 있다. 이는 당시 한인들의 정교신앙에 대한 반응이 대체로 호의적인 편이었음을 반증한다.

70) 『대한인정교보』 1914년 2월 1일 (제8호), 『황씨는슈청 최씨는해항』, p.22. 황공도는 미국에서 3년간 유학했으며, 1909년 블라디보스톡에 온 후 국민회 회원으로 자선공제회에서 활동했다.
71) 『Православный благовестник』, No.1, 1914, c.286.
72) Там же, c.286.
73) Там же, c.288. 보다이보(Бодайбо)는 이르쿠츠크주 북동쪽에 위치하고 있다.

이강의 마지막 선교순회지는 카렐로보(Карелово) 광산이었다. 보다 이보 지역과는 달리 카렐로보 지역에서의 선교활동은 성공적이지 못했다. 당시 이곳에는 약 1,500명의 한인노동자와 약 800명의 중국인, 약 300명의 러시아인 노동자가 있었다. 그곳의 물가는 매우 높았으며, 대부분 토굴에서 살고 있었다. 보드카는 한 병에 1.5루블이었고, 축제기간에는 폭음과 무질서, 범죄가 난무하는 곳이었다.[74] 하지만 이런 상황에서도 이강은 전도사로서 임무에 충실하고자 노력했다. 노동자들 중에는 적대적이거나 방해하는 자들도 있었다. 대부분 세례받을 준비가 되어있지 않았으며, 세례희망자는 20여명 정도에 불과했다. 광산노동자들의 무지와 무례함, 종교성과 윤리성의 부족으로 카렐로보 선교는 어려움을 겪었다.[75] 하지만 19일 간의 선교활동 동안 적대적이었던 노동자들은 소수지만 이강의 강직한 신앙심에 점차 정교신앙을 받아들이고자 했다. 정교회 전도사 이강은 자제력이 강하고 침착한 성격의 소유자였다. 그의 일련의 활동을 통해볼 때, 비록 이강의 초기 정교입교가 정치적인 목적에 있었을 지라도 이후 보여준 그의 활동들은 참 기독교도의 모습이었음을 짐작해 볼 수 있다.

2) 선교 및 교육 조직의 확대

① 종교활동: 기도소, 교회, 선교지구

한인 세례자의 증가와 더불어 종교활동을 위한 공간도 생겨나기 시작했다. 1860년대 후반 포시에트 지구 노보키예프스크에 발레리안에 의해 한인세례자를 위한 최초의 기도소(часовня)가 세워졌다. 이후 판코프에 의해 티진헤(1872)와 하얀치헤(1872), 크라베 반도의 하드쥐다(1873)에 기도소가 만들어 졌다. 특히 하드쥐다의 기도소는 1872년

---

74) Там же, c.288.
75) Там же, c.289.

로마노프 알렉세이 알렉산드로비치 대공의 남우수리스크 지방 방문을 기념하여 세워졌다.[76] 황제 알렉산드르 II세의 셋째 아들인 알렉세이 대공은 당시 블라디보스톡에 체류하며 한인(러시아 국적자)을 포함한 여러 소수민족 대표단을 접견하기도 했으며, 남우수리스크 지방을 순회하며 지역민들의 삶을 살펴보기도 했다. 이때 한인들의 근면성과 생활 모습에 강한 인상을 받은 알렉세이 대공은 한인 선교활동을 위해 기부금을 하사하기도 했다.[77] 이보다 앞서 수이푼 관구의 코르사코프카(1870)에서는 이르쿠츠크 인노켄티 주교를 기려서 기도소가 세워졌고, 이듬해에는 크로우노프카(1871) 마을에 기도소가 세워졌다.

러시아 정교회와 동시베리아 당국의 적극적인 태도는 한인들을 고무시켰다. 1870년대 말에는 한인들의 요청으로 최초의 한인 교구(приход)[78]들이 만들어지기 시작했는데 이 과정에서 한인들은 교회와 선교사 숙소 건립에 기꺼이 비용을 기부했다.[79] 당시 한인들은 학교와 교회 건축 등에 기부금을 기꺼이 희사했다. 이는 전 시기를 두고 한인선교에서 나타나는 현상이기도 했다. 늘 재정 부족에 허덕였던 동시베리아 당국과 정교회 지도부는 한인들의 자발적인 협조를 부족

---

76) РГИАДВ, Ф.702, Оп.5, Д.143, Л.64; П. Ивановский, указ. соч., с.129. 티진헤와 하드쥐다의 기도소는 각각 1882년과 1876년에 낡아서 헐렸으며, 하얀치헤의 기도소는 1883년 5월에 화재로 소실되었다.

77) Б. Д. Пак, указ. соч., с.53.

78) 교구(приход)는 교회와 신도공동체를 포함하고 있는 가장 낮은 교회-행정 단위이다.(А.М.Прохоров(главред.), с.961
http://www.diam4.npi.msu.su/calendar/(2003.3.21 검색) 참조).

79) П. Ивановский, указ. соч., с.126; Н. Г. Мизь, А. М. Буяков, указ. соч., с.82. 이 무렵 세워진 기도소들은 1880년대 중반에 최초의 정식 교회들이 세워질 때까지 기능을 해갔다. 한인들의 기부금이 더해져 세우진 코르사코프카의 기도소 또한 1887년에 이르쿠츠크 인노켄티 주교를 기려 새 교회를 건립할 때까지 존재했다.

한 재정부족을 해결해 나가는 방편으로 활용했다. 이처럼 연해주와 아무르주 한인마을에 건물들이 세워질 수 있었던 데에는 농업정착에 따른 한인들의 생활이 경제적으로 보다 안정되어 나갔던 상황과도 무관하지 않았다고 보인다.

이어지는 1880년대에 들어서 정교회는 연해주와 아무르주의 한인 선교 사업에서 한인선교의 황금기를 맞이했다. 한인들 사이에서는 정교회 신자들이 증가했고, 교사양성학교(учительская семинария) 출신의 고등교육을 받은 선교사들이 배출되기 시작한 때문이었다. 게다가 최초의 한인 선교지구가 조직되어 한인선교 사업을 보다 조직적으로 추진해 나갈 수 있는 토대가 마련되었다. 즉 1882년에 남우수리스크 지방의 티진혜, 얀치혜, 시디미 등 모든 한인마을들을 포함하는 독자적인 최초의 얀치혜 선교지구가 구성된 것이다.[80] 이는 한인선교 사업이 보다 조직화되며, 이를 중심으로 한인선교의 네트워크가 확립되어 나감을 의미하는 것이었다.

뿐만 아니라 얀치혜 마을에는 최초의 목조교회가 세워지며 한인사회의 정교 중심지로 부상되어 나갔다. 1882년 7월 말, 블라고베셴스크 정교선교협회 위원회(Благовещенский Комитет Православного Миссионерского Общества)의 지원금으로 하얀치혜에서 목조교회 착공식이 있었다. 이 때 교회의 건축 재료를 담당한 것이 한인들이었다. 이 목조교회는 모스크바 수좌대주교 필립(митрополит Филипп)과 이르쿠츠크 초대 주교인 인노켄티(И.Кульчицкий)를 기려 1883년 6월 9일에 전(前) 캄차트카 주교인 마르티니안에 의해 헌당식이 치러졌다.[81] 앞선 1870년대부터

---

80) РГИАДВ, Ф.702, Оп.5, Д.143, Л.64об. 얀치혜 선교지구에는 선교지구 설립 이후에 형성된 한인마을들인 페스차나야(Песчаная), 케드로바야 파지(Кедровая Падь, 1884), 수하노프카, 몽구가이(1885), 브루세(Бруссье, 1889) 마을도 구성원으로 포함되었다.

81) Там же, Л.64об.

이미 티진헤와 얀치헤 마을에 판코프 선교사에 의해 건립된 기도소
가 기능을 해오고 있는 상황에서 정식 교회의 건립은 적지 않은 의미
가 있었다. 얀치헤 선교지구 초대 선교사로 캄차트카 주교구 최초의
토착민 사제인 우크라이나인 출신의 필립 티프체프((Ф.Типцев, 1882-85)
가 내정되었다.[82] 그의 노력으로 남우수리스크 지방의 한인선교는 탄
력을 받기 시작했다. 이후 필립 티프체프 사제에 이어 알렉산드르 브이
스트리츠키(А.Быстрицкий, 1886.6-88.5), 야코프 크라흐말레프(И.Крахмалев,
1888.5-91.1), 네트르 랴호츠키(Н.Ляхоцкий, 1891.1-9), 세르게이 텔랴테프
(С.Телятьев, 1894.7-98.10), 블라디미르 미할추크(В.Михальчук, 1898.10-
1900.3) 선교사가 최초로 조직된 얀치헤 선교지구를 이끌어 나갔다.
특히 알렉산드르 브이스트리츠키 재임 시에는 성당(храм)의 수리가 이
루어졌으며, 선교사용 석조주택이 건립되었다.

　　러시아와 조선 간의 외교관계 수립 이전(코르프 치세 이전)시기까
지 연해주의 인구 및 교회 상황을 고려해 볼 때 정교회의 한인선교는
나름의 큰 성과를 거두었다고 평가해 볼 수 있다. 즉 1883년 해로를
통한 러시아인 농민들의 유입 이전까지 수도인 블라디보스톡에는 제
대로 된 거리와 번듯한 교회 건물도 없었다. 또한 블라디보스톡 전체
인구는 1883년 10,002명, 1884-86년 약 13,000명(중국인, 한인-약 5,500명)
에 불과했다.[83] 그럼에도 정교회 당국은 이민족을 상대로 한 선교활
동에서 가시적인 선교의 결실을 거두어 왔다. 이는 프리아무르의 식
민화를 위한 동시베리아 당국과 정교회 당국의 한인의 기독교화 및
러시아화를 위한 노력 속에서 그 요인을 찾아볼 수가 있다. 뿐만 아

---

82) Там же.

83) Н. П. Матвеев, *Краткий исторический очерк г.Владивостока, 1860-1910*, Владивосток,
　　1910, c.102, 106-107, 114, 118. 1860년대 말부터 마적떼 소탕에 따른 이른바
　　'만주전쟁'의 여파로 1870년대 러시아인 이주는 급격히 줄어들고, 1870년대
　　중엽부터 오히려 한인이주는 증가하는 상황이었다.

니라 경제적인 생계문제와 맞물려서 표출되었던 한인의 세례와 국
적편입에 대한 열의와 자발성에서도 그 요인을 찾아볼 수가 있을 것
이다.

한편 1880년대 후반에 얀치혜 선교지구(1882)의 분리문제가 제기되
었다. 즉 넓어진 관할권과 증가된 인구수가 그 이유였다. 1890년경 얀
치혜 선교지구의 거주자 수는 1,600가구(약 9,000명)에 달했다. 전(前)
캄차트카 주교인 구리(Гурий)의 청원으로 1888년에 종무원은 얀치혜
선교지구에서 몽구가이 선교지구를 분리시켰다. 이후 1891년에는 포
시에트 선교지구 외에 새롭게 3개의 선교지구(티진혜, 아디미, 자레
체)를 설립하도록 허가했다.[84] 하지만 이는 명목상의 분리였고, 실제
적으로 6개 선교지구가 설립된 것은 1899년 독자적인 블라디보스톡
주교구가 설립된 이후였다.

한편 아무르주의 블라고슬로벤노예 마을에도 1900년대에 들어서
새로운 교회의 건축이 이루어 졌다. 1871년 9월에 동시베리아 군사령
관지사의 지원금으로 건립된 알렉산드르 네프스키 교회 이후 1908년
에 14,000루블을 들여 새로운 교회가 건축되었다.[85]

1910년대에 들어 블라디보스톡 주교구의 선교조직은 더 확대되었
다. 1913년 블라디보스톡 정교선교협회 위원회에 따르면, 당시 프리아
무르 지방에는 16개 선교지구가 있었다. 이중 10개가 한인 선교지구
(포시에트 지구-7개, 수이푼 지구-3개)였고, 나머지 6개는 타민족 선교
지구(캄차트카-5개, 우드강 유역-1개)였다. 다음의 표는 1882-1916년 시
기에 존재했던 10개 한인 선교지구의 상황을 보여주고 있다.[86]

---

84) РГИАДВ, Ф.702, Оп.5, Д.143, Л.65.
85) В. В. Граве, указ. соч., с.177.
86) РГИАДВ, Ф.702, Оп.5, Д.143, Л.67-70об.; П. Ивановский, с.132-146. 선교지구의
    조직연도는 자료마다 약간의 차이를 보이고 있다. 크랍베 선교지구에 관
    한 기록은 부족한 관계로 제대로 내용이 채워져 있지 못하다.

[표13]-1882-1916년 시기 남우수리스크 지방 한인 선교지구 현황

선교지구 명칭	조직 연도	세례자 (명)*	선교사(재직기한)
코르사코프카	1883 (1873)	1,761명	플랴스킨(1883-85), 미추린(1885-87) 노보크쉐노프(1887-92),미하일로프스키(1892-96) 리트빈체프(1886-1903년 현재)
푸칠로프카	1891	1,132명	이.베레샤긴, 치스탸코브이, 일린스키
시넬니코보	1891	1,254명	멜니코프(1890-92), 이.베레샤긴(1892-1893) 랴자노프스키(한인, 1893-1903년 현재)
얀치혜	1882	3,052명	발레리안(1866-70), 요안 베레샤긴(1870-71) 판코프(1872-76), 세치코(1876-82) 티프체프(1882-85), 브이스트리츠키(1886-88) 크라흐말레프(1888-91), 랴호츠키(1891) 레베데프(1891-94), 텔랴테프(1894-98) 미할추크(1898-1900), 미하일로프스키(1900-01) 프로조로프(1901-11), 엔.알렉세예프(1911-?)
티진혜	1899 1896)	718명 **	이오아사프(1899-1903), 세리코프(1903-06) 이오아사프(1906-07), 코마로프(1907-1908) 아베르키(1908-10), 엔.알렉세예프(1910-11) 박 페오도르(1911-17)
아디미	1899 (1900)	961명	바실리(1899-1902), 바신(1902-03) 포킨-안드레옌코(1903), 샤스틴(1903-08) 아르튜쉔코(1908-10), 아베르키(1910-03년 현재)
자레체	1900 (1903)	639명	바르코프(1900-02), 스크리쥘린(1902-05) 아베르키(1906-08), 이바니츠키(1908-?)
몽구가이	1902		
포시에트	1900		엔.세치코-쿠쉬네로프스키(1900) 발렌틴(1900-01), 코즐로프스키(1903-04) 니폰트(1904-07), 아르튜쉔코(1906-08) 브리발르이(1908-11), 김 로만(1911-?)
크랍베	1900		키릴

*1882-1903년 시기 세례자 수, **이오아사프 사제에게 세례받은 한인들.

위 표에서 나타나듯이, 1882년 얀치혜 선교지구를 시작으로 꾸준히 선교조직이 확대되어 왔음을 알 수 있다. 특히 두호프스코이와 그로데코프 시기에만 5개의 선교지구가 조직된 것으로 나타나고 있다.

이는 한인에 대해 보다 우호적인 시각이 견지되었던 시기였던 때문
으로 파악해 볼 수 있다. 그렇지만 1902년에 몽구가이 선교지구가 조
직된 이후 러일전쟁과 운테르베르게르, 곤닫티 시기를 거치는 10여년
동안에는 단 1개의 선교지구도 조직되지 않은 것으로 나타나고 있다.
물론 더 이상의 선교지구 조직의 신설이 필요치 않은 때문이었을 수
도 있다. 그러나 이는 1905년 10월선언 이후 국가와 교회 간의 관계변
화와 러일전쟁의 패배에 따른 일본의 외교적 간섭 및 프리아무르 지
방의 정치적 안보에 대한 우려에서 기인된 비우호적인 한인정책 등
에서 근본 원인을 찾아 볼 수 있을 것이라 생각한다. 하지만 선교지
구의 신설여부로 선교활동의 결과를 평가하는 것은 무리가 있다. 오
히려 1910년대에 들어서 정교회 지도부는 선교조직 및 체제를 재정비
하고 보강해나갈 수 있는 상황변화를 맞이하기 시작했고, 무엇보다
한인들의 정교신앙에 대한 태도와 인식이 내면적으로 크게 변화되기
시작했기 때문이다.

② 교육활동: 학교, 학생, 교사
　연해주 한인들의 학교교육의 필요성에 관한 문헌상의 최초의 기
록은 1866년 8월 30일로 거슬러 올라간다. 1866년 동시베리아 군사령
관지사 코르사코프는 포시에트 지구 한인자녀들의 러시아어 교육을
위한 특별학교 설립을 위해 은화 100루블을 연해주지사 푸루겔름에게
보냈다.[87] 그 결과 교육에 필요한 각종 자료와 시설도구 등이 확보되
었는데, 교사의 부재로 지연되다가 1868년에야 티진헤에 최초의 학교
가 문을 열었다. 초기 20명의 학생들이 공부를 시작했지만 1년 후에
재정부족으로 문을 닫았다.
　이후 1870년도 말에 학교의 중요성을 인식한 코르사코프는 연해주

---

87) Б. Д. Пак, указ. соч., с.53-54.

에 2개의 학교를 위한 설립 자금으로 각 학교당 150루블씩을 할당했
다. 이 무렵에 블라고슬로벤노예 마을에서도 한인학교가 문을 열었
다.[88] 1872년에는 연해주를 방문한 알렉세이 알렉산드로비치 대공이
티진헤 한인들에게 학교건립 자금으로 은화 300루블을 희사했다. 이
와 동시에 크로운 해군소장은 한인들의 요청으로 얀치헤에 학교를
세웠고, 이 두 마을의 학교들은 1876년까지 기능을 했다.[89] 또 1873년
에는 체르냐예프 대령이 시넬니코프의 지시로 얀치헤에 370루블을 들
여 학교를 세웠는데, 그 학교에서 겔메르센 대위의 가정에서 자란 카
차이(Качай)라는 한인이 교사로 근무하기도 했다.[90]

한편 1870년대 들어서 아무르주의 블라고슬로벤노예 마을에서도
독자적인 학교교육이 이루어졌다. 이곳에서 한인교육은 1872년 5월에
블라고베쉔스크 정교선교협회 위원회의 지원으로 최초의 한인학교가
세워지며 본격적으로 시작되었다. 하지만 한인자녀들의 교육은 이보
다 조금 앞서 이미 시작되고 있었다. 1871-72년 겨울에 11명의 한인소
년들이 미하일로-세묘노프스코예 카자크 학교에 입학해서 러시아어
를 공부했으며, 3명의 한인 학생은 이미 블라고베쉔스크 신학교에서
공부하고 있었다.[91] 1872년 7월 8일에 이르쿠츠크 베니아민 대주교가
블라고슬로벤노예 마을의 교회와 학교를 방문했다. 이 무렵 11세에서
17세까지의 50여명의 학생들이 학교를 다니고 있었다.[92]

수이푼 관구 책임자인 필립포비치에 따르면, 연해주에서 한인학교

---

88) В. Вагин, указ. соч., с.20.

89) 『Миссионерские школы для Корейских детей на территории Приморскогокрая(втор.
пол.19в.-н.20в.).』, http://orthodox.fegi.ru/stan1.htm(2002.3.21 검색).

90) А. И. Петров, Корейскя....19века, указ. соч., с.207. 370루블은 '아무르 크레디
트'에서 할당된 자금으로서, 이후 1874년에 1,000루블, 1876년에 12월 1,000루
블이 한인학교들에 지원되었다.

91) В. Вагин, указ. соч., с.19. 일부 자료에서는 미하일로-세묘노프스코예 카자크
학교에 19명의 학생이 공부하고 있었다고 기록하고 있다.

92) 『Миссионер』, No.26, 1874, с.241.

의 교육은 만족할만하게 진행되었다. 1875년 한인마을에서는 총 41명
(티진헤-31, 얀치헤-10)이 학교를 다녔다.[93]

한편으로 1880-90년대에는 한인민족학교가 정교회의 한인교육에
적지 않은 영향을 미쳤다. 1884-85학년도에 얀치헤 선교학교에는 12명
정도가, 1880-85년도에 코르사코프카 선교학교에는 25-36명의 학생들
이 있었던 것에 비해, 마르티니안 주교에 따르면 한인민족학교에는
총 1,000여명에 가까운 한인소년들이 있었다고 한다.[94]

반면 아무르주의 블라고슬로벤노예 마을에서 한인교육은 연해주
보다는 보다 안정적으로 진행되어 갔다. 1880년에 캄차트카 선교부의
지원으로 마을에는 1,200루블을 들여 완전한 형태의 학교건물이 건립
되었다.[95] 이어서 1880년 초에는 이르쿠츠크 교사양성학교를 마친 한
인이 학교의 정규교사로 채용되기도 했다.

한인 부모들의 높은 교육열은 학생들의 수에도 적지 않은 영향을
미쳤다. 1885년에 캄차트카 주교구 학교의 전체학생 208명중에서 한인
학생의 수는 44.7%인 93명(코르사코프카 읍-32명)에 이르렀을 정도로
한인들의 교육열은 높았다. 1892년에 한인 학생의 수는 225-230명까지
증가했다.[96]

1894-99년 시기에 학교와 학생의 수는 느리지만 성장은 꾸준히 지
속되었다. 나세킨은 프리아무르 군사령관지사 두호프스코이에 대한
보고자료에서 1894년경 연해주 전체 한인마을들에는 농가형태로 된
총 10개의 학교가 운영되고 있었다고 기록하고 있다. 그 중에서 6개
학교는 포시에트 지구의 한인마을들(자레체, 크라스노예 셀로, 노바

---

93) РГИАДВ, Ф.541, Оп.1, Д.111, Л.10.

94) А. И. Петров, *Корейскя..., 19века*, указ. соч., с.232-233. 한인민족학교의 교사는
일반 교구학교에서보다 더 많은 1년에 약 800루블 정도의 봉급을 받았다.

95) Там же, с.212-213.

96) Там же, с.214, 216.

야 데레브냐(추리혜), 얀치혜, 티진혜, 아디미)에 있었고, 4개 학교는
수이푼 지구의 한인마을들(코르사코프카, 크로우노프카, 시넬니코바,
푸칠로프카)에 있었다. 그러나 상우수리스크 지구와 수찬 지구에는
단 하나의 학교도 없었다. 10개 한인학교의 학생의 수는 총 277명이었
고, 여학생은 단 한 명도 없었다.[97] 주목할 점은 학생들 중 절반 정도
가 코르사코프카 읍의 4개 마을의 학생들이라는 점이다. 얀치혜 학교
(1891)에는 총 25명의 학생이 있었고, 티진혜 학교(1893)에는 18명, 아디
미 학교(1893)에는 38명, 크라스노예 셀로 학교에는 19명, 자레체 학교
에는 26명, 노바야 데레브냐 학교에는 약간 명, 코르사코프카 학교에
39명, 크로우노프카 학교(1885)에는 32명, 푸칠로프카 학교(1887)에는
35명, 시넬니코보 학교(1888)에는 28명의 학생들이 공부를 하고 있었
다.[98] 뿐만 아니라 1895년에도 증가된 총 321명의 학생 중에 150명이
코르사코프카 읍의 학생들이었다.

한인마을들에 있는 학교의 성장 뒤에는 한인 부모들의 헌신적인
지원과 역할이 있었다. 러시아 연구자인 쉬미트(В.Ю.Шмидт)에 따르면,
1899년 연해주 33개 한인마을에, 14,247명의 한인들이 있었는데, 모든
한인마을의 한인들이 자금을 아까워하지 않고 마을에 러시아식 학교
를 세우고자 노력했으며, 그 결과 1900년에는 18개 학교에 학생들이
597명까지 증가했다고 한다.[99]

한편 1899년 블라디보스톡 주교구의 설립과 정교선교협회 위원회
의 조직은 한인교육에도 큰 변화를 가져다주었다. 1899년에 블라디보

---

97) Н. А. Насекин, "Корейцы..., указ. соч., с.19-20.
98) Там же, с.20-22.
99) 『Миссионерские школы для Корейских детей на территории Приморскогокрая(втор.
   пол.19в.-н.20в.).』,
   http://orthodox.fegi.ru/stan1.htm(2002.3.21 검색). 다른 자료에서는 26개 교구학
   교에 741명의 학생들이 있었다고 기록하고 있다. 또한 쉬미트가 제시한 한
   인 인구의 수는 실제적인 수치와는 다소 거리가 있어 보인다.

스톡 주교구 위원회의 강한 제기로 1900년에는 하얀치헤와 하아디미에 2개의 여학교가 세워졌다. 이후 학교와 학생의 수는 점차 증가하여 1902년 연해주 한인선교부에는 29개 교구학교에 학생의 수는 3배 정도가 증가된 총 1,000여명에 이르렀다.[100] 계속해서 1907년 아디미에서는 2,500루블의 적은 선교부 지원금에 한인들의 기부금을 보태어 16,000루블 규모의 웅장한 교회학교가 건립되었다.[101]

20세기 들어 아무르주 블라고슬로벤노예 마을 또한 교육적 측면에서 변화를 맞이했다. 1909년에 마을에는 이미 100명의 남학생들이 러시아인 정교사와 한인 보조교사 밑에서 공부를 하고 있었다. 이 남학교는 총 4,500루블을 들여 건축되었고, 이중 500루블은 블라고베쉔스크 주교구 위원회에서 지원되었다. 또한 같은 해에 신구세대 간의 갈등은 있었지만 여학교도 건립되었다. 이 학교는 50명 규모로 1,890루블을 들여 교육부의 지원으로 건립되었으며, 그해 30명의 여학생이 공부를 하고 있었다. 그렇지만 교사 숙소와 학교 난방은 한인들의 지원으로 유지가 되었다.[102] 두 학교 모두 젊은 세대 학생들 사이에서 배움의 열정이 두드러지게 표출되고 있었다.

1910년대 들어서는 자바이칼주에서도 한인에 대한 교육활동이 이루어지고 있었다. 1911년 12월 18일에 예프렘의 도움으로 치타 쿠즈네츠느이예 랴드이(Кузнечные ряды) 거리에 한인정교학교가 세워지며 정교와 민족의식을 고취하는 내용의 교육이 동시에 이루어졌다.[103] 저녁에는 신학 및 교리문답 수업이 행해졌으며, 남녀 성인 외에 어린이

---

100) Там же. 14개 학교는 교회교구학교 프로그램을, 15개 학교는 읽고 쓰기를 가르쳤다.
101) В. В. Граве, указ. соч., с.187-188.
102) Там же, с.176-177.
103) 『대한인정교보』 1912년 1월 (창간호), 잡보『정교학교개교식』, p.32. 교직원은 교장 이문오, 교감 이재한, 재무 임동선, 교사 김택, 최고려와 박집초(러시아어), 송인호이다.

들도 참여했다. 당시 교사 중에 세례한인 니키타 티프체프(Н.Типцев)
는 선교부로부터 1년에 300루블의 봉급을 받았다.[104]

　러일전쟁 후에 잠시 침체기를 맞이하며 프리아무르 지방 전체적
으로 학교의 수가 감소했다. 1910년도에 23개 학교와 3개 비종교학교
를 포함해 그 수는 최저점에 이르렀었다. 하지만 상황이 호전되어
1912년에 블라디보스톡 주교구 내에는 27개 교구학교가, 블라고베쉔
스크 주교구 내에는 6개 학교가 다시 기능을 시작했다. 학생의 수는
총 1,400명으로 증가했는데, 이는 취학연령에 있던 모든 한인아동들
중 약 1/3에서 1/2에 해당되었다.[105] 이후 1914년 연해주에는 총 168개
의 한인학교에서 총 8,193명(남자-4,934명, 여자-3,259명)이 학교를 다녔
고, 1917년경에는 주민들의 자금으로 세워진 182개의 한인학교와 43개
의 공립학교에 8,349명의 학생들이 있었다.[106]

2. 블라디보스톡 주교구 설립, 1905년 10월선언과 한인선교

1) 10월선언을 전후한 정교회 한인선교의 변화

　19세기 후반 러시아 정부가 선교적 목표로 삼은 것은 정교신앙을
통한 이민족의 기독교화와 교육을 통한 러시아화였다. 이는 그 이전
까지 정교신앙을 통한 기독교화 정책이 이민족의 러시아화로 이어지
지 못한데서 나온 선교정책의 전환에서 비롯된 것이었다. 따라서 19
세기 중반부터 러시아 정부는 정교신앙 전달을 통해 기독교화를 추

---

104) 『Миссионерское обозрение』, No.4, Апрель, 1998, с.20.

105) M. Belov, op. cit., p.103.

106) 『Миссионерские школы для Корейских детей на территории Приморскогокрая(втор.
пол.19в.-н.20в.).』, http://orthodox.fegi.ru/stan1.htm(2002.3.21 검색). 168개 선교
학교 중 러시아인(107개), 몰다비아인(3개), 한인(29개), 캄차달인(24개), 코
랴크족 학교(2개)였다.

구하는 선교활동 이외에, 특히 러시아어와 러시아 문화전달을 통한
이민족의 동화와 러시아화를 목표로 학교교육 활동에도 역점을 두기
시작했다. 19세기 후반 관제국민주의를 통해 국가적 통합을 추진해
나가던 러시아 국가로서는 이민족의 기독교화 뿐만 아니라 동일하게
이민족의 러시아화를 중요한 선교적 목표로 삼고 있었던 것이다.

19세기 후반 이러한 국가적 선교목표는 프리아무르의 한인선교에
도 적용되었다. 따라서 정교회 지도부는 프리아무르 한인사회에서 정
교신앙 전달을 통한 한인의 기독교화와 러시아어 교육을 통한 한인
의 러시아화를 동시에 수행해 나가게 되었다.

1856년 종무원은 아무르지역의 이민족들에 대한 공개적인 정교회
선교를 허가했다. 이에 앞서 캄차트카 주교구의 인노켄티 베니아미노
프 주교는 아무르강과 제야강 유역의 골드족과 길랴크족 같은 이민
족들 내에 선교지구를 열었으며,[107] 아이훈조약(1858) 이후에는 특히
프리아무르 지방의 이민족 선교에 힘을 쏟았다. 이후 한인이주와 더
불어 인노켄티 베니아미노프 주교에 의해 한인에 대한 정교회의 선
교활동의 체계가 갖추어져 나갔다.[108] 프리아무르 당국은 프리아무르
지방으로 유입되어 들어오는 한인들을 주목하기 시작했다. 프리아무
르 당국은 아직은 비어있는 프리아무르의 식민개발을 염두에 두면서
한인들의 유입을 허용했고, 정교회를 통한 한인들의 기독교화 및 러
시아화 작업에 착수했다.

앞서 언급한대로 한인선교 초기인 1860년대 말에 이르러 적지 않
은 수의 한인들이 발레리안 사제에 의해서 세례를 받았다. 그러나 세
례받은 한인들에 대한 지속적인 신앙교육은 이루어지지 못하고 있었
다. 발레리안은 "한인들은 정교회에 특별한 열정을 갖고 있는데도, 한

---

107) 『Миссионер』, No.6, 1874, c.63-67. 『Миссионерская деятельность между корейцами
в Камчатской епархии в 1872г.』; П. Ивановский, указ. соч., с.125.
108) РГИАДВ, Ф.702, Оп.5, Д.143, Л.64-71об.

인들 가운데에는 정교교리를 가르칠 수 있는 러시아인들이 없다"[109] 며 한인선교의 어려움을 토로했다. 프르줴발스키는 초기 한인들의 기독교화가 어렵게 진행되는 원인의 하나를 한인들 사이에서 활동했던 두 명의 선교사들(발레리안과 티아프킨)의 개인적인 역량에서 찾기도 했다. 그는 "드넓은 남우수리스크 지방에서 단지 두 명의 선교사가 특히 한인과 중국인 같은 거칠고 무지한 사람들내에서 정교회 선교를 이끄는 한 성공은 의심스럽다"[110]고 언급하며, 초기 정교회 선교활동을 회의적으로 바라보기도 했다. 사실 이러한 측면은 본고에서 언급되는 전 시기에 걸쳐서 러시아 정교회의 한인선교에서 드러났던 문제점이었다. 한인들의 기독교화를 위한 가장 중요한 선교사 인력자원이 확보되지 않은 상황에서 사실상 한인의 기독교화는 더디게 진행되었다. 무엇보다 대부분의 세례받은 한인들이 마지막까지 정교교리를 제대로 모른 채 남아있는 상황이 이어졌던 것이다.

1870년대에 들어서 러시아 정부의 태도변화로 상황은 나아지기 시작했다. 1870년 12월 동시베리아 군사령관지사 코르사코프는 신성종무원장에게 "많은 한인들이 러시아 국적을 받아들이며, 한인들은 이는 곧 러시아 신앙을 받아들이는 것이라고 이해하고 있다. 관리들의 강요없이도 옛관습을 버리고 러시아어를 배우려고 노력하고 있다"[111]는 서한을 보냈다. 한편으로 코르사코프는 "한인들에 대한 본격적인 개종작업에 착수할 때가 이르렀다"[112]는 공식서한을 아무르주 베니아민 대주교에게 보냈다. 한인들에게 우호적이었던 코르사코프는 한인들의 열정 속에서 단기간에 개종시킬 수 있는 희망을 보았던 것이다. 베니아민 대주교는 아무르주에 있던 두 명의 사제를 선발했으나

---

109) M. Belov, op. cit., pp.37-39.
110) В. Вагин, указ. соч., с.18.
111) Б. Д. Пак, указ. соч., с.54.
112) В. Вагин, указ. соч., с.18.

한 명은 70세의 고령이고, 다른 한 명은 사역지가 있는 교구사제였던 관계로 보내지 못했다. 결국 베니아민 대주교는 자바이칼주에서 1명의 사제를 선발하여 남우수리스크 한인선교를 지원해 나갔다.[113]

세속 및 정교회 당국의 관심 속에서 1870년대에는 특히 판코프 사제에 의해서 많은 한인들이 세례를 받았다. 가령 앞서 언급한대로 1872년 남우수리스크 지방 13개 한인마을의 세례율은 62%에 이를 정도로 한인들은 세례에 적극성을 나타냈다.

1870년대 들어서 연해주와 나란히 아무르주에서도 또 하나의 한인 공동체인 블라고슬로벤노예 마을을 중심으로 한인 선교활동이 수행되어 나갔다. 이곳에서는 연해주에서 보다 더 높은 세례율을 보여주었다. 언급한대로 정착 원년인 1872년에는 세례율이 34%였고, 1879년 실시된 마을인구조사에서는 세례율이 99%까지 크게 증가했다. 이처럼 높은 세례율은 마을이 러시아 정부의 전적인 국고지원 하에 계획적으로 재이주되었다는 점에서도 그 원인을 찾아볼 수 있겠다. 즉 한인 이주자들은 재이주됨과 동시에 인두세의 영구면제와 20년간 지세면제의 특권이 부여되고, 1가구당 100데샤티나의 토지를 부여받는 특혜를 부여받았다. 따라서 당시 생활조건이 어려운 상황 속에 있었던 이와 같은 특혜는 한인들을 순종적인 러시아 국민으로 만들어 가기에 충분한 조건이 되었으며, 이는 높은 세례율로 반영되어 나타난 것으로 보인다. 그러나 높은 세례율이 한인들의 온전한 러시아화를 의미하는 것은 아니었다. 러시아 정부가 우려했던 것 또한 바로 한인의 높은 세례율이 러시아화와 직결되는 것이 아니었다는 점이다. 이러한 상황은 1910년대에 들어서 보다 구체적으로 나타나고 있으며, 이후에 소개되는 키릴로프와 외무부 프리아무르 문제 전권위원이었던 그라베의 보고서들이 이를 뒷받침해 주고 있다.

---

113) Там же, с.18-19.

하지만 초기 한인선교는 세례 방식과 한인들의 세례에 대한 태도에 있어서 정교회 지도부의 우려 속에서 진행되어 온 측면이 있다. 즉 1860-70년대에 질보다는 그 수에 치우친 세례가 행해지는 경향이 많았으며, 따라서 종종 세례가 집단으로 수행되는 경우가 많았다. 가령 1872년 한 해 동안 코프는 697명의 한인들에게 세례를 주었는데, 이중 175명이 4일 만에 세례를 받았다.[114] 그로 인해 일부 수세자들은 세례명조차 기억하지 못하는 자들도 있었다. 따라서 요안 곰쟈코프 사제는 "정교회를 믿도록 한인들을 설득시킬 필요는 없지만, 이들이 세례에 대해 가벼운 개념을 갖지 않도록 맹목적인 세례는 억제시킬 필요가 있다"[115]며 세례의 본질을 벗어난 한인세례를 경계했다. 뿐만 아니라 한인들에게 세례는 국적과 토지를 얻기 위한 단지 하나의 외형적인 의식으로 여기고 있다는 시각도 존재했다.[116] 적지 않은 한인들 러시아 국적을 받아들인다는 것은 러시아 신앙을 받아들이는 것과 동등하다고 여겼다. 한인들이 원한 것은 러시아 국적과 남우수리스크의 비옥한 토지였다. 당시 한인들이 토지를 분여받기 위해서는 국적을 받아야 했으며, 세례는 국적을 받기 위한 선결조건의 하나였던 것이다.

1884년 코르프 치세기에 들어서 정교회 지도부는 한인들의 정교회에 대한 태도 변화에 크게 주목하기 시작했다. 특히 한인들 사이에서 정교회의 확산율은 이전 시기에 비해 점차 둔화되어 나갔다. 정교회 지도부는 질보다 양을 추구해온 이전의 선교전략이 기본적으로 실패했음을 인정하며, 추구해온 선교전략에 수정을 가해야만 했다. 또한 정교회 지도부는 한인들에 대한 지속적인 관리부재에도 문제가 있었음에 인식을 같이했다. 즉 세례받은 대다수의 한인들이 선교사들로부

---

114) Г. Н. Ким, Сим Енг Соб, указ. соч., с.71.

115) 『Миссионерское обозрение』, No.4, Апрель, 1998, с.19.

116) В. Вагин, указ. соч., с.18; П. Ивановский, указ. соч., с.126.

터 필요한 만큼의 관심을 받지 못했다는 것이다. 이는 한인들의 신앙
의 부족에만 국한된 문제는 아니라는 것을 의미하는 것이기도 하다.

그러나 근본적으로 한인들의 정교회에 대한 태도변화는 앞서 언
급한대로 프리아무르 세속 당국의 1884년의 한인 이주자 관련 조항
불이행과 그에 따른 한인에 대한 압박정책에서 그 요인을 찾아볼 수
있을 것이다. 세례와 개종이 러시아 국적취득과 무관해지는 현실 속
에서 10여년의 국적부여 연기정책은 한인들을 지치게 만들기에 충분
했다. 게다가 처음에 한인들에 대해 보였던 세속 당국의 관심은 점차
시들해져 갔고, 1890년대 초에 코르프 치세 말기에 들어서는 마침내
러시아인들과의 접촉을 통한 한인들의 러시아화는 매우 적게 이루어
지는 상황에 이르렀다. [표 11]에서 보여지듯이 전체적인 세례율에 있
어서도 1878년의 20.9%에서 약 10.4%(전체인구 11,000명 기준)로 절반가
까이 하락기 시작했다.

1880년대 코르프 시기를 거치고 1890년대 들어 한인들의 종교에
대한 태도는 더욱 분명해지기 시작했다. 법적인 지위와 여건향상에
있어서 나름대로 삶을 안정시켜가고 있는 러시아 국적의 한인들은
종교에 무관심하거나, 한편으로 국적취득 무자격자는 더 이상 세례
에 대한 집착이 도움이 되지 못함을 깨닫기 시작하며 정교신앙에 관
심을 잃어갔다. 실제적으로 세례자와 비세례자의 생활은 무당을 찾
거나 정교의식을 등한시하는 등 삶속에서 비슷한 양상을 띠었다. 정
교도 한인들은 신생아 세례를 등한시했으며, 교회결혼이 점점 줄어
들었다. 반면에 조혼풍습을 이어가고, 조선식으로 장례를 치르는 등
외형적으로는 정교회를 받아들이면서도 사제들 몰래 이교신앙과 관
습을 지켜나갔다.[117] 키릴로프는 "노인들은 옛종교의 광신적인 지지
자들로서 향을 피우며 제사를 지냈으며, 중요한 문제에 있어서는 점

---

117) А. И. Петров, *Корейскя....19века*, указ. соч., с.235-236.

장이(무당)에게 의지했다"[118]고 적고 있다. 그러나 이것이 세례의 감소를 의미하는 것은 아니었다. 한인들은 여전히 정교회를 신앙으로서가 아니라 국적을 받기위한 형식적인 절차로서 세례를 받아들였기 때문이다. 따라서 정교회 당국은 1895-96년 이후부터는 선교활동의 목표를 세례자 수가 아닌 세례자의 교육과 질에 더 큰 비중을 두고 한인선교 정책을 추진해 나갔다.

1893년 코르프의 후임으로 두호프스코이의 치세가 시작되며 한인들의 법적, 경제적 상황은 개선되어 나가기 시작했다. 무엇보다 10여년 간 묶여있던 국적취득 문제가 두호프스코이 군사령관지사에 의해 해소되면서 한인들의 세속 당국에 대한 감정은 누그러지기 시작했고, 한인들의 세례자 수는 점차 증가되어 나갔다. 두호프스코이는 제1그룹의 한인에게 러시아 국적을 부여하고, 제2그룹의 한인에게는 체류비와 토지세를 징수하는 한편, 이들의 출국연기를 허가하고 제1그룹에 편입시켰으며, 제3그룹 한인의 수를 재심하여 행정적인 편의를 제공하며 적채된 한인의 국적편입 문제를 해소시킨 장본인이다. 그는 프리아무르 지방의 군행정 총책임자로서 해당 지역에서 정교신앙 보급에도 큰 관심을 갖고 있었던 인물이다.

[표 14]는 두호프스코이 집권 초기의 프리아무르 지방의 정교도를 포함한 기타 종파들의 분포비율을 보여주고 있다. 표에서 나타나고 있듯이 정교도의 비율이 가장 높게 나타나고 있지만 19세기 후반 러시아 정부와 정교회 당국으로서는 특히 동시베리아와 프리아무르 지방으로 이동해오는 고의식주의자들에 대해서도 경계를 하고 있는 상황이었다. 따라서 두호프스코이는 러시아인 이주자들의 보호와 이들에 대한 지속적인 정교신앙 전달에도 관심을 기울였다. 이는 또한

---

118) А. В. Кириллов, "Корейцы села Благословенного," (историко-этнографический очерк), 『Приамурские ведомости』, №№58,59, Приложения, 1895, с.10.

1880년대 후반을 거치며 러시아인 이주자들의 수가 크게 증가된 것과 관계가 있다. 1882년 6월 1일의 '농민이주법'으로 보다 적극적인 이민정책이 추진되고, 특히 1883년 오데사-블라디보스톡 구간의 해로(海路)가 열리면서 프리아무르 지방으로의 러시아인 농민들의 수는 급증하기 시작했다. 1892년 연해주를 포함한 프리아무르 지방의 러시아인 인구는 전체인구 147,517명 중 57,000명(39%)으로, 한인 16,564명(11%)을 포함한 소수민족의 수를 이미 압도하고 있었다.[119] 두호프스코이의 치세기인 1895-97년 시기 동안에 30개의 교회가 세워졌으며, 교회교구학교는 144개, 문자해득학교는 82개까지 증가하게 되었다.[120]

[표 14] 1893-95년 시기 프리아무르 지방 종파별 인구비율][121]

	자바이칼주 (%)	아무르주 (%)	연해주 (%)
정교도	64.5	63	72
고의식주의교도	6.3	10	1
가톨릭교도	0.1	0.2	1.5
개신교도	0.03	0.8	0.4
유대교도	0.95	0.2	0.7
이슬람교도	0.3	0.4	0.4
불교도	25.3	16	11
유교도			5
기타 이교도	2.5	3	3

두호프스코이는 전임자와는 달리 한인들을 포함한 이민족들을 통해서라도 프리아무르의 식민화를 달성하고자 하는 생각을 지니고 있었다. 그의 한인 우호정책은 바로 이러한 사고에서 기인된 것이었고, 이는 결과적으로 한인의 정교신앙에 대한 태도를 바꾸어 놓는 데에

---

119) В. В. Граве, указ. соч., с.130.

120) ГАХК, Всеподданнейший отчёт Приамурского генерал-губернатора генерал-лейтенанта С.М.Духовского за 1896-1897 годы, СПб., Инв.№2710, 1898, с.8.

121) ГАХК, Всеподданнейший отчёт Приамурского генерал-губернатора генерал-лейтенанта С.М.Духовского за 1893-1895 годы, СПб., Инв.№2711(2996), 1895, с.31.

도 영향을 미쳤을 것으로 본다. 1897년 경 연해주 남우수리스크 남부의 얀치혜 마을의 경우, 한인 정교도의 수는 140가구 중에 400명에 이르렀다. 한인들은 배움에 대한 큰 열정을 갖고 다음 세대의 자녀들에게 큰 희망을 기대하고 있었다.[122] 1894-97년 시기 4차례에 걸쳐 조선을 방문하며, 동시에 만주와 시베리아 지역의 여행을 통해 연해주의 한인사회를 목도했던 영국인 여성 작가이자 여행가 비숍은 당시 얀치혜 마을을 비롯한 기타 주변 한인 마을들에서의 한인들의 성공적인 세례와 개종을 놀라운 현상으로 기술하고 있다. 비숍은 "러시아 정부는 이민족의 우상 숭배가 외적인 도덕성을 파괴시키는 것이 아닌 범위 내에서 이민족들의 우상 숭배에 관용적이었으며, 한편으로 한인들은 러시아 국적편입을 위해서는 세례의 축복을 얻는 것이 필요했던 것 같다"[123]고 기술하며 한인들의 적극적인 세례 현상을 설명하고 있다.

비록 한인들의 세례가 내면적인 진실성과는 다소 거리가 있는 현상이었지만 코르프 시기와는 사뭇 다른 양상으로 분위기가 반전되고 있다는 것은 정교회 지도부로서는 크게 고무적인 일이었다. 이러한 상황은 연해주 남부의 한인 마을에게 있어서도 비슷한 현상이었다. 앞서 언급했듯이 얀치혜에서 남쪽으로 떨어진 자레체 마을의 경우, 마을의 세례율은 75%에 이르고 있었다. 하지만 한인들의 세례와 개종은 이방인의 눈에도 드러날 정도로 여전히 형식적인 측면이 강했다. 비숍은 "종교를 갖고 있지 않았던 한인들은 외형적으로 개종을 통해 가능한 한 이익을 추구하고자 했다. 한인들의 신앙적인 확고함에 열정을 갖고 있는 사제들은 적었지만, 한인들의 방안에서 예수의 십자가 형상을 보는 일은 만족스런 일이었다"[124]고 당시 한인들의 개종상

---

122) I. B. Bishop, op. cit., pp.226-227.
123) Ibid., p.227.
124) Ibid., p.229.

황을 기록하고 있다.

연해주 남우수리스크 지방 한인들의 높은 세례율은 비교적 이주 초기에 형성된 부유하고 안정된 마을들에서 높게 나타나고 있다. [표 5]에 언급된 마을들 중에서 특히 아무르주의 블라고슬로벤노예 마을과 수이푼 지구의 4개 마을들, 포시에트 지구의 비교적 초기에 형성된 큰 규모의 마을들은 자타가 공인하는 부농마을들이었다. 가령 얀치혜 마을의 경우 민족운동가인 최재형[125]의 초기 거주 및 활동지역으로서 티진혜와 함께 연해주 남우수리스크 지방의 포시에트 지구의 한인사회에서 행정적으로 가장 중심적 역할을 했던 곳이라 할 수 있다. 이는 아마도 동시베리아 제1 정규대대가 위치하고 있던 노보키예프스크(1867, 현재의 크라스키노)에서 불과 몇 베르스타 거리에 떨어져 있었기 때문이기도 하다.[126] 비숍은 "얀치혜 마을은 큰 한인정착

---

125) 최재형은 함북 경원 출생으로 9세 때인 1869년 부모를 따라 연해주에 들어와 러시아 학교에서 교육을 받았으며, 러시아 귀화자로서 러일전쟁에도 참가했다. 1884년에는 러시아 정부로부터 얀치혜 지역의 책임자(읍장)로 임명되어 연해주 한인사회의 지도급 인물로 부상했다. 또한 그는 1897년에는 황제 니콜라이 II세의 대관식에도 참여했으며, 러시아 정부로부터 훈장을 받기도 했다. 거부였던 최재형은 학교와 교회를 세우고 도로를 신축하는 등 한인들을 위한 지역사업에도 큰 힘을 쏟았고, 1908년 5월 얀치혜에서 결성된 항일무장 조직인 동의회(同義會), 일명 창의회(唱義會) 총재와 한인 신문인 대동공보(大東公報), 대양보(大洋報) 사장, 1911년 조직된 권업회 총재를 지냈으며, 1919년 3·1운동 이후에는 대한국민의회 명예회장에 추대되었다. 최재형은 또한 상해 임정의 초대 재무총장에 선임되어 항일투쟁을 전개해 오다가 1920년 4월, 일본군에 의한 4월참변 당시 우수리스크에서 체포되어 총살당했다(В.В.Цой, Чхве Джехён (Цой Пётр Семёнович), М., 2000, с.59-60; Чхве Джехён, Цой Пётр Семёнович, издание 2-ое, дополненное, Алматы, 2001, с.102-104 참조).

126) Н. М. Пржевальский, Путешествие...., указ. соч., с.146. 노보키예프스크는 1867년 형성된 군사지역으로 1867년 무렵 약 100가구가 거주하고 있었으며, 군인들 외에 주로 한인과 중국인들이 지역의 구성원을 이루었다. 노보키예프스크는 1897년 무렵에는 인구가 약 1,000명에 이를 정도로 연해주 남부 포시

촌 중의 한 곳으로, 마을 내에는 아담한 가정식 학교가 있었으며, 러시아인 및 한인 학생들이 나란히 앉아 공부를 하고 있다. 또한 마을 중심에는 잘 장식이 되어있는 정교회 교회 건물과 인접해서 사제의 숙소가 있다"[127]며 안정되고 여유가 넘치는 모습의 얀치헤 마을을 묘사하고 있다.

프리아무르 지방 한인사회의 메카라 할 수 있는 티진헤 마을(1864)의 부유함도 빼놓을 수 없다. 노브고로드 경비대에서 18베르스타 떨어진 곳에 위치하고 있었던 티진헤 마을은 기도소와 학교를 보유하고 있었다.[128] 티진헤 또한 남북으로 약 12km, 동서 2km의 규모로 1890년대 인구가 1,700여 명에 이르렀고, 쉐체톤(Шечетон), 차피고우(Чапигоу, 재피고우-필자) 등의 소규모 촌락을 거느렸던 부촌(富村)이었다. 연해주 최남단의 자레체 마을의 경우도 얀치헤와 티진헤 마을, 그리고 조선에서 건너온 이주자들로 비교적 늦은 시기에 형성되었음에도 불구하고 물질적으로 부유함을 누린 마을이다. 1889년 이주가 금지되기 전까지 꾸준하게 인구성장이 이루어 졌고, 작은 학교까지 보유하며 물질적 부유함을 누렸었던 연해주 최남단의 마을 중의 한 곳이었다.[129] 연해주 남우수리스크 지방 최남단의 크라스노예 셀로에서 노보키예프스크까지의 한인정착촌들에는 주로 러시아 국적의 정교도 한인들이 대거 거주하고 있었다. 도로와 도랑 등 정비가 잘 되어 있고, 위생 상태도 좋은 곳이었다. 한인들은 각종 살림 도구들을 잘 갖추고 상당히 부유한 생활을 하고 있었고, 집에는 황제 부부와 예수, 성인, 12사도들의 성상들이 걸려있었다.[130] 그러나 이는 주로 1884년

에트 지구의 행정중심지 역할을 해나간 곳이다(I.B.Bishop, p. 224 참조).

127) I. B. Bishop, op. cit., p.227.

128) Н. М. Пржевальский, *Путешествие....*, указ. соч., с.146.

129) Н. А. Насекин, "Корейцы....", указ. соч., с.8.

130) I. B. Bishop, op. cit., pp.234-235.

이전에 들어와서 러시아 국적을 받고 토지를 보유하고 있던 한인들에게 주로 찾아볼 수 있는 상황들이었다.

두호프스코이 치세기에 아무르주 블라고슬로벤노예의 상황 또한 비교적 경제적으로나 종교적으로 안정을 유지해 나가고 있었던 것으로 나타나고 있다. 당시 교회 인쇄매체는 "마을의 모든 사람들이 정교회를 믿으며, 상당히 능숙하게 러시아어를 구사하고 러시아식 머리모양과 옷차림을 하고 있다"[131]고 전하고 있다. 블라고슬로벤노예 마을은 점점 더 아무르주 한인사회에서 정교회의 보루가 되어갔다. 인구도 꾸준히 증가하여 1887년에는 854명, 1895년에는 1,109명, 1897년에는 1194명을 넘어섰다.[132] 또한 이들에 맞추어 교회와 사제, 학교가 한인들의 러시아화와 기독교화를 담당해 나가고 있었다.

한인들의 농업경제와 관련해서 살펴보면, 이 무렵 한인들은 총 10,175데샤티나의 토지를 이용해오고 있었다. 이는 한인들이 이주 당시에 여러 가지 특혜들과 아울러 실제로 1가구당 100데샤티나의 분여지를 배당받았었음을 보여주는 수치이다. 가축 사육에 있어서도 1893년 경 마을에는 말 343필, 뿔달린 가축(소) 292두, 돼지 514마리를 사육하고 있었다. 블라고슬로벤노예 마을에 대해서 독보적인 관찰기록을 남긴 키릴로프는 보고서에서,

"한인들의 농업활동을 중국인들과 비슷하다. 그들은 황소나 말을 이용해 들을 갈고 원시적인 파종기로 이랑에 씨를 뿌리며, 잡초를 제거해 주는 등 특유의 농업방식으로 많은 수확을 거둬들인다. 또 밭갈이용으로 소

---

131) 『Миссионерское обозрение』, No.4, Апрель, 1998, с.19.

132) А. И. Петров, *Корейскя....19века*, указ. соч., с.91; А. В. Кириллов, указ. соч., с.8. 1895년도 마을에는 164채의 농가(Фанза)가 있었으며, 인구는 1,109명(남자-595명, 여자-514명)이었다. 이중에서 노동능력이 있는 남자수를 연령대별로 보면, 18-19세(28명), 20-24세(33명), 25-34세(66명), 35-45세(63명), 46-55세(41명)로, 마을의 남자 중 총 231명이 노동인력으로 나타나고 있다.

를 기르며 식용으로 돼지를 기른다. 최근 한인들의 가축사육이 판매활로
가 좋아서 마을의 발전에 도움을 주고 있다"[133]

고 전하며, 당시 마을의 발전 상황을 기록하고 있다. 또한 특혜조건에
따라 20년이 지난 1892년부터는 마을 전체적으로 1년에 29루블(가구당
1루블 40코페이카)씩의 토지세를 납부하기 시작했을 정도로 한인들은
경제적으로도 안정적인 삶을 유지해 나가고 있었다.[134]

두호프스코이의 우호적인 한인정책과 종교적 증진책은 후임 그로
데코프 시기에도 그대로 이어졌다. 언급한대로 그는 더 구체적인 조
치들로서 1898년 '프리아무르 청국인 및 한인공민법령'으로 러시아 국
적에 포함되지 않은 제1그룹의 한인들에게 국적을 주고, 5년이상 거
주한 제2그룹의 한인들을 러시아 국적에 편입시켰다. 또 제3그룹의
한인들에게는 이만강, 호르강, 키이강, 아무르강 유역의 정착을 허가
하는 등, 우호적인 한인정책을 통해서 한인들의 러시아 사회로의 진
출을 허용했었던 인물이다. 전임자와 마찬가지로 그로데코프 또한 프
리아무르 지방의 정교신앙 보급에 관심을 갖고 있었으며, 특히 이민
족들의 정교신앙 보급에 남다른 관심을 나타냈다. 그로데코프는
1898-1900년도 업무결산보고서에서, 1898년 6월 5일 신성종무원이 자바
이칼 주교구의 영적 강화를 위해 치타에 신학세미너리 신설을 사전
결정한 것은 고무적인 일임을 언급하며,

 "프리아무르 지방에 있는 3개의 주교구가 자신들의 교구(교회공동체)
 와 교회교구학교에 사역자들과 교사들을 자체적으로 무리없이 공급할 수
 있도록 해야 한다. 이를 위해서는 블라디보스톡 주교구의 신설과 더불어
 블라디보스톡에 신학세미너리와 전문학교를 설립하는 것이 실제적으로

---

133) А. В. Кириллов, Там же, с.9.
134) Там же, с.8-9.

필요하다"135)

고 보았다. 이러한 사실은 비록 블라디보스톡 주교구가 신설되는 등 정교회 지도부가 역량을 강화시켜나가고 있었지만, 아직까지는 특히 다수의 이민족들이 포진되어 있는 프리아무르 선교활동을 주도해 나가는데 취약한 조직구조 속에 있음을 의미하는 것이었다. 당시 자바이칼주에서는 자바이칼 선교부, 아무르주에서는 캄차트카 선교부, 연해주에서는 1899년 말에 설립된 블라디보스톡 주교구 정교선교협회 위원회가 기능을 하고 있었다. 이들 조직들은 프리아무르 지방의 다수의 소수민족 사이에서 정교신앙을 전하고, 개종한 정교도 소수민족 사이에서 정교신앙을 확고하게 심어주는 활동을 하고 있었다.

그럼에도 불구하고 1899년 블라디보스톡 주교구(Владивостокская епархия)의 설립은 프리아무르의 러시아인을 포함한 이민족의 종교생활에 큰 전환기를 가져다주었다. 이전까지 연해주를 포함한 프리아무르 지방의 민족의 신앙 및 종교적 문제는 1840년에 설립된 '캄차트카, 쿠릴 및 알레우트 주교구'(Камчатская, Курильская и Алеутская епархия, 이하 캄차트카 주교구)136)의 관할 하에 놓여 있었다. 1898년 6월 4일, 국무

---

135) ГАХК, Всеподданнейший отчёт Приамурского генерал-губернатора генерала от инфантерии Н.И.Гродекова за 1898-1900 годы, Хабаровск, Инв.№2709, 1901, с.22.

136) 1727년 설립된 '이르쿠츠크 주교구'에 이어 1840년 12월에 '캄차트카, 쿠릴 및 알레우트 주교구'(이하 '캄차트카 주교구')가 신설되었다. 캄차트카 주교구는 시베리아 동북지역, 북아메리카 러시아령, 알레우트 및 쿠릴 섬들을 관할했으며, 주교구청은 알래스카 시트하 섬의 노보아르한겔스크에 위치하고 있었다. 1852년에 야쿠치야주(Якутская область/수도 야쿠츠크)가 캄차트카 주교구에 편입되며 이듬해인 1853년 9월 주교구청이 야쿠츠크로 이전되었다. 노보아르한겔스크에는 보좌주교구(викариатство)가 조직되었고, 이후 1870년 노보아르한겔스크 보좌주교구는 독립적인 '알레우트 및 알래스카 주교구'가 되었다. 1860년 프리아무르 지방이 완전히 러시아령에 편입되며 캄차트카 주교구 관할 하에 들어가게 되었다. 1862년에 야쿠츠크에 있던 캄차트카 주교구청은 다시 아무르주의 블라고베쉔스크로

협의회는 블라디보스톡 주교구 신설과 관련한 신성종무원의 보고서를 총회에서 심의하고, 캄차트카 주교구 관할 하에 있던 블라디보스톡, 사할린섬, 연해주 내의 여러 행정 관구들을 '블라디보스톡·캄차트카 주교구'(이하 블라디보스톡 주교구)와 '블라고베쉔스크-프리아무르 주교구'(이하 프리아무르 주교구)로 분리시키기로 결정했다.[137]

블라디보스톡 주교구의 탄생은 1880년대 초부터 본격적으로 증가하기 시작한 유럽러시아로부터 러시아 이주민들의 유입과 시베리아 횡단철도의 부설로 인한 지역적인 중요성 및 인구의 증가에 따른 결과였다. 블라디보스톡 주교구의 신설과 관련한 국무협의회의 결정은 이듬해인 1899년 1월 1일부터 그 효력이 발휘되었고, 블라디보스톡 주교구 유지비용으로 1899년부터 신성종무원의 지출예산안 세목에 매해 33,110루블이 포함되었다.[138]

1899년 1월 1일에 공식적인 활동에 들어간 블라디보스톡 주교구의 초대 주교로 모스크바 신학아카데미 신학박사 출신의 예프세비 니콜스키(Евсевий Никольский)가 임명되었다. 예프세비 주교는 1894년 1월부터 키렌스크 주교 겸 이르쿠츠크 주교구 보좌주교(викарий)로, 1897-98 시기에는 캄차트카 주교구의 주교로 재직해 오며 이민족 선교에 상당한 경험을 갖고 있는 인물이었다.[139] 초대 주교로 1899년 3월 7일에 블

이전되었고, 그 결과 야쿠츠크에는 보좌주교구가 조직되었다가 이후 1869년 독립적인 '야쿠츠크 주교구'가 되었다. 이러한 캄차트카 주교구의 재조직 이후 주교구는 '캄차트카, 쿠릴 및 블라고베쉔스크 주교구'(Камчатская, Курильская и Благовещенская епархия)라는 새명칭으로 불리게 되었다. 그후 1898년 6월, 국무협의회와 신성종무원은 프리아무르 지방의 거대한 종교-행정 단위를 원활하게 관리하기 위하여 캄차트카 주교구를 1899년 1월 1일부로 '블라디보스톡·캄차트카 주교구'(블라디보스톡 주교구)와 '블라고베쉔스크-프리아무르 주교구'(블라고베쉔스크 주교구)로 분리시켰다.

137) ГАХК, Собрание узаконений и распоряжений Правительства, издаваемое при Правительствующем Сенате, №118, Инв.№2808, 25 сентября, 1898, с.5741-5742.

138) Там же, с.5743-5745.

라디보스톡에 도착한 예프세비 주교는 주교구를 조직화 하며 프리아
무르 지방 거주자들의 정교신앙 교육을 체계화 시켜나갔다. 그의 지
휘 하에 3월 21일에는 주교구 종교감독국(Владивостокская Духовная Конси-
стория)이, 10월 10일에는 블라디보스톡 주교구 정교선교협회 위원회
(Вдадивостокский Епархиальный комитет Православного Миссионерского Общества)
가 조직되었다.[140]

블라디보스톡 주교구의 신설로 이민족 선교는 체계를 갖추어 나
가기 시작했다. 선교 인력이 보강되고 교육체계가 마련되었다., 블라
디보스톡 주교구는 그해 12월에 티진헤와 아디미 선교지구에 카잔 신
학아카데미를 졸업한 2명의 전담 선교사들(이오아사프, Иоасаф / 블라
시, Власий)을 내정했으며,[141] 나아가 6개 선교지구의 규모를 더 확장
했다. 1901년 경 블라디보스톡 주교구는 총 11개의 이민족 선교지구를
두고 있었다. 이중 9개가 특별히 조직된 한인 선교지구였으며,[142]
1900년도 한 해 동안에만 앞서 언급한대로 총 850명의 한인들이 세례
를 받는 등 느리지만 선교사업은 계속해서 수행되어 나갔다.

1904년 러일전쟁 발발 직전까지도 이러한 추세는 계속 이어졌다.
1904년 경 한인 세례자 수는 8,664명으로 증가되었다. 또한 11명의 사
제와 2명의 보제, 11명의 시낭송자가 한인을 상대로 활동을 했으며,

---

139) ГАХК, 『Приамурские Ведомости』, №205, Сшив №703, 30 ноября, 1897, с.15-16.
『캄차트카, 쿠릴 및 블라고베쉔스크 주교 예프세비』. 보좌주교(викарий)는
자신의 관할 주교구를 갖고 있지 않으며, 다른 주교급 성직자를 도와주는
보조주교급 성직자이다. 이 직책의 범주 내에는 주교나 대주교 등의 주교
급 직책이 포함된다(А.М.Прохоров(глав ред.), с.202 참조).

140) Н. П. Матвеев, указ. соч., с.174.

141) РГИАДВ, Ф.702, Оп.5, Д.143, Л.65. 나머지 자레체, 포시에트, 몽구가이 선
교지구는 대체할 전담사제가 없는 관계로 각각 1900년, 1903년 가을, 1902
년 6월까지 특별한 전담사제없이 얀치헤와 티진헤, 아디미 선교지구 선교
사들이 임시로 관할했다.

142) И. К. Смолич, указ. соч., с.255; Н. Г. Мизь, А. М. Буяков, указ. соч., с.83.

정교도 한인의 자녀들을 위한 30여개의 학교가 한인정착촌 곳곳에서 기능을 하고 있었다.[143] 한편 블라디보스톡 주교구 정교회 선교부 위원회는 중앙선교부협회(Совет Общества)의 부족한 재정지원에도 불구하고 9개 한인 선교지구의 선교활동 발전을 위해 많은 예산을 할애했다. 사실 한인 선교지구는 다른 지역의 이민족 선교지구보다 더 큰 재정특권을 누렸다. 선교부 위원회가 연간 한인선교 활동에 지출한 돈은 2,500-3,000루블로, 12년(1899-1910)동안 26,000루블 이상을 지출했을 정도로[144] 정교회 지도부는 한인선교에 큰 비중을 두고 있었다.

뿐만 아니라 세례자 수와 교회참여도에 있어서도 증가추세를 보였으며, 한인들은 정교활동에 더 적극적으로 나왔다. 일부 한인 중에는 적극적인 전도활동으로 상을 받는 자가 나오기도 했다. 예로 1904년 12월 6일에 크랍베 마을의 이반 니가이(И.Нигай)와 니콜라이 최는 적극적인 전도활동으로 종교국으로부터 스타니슬라프 은메달을 받기도 했다.[145] 하지만 여전히 세례받은 한인들에 대한 지속적인 교리학습과 관리 부족으로 그에 따른 후유증은 계속해서 정교회 당국의 큰 부담으로 작용했다.

그런 가운데 1905년에 러시아 및 한반도에서 발생한 일련의 정치적 사건들은 양국 모두에게 중대한 변화를 가져다주었다. 이러한 일련의 사건들은 정치·경제적 측면 뿐만 아니라 종교적 측면에도 적지 않은 영향을 미쳤다는 점에서 그 중요성을 찾아볼 수 있다. 러일전쟁이 한창 진행되고 있던 1905년 1월 22일에 성-페테르부르그에서 발생한 '피의 일요일' 사건으로 러시아 전제정권의 상징인 황제와 국민들 사이에는 큰 단절이 생기게 되었다. 이제 더 이상 양자 간에 '아버지 차리'의 이미지는 존재할 수 없게 된 것이다. 결국 고조된 혁명적 열

---

143) И. К. Смолич, Там же, с.255.
144) РГИАДВ, Ф.702, Оп.5, Д.143, Л.71-71об.
145) 『Владивостокские епархиальные ведомости』, 1905.

기 속에서 비테(С.Витте)의 충고에 따라 취해진 10월선언으로 입헌군
주체제가 도입되었고,[146] 그 결과 이전과 같은 절대적인 전제정은 러
시아에서 사라지게 되었다.

전제정의 약화는 전제정권과 교회 간에 설정되어 있던 강력한 고
리가 더 이상 존립할 기반을 상실했음을 뜻하는 것이며, 니콜라이 Ⅰ
세 시기부터 제국통합의 이데올로기로 주창되어왔던 관제국민주의의
약화를 의미하는 것이었다. 결과적으로 국가와 교회 간에는 이전과
같은 전폭적인 지원과 기대를 할 수 없는 상황에 이르게 되었고, 이
러한 구조적인 상황에 따른 영향은 이후 정교회의 프리아무르 한인
선교에서도 고스란히 반영되어 나타나기 시작했다. 이러한 가운데 러
시아의 러일전쟁 패배는 러시아에 충격을 주었고, 이는 낙후되어있던
프리아무르 경제의 어려움을 더욱 가중시키며 큰 충격으로 다가왔다.
이외에도 언급한대로 일본에 의한 을사늑약 체결 이후 연해주에서
한인무장활동이 격화되는 등의 정치적 상황은 일본을 의식하는 프리
아무르 당국으로 하여금 한인에 대한 보다 강도 높은 정책으로 전환
시키는 요인으로 작용했다.

이러한 상황 속에서 운테르베르게르의 등장과 더불어 시작된 한
인정책은 기존과는 사뭇 다른 양상으로 전개되어 나갔다. 특히 이주
초기부터 계속해서 대두되어 왔던 국적편입과 토지분여 문제는 더욱
더 냉각되었다. 그의 치세기에 반한인정책이 강하게 추진되었고, 이
러한 영향은 한때 러시아 국적의 한인들에게까지 미쳤다. 한인들에
대한 국적부여는 거의 이루어 지지 못했고, 이러한 상황은 한인들의
세례에 대한 의지를 감소시키는 하나의 요인으로까지 작용했다고 볼
수 있다.

---

146) 니콜라이 V. 랴자노프스키, 김현택 옮김, 『러시아의 역사Ⅱ』, 앞의 책, pp.
132-133.

운테르베르게르 군사령관지사는 한인들의 러시아화와 정교신앙 수용에 대해서도 지극히 부정적인 견해를 피력한 인물이다. 그는,

> "한인의 정교회 입교가 이루어지고, 선교활동의 성과가 눈에 띠는 것처럼 보이지만 이 또한 표면적이다. 대다수의 한인들은 여전히 러시아어를 모르고 있으며, 선교사들 또한 극히 적은 수가 조선어를 알고 있을 뿐이다. 뿐만 아니라 많은 한인마을들에 있는 한인 학교들도 보여지기 위한 것에 불과하며, 대다수의 소년 학생들은 조선어를 배우고 있다.....게다가 한인들에게 있어서 국적취득은 단지 물질적 상황을 보장해주는 보증의 의미에 지나지 않는다"[147]

고 주장하며 한인의 정교회 입교조차 극히 회의적으로 보았다.

운테르베르게르는 이미 러시아 국적에 편입된 한인들에 대해서까지 불신을 나타냈다. 그는 1908년 3월 8일자 내무성에 보낸 보고서에서도,

> "심지어 정교회에 입교하고 러시아 국적에 편입된 한인들조차도 러시아인들에 동화될 것이라는 것은 아무런 근거없는 소리이다. 40년 넘게 남우수리스크 지방에 거주해온 한인들은 극히 소수를 제외하고는 여전히 자신들의 민족성을 유지하고 있고, 모든 면에서 우리에게 낯선 민족으로 남아있다"[148]

강한 불신을 표출했다.

한인들의 정교 세례와 종교활동에 대한 운테르베르게르의 불신은 그 나름대로 일리가 있었다. 정교도 한인들조차도 여전히 결혼식과

---

147) В. В. Граве, указ. соч., с.135-136.
148) Там же, с.134-135.

장례식 등을 고유한 방식으로 행하는 경우가 많았고, 심지어는 정교
회식으로 결혼한 후 재차 조선식으로 결혼식을 행하는 경우가 많았
다.[149] 한인들의 세례와 종교활동에 대한 불신은 정교회 지도부도 갖
고 있기는 마찬가지였다. 1909년 블라디보스톡 주교구 보고서조차도
"한인은 아직 참된 정교도가 아니다. 그들의 생활에는 샤마니즘, 기타
이교의 풍습이 남아있다. 이들의 종교의식은 결여되었으며, 교리에
통하고 있지 않으며 기도의 의의조차 모른다"[150]고 적고 있다.

운테르베르게르 시기의 한인에 대한 부정적인 시각에도 불구하고
한인들 사이에서의 선교업무는 진행되어 나갔다. 교회가 프리아무르
세속 당국의 한인정책에 상관없이 교회 본연의 종교업무를 계속 수
행해 나갔기 때문이다. 이는 무엇보다 1899년 블라디보스톡 주교구
설립 이후 교회 지도부가 한인선교부에는 더 많은 관심을 두고 있었
기 때문이다. 따라서 한인선교부는 기존의 토착민족인 퉁구스족, 야
쿠트족, 축치족 등의 다른 이민족들 사이에서 보다는 더 나은 상황
가운데 있었다.

블라디보스톡 주교구 정교선교협회 위원회의 자료에 따르면, 1908
년도에 블라디보스톡 주교구 내에서는 선교사들의 노력으로 317명의
한인들이 세례를 받고 개종을 했다. 반면, 블라고베쉔스크 주교구 내
에서는 같은 해에 겨우 27명의 세례자가 발생했을 뿐이다. 또한 1908
년도 말에 한인사회에는 23개 교회학교에 총 884명(남자-826명, 여자
-58명)의 학생들이 있었던 반면, 블라고베쉔스크 주교구 내에는 20개
의 이민족 교구(교회공동체)에 3개 학교와 212명의 학생들이 있었
다.[151]

---

149) 이상근, 앞의 책, p.203.
150) 현규환, 앞의 책, p.919.
151) ГАХК, 『Приамурские Ведомости』, №1511, Сшив №407-2, 16 января, 1910, с.4.
　　　『1908년도 보고자료를 토대로 게재된 '블라디보스톡 주교구 정교선교협회

하지만 수치적인 결과만을 가지고 운테르베르게르 시기의 한인선교 활동이 제 기능을 하고 있었다고 판단하기에는 무리가 있다. 운테르베르게르 시기에도 한인들이 세례를 받은 것은 더 이상 세례가 국적취득의 전제조건이 되지 못함에도 선교 초기와 변함없이 세례를 국적취득의 권리로 여기고 세례를 받고자 하는 경향이 여전히 유지되고 있었기 때문이라 볼 수 있다.[152] 뿐만 아니라 1901년 블라디보스톡 주교구 내의 11개 이민족 선교지구의 수가 1908년도에 이르러서도 큰 변화가 없이 12개를 유지하고 있었다. 무엇보다 광활한 연해주 지역에서 한인들과 다른 이민족들 사이에서 총 12명의 선교사들만으로 선교사역을 감당하고 있었다는 점에서도 드러난다. 뿐만 아니라 블라고베쉔스크 주교구 내의 이민족 사이에서 선교활동은 거의 이루어지지 못하고 있다는 점[153] 또한 운테르베르게르 시기의 선교사역의 전반적인 침체를 짐작해 볼 수 있다.

블라고베쉔스크 주교구의 이민족 선교의 침체 원인은 블라디보스톡 주교구가 안고 있는 주된 어려움과 유사하다고 볼 수 있다. 즉 사제-선교사들은 예배와 성례를 주로 집행할 뿐 이민족 사이에서 선교활동은 부진한 경우가 많았다. 이는 물론 이민족들이 아무르강과 그 지류를 따라 광활하게 산재거주하거나 교통상의 어려움, 또는 러시아인 마을들에서 예배와 성례를 집행하고 학교에서 성서를 가르쳐야했기 때문이기도 했다. 하지만 보다 주요한 원인은 선교사들이 이민족들의 언어를 모르거나 이민족들의 관습과 신앙 등을 제대로 알지 못하고 있었기 때문이었다.

게다가 당시 블라고베쉔스크 주교구의 선교부는 단 2명의 교리문답교사 통역원을 보유하고 있었을 뿐이었다.[154] 프리아무르 지방의

위원회 활동'에 관한 1910년 1월 16일자 기사』.

152) В. В. Граве, указ. соч., с.189-190.

153) ГАХК, 『Приамурские Ведомости』, №1511, Сшив №407-2, 16 января, 1910, с.4.

서쪽 지역을 관할지로 하고 있는 블라고베쉔스크 주교구의 상황이 블라디보스톡 주교구의 상황과 비슷하다는 점을 통해서 당시 프리아무르 이민족 선교의 현실적인 상황을 미루어 짐작해 볼 수 있다. 한마디로 국가-정치적인 성격의 선교라고 하기에 40여년 동안에 보여진 국가의 관심은 너무 미약했고, 무엇보다 교회 자체의 준비 또한 미흡했다.

참고로 프리아무르에서와 비슷한 정교회 선교의 역사를 지니고 있는 일본 내에서의 정교회의 상황과 비교해 볼 때 그 결과는 사뭇 대조적이다. 1909년경 일본에는 조직면에서는 러시아인 대주교 1명과 주교 1명, 33명의 일본인 사제와 6명의 보제(1인-러시아인) 등 탄탄한 선교인력 구조를 이루고 있었다. 뿐만 아니라 결과면에 있어서도 265개 교회 공동체와 30,712명의 일본인 정교도 신자가 활동을 하고 있었다. 게다가 일본선교부 내의 토쿄 신학세미너리에서는 총 70명의 학생들(일본인-54명, 러시아인-16명)과 키오토 여성신학전문학교에서는 23명의 학생들이 있었다.[155] 이처럼 일본 내 러시아 정교회의 성공적인 선교활동의 결과에는 일본 정부도 러시아 정부도 아닌 니콜라이 카사트킨 사제의 50여년에 걸친 열정과 헌신이 있었다. 카사트킨 사제는 직접 일본어를 공부하고 그 언어로 성서를 번역, 배포하고 설교를 했다. 이를 통해 그는 50여년 동안의 일본 선교활동을 통해서 약 30,000명의 일본인들을 정교도로 개종시켰다.[156] 그의 선교적 열정과 행위는 마치 1820-60년대 알래스카와 캄차트카 및 프리아무르에서 활동한 인노켄티 베니아미노프 사제의 그것에 견줄 만한 위대한 업적이었다. 이는 또한 비슷한 시기에 훨씬 많은 재정적, 인적 자원을 지원받고도 결과적으로 미흡한 성과를 거둔 러시아 정교회의 중국에서

---

154) Там же, с.4.
155) Там же, с.4.
156) D. V. Pospielovsky, op. cit., p.167.

의 선교활동 결과를 놓고 볼 때 더 확연히 알 수 있다. 다시 말하면 프리아무르에서든 일본에서든, 중국에서든 러시아 정교회의 선교활동의 성패는 마카리 글루하료프와 인노켄티 베니아미노프의 사례에서 처럼 국가보다는 정교회 그 자체의 헌신적인 노력과 현지인 스스로의 참여정도의 여하에 좌우된 측면이 강했다는 점이다. 이러한 상황은 1905년 10월선언 이후 러시아 전제정이 입헌군주체제로 전환되고, 국가와 교회 간의 연결고리가 느슨해지며 선교현장에서 더 드러나게 되었다.

한편 운테르베르게르의 반한인정책의 여파는 아무르주의 한인사회에도 적지 않게 영향을 미쳤다. 이 무렵 아무르주 한인사회의 중심이었던 블라고슬로벤노예 마을의 인구상황을 보자. 1906-07년 시기에 블라고슬로벤노예 마을의 러시아 국적의 한인은 약 1,600명,[157] 1909-10년도에는 총 1,697명(507가구)에 이르렀다. 이 무렵 연해주의 포시에트 지구와 수이푼 지구, 수찬 지구 등에 산재해 있는 35개 주요 한인마을들에 거주하고 있는 한인들의 수는 총 15,269명(2,532가구)이었다.[158] 포시에트 지구에서 규모가 큰 한인마을의 인구가 많아야 1,000여명 안팎이었던 것을 감안했을 때, 당시 블라고슬로벤노예 마을의 그 규모를 짐작해 볼 수 있다. 블라고슬로벤노예 이외에 아무르주 전체적으로 한인들의 수도 증가해서 1906년에는 6,300여 명의 한인들이 광산이나 금광 등 여러 지역에서 활동하고 있었고,[159] 1909년 5월 21일 현재 제야(3ея) 산악관구에만 814명의 한인이 거주하고 있었

157) 현규환, 앞의 책, p.811.
158) В. Д. Песоцкий, указ. соч., с.156. 당시 마을인구가 가장 많은 포시에트 지구 얀치헤 마을의 인구는 254가구에 1,688명이었다. 이중 상얀치헤에 89가구 (527명)가 거주했으며, 하얀치헤에 178가구(1,161명)가 거주하고 있었다.
159) В. В. Граве, указ. соч., с.145. 한인들의 상아무르 진출은 1891년 후반에 시작되었는데, 1888-91년에는 단지 러시아 관리들의 급사로서 6-15명이 있었을 뿐이며, 이후 1891-92년에 470명, 1892-93년에 1,050명으로 증가했다.

다.[160] 하지만 운테르베르게르 시기를 거치며 한인들이 사업장 및 광산에서의 고용을 금지당했다. 이하의 표에서 나타나고 있듯이 1910년 들어서는 아무르주 한인의 전체 거주자 수가 1,538명까지 크게 줄어들었다.[161]

[표 15] 1910년도 현재 아무르주 한인 거주자 수

지역	종교		남자	여자	가족 수
	정교도	비정교도			
블라고베쉔스크		357	315	42	38
아무르군	2	577	576	3	4
제야항구	5	145	124	26	15
아무르 카자크군 관구		202	198	4	4
제야 산악경찰관구		150	150		
부레인 산악관구		55	50	5	5
아무르 재이주군		45	45		
	7	1531	1458	80	66

위의 표에서는 블라고슬로벤예 마을을 제외한 그 밖의 아무르주의 한인 거주상황을 보여주고 있다. 표에서처럼 여자보다는 남자가 절대적으로 많고, 가족의 수에 비해 인구가 많은 것은 블라고슬로벤노예를 제외하고 아무르주 한인들의 다수가 가족이 없는 광산 노동자들이었기 때문이다. 또한 이들의 거주지가 산악지대에 있었던 관계로 블라고슬로벤노예 마을을 제외하고는 교회 및 사제들과의 접촉이 거의 이루어 지지 못하고 있었고, 따라서 세례자(정교도)의 수 또한 상대적으로 낮게 나타나고 있다. 이들 산악지역 한인노동자들에 대한 선교는 특히 1910년대 한인 전도사나 사제들에 의해서 많이 수행되었다.

---

160) РГИАДВ, Ф.702, Оп.1, Д.566, Л.225. 『1909년 5월 아무르주지사 스이체프스키(Сычевский)가 블라고베쉔스크에서 프리아무르 군사령관지사 앞으로 보낸 전문』.

161) В. Д. Песоцкий, указ. соч., Приложение XII, с.154.

[표 16] 1910년 현재 연해주 포시에트 선교지구 한인 거주 상황

민족\마을명칭	한 인 귀화자 남	귀화자 여	비귀화자 남	비귀화자 여	학교 숫자	학생 수 남	학생 수 여	교회 (갯수)
얀치헤 읍								
크라스노예셀로	389	412	73	66	1	54	8	
나고르노예	125	111	56	51	1	22		
자레체	365	380	207	150	1	61		1
노바야 데레브냐	151	156	39	25	1	22		
파타쉬	351	295	112	87	1	54		
하얀치헤	526	492	144	126	2	132		1
상얀치헤	227	273	75	69	1	37		
바라노프카	91	89	32	34				
크랍베	469	457	102	99	1	47		1
노보키예프스코예	142	116	418	281	2	81		1
아디미 읍								
티진헤	646	621	191	187	1	77	15	1
수하노프카	106	91	59	48	1	18	4	
랴자노프카	206	218	42	22	1	27		
우스마이스코예	15	6						
하아디미	209	200	56	42	1	59	14	1
상아디미	167	162	77	76	1	21		
브루세	182	176	104	104	1	22	1	
아브구스토프카	12	8						
시디미	279	260	325	278	1	68	10	
케드로바야파지	53	58	76	61				
슬랴뱐카			31	12	1	26	12	
후토르 얀코프스키			16	8				
자임카 바슈케비치								
총 계	4,711	4,582	2,235	1,826	19	828	64	6
	9,322		4,061			892		
	13,383							

* 한인(13,383명) 이외에 유럽인(63명), 중국인(839명), 일본인(37명)이 거주하고 있었음.

한편 1909-10년 연해주에서는 일부 사제들이 '비세례자 한인들을 추방하고, 대신 세례받은 자는 추방을 면한다'는 소문을 퍼뜨려 1910년 여름에 블라디보스톡 부근의 강에서 세례받은 자가 한때 증가하기도 했다. 이는 일부 사제들이 정교회 신자들을 증가시키고 떨어진 세례율을 높여 정교회 지도부의 눈에 들고자하는 출세주의에 사로잡혀서 벌어진 현상이었다.[162] 하지만 여전히 정교도 한인의 삶은 비정교도적으로 살 수 밖에 없는 환경 속에 놓여 있었다. 이는 단적으로 한인 밀집거주 지역인 포시에트 선교지구의 교회 숫자를 보더라도 한인들의 정교신앙 상태를 짐작해 볼 수 있다(표 16]참조).[163] 표에서 나타나고 있듯이, 1910년 경 연해주 남부의 포시에트 선교지구 내의 23개 한인마을들에서 교회는 자레체, 하얀치헤, 크랍베, 노보키예프스코예, 티진헤, 하아디미 등 6개 마을들에서 기능을 하고 있었다. 19세기 말 20세기 초 연해주와 아무르주의 32개 한인마을들에서 기능을 하고 있던 교회의 숫자가 10개 미만이었다는 점은 정교회 한인선교가 안고 있던 어려움의 한 단면을 보여주는 것이라 할 수 있다. 즉 턱없이 부족한 사제와 교리문답교사 인력, 그리고 사제들의 부족한 소명의식과 조선어 미습득 문제들은 한인선교가 안고 있던 가장 큰 한계이자 어려움들이었다.

1910년대에 곤달티 시기에 들어서 한인들의 정교회에 대한 태도와 인식은 외적으로 뿐만 아니라 내적으로도 큰 변화를 맞이했다. 이전까지 한인들의 정교회에 대한 인식이 국적과 토지를 얻기 위한 하나의 수단으로 작용하여 형식적이고 피상적인 것에 그친 반면, 본 시기에 들어서 한인들은 정교신앙에 대한 인식은 보다 진지해졌다. 『대동공보』는 "이제 아령에 있는 일반 한인은 신앙심이 희랍교에 정착하야 각 처에 세례받기를 원하는 자 수백명이라더라"[164]며 한인들이 정교

---

162) В. В. Граве, указ. соч., с.190.
163) В. Д. Песоцкий, указ. соч., Приложение ⅩⅧ, с.166-167.

생활에 열심을 다하려는 모습을 전하고 있다. 또한 "참으로 믿으며 실로 믿으면 여러 천만명의 희랍교도는 다 우리를 위하야 정력을 쓰리니 배척한다 근심하지말고 희랍교의 규칙을 잘 복종하며, 구측한다 두려워하지 말고 희랍교의 도리를 잘 신앙하라"[165]며 정교를 배척하지 말고 열심히 믿을 것을 권면하고 있다.

1910년대에 들어서 프리아무르의 한인선교는 몇 가지의 주요한 정치적, 종교적 상황변화 속에서 활기를 띠게 되었다. 이러한 상황의 변화에 영향을 미친 요인들은 몇 가지 측면에서 찾아볼 수가 있다.

우선 정치적인 요인으로서 일제에 의한 조선의 병합을 들 수가 있다.

한인들의 정교신앙에 대한 귀의현상은 1910년대 들어 더 적극성을 띠었다. 즉 한일합방으로 상황에 따른 인식의 변화가 생긴 것이다. 한인들은 러시아는 유일한 희망이며, 국제정치 속에서 살아남기 위해서는 러시아적인 생활 방식을 배우고, 국적을 획득하는 것이라고 인식했다. 많은 한인들이 정교회로 개종을 했는데, 이는 개종이 러시아로부터의 보호를 의미했을 뿐 아니라, 종교를 통해 망국의 슬픔을 달래고 위안을 찾고자 했기 때문이다.[166] 이런 경향은 이보다 앞선 당시 조선 본토에서 조선인들의 기독교에 입교하려는 열망과 무관하지가 않다. 1905-6년을 전후로 조선에서는 미국, 캐나다, 호주 장로 및 감리교단 선교사들이 활동하고 있었다. 1901년에는 이미 캐나다 장로교파에 의해 서울에 청년 기독교 단체인 YMCA(基督敎靑年會, Young Men's Christian Association)가 설립되었다. 이후 이 단체와 유사한 청년회 단체인 YMA(靑年會, Young Men's Association)가 설립되었으며, 서울에서만 그 수가 1만여 명에 이르렀다. 특히 이러한 사회적 움직임은 점차

---

164) 『大東共報』 大韓隆熙 4년 7월 3일(1910. 6. 20, 제2권 23호).
165) 『大東共報』 大韓隆熙 4년 7월 31일(1910. 7. 18, 제2권 41호).
166) С. В. Недатин, *Православная церковь в Корее*, СПб., 1912, с.53.

항일적인 성향의 정치적인 성격을 띠었나갔다.[167] 이에 일본은 미국 개신교단의 영향에 고무되어 불기시작하는 반항일적인 정서를 견제하며 조선에서의 영향력을 확대해 나가고 있었다. 후에 임시정부 초대국무총리를 지냈던 강화도 진위대장 이동휘는 "기독교야말로 쓰러져가는 나라와 민족을 구할 수 있다"며 자신이 기독교(감리교)에 입교했다. 또 그는 을사조약 체결 후 2천만 동포에게 보낸 유고(遺告)에서는 "기독교가 아니면 애국지심이 없으며, 기독교가 아니면 독립지심이 없다....독립단합의 기초가 기독교에 있다"[168]고 설파하며, 조선 민중들의 기독교 입교를 독려하기도 했다. 지도층의 신앙을 통한 애국사상 고취는 민중들에게 큰 영향을 미쳤다. 일본의 영향력이 증대함에 따라 많은 조선인들이 기독교로 개종해나갔으며, 이러한 흐름은 결과적으로 이웃한 프리아무르의 한인사회에도 이어졌던 것이다.

다음은 종교적인 요인으로서 교회교구학교 출신의 한인 전도사나 사제의 등장을 들 수 있다.

1890-1900년대 들어서 교회교구학교가 증가하고 교육받은 한인 젊은이들이 증가하기 시작했다. 또한 한인사회에서 세례 및 개종자가 증가하면서 한인 출신의 전도사, 선교사 및 사제들이 등장하기 시작했다. 1910년대 들어서 정교회는 이들 한인 선교사들의 전도와 세례 활동에 힘입은 바가 컸다. 조선어로 전달되는 한인 전도사나 사제들의 전도나 설교는 한인들에게 직접적으로 전달되었고, 신앙적인 교감 또한 유지시켜주는 강력한 매개체가 되었다. 뿐만 아니라 이들의 선교활동으로 정교회 지도부는 세속 당국의 약해진 지원 속에서도 인력을 확충하고, 선교의 역량이 제대로 미치지 못하고 있는 아무르

---

167) Россов(동시베리아 제20보병연대 2등대위), *Очерк состояния КОРЕИ в конце 1905г. и в начале 1906г. с приложением 4-х схем*, Харвин, 1906, с.73-75.

168) 반병률, 『임시정부 초대 국무총리-성재 이동휘 일대기』, 범우사, 1998, p.47.

주와 자바이칼주의 산악지대에서 생활하는 한인노동자들에게 정교 신앙을 전할 수 있게 되었다. 연해주의 오 바실리, 박 페오도르, 아무르주에서 활동했던 김봉초와 자바이칼주의 이강, 황공도 등이 바로 대표적인 한인 출신의 전도사나 사제들이라 할 수 있다. 한인 전도사나 선교사들의 활동은 러시아 한인사회에서는 쉽게 접할 수 있는 현상으로 받아들여졌고, 혁명 직전까지 여러 지역에서 한인들에게 정교신앙을 전하는 기수 역할을 감당했다.

또 다른 주요 요인으로 장로교파의 등장과 선교활동을 들 수 있다. 1909-12년 장로교파의 블라디보스톡 입성과 이들의 활발한 선교활동은 정교회 지도부에게는 큰 위협이자 한인선교를 뒤돌아보는 큰 계기로 작용했다. 당시 장로교파의 블라디보스톡 입성은 정교도 한인사회뿐만 아니라 일부의 정교도 러시아인들에게까지 영향을 미쳤다. 정교회 지도부는 장로교파에 대응해 나가는 과정에서 여러 가지 조치와 정책들을 통해서 정교회 선교의 조직과 체제를 정비해 나감으로써 결과적으로 향후 정교회 한인선교의 발전을 꾀할 수 있게 되었다. 그러나 한편으로는 장로교파에 대응하는 과정에서 정교회 지도부는 한인선교 초기부터 제기되어 왔던 근본적인 문제들을 치명적으로 노출시켰으며, 약 50여년의 프리아무르 한인선교의 한계를 여지없이 보여주고 말았다. 이에 대한 논의는 다음 절에서 자세히 다시 다루기로 한다.

한일합방 이후 한인들은 가족단위로 정교회를 받아들이고, 러시아 국적을 취득하고자 했다. 이는 한일합방 이후에 일본신민이 되기보다는 러시아 국민이 되기를 선택한 시대적 상황 때문이기도 했다. 이는 당시의 언론보도를 통해서도 알 수 있다. 1911년 3월 20일자 신문 『러시아의 아침』(Утро России)은 "아무르주 40명의 한인들이 귀화를 희망하고 있다"[169]고 전하고 있다. 또 1911년 3월 20일자 신문 『프리아무레』(Приамурье)는 "한인들의 정교회 입문은 대중적인 운동의 성격을 띠고 있다. 하바로프스크 지역의 한인들은 러시아 시민으로 받아줄 것을 희망하는 청원서를 대규모로 제출하고 있다"[170]고 전하고 있다. 또 다른 신문인 『시베리아 말』(Сибирское слово)은 1911년 4월 3일자 기사에서 한 교회에서 행해진 5명의 한인들에 대한 세례를 언급하며, "일본인에 의한 조선병합이 한인들로 하여금 러시아 땅에 이주하도록 강요했다"[171]고 전하고 있다. 이러한 현실적인 상황은 1910년대 들어서 프리아무르 한인사회 어디에서나 볼 수 있는 일반적인 현상이었다.

조선의 주권상실은 프리아무르의 많은 한인들에게도 정교신앙에 입교하는 큰 계기가 되었다. 또한 1911년 3월, 프리아무르 당국의 토지분여가 수반되지 않는 한인들에 대한 국적편입 허용정책도 한인들의 자발적인 정교신앙 활동에 영향을 미쳤다. 최봉준과 고상준은 블라디보스톡 포크로프 교회의 바실리 사제와 의논하여 복음전도를 연구하는 한인전도회를 조직했다. 한인전도회는 이를 위해 조선어와 러시아어에 능통한 오 바실리와 황공도를 전도사로 활동케 했다.[172] 당시 언론은 "일년이 못되어 세례를 받은 자가 해삼위에 1,000여명이오, 수청에 400여명이오, 송항령에 300여명이라"[173]고 언급하며, 이들의 활발한 활동을 전하고 있다. 개종자가 증가하자 한인들은 교회를 건축할 형편이 안되므로 셋집을 얻거나 사가를 빌어 일요일 오후, 수요일과 토요일 저녁에 모여 예배를 보았다.[174]

---

169) 『Миссионерское обозрение』, No.11, Ноябрь, 1912, c.721.

170) 『Миссионерское обозрение』, No.4, Апрель, 1998, c.19.

171) Там же, c.19.

172) 『대한인정교보』 1912년 1월 (창간호), 『아령한인정교회의근상』, p.19. 오 바실리는 카잔 교사양성 학교를 마친 인물이다. 그는 1911년 전도사 활동에 대한 공로로 블라디보스톡 종교국으로부터 스타니슬라프 은메달을 수여받기도 했고, 1912년 4월에는 사제로 서임 된 후에는 신한촌 인노겐티 교회·학교의 교사로 활동하기도 했다.

173) 위와 같음, p.20.

174) 위와 같음.

이러한 움직임은 연해주에만 한정된 것이 아니었다. 언급한대로 1910년대 들어서 아무르주와 특히 자바이칼주에서도 이미 한인들의 정교세례가 활발하게 이루어져 가고 있었다. 자바이칼주 정교도 한인들의 수는 증가했으며 거주 영역도 확대되었다. 이는 결과적으로 한인들의 영적인 교육활동을 강화하도록 정교회 당국을 자극했다. 1912년 5월 7일자 종무원령으로 치타 중앙선교교회 산하에 한인의 종교교육을 위한 특별부서의 설립이 허가되었다. 유지비용으로 연간 1,200루블이 배정되었으며(사제-900루블, 시낭송자-300루블 포함),[175] 이 예산은 도시와 농촌지역 성직자들의 필요한 자금을 증대시키는데도 쓰이게 되었다. 뿐만 아니라 1913년 5월 20일에 치타에서는 블라고베쉔스크에서 페름(Пермь)에 이르기까지 각지에 거주하는 정교도 한인 대표자회의가 열렸으며, 예프렘 대사제의 주도 하에 더 활발한 한인선교 문제가 논의되기도 했다.[176]

자바이칼주에서 한인선교는 이미 언급한대로 치타의 예프렘 대사제와 이르쿠츠크의 니콜라이 자토플랴예프, 그리고 한인 전도사인 이강과 황공도 등에 의해서 수행되었다. 한인 전도사들의 활동은 1905년 이후 세속 당국의 관심과 지원이 약해져가고 있는 시점에서 한인을 대상으로 한 세례에 기여한 측면이 컸다. 이들 한인 전도사들은 재정이나 인력부족으로 정교회 당국이 관심을 두기 어려운 아무르주와 자바이칼주의 주로 산악지대의 광산에서 일하는 한인들을 상대로 선교순례를 수행하여 적지 않은 선교적 결실을 거두어 내기도 했다.

그러나 1905년 이후 줄곧 일본의 외교적 눈치를 보아오고 있는 러시아 중앙정부는 프리아무르 지방 당국을 통해 조선국적의 한인들, 특히 한인항일단체 및 정치적 성향의 한인들에 대한 감시와 탄압을

---

175) 『Православный благовестник』, No.9, Май, 1912, с.422.

176) 『Православный благовестник』, No.1, 1914, с.286. 『Миссионерское поездка катихизатора Забайкальской миссии корейца А.Е.Лиганга』.

병행해 나갔다. 곤닫티 체제의 프리아무르 당국은 한인들의 국적편입
과 종교활동에 대해서는 문을 열어놓았으면서도 정치적으로 민감한
문제들에 대해서는 강경한 입장을 고수했다. 이러한 태도는 1914년
제1차세계대전이 발발하자 러일관계는 동맹 수준으로 발전하였고, 러
시아 외무대신 사조노프(С.Д.Сазонов)는 일본과의 동맹관계를 보다 공
고히 하려는 의지의 표현으로 한인항일운동 세력에 대한 탄압을 강
화해 나가고자 했던 것에서 비롯되었다고 볼 수 있다.[177] 가령 자바
이칼주 치타 지역에서 이강의 영향력있는 정교회 전도사로서의 선교
활동과는 별도로 프리아무르 당국은 이강, 정재관을 중심으로 한 국
민회 계열의 한인들에 대해서는 강경하게 대처해 나갔다. 아무르주
당국은 이강, 정재관, 이창한, 공화순 등의 주요 항일인사들이 러시아
어 및 한국어 학교를 세우고, 『대한인정교보』를 발간하면서 학교 산
하에 국민회라는 한인애국단체를 결성했다는 죄목으로 체포했다가
100루블씩의 보석금을 받고 석방시키기도 했다. 아울러 이르쿠츠크의
동시베리아 군사령관지사는 이들에 대한 감시와 적절한 조치를 취해
줄 것을 러시아 외무부에 계속해서 제기했다.[178] 특히 동시베리아 당
국은 치타 한인선교부에서 활동하는 이강을 항일선동가 중 가장 위
험한 인물로 간주하고 있었다. 이는 이강이 1912년 7월 22일에 치타를
경유하던 카츠라 타로오(桂太郞)에 대한 암살위협 인물로 간주되어
왔기 때문이기도 했다.[179] 이와 같이 러시아 정부는 지방 당국들을

---

177) 최덕규, 앞의 글, p.294.
178) 『이르쿠츠크의 동시베리아 군사령관지사가 러시아 외무부 사조노프에게
    보낸 1916년 1월 5일자 비밀전문』. 자바이칼주의 경우 1906년에 행정편제
    의 변화로 프리아무르 대군관구의 구성원에서 벗어나 동시베리아 대군관
    구에 재편성되었다. 하지만 본고에서 언급되는 마지막 시기까지 그대로
    프리아무르 대군관구로 포함시켰음을 밝혀둔다.
179) 『자바이칼주 헌병국장 직무대리가 자바이칼주지사에게 보낸 1916년 2월
    11일자 보고서 사본』.

통해서 이강의 전도활동과는 별도로 계속적인 감시와 추방의 빌미를 찾아나갔다. 이러한 상황은 프리아무르 당국이 러일전쟁 패배 이후 한인 항일인사들에 대해 취해온 탄압정책의 연속선상에서 이루어진 것이라 볼 수 있다.

2) 주교구 설립을 전후한 정교회 한인교육의 변화

19세기 중엽은 러시아에 있어서 격변의 시기였다. 1861년 농노제가 폐지되고 사회 각 부문에서 대개혁이 시작되었으며, 교육부분에서도 예외는 아니었다. 대개혁 이전까지는 당국의 관심밖에 있던 국민교육은 1864년 7월 14일 '초등학교법(Положение о начальных народных училищах)' 과 교육부(МНП), 그리고 1866년 교육부대신이 된 톨스토이 종무원장에 의해 기틀이 잡혀갔다. 그 과정에서 사제들의 국민교육참여 문제가 대두되었고, 1867년 1월 17일에는 '정교사제문제 특별위원회(Особое присутствие по делам православного духовенства)'가 발족되었다. 이를 통해 사제의 물질적 여건개선과 사제층의 시민적 권리향상, 사제교육과정의 개혁과 사제의 국민교육 참여확대라는 4대과제 해결을 목표로 활동에 들어갔다.[180]

교육대신 골로브닌(А.В.Головнин)이 "모든 어려움을 대변한 법령"이라고 인정했던 1864년 7월 14일자 교육법령으로 교구학교를 포함해서 정부 각 기관의 관할 하에 있던 모든 학교들의 관할권이 교육부로 이관되었다.[181] 하지만 교육부로의 관할권 이관이 유럽러시아를 포함한 프리아무르 지방의 러시아인 및 이민족 교육에 있어서 획기적인 변화를 줄 수 있는 것은 아니었다. 1866년 4월 14일에 골로브닌에 이어

---

180) 방일권, "1860년대 러시아 교회와 초등교육," 『국제지역연구』(서울 : 외국학종합연구센터, 2000), p.10.

181) Бан Ил Квон, "К.П.Победоносцев и распространение церковно-приходских школ в 1884-1904гг." СПб., 2000, c.82.

교육부 대신이 된 톨스토이 신성종무원장(обер-прокурор)은 교육의 재정은 젬스트보(земство)[182]와 사회단체(общество)를 통해서, 교원은 교회, 즉 성직자들을 통해 지원받게 함으로써, 직접적인 국가의 지휘와 통제 하에서 초등교육의 시스템을 확립하고자 했다.[183] 이러한 법령은 실제적으로 러시아 정부가 교육의 주도권은 국가가 유지하면서도 그에 따른 재정적 부담은 지역 공동체나 이민족들에게 돌림으로써 부족한 재정상황을 타개해 나가는데 법적인 근간이 되었다.

사제들의 의지가 1864년의 초등학교법에 반영되어 나타났지만, 교회는 점차 교육부와의 주도권싸움에서 밀려나고, 새 신성종무원장인 포베도노스체프에 의해 추진된 교회교구학교 정책이 본격화되는 1880년대 중반까지, 교회는 인민계몽의 선구자 자리에서 교육부감독 하의 협조자가 되어갔다.[184]

러시아 중앙정부의 이러한 국민교육개혁의 틀이 비단 유럽러시아에만 국한되어 반영되지는 않았다. 당시 러시아에 편입된 프리아무르 지방에서도 비록 아직은 러시아인들의 유입규모가 적었을 지라도 이러한 개혁의 소용돌이 속에서 다양한 교육정책들이 취해졌으리라 생각된다. 따라서 프리아무르 지방의 모든 이민족들 또한 기독교화와 러시아화를 통한 순응적인 러시아 시민으로 동화시키고자 했던 러시아 정부가 주도한 교육정책에 영향을 받았으리라 생각한다.

1860에 프리아무르의 연해주가 완전히 러시아의 수중에 들어왔지

---

182) 1864년 지방 행정개혁으로 도입된 지방자치의회로서, 건설과 지방도로와 학교, 병원, 양로원 등의 운영이 젬스트보의 권한에 속한다. 지방자치 회의와 집행부가 명령기능을 수행했으며, 대의원들은 3년에 한번씩 선출되고, 주(губерния)의 자치회의 대의원들은 군(уезд) 지방자치 회의들에 의해서 선출된다. 젬스트보의 업무는 주지사(губернатор)와 내무부에 의해 통제를 받는다.
183) Бан Ил Квон, указ. соч., с.108-113.
184) 방일권, 앞의 글, pp.16-17.

만 러시아 정부는 이 지역의 군사·경제적인 개발을 위해 학교기관 조
직과 교육시스템 구축 등의 과제를 뒤로 밀쳐놓았다. 단적인 예로
1872년부터 1917년까지 러시아 정부는 프리아무르 지방에 군사적인
목적으로 총 지출비용 7억 5천만 루블에서 78.4%를 사용한 반면에, 교
육 부분에는 총 0.7%를 할애했을 뿐이다.[185] 따라서 프리아무르 이민
족의 학교교육은 재정적인 부족을 안고 시작될 수밖에 없었다. 그럼
에도 1870년대 초부터 블라디보스톡이나 하바로프스크 등의 도시 지
역에서는 학교와 김나지움이 설립되기 시작했다. 즉 새로운 학교와
김나지움 등의 설립자금이 충분하지 않았던 당국으로서는 사립학교
나 일요학교(воскресная школа) 등의 설립을 허용하여 부족하게나마 교
육의 혜택을 누릴 수 있도록 했다.

본고에서 세속 당국과 정교회 지도부에 의해 한인교육이 수행된
한인학교[186]는 크게 세 가지로 분류해 볼 수 있다. 즉 1865년 선교활
동이 시작된 이후 1880년대 후반까지 기능했던 선교학교(миссионерская
школа)와 신성종무원장 포베도노스체프의 교회교구학교 정책으로
1890년대부터 등장하여 선교부 관할 하에 있던 교회교구학교(церковно-
приходская школа), 그리고 1870년대 초부터 한인들에 의해 비밀리에 운
영되었던 한인민족학교가 이에 해당된다. 프리아무르에서 러시아 정
교회의 한인교육은 정교신앙을 통한 선교활동과 직접적이면서도 밀
접한 관계 속에서 이루어졌다.

정교회의 한인교육에서 교육시설 확보 등의 진전을 이루어 낼 수
있었던 것은 코르사코프를 비롯한 지역행정관들의 도움이 컸다. 코르
사코프는 "연해주와 아무르주의 지역적인 특성과 적은 규모의 교육시
설을 고려해야 한다. 프리아무르 지방의 교육관할권을 단순히 중앙정

---

185) Б. Д. Пак, указ. соч., с.151-152.
186) 본고에서 '한인학교'는 시기적인 차이는 있지만 '선교학교'와 '교회교구학
　　교'를 지칭하며, '한인민족학교'와는 차별되어 사용됨을 밝혀둔다.

부의 교육감(Гдавный Инспектор)에게 맡긴다면, 교육업무에 아무런 이익을 가져오지 않을 것이다. 뿐만 아니라 지역행정관들의 교육에 대한 영향력을 약화시켜서, 결과적으로 지역행정관들이 교육시설 개선과 새로운 조직에 필요한 적절한 조치들을 취하게 할 가능성을 잃게 하는 것이다"[187]며, 연해주와 아무르주의 민간교육시설의 관할권을 지역행정관들의 수중에 맡겨줄 것을 정부에 청원했다. 결국 코르사코프의 청원은 교육부에 의해 수용되었다. 그 결과 1868년 5월 17일에 '연해주와 아무르주 학교관할을 지역행정관들의 소관으로 하는 법령'이 나오게 되었다.[188]

한편으로는 지방 당국과 정교회 지도부(캄차트카 주교구)의 한인 교육에 큰 힘이 되어 준 것은 한인 부모들의 높은 교육열과 지속적인 물질적 후원이었다. 한인 부모들의 교육열은 주변 민족들 중에서 가장 높았다. 이는 전 시기를 두고 나타난 현상이기도 하다. 더 나은 교육을 위해 부모들은 다른 도시로 자녀를 보내기도 했다. 1868년에는 7명의 아이들이 이르쿠츠크 직업학교에 입학하기도 했으며, 1871년에 고가이 예브게니(E.Когай, 고영준)는 남우수리스크 지방의 국경문제 전권대표 산하의 정식통역관으로 임명되었다. 이후 그는 1868년 이주 한인문제 연구를 위해 남우수리스크 지방에 상주하고 있던 겔메르센 대위의 도움으로 최초로 성-페테르부르그에 와서 러시아어를 배웠다.[189] 이외에도 퍈코프는 티진헤 마을에서 몇 명의 학생들을 선발해 블라디보스톡에서 학생들과 같이 생활하며 지도했다. 이후 퍈코프의 청원으로 학생들은 크로운 제독의 동의로 시험을 거쳐 포함대 '소볼(Соболь)'의 견습선원으로 채용되기도 했다.[190] 나중에 이중 한 명(최

187) А. И. Петров, *Корейскя....19века*, указ. соч., c.207.

188) Там же, c.207.

189) Б. Д. Пак, указ. соч., c.54.

190) П. Ивановский, указ. соч., c.129; Н. Г. Мизь, А. М. Буяков, указ. соч., c.83. 퍈

재형, 최 표트르)은 얀치헤 마을의 촌장이 되었다. 이처럼 판코프는 단순히 교육뿐 아니라, 학생들에게 러시아의 정신을 전하려는 데에 역점을 두었다. 뿐만 아니라 한인들은 경제적인 이유로 러시아인 가정에 자녀를 위탁양육시키는 것 외에 양자로 보내기도 했다. 그런데 교육받지 못한 군인가정에서 노예 같은 대우를 받거나, 심지어는 노예처럼 팔리는 경우도 있었다.[191] 사실 양자들이기는 충성스런 정교도 러시아인으로 만드는 가장 빠른 방법 중의 하나이기도 했다.

한인들의 사상을 온건하고 이념적으로 선택된 교재로 교육시킬 목적으로 러시아 정부는 교재나 사전, 선집출간에도 관심을 기울였다. 이러한 일은 판코프 사제에 의해 시작이 되었다. 당시 주교구의 부족한 재정으로 학교운영은 매우 어려웠고, 따라서 예산은 선교활동에 우선적으로 집행이 되었다. 판코프는 5개 한인학교의 학교운영과 재정확보를 위해 여러 가지 계획을 강구하기도 했다. 그는 한인들의 도움으로 조선어자모 책자[192]을 만들어 성-페테르부르그에서 발간해서 수익대금으로 한인학교의 재정상황을 개선하는데 사용하기도 했다. 또한 한인들의 복지에 늘 관심을 기울였으며, 학교에 교과서와 종이 같은 교육자료들을 공급하기도 했다.[193]

1870년대 러시아 정부는 한인 이주자들의 교육에 관심을 지속해 나갔다. 1868-76년 시기에 넉넉하지는 않지만 한인자녀들의 교육에 총 3,770루블이 지출되었고, 1874년과 76년에는 티진헤와 얀치헤 마을 교사들에게 총 2,000루블의 봉급이 배정되기도 했다. 교사들은 1년에 240-360루블의 봉급을 받았다. 당시 한인학교의 교육은 가능한 한 당

코프 사제가 후원했던 학생들의 명단은 다음과 같다: 최 세묜(С.Цой), 전 이반(И.Тен), 김 일랴(И.Ким), 최 표트르(П.Цой), 최재형).

191) 『Миссионер』, No.17, 1877, с.136-138. 『Судьба корейского мальчика』.
192) 당시 판코프 사제가 발간한 책은 "Корейская азбука. В пользу корейских школ Южно-Уссурийского края", Автограф корейца. СПб., 1874이다.
193) M. Belov, op. cit., p.48.

시 공립학교(сельская школа)의 프로그램을 따랐다.[194] 당국의 관심이 계속해서 한인교육에 지속되고 있었다는 점에서는 의미가 있었으나 넉넉지 못한 재정상황은 이따금씩 학교교육에 어려움을 초래했다. 그런 이유로 티진헤와 얀치헤 마을 등의 학교들과 수이푼 관구(지구)의 코르사코프카 읍의 학교들은 1870년대-80년대 초까지 단속적으로 학교가 운영될 수밖에 없었다. 또한 자격있는 정식교원의 부재도 폐교의 원인으로 작용하기도 했다. 1880년대 이전까지 한인학교에는 전문적으로 양성된 정규교사가 한 명도 없었다. 대부분의 시낭송자나 선교사들은 러시아인이었고, 이들에 의해서 이민족교육이 이루어졌다.[195] 이는 당시 교육부대신 이었던 톨스토이의 의도와도 관련이 있다. 그는 성직자를 통해 교원을 충당하는데 있어서, "만일 성직자들이 이민족을 잘 교육시킨다면, 지역주민들에 대한 성직자의 영향력은 도덕적으로 뿐 아니라 정치적인 의미도 지니게 될 것이라고 확신"[196]했었다. 따라서 톨스토이는 성직자의 민중교육 참여에 큰 의미를 부여하고 있었다.

한편으로 1870년대 초반부터 1880-90년대를 거치며 존재했던 한인민족학교의 등장은 정교회 지도부를 한때 긴장시키기도 했었다. 이런 불법적인 학교들은 한인마을에 비밀리에 활동을 했으며, 교사는 한인 출신으로 직접 마을에 들어오거나 마을 주민들에 의해 초빙되어 왔다.[197] 학교에서는 조선어 교재로 조선식 시스템에 따라 조선어로만 수업이 이루어 졌다. 예로 1876년 얀치헤 마을의 한인들은 당국의 재정중단으로 학교가 문을 닫게 되자 이른바 한인민족학교를 비밀리에

---

194) А. И. Петров, *Корейскя...19века*, указ. соч., с.209.
195) 1870년대 말에 이미 한인학교 교사들을 교회 성직자들로 교체하는 과정이 진행되고 있었다. 특히 이러한 대체과정에는 캄차트카 마르티니안 주교의 활동이 적지 않게 영향을 미쳤다.
196) Бан Ил Квон, указ. соч., с.112-113.
197) В. В. Граве, указ. соч., с.182.

열었다.[198) 이주 한인들 중의 많은 사람들이 당시 조선의 관습과 전통에 대한 욕구뿐 아니라 조선식 교육을 받아 언젠가는 조선에서 좋은 일자리를 구하리라는 희망 또한 갖고 있었다. 점차 늘어나는 한인 민족학교에 맞서 1878년 마르티니안은 얀치혜와 코르사코프카 기도소 내에 있는 선교학교들의 개교조치를 취했지만, 민족학교와 조선에서 온 교사들에 심취해 있던 한인들의 반응은 냉담했다.

하지만 이러한 현상이 한인들의 현실을 완전히 바꾸어 놓지는 못했다. 이는 부모들이 자녀들은 정교도 러시아인이 되어야 될 필요성을 인식하고 있었기 때문이다. 전반적으로 한인들은 자진해서 자녀들을 세례로 이끌었다. 한인들은 자녀들을 세례시킬 준비가 되어 있었고, 따라서 교회교구학교가 문을 열자 곧바로 자녀들을 학교에 보냈다. 러시아 신앙을 받아들이고자 하는 한인들의 바램은 컸으며, 한인들 스스로가 교회와 학교를 세우며 세례에 응했다. 하지만 주목할 것은 한인들의 이러한 관심은 러시아 신앙을 이해하고자 하는 진정한 바램에서가 아니었다는 점이다. 한인들은 러시아 국적과 정교회를 구별하지 않았으며, 정교회를 받아들임으로써 다른 특권을 얻을 수 있으리라 생각했던 것이다.

1870년대 들어서 아무르주의 블라고슬로벤노예 마을에서도 한인교육이 시작되었다. 지방 당국은 학교교육을 통해서 한인들의 러시아화를 유도해 나가고자 했다. 당시 언론에서는 "개교시작부터 희망자들이 많았으며, 학생 중에는 러시아어 알파벳을 배우려는 어른들도

---

198) А. И. Петров, *Корейскя....19века*, указ. соч., с.232. 특히 정교회 지도부가 우려했던 것은 이들 교사들에 의한 비기독교적인 가르침이었다. 왜냐하면 이교학교 한인교사는 비세례자였으며, 이는 채용조건 중의 하나였다. 또한 이런 교사들 중의 일부는 조선에서 온 개신교 사제나 불교승이었다. 따라서 정교회는 이러한 불법적인 학교의 비세례자 한인교사들이 세례받은 정교도 한인젊은이들에게 이교적인 거짓된 가르침을 행하고 있다며 강한 우려를 나타냈던 것이다.

있었다. 젊은 카자크군인이 교사로 임명되어 새로운 방법으로 과목을 가르쳤다"[199]고 적고 있다. 학생들은 러시아어 문장을 작성하거나 '우리아버지', '성모'와 같은 기도암송 공부를 배웠다. 1872년 말 무렵에 요안 곰쟈코프 사제는 "학생들은 매우 괄목할 만한 수준에 올라있었으며, 읽고쓰기와 큰자리수까지 셈이 가능했으며, 기도를 할 줄 알았다"[200]고 보고서에서 기록하고 있다. 한인 어린이들에 대한 초기의 교육활동에서 거둔 성공에 감동받은 베니아민 대주교는 한인학교를 위해 적극적으로 기부금을 모으고, 칠판과 주판, 잉크 등을 보내기도 했다.[201] 한인들이 재이주되어 올 당시인 1871년에 한인 이주자의 수가 400여 명이었던 점을 감안했을 때, 바로 이듬해에 50여명의 학생이 학교에 출석했다는 사실에서 교육에 대한 열정이 그 어느 지역보다도 강하게 표출되고 있었음을 짐작해 볼 수 있다. 물론 이는 블라고슬로벤노예 마을의 경제적 부요함과도 관계가 있을 것이다. 블라고슬로벤노예 마을은 그 시작에서 알 수 있듯이 프리아무르 한인마을 중에서도 상위 수준에 드는 비옥한 토지와 농업생산성을 갖추고 있는 마을이었다.

선교학교는 일반적으로 정부의 지원을 받으며 운영되었다. 하지만 지원자금이 넉넉하지는 않아서 개교와 폐교가 반복되는 현상이 잦았다. 선교학교를 통해 한인들은 러시아어뿐 아니라 공립학교 모델에 따라 기타과목들도 공부할 수 있었다. 주목할 것은 마을공동체(сельское общество)의 규정에 따라, 러시아인 학교의 유지비용은 러시아인 농민들 스스로가 일정부분을 책임져야 했던 반면, 1880년대에 한인학교의 경우 교회관계부처(церковное ведомство)가 학교건립과 운영에 따른 일정 부분의 비용을 책임졌다는 점이다.[202] 그런 한편으로 세속 당국은

---

199) 『Миссионер』, No.26, 1874, c.240-241.

200) Там же, c.241.

201) M. Belov, op. cit., p.42.

학교 건축 및 운영 등에 필요한 재정을 일정부분 교육열이 높은 한인 부모들의 기부 및 지원금으로 유지해 나갔다. 르인샤(О.Б.Лынша)는 "선교학교가 비록 불안정한 재정상황과 교육수준이 낮은 교사와 선교사 및 시낭송자들의 교육으로 수준낮은 교육이 이루어 졌지만, 한인들에게 러시아어와 정교교리 학습을 통한 새로운 문화적 환경에 대한 적응력을 길러주는데 큰 도움을 주었다"[203]고 선교학교의 교육적 영향력을 높게 평가하고 있다.

1880년 초부터는 이르쿠츠크 교사양성학교를 마친 한인이 정규교사로 채용될 수 있는 길이 열리게 되었다. 이를 가능하게 한 것은 1870년에 만들어진 "교사양성학교 법령(Положение об учительской семинарии)"이었다. 이를 토대로 러시아 정부는 젬스트보와 개인의 자금지원을 통해서 자격을 갖춘 교원양성을 배출해 낼 학교시설을 열기 시작했던 것이다.[204]

그러나 1880년대 후반 들어서 지방 당국 및 정교회 지도부는 한인교육 활동에 전략적인 수정을 가했다. 우선 정교회 지도부는 선교과제의 목표로 형식적으로 세례자 수를 증가시키는 것이 아닌 교육을 통한 한인들의 종교성을 향상시키는데 두었다. 학교를 '교회의 앞마당'으로 여기며 선교부는 학교교육을 가장 중요시 여겼다.[205] 이런 정책변화의 요인은 한인들이 외적으로는 자진해서 정교신앙 받아들이면서도 비기독교적인 모습을 보여왔기 때문이다. 이는 또한 코르프 군사령관지사의 국적부여 지연정책에 따른 한인들의 세례에 대한 의욕저하에서도 원인을 찾아볼 수 있다고 본다. 교회는 학교교육을 통

---

202) А. И. Петров, *Корейскя...19века,* указ. соч., с.215.

203) О. Б. Лынша, "Зарождение школьного образования среди корейского населения Южно-Уссурийского края во втор. пол. XIX века,"『역사문화연구』24집 (서울 : 한국외대 역사문화연구소, 1992), pp. 11-12.

204) А. И. Петров, *Корейскя...19века,* указ. соч., с.215.

205) Г. Н. Ким, Сим Енг Соб, указ. соч., с.73.

해 한인들에게 보다 깊고 체계적인 정교를 전달하고자 했다. 이러한 측면은 특히 19세기 후반부터 교육활동 강화를 통한 이민족의 러시아화를 추구해온 국가적 선교의 목표와도 부합되는 현상이라 할 수 있다.

나아가 정교회 지도부는 러시아어 사용을 주장하며 조선어 억제 정책을 취했다. 교회는 "이민족들이 자신들의 언어를 갖거나 부활시 킨다면, 러시아 국가에 대한 연계는 약화될 것이고, 이민족들은 독립을 소망할 것이다"[206]며 조선의 서당형태와 유사한 한인민족학교에 대한 경계를 늦추지 않았다. 캄차트카 마르티니안 주교가 1885년 1월 18일자 코르프 군사령관지사에게 보낸 문서에 따르면, 당시 얀치혜 읍에 15개, 코르사코프카 읍에 20개의 한인민족학교가 있었다.[207] 한인민족학교는 1890년대를 거쳐 20세기 초까지 존재하며 한인선교를 어렵게 만드는 요인으로 작용했다. 하지만 정교회 지도부의 이런 정책은 현실로 이어지지 못했다. 즉 대다수의 한인교사들이 러시아어에 서툴러서 조선어로 수업을 이끌고 있는 상태였으며, 러시아인 교사를 데려오는 것 또한 높은 비용을 필요로 했기 때문이었다. 또 다른 이유 중의 하나는 19세기 후반 이민족 선교에서 토착어를 통한 이민족 교육체계인 일민스키 시스템이 적용되기 시작된 때문이기도 했다.

마지막으로 러시아 정부는 학교를 교회나 교육부의 통제 하에 두고자 했다. 때때로 학교교육과 양육과정은 아이들에게 반러시아적인 시각을 형성시키는 방향으로 흐르곤 했다. 예로 1914년 6월에 자례체 선교지구의 요안 톨마체프 사제는 팍시(Пакси) 마을에서 귀화한인을 '러시아의 노예'로 칭하는 일본에서 발간된 교과서로 조선어를 가르치는 학교가 있음을 알았다. 교과서의 주요 목표가 친일본적인 한인 세대를 양육해 내는데 있었기에, 일부 지식인들은 "정치적 자주성을 상실한 민족은 관습과 언어를 병적으로 소중히 여긴다"[208]고 언급하며,

---

206) M. Belov, op. cit., pp.104-105.
207) А. И. Петров, *Корейскя...19века*, указ. соч., с.232.

러시아 교과서를 근간으로 이주자용 교과서를 제작할 필요성을 제기했다. 그 결과 20세기 초 연해주에서는 동방대학교(Восточный Институт)의 저명한 동방학 학자이자 조선문학 교수인 포드스타빈(Г.В.Подставин, 1877-1924)의 주도 하에 한인학교용 교과서 준비위원회가 조직되기에 이르렀다.

한편 한인교육의 성장 및 교육시설과 관련해서, 1880년대에 모든 한인학교는 당시 5개분과[209]로 구성되어 있던 캄차트카 주교구의 종교국 관할에 예속되었다. 그런 한편으로 1880-90년대를 거치며 일부 한인마을에서는 마을공동체의 지원으로 보다 체계를 갖춘 많은 학교가 건립되기 시작했다.[210] 한인학교의 건립과 교육열은 한인 부모들의 교육에 대한 열정과 비례했다. 지역을 막론하고 한인들은 기꺼이 자신의 자녀들을 학교에 보내기를 원했다. 이는 자녀들이 러시아 사회에서 살아남고 주류 사회에 편입되기 위해서는 무엇보다 먼저 러시아어를 습득해야함을 인식했기 때문이었다. 이러한 현상은 특히 러시아인 마을들 사이에 있으며 러시아인들과의 상시적인 교류가 이루어지고 있는 상우수리스크 지구와 수찬 지구의 한인마을들에서 두드러졌다.[211]

---

208) 『Миссионерские школы для Корейских детей на территории Приморского края(вто
    р.пол.19в.-н.20в.).』,
    http://orthodox.fegi.ru/stan1.htm(2002.3.21 검색).

209) 캄차트카 주교구 5개분과(한인, 골드족, 길랴크족, 퉁구스족, 캄차트카분
    과), 한인분과 3개 선교지구(중아무르, 코르사코프카, 얀치헤)로 분할되어
    있었다.

210) 1884-96년에 수이푼 지구의 크로우노프카(1885), 푸칠로프카(1887), 시넬니
    코보(1888), 하아디미(1890), 자레체(1890), 크라스노예 셀로(1891), 시디미
    (1895), 타우데미(1892), 니콜라예프카(1895), 랴자노프카(1896) 등에 제모습
    을 갖춘 학교들이 건립되었다. 1890년을 전후로 학교가 존재했던 마을들
    의 명칭, 마을 수, 건립 연도에 있어서는 자료마다 약간의 차이가 있다.

211) Н. А. Насекин, "Корейцы....», указ. соч., с.22.

하지만 연해주 당국의 교육 재정은 여전히 열악했다. 예로 1889년 연해주 당국은 총예산 7,915,497루블에서 0.3%인 23,769루블만을 교육에 할당했으며, 1895년에는 총지출 19,549,301루블에서 0.25%인 48,915루블이 할당되었을 뿐이다. 다만 1899년에 들어서 국가 총지출의 0.6%가 연해주 국민 교육에 지출됨으로써,[212] 변방지역의 국민교육에 보다 더 관심을 두기 시작했다. 열악한 재정 상황으로 인해서 러시아인이든 한인이든 자체적으로 학교를 운영해 나가야 했다. 따라서 각 지역의 마을공동체는 적지만 주교구의 보조금을 받는 교회학교를 세워야 했다. 이는 19세기 후반의 일반적인 현상으로 당시 국고지원으로 건립되는 학교는 매우 적었다. 대부분이 젬스트보의 지원으로 건립되었으며, 젬스트보가 없는 곳에는 마을공동체의 지원으로 건립되었다. 예로 1898년 2월 5일에 블라디보스톡 한인사회에서는 러시아-한인 학교를 설립하기로 결의했다. 이 결의에 따라 협회 공공 기금에서 3,000루블을 보조했으며,[213] 1903년 자레체에서는 얀치헤 읍 한인들의 입회 하에 6,000루블을 모아 목조교회(기도소) 대신에 그 해 2월 6일날 성모제 기념으로 석조로 된 교회학교를 세웠다.[214] 선교부의 상황도 예외는 아니었다. 1890년대 이전까지 선교부는 대부분의 재정이 정교회 선교협회에 의해 충당되어 왔고, 따라서 학교는 거의 선교부의 지원으로 운영되어 왔다. 하지만 1890년대 들어 학교 운영자금은 마을공동체의 기부금에 의지하게 되었고, 결과적으로 학교교육은 매우 어려운 상황에 놓이게 되었다.

그럼에도 학교와 학생의 수는 느리지만 성장은 꾸준히 지속되었다. 특히 1890년대 초부터는 대부분의 한인마을에서 교회교구학교(Церковноприходская школа)나 문자해득학교(Школа грамоты)가 등장하며

212) А. И. Петров, *Корейская....19века*, указ. соч., с.216.

213) Н. П. Матвеев, указ. соч., с.170.

214) РГИАДВ, Ф.702, Оп.5, Д.143, Л.66.

선교학교와 한인민족학교에 이어 또 다른 형태의 한인교육이 이루어
지게 되었다.

한인 학생들의 교육혜택은 실제적으로 마을의 물질적 부요함의
정도에 따라 혜택의 편차가 컸다. 가령 언급한대로 1894년 경 연해주
한인마을 전체 학생의 수는 10개 학교에 학생은 277명이었다. 이중에
서 절반정도가 부요했던 수이푼 지구 코르사코프카 읍의 학생들이었
다. 코르사코프카 읍의 학생 수가 타 지역보다 많은 것에는 무엇보다
수이푼 지구 한인마을들의 부요함에서 그 원인을 찾아볼 수 있을 것이
다. 언급했듯이 수이푼 지구의 4개 마을은 그 어떤 지역보다도 비
옥한 토지와 러시아 국적의 한인들로 구성된 마을들이었다. 또한 이
시기 수이푼 지구 3개 마을에는 각각 3개 교회와 사제들이 활동을 하
고 있었을 정도로 모든 것이 갖추어져 있는 상황이었다. 이러한 측면
은 이 마을들에서 기능했던 학교의 운영상황에서 잘 드러나고 있다.
가령 교회가 없었던 크로우노프카의 학교를 제외하고 코르사코프카,
푸칠로프카, 시넬니코보 학교에서는 일반 교사가 아닌 교회 사제들이
더 다양한 커리큘럼과 잘 갖추어진 교육 시설 속에서 체계적인 학습
을 시켰었다.[215]

하지만 한인교육의 현장에는 여러 가지 문제점들이 존재하고 있
었다. 한인마을들의 학교상황을 시찰한 나세킨은 한인마을들의 한인
학교 교육에 대해서 여러 가지 측면에서 문제점과 대안을 지적했다.
그는 첫째로 가장 큰 문제점 중의 하나로 한인학교 교사들의 교수법
부재를 지적했다. 그 대안으로 그는 블라고베쉔스크 교회학교(Благове-
щенское духовное училище) 및 신학교(Духовная семинария)에서 졸업 후 일
정한 의무 교직기간을 규정한 상태에서 국고로 한인 학생들(남학생)
의 입학을 다시 허용해줄 것을 제의했다.[216] 둘째로 그는 한인마을들

---

215) Н. А. Насекин, "Корейцы...., указ. соч., с.21-22.
216) 교수법의 부재 원인은 대부분의 교사들이 아직은 조직적이지 못한 얕치

의 절대적인 학교 수의 부족을 지적하고, 대안으로 크랍베, 파타쉬, 시디미, 케드로바야 파지, 몽구가이 등지에도 학교를 열 것을 제의했다. 셋째로 현재 교사 구성원의 자질 개선 및 향상의 필요성을 강조하고, 그 대안으로 그는 모든 한인학교의 교사들을 적절한 시기에 일정한 장소에 모아 놓고 블라디보스톡 중학예비학교(4-6년제) 출신의 경험있는 교사들을 초청하여 같이 공부할 수 있도록 하자고 건의했다. 넷째로 그는 한인마을들이 몇 베르스타씩 길게 늘어서서 위치하고 있어서 춥거나 고르지 못한 날씨에는 저학년 학생들의 경우 하루에 2차례씩 등하교에 어려움을 겪거나 불규칙한 등하교가 이루어지고 있음을 지적하고, 각 학교 내에 기숙사를 설립할 것을 제의했다. 다섯째로 그는 3과나 4과로 나누어진 각 학교의 분반 체계를 단일화시켜야 할 필요성을 지적했다. 나아가 얀치혜 학교를 제외하고는 포시에트 지구의 한인학교 시험에 마을 촌장조차도 참석하지 않고 있거나 학교에 대한 감독이 제대로 이루어 지지 않고 있음을 지적하고, 그는 학교 지도부에서 시험에 참석을 해줄 것을 제의했다. 마지막으로 그는 졸업생들에 대한 졸업장 교부를 통해 배움에 대한 자부심을 심어줄 것을 제의했다.[217]

이상의 상황은 1890년대 후반 시점에서 한인학교들이 안고 있는 문제점들이었다 할 수 있다. 제시된 문제점들 가운데 첫째와 두 번째 문제의 경우는 교육을 통한 러시아화를 추구하고자 했던 러시아 정부와 정교회 지도부에게 있어서 가장 우려했던 부분이기도 하다. 나세킨은,

---

혜 학교의 졸업생들로 주로 구성되었기 때문이었다. 한편 이보다 앞서 블라고베쉔스크 신학교와 신학세미너리에 국고로 6명의 학생들을 받아들인 적이 있었으나 졸업생들 모두가 국가 기관이나 보다 나은 관리직을 선호했던 관계로 최종적으로 교사가 된 졸업생은 없었다.

217) Н. А. Насекин, "Корейцы…., указ. соч., с.22.

"이러한 학교문제는 한인들에게 뿐만 아니라, 프리아무르 지방에 있어
서도 긴요한 문제이다. 또한 러시아 정부의 과제는 궁극적으로 이민족의
동화에 있으며 그 중요한 수단 중의 하나가 러시아 학교가 되어야 한다.
그런 차원에서 고려해 볼 때 한인학교는 아직은 그러한 대의 목적에 부합
되지 못하고 있다"[218]

고 언급하며, 근본적인 학교개혁의 필요성을 강조했다. 나세킨은 그러
면서 흥미롭게도 한인들을 이용한 교육 개혁안을 내어놓았다. 그는,

"근본적인 교육 개혁은 한인들 스스로가 교육 발전 및 향상을 위한 자
금을 제공할 것이기 때문에 국가적인 차원의 물질적 손실없이 달성될 수
있다. 한인들에게 국적편입을 허용하기만 한다면, 그들은 완전한 준비를
갖추고 자신들의 교육발전과 토착민족들과의 융화를 위해 제시된 요구들
을 이행할 것이다"[219]

는 대안을 제시했다. 나세킨의 이러한 발상의 핵심은 그 어떤 민족보
다도 높은 교육열을 보였던 한인들을 이용하고자 하는데 있었다. 실
제적으로 전 시기에 걸쳐서 한인들은 타민족에 비해 월등히 높은 자
녀들에 대한 교육열을 보이며 학교나 교회 등의 건축에 기부금을 희
사해왔으며, 러시아 정부는 이러한 한인들의 높은 교육열을 부족한
재정을 보충하는데 이용하곤 했었다.

1899년 블라디보스톡 주교구의 설립과 정교선교협회 위원회의 조
직은 한인교육의 성장을 가져다주었다. 1900년 이전까지 큰 변화가
없던 학생 및 학교의 수는 주교구 설립으로 크게 늘어나기 시작했다.
블라디보스톡 주교구의 설립으로 한인학교 문제는 선교부로 이관되

---

218) Там же, с.22-23.
219) Там же, с.23.

었고, 많은 학교들이 신설되거나 재조직되었다. 언급한대로 1902년 연해주 한인선교부에는 29개 교구학교에 학생의 수는 3배정도가 증가된 총 1,000여명에 이르렀다. 다만 여전히 여학생들의 수는 매우 적었다. 이런 현상은 여성들에게는 교육이 필요치 않다고 여겼던 당시 조선 사회의 전통적인 의식(意識)에서 기인했던 것으로 보인다. 뿐만 아니라 원거리 등교에 따른 어려움 또한 현실적인 요인 중의 하나로 작용했던 것으로 추측해볼 수 있다.

다음 표는 1903-4년도 시기 프리아무르 지방 주요 한인마을들의 교육상황을 보여주고 있다.[220]

[표 17] 1903~04년도 현재 프리아무르 지방 한인학교의 교육 상황

마을명칭	학교 갯수	개교연도	교사 (인원)	학생 수		
				남학생	여학생	합계
티진헤	1	1868	2	73	18	91
하얀치헤	2	1872, 1900	2	52	21	73
블라고슬로벤노예	1	1873	1	65		65
코르사코프카	2	1883, 1897	2	69	5	74
크로우노프카	1	1885	1	32		32
푸칠로프카	3	1887, 1900, 1902	3	107	3	110
시넬니코보	2	1888, 1899	3	84	3	87
자레체	1	1890	1	47	7	54
하아디미	2	1890, 1900	3	62	20	82
크라스노예 셀로	1	1891	1	48		48
타우데미	1	1892	1	33		33
시디미	1	1895	1	36	2	38
니콜라예프카	1	1895	1	24		24
랴쟈노프카	1	1896	1	28	5	33
크랍베	1	1897	1	45		45
나고르노예	1	1897	1	21		21
노바야 데레브냐	1	1897	1	25		25

---

220) РГИАДВ, Ф.2, Оп.1, Д.35, Л.123об.-124, 138об.-141, 145об.-146; 『Владивостокские епархиальные Ведомости』, №11, 1904, с.231-235; А. И. Петров, Корейскя.... 1897-1917гг., указ. соч., с.228.

파타쉬	1	1897	1	34		34
샹얀치헤	1	1898	1	32		32
아렉산드로-미하일로프카	1	1899	1	20		20
오시포프카	1	1899	1	26		26
안드레예프카	1	1900	1	33		33
바라노프카	1	1900	1	14		14
브루세	1	1900	1	25	4	29
상아디미	1	1900	1	24	2	26
케드로바야 파지	1	1900	1	15	9	24
수하노프카	1	1900	1	14	2	16
카자케비체보	1	1902	1	37	1	38
블라디보스톡	1	1902	1	28	10	38
합 계	35		38	1153	112	1265

위 표에서 나타나고 있듯이 1899년 블라디보스톡 주교구 설립 직후에 10여개의 학교가 개교된 것을 알 수 있다. 이는 언급한대로 정교회 지도부가 코르프 시기를 거치며 저하된 한인들의 세례율과 세례자 수에 치우친 개종활동, 이로 인한 한인들의 피상적인 개종행위에 대해 자성하며, 교육을 통한 한인의 종교성 함양 및 러시아화를 추구해 오던 것과 맥을 같이 하는 것이라 할 수 있다. 또한 포시에트 지구의 하얀치헤, 하아디미, 티진헤, 그리고 수이푼 지구 코르사코프카 읍의 코르사코프카, 푸칠로프카, 시넬니코보 마을의 경우 학교의 수와 교사의 수에 있어서 타 지역들보다 나은 상황을 보여주고 있다. 이는 이 마을들의 부요함에서 그 요인을 찾아볼 수가 있다. 또한 1894년 경과 비슷하게 이 시기에도 코르사코프카 읍의 4개 마을의 학생들의 수가 타 지역보다 훨씬 높게 나타나고 있다. 그러나 일부 학교들을 제외하고 대부분 학교에 교사의 수는 1명으로 나타나고 있으며, 게다가 자격있는 교사의 부족으로 인해서 학교교육은 여전히 어려움을 겪었다. 주로 사제나 교리문답교사, 일반 개인 등이 교사로 활동했지만 이들 대부분이 조선어를 모르는 상태에서 기계적인 암기식 교육에 치

중되었기 때문에 교육과정은 기형적인 형태를 띠기도 했다. 이러한
측면은 마치 사제가 조선어를 모른 채 한인과의 접촉이 이루어졌던
것처럼 한인교육에 있어서도 구조적인 문제이자 한계였다고 볼 수
있다.

블라디보스톡 주교구 외에 같은 해 동방대학교의 설립 또한 이후
의 한인교육 및 특히 선교인력 양성에 적지 않은 영향을 주었다. 동
방대학교는 본래 러시아의 동아시아 지역과 인접 국가들의 행정 및
무역-산업 기관들에서 근무할 인재양성을 목적으로 1899년 5월에 국
무협의회를 거쳐 황제령으로 승인 및 설립되었다. 4년제 과정의 동방
대학교의 주요 4개 학과는 중국어-일본어, 중국어-조선어, 중국어-몽
골어, 중국어-만주어과였다.[221] 특히 정교회 지도부는 선교사 고급양
성과정(Высший миссионерский курс)인 3년제 선교사양성 전문학교의 모
든 수강생들로 하여금 동방대학의 청강생으로 등록시켰다. 나아가 정
교회 지도부는 이들을 4개 학과에 분산등록시켜 해당 국가의 언어와
영어 및 주변 국가들의 역사, 지리, 인종지학을 배우고, 졸업 후에는
해외선교부나 이르쿠츠크, 자바이칼, 블라고베쉔스크 선교부에서 활
동하게 했다. 특히 중국인과 한인들은 블라디보스톡 선교부에서 자민
족을 대상으로 사역을 감당하도록 했다.[222]

정교회 지도부가 블라디보스톡 주교구 설립 이후 중요시했던 것
중의 하나가 이민족 교화와 학교문제였다. 이민족 교화 및 교육사업
은 1899년 제1회 블라디보스톡 주교구 회의의 주요 논제였으며, 선교
지 선교사들의 해당 이민족 언어에 대한 무지 문제에 초점이 맞추어
졌다. 그 결과 선교사들과 교리문답교사들이 이민족 언어를 배우는

---

221) Н. А. Троицкая, А. А. Торопов(ред.), *История Дальневосточного государственного
университета в документах и материалах 1899-1939.*, Владивосток, 1999, с.6-7.
222) РГИАДВ, Ф.702, Оп.3, Д.443, Л.13-14. 『블라디보스톡 3년제 선교사양성 전
문학교 규정』.

것을 의무로 하는 것과 이민족 출신 중에서 적절한 자가 있으면 교리 문답교사로 활용하라는 것에 대한 지시가 내려졌다.[223]

하지만 이러한 정책적인 지시는 초기 조선어 교사들의 불완전한 양성상황과 재정 문제 등 열악한 상황으로 인해서 정교교리 학습에 큰 효과를 가져다주지 못했다. 따라서 정교회 지도부는 교원 문제를 해소하는 방안 중의 하나로서 여름방학 기간을 이용하여 교회학교 학생들을 위한 교사여름강습회를 개설하여 교원 인력을 충당해 나가고자 했다. 강습과정에서는 경험많은 교사들이 투입되어 강습을 담당했다. 첫 교사여름강습회는 동시에 두 지역에서 개설되었다. 하나는 1900년 6월 15일-7월 8일 시기에 러시아인과 한인 교사 44명을 대상으로 니콜스크-우수리스크(우수리스크)에서 개설되었고, 다른 하나는 6월 16일-7월 23일까지 포시에트 지구의 교사 및 교직을 희망하는 8명의 한인들을 대상으로 하얀치혜 마을에서 개설되었다. 특히 언급된 하얀치혜 마을에서의 교사강습회는 얀치혜 읍책임자에 의해 기부된 100루블과 주교구 정교선교협회의 지원에 의해 개설되었다.[224] 교사 교육과정을 개설하는 데에도 해당지역 한인들의 재정 지원이 큰 역할을 했다. 이는 한인 이주 초기부터 관례화 된 현상이었다.

블라디보스톡 주교구는 특별 교사강습회를 계속 추진해 나갔다. 1902년 5월 19일-6월 14일 시기에는 보다 큰 규모로 신성종무원에 의해 지원된 3,650루블의 지원금으로 블라디보스톡 및 니콜스크-우수리스크 지역의 주교구 학교협의회 소속의 교회학교 교사들을 대상으로 니콜스크-우수리스크에서 조선어 강습회가 개설되었다. 총 57명의 수강생들 중에서 21명의 한인과 5명의 러시아인(2명-여교사/3명-남자교사)은 포시에트 지구와 수이푼 지구 주변 지역의 교회학교의 교직원

---

223) РГИАДВ, Ф.143, Оп.5, Д.143, Л.72. 『블라디보스톡 주교구의 한인 선교활동 발전을 위한 조치』.
224) Там же.

소속이었다. 당시 교사강습회는 교회학교 주교구 감독관 알랴크린스키(С.Алякринский) 사제의 직접적인 감독 하에 있었다. 그는 한인 어린이들의 러시아어 회화교육을 위한 3가지 교수법을 소개하기도 했으며, 강습회 내에 코르사코프와 크로우노프카 출신의 15명의 남학생들로 구성된 특별한인학교에서 3개의 실습 수업을 감당하기도 했다.[225] 그러나 이러한 조선어 학습을 위한 교사강습회 과정은 계속 개설되어 나가지 못했다. 이는 지속적인 재정지원이 이루어 지지 못한데 따른 결과였다.

학교는 보통 낡은 조선식 농가형태로 이루어져 있었는데, 교육환경은 매우 열악했다. 일부 학교에는 기숙사가 있었는데 열악하기는 마찬가지였다. 1905년도 주교구 감독자는 한 보고서에서 "조선식 농가에 있는 기숙사는 한쪽에는 원거리 학생들이 기숙을 했으며, 다른쪽에는 부엌과 수위를 위한 공간이 있었다. 학생들은 조선식으로 숙식을 했으며, 때로 쌀과 배추로 만든 음식을 가져오곤 했다"[226]며 코르사코프카와 시넬니코프 학교기숙사의 환경을 묘사하고 있다. 일반적으로 한인들은 러시아인들에 비해 교육열이 높고, 자녀교육에 물질적으로 헌신적이었다. 1907년도 주교구 감독자의 한 보고서에서도 "러시아인들은 학교 설립 시에 전액 국고지원을 제안한다. 반면 한인들은 적은 선교부 지원금으로 좋은 학교를 세우며, 난방비용과 수위봉급은 물론이고 많은 돈을 학교건축에 투자한다"고 전하고 있다.[227]

정교회 지도부는 한편으로 여성의 교육체계를 확장하는데도 힘을 기울였다. 미래의 어머니-기독교도를 배양할 목적으로 한인선교부는 독립된 여학교를 매우 필요로 했다. 블라디보스톡 주교구 위원회의 강

---

225) Там же, Л.72-72об.

226) 『Миссионерские школы для Корейских детей на территории Приморскогокрая(втор. пол.19в.-н.20в.).』, http://orthodox.fegi.ru/stan1.htm(2002.3.21 검색).

227) Ibid.

한 제기로 1900년에 하얀치혜와 하아디미에 2개의 여학교가 세워졌다. 또 남우수리스크 지방의 농민 및 이민족들의 중심에 있는 니콜스크-우수리스크 주변에는 여성성모강탄공동체(женская Рождество-Богородицкая община)가 세워졌다.[228] 이외에 1909년에는 블라고슬로벤노예마을에도 노년층의 반대로 우여곡절 끝에 1,890루블을 들여 여학교가 건립되었다. 당시 교육부 관할 하에서 30명의 여학생이 공부를 했다.[229] 비록 소수지만 여성의 학교 참여율은 증가해 갔다. 러시아 정부가 여성교육을 중요시 한 까닭은 조선여성은 전통적으로 가사를 책임지며 자녀들에게 강한 영향을 미쳤기 때문이다. 또 미래의 정교도-어머니의 교육과 2세의 러시아어 교육과 빠른 언어동화를 통해 러시아화시키기 위함이었다.

한인학교의 학제와 관련해서, 1890년대 초 교회교구학교의 등장으로 선교학교는 점차 교회교구학교에 통합되어 갔다. 1900년대 들어서 한인학교는 한인민족학교 외에 크게 교회교구학교와 문자해득학교 같은 형태로 존재했다. 교회교구학교의 평균 교육기간은 3-4년이었다. 교회교구학교의 커리큘럼에는 5개 과목(교회법, 교회슬라브어 및 러시아어, 수학, 성가, 역사와 지리)이 있었지만, 규모가 큰 마을을 제외하고 사실상 교회-슬라브어와 역사, 지리 과목 등은 생략되었다.[230]

이외에도 교구학교의 재정상황을 보면, 캄차트카 주교구의 열악한 재정상황으로 일반적으로 교회교구학교는 부모들의 기부금을 기대하고 운영되었다. 모든 한인기숙학교의 비용이나 학교건축에 따른 큰 자본은 한인공동체와 부모들이 부담을 했다. 1907년 아디미에서 선교부 지원금에 한인들의 기부금을 보태어 건립한 16,000루블 규모의 교

---

228) ГАХК, Всеподданнейший отчёт Приамурского генерал-губернатора генерала от инфантерии Н.И.Гродекова за 1898-1900 годы, Хабаровск, Инв.№2709, 1901, с.22.
229) В. В. Граве, указ. соч., с.176-177.
230) Г. Н. Ким, Сим Енг Соб, указ. соч., с.73-74.

회학교가 그 한 예일 것이다. 따라서 교회 측으로서는 적은 물질적
부담을 지며 대 한인선교를 할 수가 있었다. 하지만 이것이 교육 재
정비율이 적었음을 의미하는 것은 아니다. 일반적으로 교육비는 캄차
트카 주교구 1년 예산의 50%에 이르렀다. 예로 1901년 총지출비용으
로 7,178루블이 집행되었는데,[231] 이 무렵 한인선교부에 29개 학교가
있었음을 감안해 볼 때, 이는 결코 적은 비용은 아니었다.

　교육을 통해 한인들을 통합하고자 하는 교회 측의 노력이 항상 성
공적이지는 않았다. 이 시기에도 일부 한인들 사이에서는 여전히 학
교를 무시하는 경향이 남아있었다. 학교에 대한 부정적인 태도는 주
로 구세대 한인들에게서 두드러졌고, 이들은 특히 여성들의 학교교육
에 거부감을 나타냈다. 예로 1909년 블라고슬로벤노예에서 여학교설
립을 둘러싸고 신세대와 구세대간의 갈등이 불거져 나오기도 했다.
구세대는 교육으로 인해 한인들의 의식 속에 자리잡고 있는 전통적
인 특수성이 사라지게 됨을 우려했던 것이다.[232] 이외에도 지속된 한
인민족학교의 영향을 들 수가 있다. 일부 한인들은 러시아어 교육의
필요성을 느끼지 못했으며, 따라서 자녀들을 한인민족학교로 보내는
경우가 많았다. 따라서 선교학교의 러시아식 교육을 통해 러시아 사
회에 진출한 2세대의 등장으로 세대 간에 전통적인 문화적·종교적 관
계의 단절을 가져오기도 했다.

　1910년대 들어서는 자바이칼주의 치타에서도 한인정교학교가 세
워지며 한인교육이 시작되었다. 이외에도 교리문답학교가 개교되어
종교와 러시아어 교육이 행해졌으며, 학교는 한인들의 만남과 회의장
소로서도 이용되었다. 치타에서 한인교육을 이끈 이는 예프렘 대사제

---

231) Там же, c.75. 이중 1,275루블(18%)이 봉급에, 1,064루블(15%)이 학교수리, 390
　　루블(5%)이 기숙학교 장학금, 1,000루블(14%)이 하아디미의 교회학교 건립,
　　나머지는 의약품이나 선교사 연금 등의 기타비용으로 지출되었다.
232) В. В. Граве, указ. соч., c.175-176.

였다. 예프렘은 특히 한인들을 회개 및 정교의식에 참여시키고, 학교교육을 통해 한인들을 기독교화 및 러시아화시키고, 러시아 사회의 일원으로 육성하고자 했다.[233] 이러한 의도는 당시 이민족 선교에 종사하고 있던 선교사들에게 주어져 있던 선교적 사명이기도 했으며, 이는 곧 국가의 이민족 선교의 목표이기도 했다.

예프렘의 한인 교육활동에서 큰 도움을 준 이는 바르샤바 대학생 이반 팀보였다. 한인혈통의 팀보는 블라고베쉔스크 신학교에서 교육을 받은 인물로, 1911년 선교부 보고서는 "신학교육을 받은 이반 팀보는 종교적으로 매우 깨어있었으며, 정교회를 통해 동포를 교육하고자 했다. 팀보는 설교를 능숙한 조선어로 전했으며, 사제복을 입고 직접 설교를 하기도 했다. 조선어로 전달된 팀보의 설교는 한인들에게 강한 인상과 정교에 대한 이해를 심어주었다"[234]고 전하고 있다. 이는 자바이칼주 한인선교의 한 특징이기도 하다. 자바이칼주에서는 시기적인 차이로 인해서 연해주에서와는 달리 선교 초반부터 한인 선교사들의 활동이 두드러졌다. 그로 인해 한인들에게 정교교리 전달뿐만 아니라 학교교육에서도 많은 성장이 이루어질 수 있었다.

1910년대에는 프리아무르 지방 전역에 걸쳐서 한인교육의 전반적인 교육성장이 이루어졌다. 특히 프리아무르 세속 당국이 한인학교의 교육발전을 추구해 나가는데 있어서 동방대학 학장이었던 포드스타빈의 교육적 기여 또한 적지 않았다. 포드스타빈은 1899년 시험을 통해 조선에 파견되어 조선학(한국학) 관련 다양한 학술자료들을 수집한 후 완전한 조선어 연구체계를 수립하는 등[235] 조선어 및 조선학 연

---

233) 『Миссионерское обозрение』, No.4, Апрель, 1998, с.20.

234) Там же. 이외에도 예프렘의 도우미와 통역으로 박 페오도르(Ф.Пак), 리 보리스(Б.Ли), 김 로한(Р.Ким) 등이 도움을 주었다(이후 예프렘의 청으로 박 페오도르, 리 보리스는 모스크바 목회교육과정에 진학했다).

235) Э. В. Ермакова(глав. ред.), указ. соч., с.359-360.

구에 학술적 공헌이 큰 인물이었다. 1912년 포드스타빈은 포시에트 지구 한인정착촌들의 학교교육의 상황 및 발전방안을 연구하라는 프리아무르 지방 당국의 지시에 따라 9월 1일부터 얀치혜 및 아디미 읍에 있는 15개 교회교구학교와 부처학교(министерская школа), 포시에트 지구 5개 한인 선교지구를 방문하여 현지조사를 수행했다. 그는 조사보고서에서 "1912년 현재 포시에트 지구에는 19개 교회교구학교와 4개의 부처학교가 운영되고 있으며, 선교활동과 교육활동은 서로 분리시킬 수 없을 만큼 밀접한 관계 속에서 이루어져야 한다"[236]고 강조했다. 포드스타빈은 한인들의 교육과 러시아화 문제와 관련된 모든 상황들을 더 확실하게 파악하기 위해서는 추가 조사가 필요함을 인식했다. 그는 1914년 7월에도 교육부대신의 허가를 받아 1912년 1차 조사에서 제외되었던 수이푼, 올가, 수찬, 이만, 하바로프스크군 등지의 한인학교들에 대한 실태조사를 수행하는 등[237] 한인교육 발전에 기여했다.

한인교육의 성장 원동력은 한인의 교육에 대한 열망이 세속 당국 및 정교회 선교부의 적절한 활동과 교구교육을 받은 젊은 한인세대의 협조가 어우러진 데에서 찾아볼 수가 있다. 이러한 상황은 정교회 한인교육 활동의 바람직한 모습이며 성과라고 평가할 수 있을 것이다. 특히 1899년 블라디보스톡 주교구 설립으로 정교회의 한인교육은 더 많은 관심과 지원을 받으며 성장해 올 수 있었다. 뿐만 아니라 그해 설립된 동방대학과 포드스타빈의 한인학교를 상대로 한 발전방안 연구는 프리아무르 당국이 한인의 러시아화를 위한 교육활동을 지속해 나가는데 큰 영향을 미쳤다. 무엇보다 주목할 점은 1905년의 10월선언에도 불구하고 학교를 통한 한인교육 활동이 정교신앙을 통한 기독교

---

236) РГИАДВ, Ф.226, Оп.1, Д.350, Л.124-125об. 『1913년 1월 8일 동방대학 조선문학 교수 포드스타빈이 프리아무르 군사령관지사 곤닫티에게 보낸 서신』.
237) Там же, Л.123. 『1914년 7월 25일 동방대학 교수 4등문관 포드스타빈이 연해주지사에게 보낸 서신.』.

화 활동과는 달리 크게 위축되지 않고 이어져 왔다는 점이다. 이는 19세기 후반 이전까지 정교신앙을 통한 기독교화 선교활동이 반드시 러시아화로 이어지지는 않았다는 국가 차원의 인식 속에서 세속 당국이 교회의 신앙활동과 관계없이 학교교육을 통해서 이민족의 러시아화를 이룰 수 있다고 여겼던 것과 맥이 같이 한다고 볼 수 있다. 그러나 프리아무르 세속 당국이 한인교육의 결실을 지속해 가기에 주어진 시간은 너무나 짧았다. 1917년 혁명의 소용돌이 속에서 러시아 정교회의 한인에 대한 선교 및 교육활동은 중단되었고, 새로운 이데올로기와 체제교육이 그 자리를 대신하게 되었기 때문이다.

3. 정교회 한인선교의 문제와 한계

1) 선교 인력, 재정 및 조직구조의 문제

앞서 언급해 온 것처럼 러시아 정교회의 프리아무르 한인선교는 몇 가지 측면에서 구조적인 문제들을 안고 수행되어 왔다. 이러한 문제점들은 크게 정교신앙을 통한 한인의 기독교화와 교육을 통한 한인의 러시아화라는 두 가지 측면에서 살펴볼 수 있다. 한인의 기독교화 측면과 관련하여, 필자는 시기적으로 한인들에 대한 우호적인 정책들이 취해졌고, 결과적으로 한인들의 세례와 국적편입이 증가했던 두호프스코이와 그로데코프 군사령관지사 시기를 중심으로 문제점들을 살펴보고자 한다. 이는 상황적으로 한인들에게 있어서 가장 우호적인 정책이 취해졌다고 볼 수 있는 시기에 정교신앙을 통한 정교회 한인선교의 실상을 엿볼 수 있기 때문이다. 또한 시기적으로는 정교회의 30여년의 프리아무르 한인선교에 대한 중간평가의 의미도 부여해 볼 수 있기 때문이다.

먼저 정교회의 한인 기독교화를 위한 선교활동에서 드러난 문제들을 살펴보자.

첫째는 정교교리를 심어주고 지속시켜 줄 교회가 절대적으로 부족했다는 것이다. 이주 초기의 마을들로서 티진헤, 얀치헤, 수이푼 지구의 코르사코프카, 시넬니코보, 푸칠로프카, 비교적 늦게 형성되었던 자레체 등의 마을들을 제외하고는 제대로 된 교회나 학교가 없이 한인들은 거의 방치되어 있었다. 예로 연해주 32개 한인마을들 중에서 제대로 된 정식 교회와 선교지구는 단지 4개 교회와 4개 선교지구밖에 없었다. 그나마 이 교회들은 3개가 수이푼 지구(코르사코프카, 시넬니코보, 푸칠로프카)에, 나머지 1개는 포시에트 지구(얀치헤)에 치우쳐서 위치하고 있는 등,[238) 교회의 수와 위치 문제에 있어서 매우 불균형적인 상황에 있었다. 게다가 그 거리 또한 너무 멀리 떨어져 있어서 정교도 한인들의 영적인 상태를 유지시키는 데에는 많은 어려움이 뒤따랐다. 가령 수이푼 지구에서 교회가 없던 크로우노프카 마을은 중심인 코르사코프카에서 6베르스타 떨어져 있었으며, 단지 2주에 한 번씩 코르사코프카 교회의 사제가 와서 마을에 있는 기도소에서 예배를 드릴 뿐이었다.[239) 문제가 더 심한 곳은 포시에트 지구였다. 22개 한인마을들이 속해있는 포시에트 지구의 얀치헤 마을 한 곳에만 집전 사제가 있는 교회가 있었고, 그것도 크라스노예 셀로 마을과 표트르대제만까지의 거리가 200베르스타 이상 떨어져 있었다. 따라서 얀치헤 교회의 사제는 자신의 교구와 선교지구에서 일반적인 성례식은 고사하고 1년에 1차례 마을들을 방문하기도 어려울 정도로 세례를 주거나 장례식을 집전하기 어려운 상황 속에 있었다. 상우수리스크와 수찬 지구의 상황은 더 나빴다고 해도 과언이 아니다. 이 지역에서는 단 1개의 교회도 없었으며, 한인들의 영적인 교육은 관심 밖에 머물러 있었다.[240) 따라서 1890년대 후반 대부분의 한인 거주지

---

238) Н. А. Насекин, "Корейцы…., указ. соч., с.19.

239) Там же, с.19.

240) Там же, с.19.

역에서 정교회 선교활동을 통한 열매는 보잘 것 없거나 적었으며, 그나마 수이푼 지구에서 적게나마 내실있는 선교활동의 열매를 거두고 있었다.

둘째는 선교사의 조선어 미습득으로 한인들과의 의사소통이 불가능했다는 것이다. 본래 정교회 선교의 특징은 선교지에서 토착화를 강조하는데 있었다. 즉 선교지의 토착민의 언어를 습득하고, 그들의 언어로 번역된 성서를 통해서 기독교 신앙을 전하며, 마지막으로 선교지 토착민을 사제로 세워 토착민들을 이끌어 나가게 함으로써 교회의 자립을 추구하는데 있었다. 러시아 정교회의 선교 역사를 통해 볼 때, 제Ⅱ장에서 소개된 알타이 선교의 아버지 마카리 글루하료프와 알래스카를 포함한 캄차트카 선교의 선구자 인노켄티 베니아미노프 같은 선교사-성직자들이 그러한 대표적인 사례에 해당될 것이다. 그렇게 볼 때 러시아 정교회의 한인선교가 국가-정치적인 목적을 띠고, 준비되고 계획된 선교였는지에 대해 의구심을 갖게 만든다. 유감스럽게도 러시아 정교회가 한인선교 사역을 감당하며 조선어로 번역된 성서를 갖고 기독교 신앙을 전했다는 사례는 아직까지 사료를 통해서 접해보지 못했다.

선교사의 토착민어 미습득 문제는 비단 한인들에게만 국한 된 것은 아니었다. 당시 골드족(5개 선교지구), 길랴크족, 네기달레츠족(9개 선교지구)의 선교부에는 자민족 출신의 선교사들이 부족했다. 이는 설교가 순례설교 형태로 진행되었고, 학교에는 학생들의 수가 매우 적었기 때문이다. 퉁구스족이나 코랴크족, 추코치족의 경우도 상황은 마찬가지였다. 이들 소수민족들에 대한 정교회 선교사업의 어려움 또한 선교사들이 토착어를 모른 채 소수민족들을 대하는데 있었다. 뿐만 아니라 한인들 사이에서와는 달리 선교사들은 선교사이기 이전에 경우에 따라서는 농업이나 목축업의 전수자, 혹은 의사를 대신하는 역할까지 해야하는 어려움 속에 있었다.[241]

셋째는 준비되지 않고 소명의식이 부족한 선교사들에 의해서 현
장사역이 수행되는 경향이 많았다는 것이다. 이 부분은 선교사들의
조선어 미습득 문제보다 근본적으로 더 심각한 사안이었다고 할 수
있다. 당시 선교지를 담당하는 많은 선교사나 사제들이 자신의 사역
에 대한 소명의식을 갖고 있지 못하거나 제대로 된 도덕적, 영적인
검증을 받지 않은 자들이 한인선교 활동을 담당하고 있었다.[242] 이는
한인들이 여전히 이교도적이고 비기독교적인 피상적인 수준에 머물
러 있을 수밖에 없는 주요한 요인이 되었다. 프리아무르 대군관구 산
하 특별위임수석관리로서 두호프스코이 군사령관지사의 지시로 프리
아무르의 한인사회를 시찰했던 나세킨은,

> "한인 가정에 남편은 기독교도이고 아내는 여전히 불교도인 경우나, 가
> 족 구성원들이 서로 다른 신앙을 가지고 있는 것은 비정상적이다. 또한 기
> 독교도와 비기독교도 간의 혼인으로 태어난 자녀들의 경우 사제들이 제대
> 로 방문기회를 갖지 못하는 상황 속에서 제대로 세례조차 받지 못한 채 지
> 내거나 죽어가고 있다. 뿐만 아니라 한인들 간에 심하게 나이차가 많이 나
> 는 가운데 행해지고 있는 조혼 행위에 심각하게 주목할 필요가 있다"[243]

며 큰 우려를 나타내고 있다.

앞서 열거된 교회 및 선교사와 관련된 문제들 이외에도 근본적으
로 더 중요하고 시급했던 사안들이 있었다. 그것은 점차 확대되어 가
는 프리아무르 지방에서의 종교 및 선교업무를 통괄해 나갈 중심기
관과 이를 지원해 줄 부속기관들을 설립하는 문제였다. 두호프스코이

---

241) ГАХК, Всеподданнейший отчёт военного губернатора Приморской области генерал-
     лейтенанта Н.М.Чичагова за 1900 год, Владивосток, Инв.№2576, 1901, с.22-23.

242) Н. А. Насекин, "Корейцы...., указ. соч., с.19.

243) Там же, с.19.

군사령관지사는 러시아인이든 이민족이든 새 세례자와 개종자들에
대한 관리와 지속적인 정교신앙 교리교육이 이루어지지 못하고 있는
것에 대해서 가장 큰 우려를 나타냈다. 그는,

> "블라고베쉔스크에서 거주하고 있는 캄차트카, 쿠릴 및 블라고베쉔스
> 크 주교(캄차트카 주교)가 2백만 평방미터에 걸쳐서 관할하고 있다. 어떤
> 경우에는 주교구에서 6,000베르스타나 떨어져 있는 경우도 있는데, 그렇
> 게 멀리 있는 주민들을 상대로 실제적으로 영적인 지도력을 발휘할 수 없
> 으며, 이로 인한 어려움이 커지고 있다. 특히 블라디보스톡과 연해주 북
> 방 변두리 지역에서 주교구의 영향력이 제대로 미치지 못하고 있어서 블
> 라디보스톡 주교구를 설립하고, 더불어 블라디보스톡에 신학교(Духовная
> семинария)와 전문학교(училище)를 개설해야 할 필요성이 있다"[244]

고 강조했다. 당시 프리아무르 지방 전 지역에서 블라고베쉔스크에
단지 1개의 신학교만 있는 관계로 지역 교구들과 교회교구학교들에
성직자들과 교사들이 원활히 공급되지 못하고 있는 상황이었다.

신학교의 부재로 인해서 이민족들에게 보다 체계적인 정교교리를
전하거나 개종자들을 사후 관리할 수 있는 인력의 확보는 제대로 이
루어지지 못하고 있었다. 이러한 상황은 후임자인 그로데코프 시기에
도 마찬가지였다. 그로데코프는 한편으로는 아무르 지역의 이민족 사
회는 엄격하고 일정하게 유지되는 종교와 승려 계층을 갖고 있지 않
다. 따라서 이들을 정교회로 개종시키는 일이 특별한 어려움을 수반
하지 않으며 단지 시간의 문제일 뿐이라고 자신감을 드러내 보이기
도 했다. 하지만 그 또한 프리아무르 이민족 선교에서 사실상 조직적
으로 제도적으로 효과있는 이민족 선교가 이루어 지지 못하고 있는

---

244) ГАХК, Всеподданнейший отчёт Приамурского генерал-губернатора генерал-лейтенанта
С.М.Духовского за 1896-1897 годы, СПб., Инв.№2710, 1898, с.9.

것에 대해서는 우려를 숨기지 않고 있다. 그는,

> "이민족들 사이에서 성공적인 복음 전도를 해나가는데 있어서 주요 장
> 애물은 선교사들의 선교사역에 대한 불충분한 준비성이다. 잦은 교체로
> 인해서 선교사들은 이민족의 관습에 제대로 적응하지 못하고 있으며, 이
> 민족들로부터도 제대로 신뢰를 얻지 못하고 있다. 중요한 것은 이민족들
> 의 언어를 배워야 한다는 것이다. 선교부의 수준을 끌어올리는 일은 선교
> 지 지역민 출신의 성직자들을 양성할 수 있는 신학교를 통해서만이 이루
> 어질 수 있을 것이다"[245]

고 블라디보스톡에 신학교의 신설을 강하게 주장했다.

한편 1899년 블라디보스톡 주교구 설립 이후 정교회의 프리아무르
한인선교의 조직, 인력, 재정 등의 확충이 이루어지며 변화가 생기기
시작했다. 물론 블라디보스톡 주교구가 보다 조직력과 체계를 갖춘
이민족 선교를 수행해 나가기 위해서는 구조적으로 해결해 나가야
할 적지 않은 과제들을 안고 있었다. 주교구는 여전히 블라디보스톡
신학교와 전문학교 설립을 위한 해결책을 찾아나가지 못하고 있었다.
이에 연해주지사 치차고프(Н.М.Чичагов, 1899-1903)는 1900년도 업무결
산보고서에서 포시에트 지구의 9개 한인 선교지구의 한인들은 러시
아 시민의 권리를 얻은 후 러시아적인 요소에 매우 잘 동화되고 있고,
한인들 사이에서 교육 사업도 성공적으로 진행되고 있음을 지적했다.
그와 더불어 치차고프는 형식적인 한인들의 세례와 이들의 지속적인
영적 관리, 나아가 정교회의 구조적인 취약점을 개선할 필요성을 강
하게 제기했다. 그는,

---

245) ГАХК, Всеподданнейший отчёт Приамурского генерал-губернатора генерала от инф-
антерии Н.И.Гродекова за 1898-1900 годы, Хабаровск, Инв.№2709, 1901, с.22-23.

"새로운 세례자들은 이중신앙자들로 남아있으며, 복음의 진리를 완전히 인식하지 못하고 있다. 따라서 조속히 성서들을 조선어로 번역해서 한인들에게 보급할 필요성이 있다. 또한 선교사들의 거의 대다수가 조선어를 구사하지 못하고 있으므로, 한인들 중에서 선발하여 선교사를 양성할 필요가 있다. 그렇게 되면 한인출신의 선교사들은 한인들과 가까이하며 그들의 영적인 욕구를 더 잘 만족시켜줄 수가 있을 것이다"[246]

며 일본에서 기능하고 있는 신학교의 모델을 따서 블라디보스톡 주교구 내에 이민족 위한 특별분과를 둔 신학교를 개설할 것을 다시 한번 중앙정부에 제의했다.

블라디보스톡 신학교의 개설 문제는 이미 두호프스코이, 그로데코프의 치세 전기간 동안에 지속적으로 제기되어 온 사항이었다. 이는 정교회 입장에서는 당면한 가장 절박한 문제였기 때문이었다. 비록 약 40여년을 프리아무르 지방 소수민족 선교를 감당해온 정교회였지만 변변한 신학교도 하나없이 광활한 지역을 관할해 왔던 것이다. 그로데코프는 1901-1902년도 자신의 업무결산보고서에서도,

"현재 프리아무르 지방에서 당면한 종교적인 필요성 중의 하나는 블라디보스톡에 이민족의 언어로 가르치는 신학교와 전문학교를 설립하는 것이다. 나아가 종교기관(духовное ведомство)의 사역자와 학교 교원들의 목회자 및 선교활동에 대한 합당한 준비만이 지방 이민족들 사이에서 복음의 빛을 전하는데 있어서 선교사들의 성공적인 선교활동의 담보가 될 수 있다"[247]

---

246) ГАХК, Всеподданнейший отчёт военного губернатора Приморской области генерал-лейтенанта Н.М.Чичагова за 1900 год, Владивосток, Инв.№2576, 1901, с.22-23.

247) ГАХК, Всеподданнейший отчёт Приамурского генерал-губернатора генерала от инфантерии Н.И.Гродекова за 1901-1902 годы, Хабаровск, Инв.№2577, 1902, с.10.

고 주장하며 거듭해서 신학교와 전문학교의 설립 필요성을 역설했다.

그 밖에 정교회 지도부가 안고 있었던 큰 문제 중의 하나는 바로 넉넉지 못한 재정상황 이었다. 가령 1899년 블라디보스톡 주교구 설립 당시 30여개 소수민족이 거주하고 있던 블라디보스톡에는 1천여명 정도를 수용할 수 있는 1개의 성전만 있었다. 정교회 지도부는 주교구 본성당 건축을 위해 기부금 모집을 해야 했고, 주교구 여러 마을들에서도 지역의 기부금에 의해 지역 성전들이 건축될 수 있었다.[248] 물론 프리아무르 지방의 교회 건축사업에는 '알렉산드르 III세 교회건축 기금'의 큰 지원이 있어왔다. 그로데코프 치세기에만 이 기금에서 134,212루블이, 그리고 '시베리아 철도위원회'에서 38,000루블이 지원되었다. 결국 각 지역의 교회 건축물들은 수순한 정부 지원이 아닌 많은 부분을 지역민들의 기부금을 통해서 건설되어 연해주에 23개, 아무르주에 2개, 자바이칼주에 5개의 교회들이 건축되었다.[249] 이러한 상황에서 프리아무르 소수민족들의 영적 교육에까지 세속 당국과 정교회 당국이 온전하게 재정적으로 뿐만 아니라 인력 준비 및 지원을 하기란 어려웠을 것이다.

포시에트 지구는 이미 앞서 살펴본 바와 같이 연해주 한인사회의 총본산이라고 칭할 수 있을 정도로 절대 다수의 한인 이주자들이 거주하던 곳이다. 그런데 러시아 정교회가 선교활동을 시작한지 30여년이 지난 시점에서도 제대로 된 교회와 선교조직들을 설립 및 배치하지 못한 채 있었다는 점은 과연 러시아 정부와 정교회 지도부가 국가-정치적인 한인선교를 계획하고 실행할 의도가 있었느냐에 대한 의

---

248) ГАХК, 『Приамурские Ведомости』, №326, Сшив №2154, 25 марта, 1900, с.19. 『블라디보스톡 주교구 본성당 건축자금 기부문제와 관련 블라디보스톡 주교구 지도부가 정교도 시민들에게 고하는 호소문』.

249) ГАХК, Всеподданнейший отчёт Приамурского генерал-губернатора генерала от инфантерии Н.И.Гродекова за 1901-1902 годы, Хабаровск, Инв.№2577, 1902, с.9.

문으로까지 이어진다. 이런 상황적인 한계들로 인해서 선교사와 한인들 간의 영적인 교감은 지속적이지 못했고, 대부분의 한인들의 신앙상태 또한 피상적인 개종상태에 머물러 있을 수밖에 없는 상황에 이르렀다. 게다가 정교회의 재정적 빈곤상황 또한 비단 이 무렵뿐만 아니라 1910년대 이르러서도 개선되지 않고 계속 이어져 갔다. 이러한 측면들은 러시아 정교회가 프리아무르 한인선교를 수행해 나가는 과정에서 안고 있던 가장 큰 어려움들이자 한계였다고 볼 수가 있다. 결국 그로 인한 결과는 1910년을 전후로 블라디보스톡에 타종파인 장로교파가 진출하여 정교도 및 비정교도 한인들을 상대로 한 선교활동을 시작했을 때, 그리고 프리아무르 당국과 정교회 지도부가 장로교파에 대항하는 과정에서 여실히 드러나고 말았다.

다음으로는 정교회의 한인 러시아화를 위한 활동에서 드러난 문제들을 살펴보자. 필자는 아무르주 한인사회의 시작을 알렸던 블라고슬로벤노예 마을의 한인들을 중심으로 러시아 정부와 정교회 지도부의 러시아화 정책 수행 중에 드러난 문제점들에 주목하고자 한다. 블라고슬로벤노예의 한인들을 관찰의 대상으로 삼은 것은 이 마을의 역사적 형성배경과는 달리 재이주된지 20여년이 지난 1890년대와 그후 1910년대를 전후한 시점에서 한인들의 삶은 러시아 정부, 즉 프리아무르 당국의 본래 의도와는 다른 모습들로 표출되어 나타나는 측면들이 적지 않았다고 판단했기 때문이다. 또한 프리아무르 당국과 정교회 지도부가 추진했던 마을 한인들의 기독교화 및 러시아화의 실상과 문제점들을 파악해 볼 수 있기 때문이다. 이는 궁극적으로는 제III장에서와 같이 러시아 정교회의 한인선교의 성격 규명에 중요한 상황적 단서들 또한 제시해 줄 것이다. 여기서 먼저 블라고슬로벤노예 마을의 역사적 형성배경을 살펴볼 필요가 있다.

1860년대 한인들의 이주와 정착은 주로 국경 지역에 국한되어 있었다. 따라서 러시아 정부는 한인 이주자들에 대한 우호적인 시각을 견지하고 있었음에도, 한편으로 조선과의 인접국경 지역에 한인 이주자들의 대규모 정착을 우려했다. 러시아 정부의 이러한 우려를 실행에 옮기도록 한 것은 한 편의 기행보고서였다. 1860년대 후반(1867-69) 남우수리스크 지방의 한인사회를 목도한 저명한 여행가이자 극동 및 중앙아시아 연구자인 프르줴발스키(Н.М.Пржевальский, 1839-88)는 기행보고서를 통해서 한인들의 이주와 러시아화 문제를 조심스럽게 평가하고 있다. 그는,

"한인들은 비록 조선에서의 삶이 고달팠어도 여전히 기억 속에 남아있고, 조선적인 것에 대한 기억을 잊기에는 너무 국경 가까이에서 거주하고 있다. 한인들이 과거를 생각하지 않고 조금씩 완전히 잊도록 하기 위해서는 한인들의 주변 환경에 변화를 줄 필요가 있다. 무언가 기대할 만한 결과물을 얻기 전까지는 한인들의 러시아 유입을 잠시 제한할 필요가 있다"[250]

고 보았다. 나아가 그는 한인들의 러시아화와 관련,

"한인들은 러시아인들과는 적어도 200베르스타 떨어진 국경 지역에서 자신들만의 독립적인 공동체를 이루고 살아가고 있다. 그러한 상황은 한인들로 하여금 고국의 소식을 쉽게 접하고 기억나게 할 것이며, 결과적으로 러시아로부터의 적극적인 영향을 받지 못하게 될 것이다. 따라서 한인들이 아무르강 중류 지역이나 한카호수와 수이푼강 유역 사이 지대에 재이주되어 살게 된다면, 조선과는 멀리 러시아인 농민들 사이에서 살게 될 것이고, 이를 통해 한인들이 정교신앙, 러시아어와 러시아 관습을 배우게 될 것이다"[251]

---

250) Н. М. Пржевальский, *Путешествие...*, указ. соч., с.310.

251) Там же, с.311; Н. М. Пржевальский, "Инородческое... указ. соч., с.201.

고 언급했다. 즉 한인들의 국경거주는 러시아화의 장해가 됨으로 국경에서 먼 내륙으로의 재이주가 바람직하다고 본 것이다. 프르줴발스키의 이러한 견해는 향후 프리아무르 지방의 한인 이주정책에 큰 영향을 미쳤다. 결국 1871년 여름, 동시베리아 군사령관지사(генерал-губернатор) 시넬니코프(Н.П.Синельников, 1871-74)는 러시아 국적의 한인 103가구(431명)를 아무르주 블라고베쉔스크에서 남쪽으로 547베르스타 떨어진 아무르강 지류인 사마라강 유역에 재이주시켰다. 이듬해인 1872년 마침내 사마라강 유역에 블라고슬로벤노예(Благословенное, 사만리, 沙滿理) 마을이 세워지기에 이르렀다.[252]

아무르주 한인사회의 시작을 알리는 블라고슬로벤노예 마을은 러시아 정부 주도 하에 이루어진 전무후무했던 재이주정책의 결과물이었다. 한인들의 이주에서 정착까지의 과정은 러시아 정부의 치밀하고도 계획적인 의도 속에서 이루어졌다. 연해주 남부의 한인 재이주 계획에 착수한 아무르주지사 페다쉔코(И.К.Педашенко)는 한인 80가구를 기준으로 주택 건축에 필요한 목재와 연장, 건축재료, 한인들이 자립

---

252) В. В. Граве, указ. соч., с.129; С. Д. Аносов, указ. соч., с.9. 당초 러시아 정부는 2개의 마을을 건설할 것을 계획했었다(В.Вагин, с.13 참조). '블라고슬로벤노예'라는 말은 러시아어로 '축복받은 마을'의 의미를 지니고 있다. 동방학 학자인 큐네르는 한인들의 아무르주 이주와 관련하여, 1912년경에 마을의 모든 거주자들이 정교도였던 것으로 보아 재이주정책이 성공적이었다고 평가하고 있다. 나아가 그는 해당 마을의 이주 시기와 관련, "1869년 자연재해로 한 해 동안 약 7,000천여명이 들어왔다. 이는 러시아 정부로 하여금 한인이주를 심각하게 바라보는 자극제가 되었으며, 결국 국경지역 거주 한인들을 내륙으로 재이주시키는 정책을 취하도록 만들었다. 결국 러시아 정부는 재이주 정책의 일환으로 1876년 16,000루블을 들여서 일단의 한인들을 블라고베쉔스크에서 577베르스타 떨어진 아무르강 유역에 이주시켜 한인정착촌인 블라고슬로벤노예 마을을 건립했다. 하지만 재정적 부담으로 더 이상 그와 같은 재이주 정책은 반복되지 않았다"고 언급하며 이주시기를 조금 다르게 기록하고 있다(Н.В.Кюнер, Статистико...., с.250 참조).

할 때까지 지급할 15개월분의 식량, 농사에 필요한 가축 등과 관련한
예산을 미리 편성했다. 이주에 따른 예상 총비용은 15,271루블로 책정
되었지만 실제로는 이주 이후에 그 이상의 추가금액이 소요되었다.
한인의 이주 및 정착에 따른 재정적 지원 이외에도, 한인들은 1861년
4월 21일자 No.36928호 원로원령에 의거 러시아인들과 나란히 인두세
납부 영구면제, 20년간 토지세 면제, 3년간 부역면제라는 특권을 부여
받게 되었다.[253] 또한 한인들은 이주 직후에 세례와 더불어 러시아
국적을 받고 가구당 100데샤티나의 토지를 받게 되었다.[254] 재이주에
관한 페다쉔코의 이 기획보고서는 당시 동시베리아 군사령관지사 시
넬니코프에 의해 주목할 만한 것으로 인정받았으며 전격적으로 승인
되었다.

한편으로 한인들이 이주하게 될 현지에서도 사전작업이 진행되었
다. 당시 현지(사마르강 유역)의 한인정착촌 건설 준비 과정에서는 카
자크 병사들이 다수 동원되었고, 주변의 카자크인 마을에서도 인력지
원을 해주었다. 마침내 1871년 7월 27일, 한인 103가구, 총 431명(남자
-246명, 여자-185명)이 일차적으로 예카테리노-니콜스코예 카자크 마을
로 임시 이주되어 왔다. 이주한인들은 모두 연해주 남부에서 거주하

---

253) А. В. Кириллов, указ. соч., с.3. 아무르주지사가 편성한 사전 이주비용은 총
15,271루블로, 주요 항목별로 살펴보면 다음과 같다. 80가구 기준으로 총
8,000여 개의 통나무와 6월 1일-7월 1일까지 300여명의 카자크부대 병사들
을 목재조달과 이송에 동원하는 비용, 그리고 기타 건축자재 및 15명의
카자크인 특별감독자 보수 등의 건축비용으로 총 2,759루블(1가구당 34루
블 50코페이카)이 산정되었다. 이외에도 15개월 간의 식료품 비용 7,700루
블과 파종비용 1,192루블, 의복과 기타 농사에 필요한 물건구입 비용 2,000
루블, 단신의 미혼자 이주자들이 2개월에 걸쳐 일자리나 돈벌이를 찾을
때까지 1,620루블이 책정되었다. 한인들에게 부여된 특권과 관련, 언급된
특권들 이외에 가장 눈길을 끄는 것은 자체 관습에 따른 자치의 특권이었
으며, 다만 법적인 책임이 뒤따르는 행위들에 있어서는 러시아 법을 따라
야 했다.

254) В. В. Граве, указ. соч., с.129.

고 있던 자들로서, 마을별로 보면, 티진헤에서 65가구(남자-157명, 여자-129명), 얀치헤에서 38가구(남자-89명, 여자-56명)가 이주되었다.[255] 한인들은 기존의 재이주와는 다른 미지의 세계로 떠나는 것에 대해 기대와 두려움 마음으로 받아들였다. 계봉우는 『獨立新聞』에 연재한 『俄領實記』에서 당시의 상황을 다음과 같이 기록했다.

> "기원 4214년(1871년-필자) 신미 4월에 지신허(티진헤-필자) 빈민 70여호 남녀 315인이 아관(俄官, 랴비코프 대위-필자)의 지도를 따라 남부여대(男負女戴)하고 홍개호(興凱湖, 홍개호, 한카호수-필자)를 연(沿)하야 끼고 화발포(花發浦, 하바로프스크-필자)까지 도보(徒步)하고 흑수(黑水, 흑룡강, 아무르강-필자)에 지(至)하야 승선(乘船)하고 마침내 사만리(블라고슬로벤노예-필자)에 하륙(下陸)하매 삼천간운(參天干雲)한 삼림이 울창한 대야(大野)에 의거생활(依居生活)이 참으로 무로(無路)하야 상부하앙(上俯下仰)함에 만목(萬目)이 처연(悽然)할 뿐이었다....이종겁화(異種吸化)의 수완(手腕)이 대민활(大敏活)한 아관(俄官)으로서 여간양식(如干糧食)을 공급하지만 그것뿐으론 사신곡복(絲身穀腹)이 넉넉할 수 없었다....그러나 누(淚)로서 파종(播種)하고 마침내 낙(樂)의 실(實)을 추수하게 되야 지금은 인구가 번창함을 따라 가산(家産)이 다 섬유(贍裕)하고 또 그중에서 고급교육(高級敎育)을 수료한 인물이 다산(多産)하였다"[256]

---

255) А. В. Кириллов, указ. соч., с.4. 도시에서 멀리 떨어진 외진 곳에서의 한인 정착촌 건설은 많은 어려움을 수반했다. 건축용 통나무인 삼나무가 강기슭이 아닌 숲에 서식하고 있는 관계로 초반부터 작업과 운반에 어려움이 초래되었고, 카자크인들은 삼나무 대신 강 주변의 사시나무로 대체해줄 것을 요청했다. 카자크인들의 요청은 받아들여졌고, 그 결과 작업속도에 가속도가 붙게 되었다. 1871년 7월 하순경에는 4,394개의 통나무가 사마라 강 하구로 이송되었으며, 수도인 블라고베쉔스크에서 식량과 말, 건축에 필요한 다양한 재료들이 기선을 통해서 마을이 들어설 곳에서 멀지않은 곳에 있는 푸지노(Пузино, 현재 Екатерино-Никольское) 카자크 마을로 이송되었다.

기사는 고달픈 고국의 삶을 등지고 러시아 땅에 들어왔던 한인들이 또 다시 미지의 먼 곳으로 길을 떠나야 했던 한인들의 처량한 심정을 잘 보여주고 있다. 나아가 정착 초기의 어려움을 다 이겨내고 고진감래[苦盡甘來]하는 블라고슬로벤노예 마을의 번영에 대해서도 잘 묘사하고 있다.

카자크 마을에서 짧은 휴식을 취한 한인들이 사마라강가에 최종적으로 이송되어 온 것은 8월 1일 무렵이다. 텅빈 대지에 자리잡은 한인들은 이튿날부터 카자크인들의 도움을 빌어 건축작업을 시작했다. 8월 말경에는 20채의 통나무 건물과 2채의 작은 농가, 11월 무렵에 이르러서는 25채의 통나무 건물과 6채의 작은 농가가 지어졌고, 학교와 목조 교회의 초석이 놓여졌다. 이후 계속된 건축으로 총 53채의 큰 통나무 건물이 세워지고,[257] 한인들의 입주와 더불어 마침내 블라고슬로벤노예 마을은 제 모습을 갖추게 되었다. 동시베리아 군사령관지사와 아무르주지사는 한인들의 초기 정착과정에 많은 관심을 기울였다. 카자크부대 책임자인 체스노크(Чеснок) 중령은 2주마다 한인들에 관한 상황보고를 했다. 또 1872년 2월에는 군사령관지사가 직접 블라고슬로벤노예 마을을 방문해 정황을 살펴본 후 한인들의 생계를 위한 일련의 조치들을 취하기도 했다.[258] 초기에 한인들은 새로운 생활환경에 적응해 나가는데 어려움이 많이 존재했지만, 식량에서 의류, 종자,

---

256) 『獨立新聞』 대한민국 2년(1920)년 3월 4일, 제50호, 뒤바보 『俄領實記』 제3호(移植된 原因(續)).

257) А. В. Кириллов, указ. соч., с.5. 주택과 학교가 세워지기 전까지 한인들은 고생을 감수해야 했다. 일부 주거지가 필요없는 20여명의 자유스런 노동자들은 그해 가을부터 이듬해 봄까지 돈벌이를 위해 블라고베쉔스크의 양조장에 보내져서 일을 하기도 했고, 일부는 미하일로-세메노프스키 카자크 마을에서 일을 해주며 겨울을 보냈다. 바로 이곳 카자크 마을 학교에서 19명의 한인 학생들도 공부를 하며 겨울을 보냈다.

258) Там же, с.5.

가축 등 러시아 정부의 지원으로 첫 겨울을 무사히 보낼 수 있었다.

러시아 정부에 의해서 교회건축비를 포함, 한인들의 이주와 정착, 경제적 자립을 위해 22개월 간에 걸쳐서 투입된 실비용은 총 16,570루블에 다다랐다.[259] 이와 같은 기획적인 재이주 정책은 결과적으로 엄청난 재정적 부담을 러시아 정부에 안겨주었고, 향후 그와 같은 정부 지원 하의 재이주는 더 이상 반복되지 않았다.

점차 블라고슬로벤노예 마을의 삶은 안정을 되찾았고 규모 또한 커져갔다. 하지만 본고의 주제와 관련하여, 정착한지 20여년이 지난 시점에서 한인들의 기독교화와 러시아화라는 측면에서 러시아 정부의 의도와는 다른 방향으로 전개되어 가고 있었다. 물론 타종교의 수용과 개종은 인간의 내적변화가 요구되어지는 사안인 만큼 오랜 시간을 필요로 한다. 그렇지만 한인들의 내외적인 변화가 이후 프리아무르 세속 당국의 일종의 방치와 소극적인 개입으로 인해서 더디게 이루어 졌다면 문제는 다르다. 1890년대 중반 블라고슬로벤노예 마을을 현지조사한 키릴로프는 조사보고서에서 "한인들은 모국에서 했던 원시적인 농업생산에만 종사하고 수공업은 배우지 않는다. 그리고 소를 기르면서도 유제품을 이용할 수 있도록 젖짜는 법을 배우지 않고, 닭 이외에는 양이나 다른 조류가축을 기르지 않으며, 양봉이나 어업에도 종사하지 않고 있다"[260]고 언급하고 있다. 그는 한인들이 너무 고립적인 생활방식 속에서 자신들의 전통적인 생활방식에만 매달려 살고 있음에 우려를 나타냈던 것이다. 사실 이러한 측면은 생활면에서만 나타난 현상이 아니었다. 초기 이주 및 정착 조건과 누린 특혜로 볼 때, 한인들은 보다 정교도적이고 러시아화 된 삶을 살아갈 수밖에 없었던 조건들을 안고 있었다. 그러나 실제적인 한인들의 삶은 그렇지 않았다. 세례받은 정교도 한인으로서의 삶과 러시아 정부의

---

259) Там же, с.6-7.
260) Там же, с.9.

눈에 비친 한인의 삶과는 큰 차이가 있었다. 따라서 외무부 프리아무르 문제 전권위원이었던 그라베가 블라고슬로벤노예 한인들이 고립적이고 비정교도적인 삶속에 방치되어 남겨져 있었던 것에 그토록 부정적이고 비판적인 견해를 피력한 것도 바로 거기에 있었다.

본래 러시아 정부의 재이주 정책의 배경에는 무엇보다 한인들을 고립적인 생활방식에서 벗어나 정교신앙과 교육을 통한 러시아인과의 동화를 유도하기 위함이었다. 재이주 된지 20여년이 지난 블라고슬로벤노예 한인들의 삶이 러시아 정부의 의도와는 다르게 진행된 데에는 몇 가지 측면에서 살펴볼 수 있다.

우선 한인의 고립적인 조선식 생활방식의 유지를 들 수 있다. 20여년이 지난 상황에서 한인들의 생활방식은 거의 변함이 없이 조선에서의 방식 그대로 남아있었다. 한인사이에서는 단 1건의 주변 민족들과의 혼인관계도 이루어지지 않았을 정도로 타민족과의 혼인을 꺼려했다. 심지어 막대한 비용을 들이면서까지 한인들은 남우수리스크 지방에 가서 배우자를 물색하곤 했다. 뿐만 아니라 조선식 복장에 조선식 주거에서 생활을 했으며, 농작물이나 가축, 수공업 등 조선식 방식만을 고집하며 생활했다. 따라서 키릴로프는 한인들은 자신들의 전통과 생활방식을 강경하게 고수하며 러시아에 전혀 동화하려 노력해오지 않았다고 비판적인 시각으로 한인의 동화 상태를 바라보았다.[261] 따라서 주변의 카자크인들은 한인들을 아무르의 '떠돌이 이민족'이라며 야유를 보내곤 했다. 단지 젊은 세대에게서 변화를 기대해 볼 수 있었지만, 그나마 이는 기성세대의 권위에 눌려 더디게 진행되고 있었다.

또 하나는 정교신앙을 통한 한인들의 삶이 여전히 비기독교적인 상황에 머물러 있었다는 점이다. 비록 1872년에 마을 형성과 함께 교

---

261) Там же, с.10.

회가 건립되고 사제에 의한 세례가 이루어졌으며, 높은 세례율을 보이며 한인의 기독교화가 진행되어 왔지만 20여년이 지난 시점에서 한인들의 삶은 정교도적인 삶과는 여전히 거리가 멀어 있었다. 한인들은 예배 시간에 담화를 나누거나 양반자세로 흡연을 하며 설교에 집중하지 않았다. 키릴로프는 성격적으로도 한인들은 교활하고 아부하기를 좋아하고, 탐욕스럽고 복수심이 강하며 거친 민족으로서 이교도와 다름없는 모습으로 남아있다고 비판적으로 보았다.[262]

그 외에도 한인들의 러시아화가 낮은 수준에 있었다는 점을 들 수 있다. 러시아 정부는 한인의 기독교화와 러시아화를 위해 교회와 학교교육을 활용하고자 했다. 하지만 실제적으로 교회의 역할은 미흡했다. 1880년대 초까지 마을에는 상주하는 사제가 부재했으며, 1890년대 들어서 비로소 사제가 상주하기 시작했다. 사제들은 주로 세례만을 베풀고 돌아갔으며, 지속적인 접촉을 통한 기독교 교리학습은 전혀 이루어 지지 못해왔다. 뿐만 아니라 학교교육 또한 한인들의 러시아화에 큰 역할을 해오지 못해왔다고 볼 수 있다. 초기에는 조선어를 모르는 카자크인 하사관이 한인 자녀들의 교육을 담당했으며 이후 한인교사로 대체되었다. 그러나 기성세대의 권위와 마을사람들의 따가운 시선을 두려워 한 한인교사는 러시아식의 교육을 제대로 진행할 수 없었다. 특히 사제가 잠시 외부업무로 부재할 시에는 마을민들의 요구대로 상황을 맞추어 수업을 진행해야 했다.[263]

마지막으로 한인들의 행정적인 자치권한이 크게 작용했다는 점을 들 수 있다. 한인들은 정착하며 많은 경제적, 사회적 특혜와 함께 자치권을 누렸다. 특히 노인층 기성세대의 영향력은 절대적이었다. 노인층이 생각하고 조언하는 것은 마치 재론의 여지없는 성스러운 결정으로 받아들여졌으며, 아무런 제약없이 실행에 옮겨졌다. 그러한

---

262) Там же, с.10.
263) Там же, с.11.

상황 속에서 한인들은 당연히 지방 당국을 회피했으며, 이는 결과적
으로 지방 당국의 권위 실추로 이어졌다.[264] 이러한 자치권은 결과적
으로 한인들을 중심으로 지방 당국의 지시와 결정을 거부하게 하는
심리적인 요인으로도 작용했으며, 나아가 러시아적인 것과의 접촉을
더디게 만드는 요인으로도 작용했다.

언급된 요인들 중에서 일부는 시간과 교육이 더 필요했던 사안이
었을 수도 있다. 하지만 키릴로프도 지적하고 있는 것처럼 1890년대
블라고슬로벤노예 마을에서 드러나는 한인들의 만족스럽지 못한 기
독교화 및 러시아화의 요인을 지방 당국의 관심과 노력이 지속되지
못한 것에서 찾아볼 수 있다는 점이다. 키릴로프는 한인들을 러시아
인들과 동화시키기 위한 대안으로, 10-20가구의 교육받은 러시아인 가
정을 한인들 사이에 거주시키고, 한인자치를 없애고, 한인들의 러시
아어 사용을 의무화 시켜야 한다고 보고서를 통해 제의했다.[265] 결과
적으로 마을한인들의 비러시아적인 행동양식들의 원인은 한인들의
기독교화와 러시아화를 위한 국고지원의 이주에도 불구하고 사후 관
리를 소홀히 해온 세속 당국의 소극적인 행정에서도 찾아볼 수 있을
것이다.

문제는 키릴로프의 마을 한인들의 기독교화 및 러시아화에 대한
우려가 1910년대 들어서도 관계당국 차원에서 계속 표출되고 있다는
점이다. 이 시기에 들어서도 한인들의 내적인 기독교화와 러시아화
상태는 교회의 입장에서 볼 때 여전히 만족할 만한 상황 가운데 있지
못했다. 비록 한인들이 정교의식을 행하고 성호를 긋고, 대부분의 가
정이 성상화와 함께 정교도적인 생활을 해나갔지만, 내적으로는 무속
신앙적인 신앙행위를 수행하는 등 혼재된 신앙상태를 유지하고 있었
다. 특히 노년층에서는 여전히 샤마니즘이 강하게 자리잡고 있었고,

---

264) Там же, с.11.
265) Там же, с.12.

이는 마을민 전체에 영향을 주고 있었다.

1910년을 전후하여 블라고슬로벤노예 마을을 탐사한 외무부 소속의 그라베는 블라고슬로벤노예 마을 한인들의 부진한 러시아화 현상에 대해 전적으로 러시아 정부의 책임으로 돌렸다. 그는 아무르탐험대 보고서를 통해서,

> "러시아 정부가 마을 한인들에게 러시아 국가성을 심어주기 위해 지난 25년 동안 행한 것은 아무 것도 없다. 다만 아무르주 당국은 폐쇄적인 블라고슬로벤노예 마을 한인들의 러시아인들과의 동화를 위해 러시아인 농민 가족을 이주시키려 시도했지만 실행으로 옮기지 못했고, 결국 그것으로 더 이상의 한인의 동화를 위한 노력은 끝이 났다"[266]

며 당국의 무관심과 소극적인 러시아화 노력에 대해 비난했다. 그라베는 1895년부터 이주 정착한 한인 28가구의 국적편입 청원을 프리아무르 당국이 오랫동안 외면해 오고 있다며 세속 당국의 한인 러시아화를 위한 노력에 질타를 가했다.[267] 한국학 연구자인 로스 킹 또한 블라고슬로벤노예 마을과 관련 가장 최근에 발표한 자신의 연구물에서 유사한 평가를 내리고 있다. 그는 블라고슬로벤노예 마을은 러시아 정부의 재이주 정책의 결과로 특혜와 물질적 풍요를 누렸다. 하지만 1910년대 들어서도 여전히 비기독교적이고 비러시아화적인 상태에 머물러 있었다고 연구물에서 언급하고 있다.[268]

사실 블라고슬로벤노예 마을의 경우 이주 및 정착의 배경을 고려해 볼 때, 러시아 정부로서는 가장 빠른 동화와 러시아화를 기대해

---

266) В. В. Граве, указ. соч., с.179.

267) Там же, с.178.

268) Ross King, "Blagoslovennoe: Korea Village on the Amur, 1871-1937," *Review of Korean Studies*, Vol.4, No.2, 2001, pp.151-152.

볼 수 있는 지역이었다. 그러나 오히려 블라고슬로벤노예 마을의 한인들은 더 견고하게 조선적인 전통과 고립적인 생활방식을 유지해 나갈 수 있도록 방치되었으며, 지방 당국의 관심 또한 적극적으로 표출되지 못한 측면이 많다. 러시아 정부는 자신들의 발의로 거액의 국고를 들여 이주시킨 한인들에 대해서조차 지속적인 관심과 충분한 지원을 하지 않았으며, 이는 결국 마지막 시점에 이르러서까지 한인들의 낮은 러시아화라는 불만족스런 결과를 낳았다. 물론 마지막 시기에 들어 젊은 세대와 교육받은 한인젊은이들의 등장으로 러시아 정부의 정책이 조금씩 수확을 거두어나가기 시작했다고 볼 수 있다. 그러나 러시아 정부는 한인들의 만족할만한 내적인 기독교화 및 러시아화를 제대로 맛보기 전에 1914년 1차세계대전과 1917년 10월 사회주의 혁명이라는 큰 역사적인 변화를 맞게 되었고, 블라고슬로벤노예 마을 한인들의 종교활동 또한 그것으로 종료되고 말았다.

2) 장로교파 대응과정을 통해 본 정교회 한인선교의 한계

바로 앞서 제시된 사안들은 이미 선교 초기부터 제기되어 왔었던 점들이다. 또 정교회 지도부 스스로도 인식해 왔던 가장 근본적이면서 주요한 문제들이라 할 수 있다. 이 대목에서 필자가 굳이 장로교파 문제에 주목하는 이유는 1909년에 블라디보스톡에서 최관흘 선교사를 중심으로 한 장로교파의 선교활동에 대항해 정교회가 대응하는 과정에서 이러한 문제점들이 종합적으로 어우러져 나왔고, 결과적으로 정교회 지도부의 프리아무르 한인선교 사업의 실상이 고스란히 드러났기 때문이다. 뿐만 아니라 이 문제와 관련하여 최관흘과 연해주 지방 당국, 그리고 상급 기관인 프리아무르 당국 간에 오고 간 관련 문서와 장로교파 선교문제에 대한 관계당국의 반응과 태도에서 1905년 10월선언 이후의 세속 당국과 교회 간의 변화된 상황을 파악해

볼 수 있을 것이다. 또한 그러한 변화된 관계 속에서 표출되어 나타
나는 정교회 프리아무르 50여년의 한인선교의 한계성을 살펴볼 수 있
을 것이다.

장로교파가 공식적으로 블라디보스톡에 등장하기 시작한 것은
1909년경이다. 1907년 평양 교회대부흥운동 이후 조선예수교장로회는
1907년 9월 10일에 독노회를 설립했다. 이 독노회를 통해서 장로회신
학교의 첫 졸업생들인 서경조, 한석진, 양전백, 방기창, 길선주, 이기
풍, 송인서 등의 최초의 조선인 목사들이 배출되었다. 독노회 설립 이
후 1911년에는 전라, 경기충청, 황해노회가, 1912년에는 함경, 경상, 남
평안, 북평안 노회가 조직되었다. 이는 그해 9월 1일에 조선예수교장
로회총회의 설립으로 이어졌다.

조직교회라는 부흥의 연속선상에서 조선교회는 조선예수교장로회
총회의 설립을 전후하여 국내는 물론 본격적인 해외선교에 문을 두
드리기 시작했다. 일본에 한석진(1909), 북간도에 김영제(1910), 일본에
임종순(1911), 중국 산동성에 김영훈, 박태로, 사병순 선교사(1912) 등
이 파송되었고, 1909년에는 러시아 연해주로 최관흘 선교사(목사)[269]
가 파송되기에 이르렀던 것이다. 물론 1905년 이후 블라디보스톡에서
한인들을 상대로 조선에서 온 장로교파 선교사들의 단기선교 형식의
선교활동이나, 한인촌에 거처를 둔 미국인 선교사 부부에 의한 선교
활동이 있었다.[270] 최관흘의 파송에 앞서 일찍이 조선예수교장로회는
1909년에 선교사를 통해 다소의 신자들을 얻게 되었고, 이에 교회를
설립한 후 동년에 최관흘을 선교사로 파송해 교회를 관리하게 했

---

269) 최관흘은 1877년 평안북도 정주군 출생으로 1909년 평양신학교 제2회 졸
　　업생이며, 1909년 9월 6일 8명의 동료들과 함께 목사 안수를 받았다.
270) РГИАДВ, Ф.702, Оп.3, Д.443, Л.22а-об. 『1914년 1월 4일 블라디보스톡 주교
　　구가 한인 개종을 위한 한인선교부를 조직하는데 국고 지원하는 문제와
　　관련 신성종무원 경제국이 국가두마에 제출한 보고서-사업설명』.

다.[271] 장로교파가 선교활동을 시작하던 무렵에는 이강을 중심으로 국민회계열의 인물들도 장로교 신앙을 전도했고, 그 결과 1909년에 블라디보스톡에서만 신자가 100여명에 달했다.[272] 흥미로운 것은 이후 이강은 정교회로 개종하고 정교회 전도사로서도 한인들 사이에서 두드러진 활동을 보여주게 된다는 점이다.

여기서 잠시 최관흘의 프리아무르 지방 장로교 선교활동과 이것이 프리아무르 한인사회와 정교회 지도부에 미친 영향들을 살펴볼 필요가 있다. 이는 앞선 시기에 비해 가장 큰 선교적 결실을 거두어 나가고, 한인들이 진정으로 정교 신앙에 다가서기 시작했던 1910년대에 정교회가 장로교파에 대한 대응과 조치 과정에서 당시 정교회 선교사업의 실상을 보여주고 있기 때문이다. 즉 러시아 정교회는 장로교파에 대응하는 과정에서 크게 흔들리는 모습을 보여주었고, 빈약한 선교조직과 체계를 노출시켰다. 이는 재정 부분과 특히 마땅히 갖추어져 있어야할 선교인력과 인력의 자질 부분에서 두드러지게 나타나고 있다.

본격적으로 최관흘을 중심으로 한 장로교파의 선교활동과 이에 대한 정교회 측의 대응모습을 살펴보자. 러시아의 프리아무르 지방 선교에서 최관흘은 선교사-성직자로서 대담한 행보들을 보여주었다. 1909년 11월 5일, 최관흘은 "신한촌에 거주하는 조선국적의 60여명의 장로교도를 위해 장로교파를 설립하고, 정교도 한인들과는 무관하게 일주일에 두 번(수요일, 일요일) 조선어로 예배를 볼 수 있도록 허가해 줄 것"[273]을 연해주지사에게 청원했다. 최관흘의 청원

---

271) 현규환, 앞의 책, p. 920. 이때 신도들이 예배당설립과 부지구입에 650루블을 기부했고, 신자 중에는 지역유지인 최봉준, 최만학, 고상준, 정재관, 이상설, 이동휘 등이 있었다.

272) 박환, 앞의 책, p.201.

273) РГИАДВ, Ф.1, Оп.2, Д.2020, Л.1. 『1909년 11월 5일 조선국적 장로교 최관흘 선교사가 연해주지사에게 보낸 장로교단 공동체 설립청원서』.

은 두 개의 기독교 종파의 영적인 전쟁을 예고하는 것이었다. 이는 향후 정교회 지도부를 자극시키고, 정교회의 한인 선교활동에 근본적인 변화를 가져다주는 결정적인 계기가 되었다.

블라디보스톡 주교구 지도부는 행정 주무 기관을 통해 장로교의 활동에 법적인 제한을 가하고자 했다. 블라디보스톡 주교구 감독국 (Владивостокская духовная консистория)은,

> "최관흘은 기존의 장로교 신자들을 위해서만이 아니라, 블라디보스톡 한인사회에서 장로교 신앙을 보급할 목적으로 입국했다. 주교구 지도부가 파악한 바에 따르면, 최관흘이 조직한 모임에 장로교파 신자들뿐만 아니라, 심지어는 정교도 한인들까지 모여들고 있다. 따라서 1906년의 외국인 종교에 관한 규정에 따라, 조선국적 최관흘에게 블라디보스톡 신한촌 및 연해주 내에서 장로교파 공동체 설립을 불허해 줄 것을 청원한다"[274]

는 요청서를 연해주지사에게 발송했다. 그러나 예상 외로 이후 중앙 정부의 내무부 종무국(Департамента Духовных дел) 이민족선교분과는,

> "지역 한인들 사이에서 장로교단 공동체 설립 요청은 분파교 종교 공동체의 구성 절차를 규정하고 있는 1906년 10월 17일자 황제령 1조 2항에 근거하여 받아들여 질 수 없다. 다만 최관흘과 그의 추종자들의 예배허가 요청은 제국 내의 모든 종파의 자유로운 신앙생활과 예배권리를 규정하고 있는 1905년 4월 17일과 10월 17일 규정에 근거하여, 예배 장소 및 시간을 사전에 지역 경찰당국에 알린다는 조건으로 허가한다"[275]

---

274) Там же, Л.3. 『1909년 12월 23일 블라디보스톡 주교구 종교감독국이 최관흘의 장로교파 설립불허와 관련 연해주지사에게 보낸 요청서』.
275) Там же, Л.6. 『1910년 2월 9일 내무부 종무국 이민족선교분과에서 최관흘의

는 조건부적인 예배허가 결정사항을 연해주지사에게 전했다. 이어 별
도로 1910년 3월 4일자로 블라디보스톡 시경찰국(Владивостокский полице-
ймейстр)에 장로교의 예배모임을 허가해 주고 이를 감독할 것을 지시
했다.[276)

그렇다고 이것이 러시아 정부의 방관이나 자유의 부여를 의미하
는 것은 결코 아니었다. 내무부 종무국은 "지방 당국이 장로교도 예
배모임에서 법적으로 금지된 선전이나 정교회를 음해 및 비난하는
일이 발생하지 않도록 감독해야 한다. 만일 그와 같은 범죄 행위가
행해지는 경우에는 주동자에게 법적인 책임을 묻는다"[277) 경고 메시
지를 아울러 첨부했다. 이러한 단서 조항은 결과적으로 이후 최관흘
을 포함한 장로교파 탄압의 근거가 되기도 했다.

최관흘은 특히 교회 건축 문제와 관련해서 공개적이고 공식적인
통로를 통해서 정면돌파로 선교활동을 지속해 나갔다. 1890년대부터
제기되어 왔던 블라디보스톡의 한인 및 중국인 정착촌의 이전 문제
가 1911년을 전후로 실행단계에 이르렀다. 최관흘은 기존의 한인촌
내에 있던 예배소가 한인촌 이전 과정에서 자칫 그 권리를 상실할 것
을 의식하고 한인촌을 이전하는 것과 관련하여 예배소 건축 용도로
한 구역의 토지를 할당해 줄 것과 가능하다면 임대료까지 면제해 줄
것을 블라디보스톡 시참사회(Владивостокская Городская Управа)에 요청하
기도 했다.[278) 그 결과 토지위원회로부터 부지가 예배용도로만 사용
되고, 교회가 폐쇄되는 경우에는 부지와 모든 건축물은 시에 반환한

───────────────────

　　　장로교단 설립과 관련 연해주지사에게 보낸 답변서』.
276) РГИАДВ, Ф.1, Оп.11, Д.164, Л.4a-4aоб., Л.36. 『통지문-블라디보스톡에 장로
　　　교단 설립과 관련 내무부 종무국 이민족선교분과에서 연해주지사에게 보
　　　낸 추가 통지문』.
277) РГИАДВ, Ф.1, Оп.2, Д.2020, Л.6.
278) РГИАДВ, Ф.28, Оп.1, Д.377, Л.25. 『1911년 3월 24일 한인촌에 거주하는 장로
　　　교 최관흘 선교사가 블라디보스톡 시참사회에 보낸 청원서』.

다는 조건 하에 신한촌 No.758구역의 65번지를 무상으로 할당해 준다는 허가를 받았다.[279] 최관흘의 이러한 거침없고 당당한 행보는 정교회 지도부의 심기를 불편하게 만드는 요인이 되었고, 한편으로는 증가해 가는 장로교파의 세력 확대에 큰 힘으로 작용했다.

연해주 당국의 조건부 허가를 받은 장로교파의 교세는 급격히 확장되어 나갔다. 최관흘 선교사의 선교활동은 연해주 한인들 사이에서 호응도가 높았다. 그의 조선어로 전해지는 호소력있는 설교는 한인들의 마음을 쉽게 사로잡았다. 당시 한 한인 언론은 "당지 청년회 국민회 및 부인회에서 성대한 연회를 설하고 최씨를 환영하였으며 또 새로 예수께 도리를 깨다른 동포가 40여명에 달하였다더라"[280]고 전하고 있다. 장로교파의 선교지는 블라디보스톡 지역에 국한되지 않았다. 당시 『大東共報』는 "최목사 관흘씨가 할빈에 젼왕함은 별항과 같거니와 수일 후 당지에서 떠나 허발포와 이만등지로 젼왕하야 일반 동포를 심방할 터이라 하더라"고 전하고 있다.[281] 또 『獨立新聞』은,

> "모국 교회에서 어대까지 아령동포를 구제(救援)한다는 주의하(主意下)에서, 박치형(朴致衡), 박정찬(朴定贊) 김현찬(金鉉贊) 목사가 서로 계속(繼續)하야와서 선교(宣教)에 주력함으로 송왕영(松王營), 수청(水淸), 화발포(花發浦) 및 갈내 등지에 신도가 중다(衆多)하고 더욱 아국혁명(俄國革命) 한 후에 그 과거시대의 전제유물인 희랍교(정교회-필자)의 쇠퇴(衰退)함을 인하야 신도의 전진력(展進力)이 일가월증(日加月增)하게 되야 간다"[282]

---

279) Там же, Л.29-29об. 『1911년 4월 18일 토지위원회에서 토지문제 관련 블라디보스톡 시두마(의회)에 보낸 문서』.

280) 『大東共報』 大韓隆熙 4년 5월 26일(1910, 제23호), 『목사를 환영』.

281) 『大東共報』 大韓隆熙 4년 5월 26일(1910, 제23호), 『최씨 이왕』. 허발포(화발포-필자)는 지금의 하바로프스크를, 이만은 달네레첸스크를 의미한다.

282) 『獨立新聞』 대한민국 2년(1920) 4월 1일, 제60호, 뒤바보 『俄領實記』 제10호

고 기록하고 있다. 정교회 선교부에 따르면, 1911년 경 한인 장로교도 수는 전체적으로 약 800명에 이르렀다. 이중 300명이 블라디보스톡에서 활동했고, 니콜스크-우수리스크에 100명, 하얼빈에 200명, 기타지역에서 200명의 한인 장로교도가 활동했다고 한다.[283]

사료에서 나타나고 있듯이 장로교파는 해삼위로 불리던 블라디보스톡을 중심으로 점차 송왕영(소항령, 우수리스크), 수청(파르티잔스크), 이만(달네레첸스크) 등지로 확산되어 나갔으며, 이후에는 화발포(하바로프스크)와 하얼빈지역에까지 그 세가 이르렀다. 이처럼 장로교파가 선교에 성공할 수 있었던 것은 자체의 엄하고 체계적인 선교 조직과 준비성 이외에도, 장로교파가 당시 정교회 지도부의 열악한 한인선교 상황과 연해주 당국의 한인정책에 대한 한인들의 반감을 적절히 잘 이용했기 때문이기도 했다.

그러나 장로교파의 세가 확장되어 가던 시점에서 최관흘이 정교회로의 개종하는 일이 발생했다. 이는 장로교파 교단으로서는 받아들이기 힘든 대사건이었다. 물론 최관흘의 정교회로의 이적을 과연 개종으로 간주 할 수 있는가의 문제는 현대 선교신학의 중요한 논점인 개종과 회심이라는 문제와 관련해서 논쟁의 여지를 남겨두고 있다. 프리아무르 당국에 의해 수배령이 내려져 체포된 후 발생한 최관흘의 정확한 개종 날짜는 확인하기 어렵다. 다만 대략적인 시점을 사료를 통해서 추측해 보는 것은 가능하다. 즉 1912년 4월 말에 이르러서도 연해주 당국이 최관흘의 체포와 즉각적인 추방을 지시하고 있는 것[284]으로 보아서 최관흘의 체포와 그의 개종 시기는 적어도 4월 이

(宗敎). 송왕영(松王營, 소항령)은 지금의 우수리스크, 수청(水淸, 수찬)은 파르티잔스크를 의미한다.

283) РГИАДВ, Ф.702, Оп.3, Д.443, Л.22а-об.

284) РГИАДВ, Ф.1, Оп.11, Д.164, Л.21-21об. 『1912년 4월 28일 연해주 주관리국에서 보낸 공문』.

후인 것으로 보인다. 또한 1912년 9월 1일-4일 기간 동안에 평양신학교에서 열린 조선예수교장로회 제1회 총회에서는 최관흘 목사가 해삼위에서 선교활동을 중단했음을 알리고 있다.[285] 그리고 1912년 12월 1일자『대한인정교보』는 수년 전 장로교회 목사로 활동하던 최관흘이 정교회로 돌아와 전도일을 보고 있다고 전하고 있다.[286] 이상의 상황을 근거로 추측해 볼 때 최관흘의 체포와 개종 시점은 크게 잡아 대략 1912년 5월-11월 사이로 나타나고 있다.

최관흘의 개종 사건은 블라디보스톡 장로교파 신도들뿐만 아니라 조선예수교장로회에 큰 충격을 주었다. 조선예수교장로회는 총회를 통해서 최관흘을 목사직에서 해임했으며,[287] 장로교파의 연해주를 포함한 프리아무르 선교는 잠시 중단되었다. 최관흘 목사의 정교회 개종과 관련, 구체적이고 직접적인 개종의 배경을 알 수 있는 자료는 아직 나타나고 있지는 않다. 다만 당시의 몇몇 사료들을 통해서 최관흘의 정교회로의 개종 배경을 짐작해 볼 수 있다. 계봉우는 『俄領實記』에서,

"평양교회에서 최관흘 목사를 보내어 신한촌(新韓村)을 근거(根據)로 하고, 조소리각지방(鳥蘇里各地方)에 열심전도하야 회개귀주(悔改歸主)한 자가 파다(頗多)하던중 하얼빈에서 왜구 계태랑(桂太郎)의 암살사건이 기(起)함을 기인하야 최목사는 희랍교에 전도인이 되매 아령에 대한 아소교 발전은 큰 타격을 수(受)하였다.... "[288]

---

285) 『조선예수교쟝로회총회 뎨1회 회록』, 1912년 9월 1일-4일.
286) 『대한인정교보』 1912년 12월 1일 (제7호), 『정교회에셔젼도』, p.22.
287) 『조선예수교쟝로회총회 뎨2회 회록』, 1913년 9월 1일-4일.
288) 『獨立新聞』 대한민국 2년(1920) 4월 1일, 제60호, 뒤바보『俄領實記』 제10호 (宗敎). 계태랑(桂太郎)/가쓰라 타로), 일본국 11대 총리대신(1901-06), 가쓰라-태프트 밀약의 장본인으로 조선(광무5년)을 일본의 보호국으로 전락시켰으며, 제 11,13,15대 총리대신을 역임했다.

라고 기록하고 있다. 이러한 정치적 상황 이외에도 당시 최관흘을 둘러싸고 러시아 정부와 정교회 지도부가 취했던 태도와 조치들을 통해서 볼 때, 최관흘의 개종이 러시아 정부와 정교회 지도부에 의한 계속적인 압력과 회유에 따른 결과였던 것으로 짐작해 볼 수 있다. 저명한 중국인 및 한인문제 연구자인 페트로프(А.И.Петров)는 자신의 저작물에서,

> "최관흘이 화재로 소실된 이후 헌금으로 재건축된 교회에서 재정적인 어려움을 겪고 있었다. 그런 상황 속에서 감리교회와의 협력선교에 대한 최관흘의 제의가 본국 교회 지도부에 의해 책망과 함께 받아들여지지 않았고, 선교 중단과 함께 그에 대한 소환령이 내려졌다. 이에 최관흘은 결국 1912년 12월 30일에 블라디보스톡 포크로프 교회에서 인노켄티라는 세례명과 함께 정교회에 입교하게 되었다"[289]

고 주장하고 있다. 이후 최관흘의 개종으로 장로교파의 선교활동은 잠시 중단되었다.

해삼위 교회는 거의 폐교당하였으나 장로교파 신도들은 러시아 정부의 감시를 피해 비밀리에 집회를 가졌으며,[290] 이러한 상황은 1917년 러시아 10월혁명 이후에도 지속되었다. 조선예수교장로회는 1917년 10월혁명 이후에도 총회 차원에서 계속해서 프리아무르 지방에 남아있는 장로교파 신도들과 한인선교를 위해서 선교 기금을 모금해 나갔다.[291] 이후 조선예수교장로회는 1921년에 만주와 프리아무

---

289) А. И. Петров, *Корейскя…. 1897-1917гг.*, указ. соч., с.250-251; 『기독교대백과사전』 14권, (서울 : 기독교문화사, 1984), p.790.

290) 『조선예수교장로회총회 제5회 회록』, 1916년 9월 2일-7일.

291) 『조선예수교장로회총회 제8회 회록』, 1919년 10월 4일-9일; 『조선예수교장로회총회 제9회 회록』, 1920년 10월 2일-7일.

르 선교를 위해 전도회(선교회)를 조직하고, 선교기금 2,500원을 편성하여 아령 지역에 선교사 2인을 파송하기로 결정했다.[292] 한편 정교회로 개종하고 조선예수교장로회로부터 목사직에서 해임되었던 최관흘은 10여년이 지난 1922년에 다시 조선예수교장로회 함북노회에 복직되었고, 이후 아령 수청 지역 장로교회의 요청으로 선교목사로 청빙되기도 했다.[293] 이 무렵 연해주 지역의 장로교회는 다시 한번 과거의 부흥의 물결을 타는 듯 했다. 조선예수교장로회는 김익두 목사를 소항령(송왕영, 우수리스크), 수청, 해삼위 등지에 파송하여 부흥회를 개최하게 했고, 부흥회를 통해서 현지의 한인 신도들뿐만 아니라 러시아인 정교도와 천주교도들까지 크게 호응하는 결과를 얻기도 했다.[294] 그러나 1909년 말에 시작되어 1920년대 중반까지 명맥을 유지해 오던 조선장로교회는 연해주 지역이 포함되어있는 서시베리아 노회가 국경에 근접해 있어서 단속이 심한 이유로 결국 폐지되었다.[295] 이듬해에는 나가있던 최일형 목사가 소환이 되었고,[296] 이후 장로교회의 프리아무르 지방 선교는 점차 막을 내리게 되었다.

최관흘의 선교활동에 대한 정교회 지도부와 세속 당국의 대응에 주목해 보자. 최관흘의 선교활동은 정교도 한인들과 정교회 지도부, 나아가 세속 당국에 큰 영향을 미쳤다. 1910-11년 시기를 거치며 이루어진 장로교파의 활발한 선교활동은 점차 정교회의 프리아무르 지방에서의 종교적 독점을 깨뜨렸다. 그 결과 최관흘은 정교회 지도부와 세속 당국의 주목을 받으며 경계와 탄압의 대상이 되어가기 시작했다. 사실 초기 장로교파의 활동은 그다지 정교회 지도부의 큰 주목을

---

292) 『조선예수교쟝로회총회 뎨10회 회록』, 1921년 9월 10일-15일.
293) 『조선예수교쟝로회총회 뎨11회 회록』, 1922년 9월 10일-15일, pp.90·94·99.
294) 『조선예수교쟝로회총회 뎨11회 회록』, 1922년 9월 10일-15일, pp.90·94.
295) 『조선예수교쟝로회총회 뎨14회 회록』, 1925년 9월 12일-18일.
296) 『조선예수교쟝로회총회 뎨15회 회록』, 1926년 9월 11일.

받지 못했었다. 그러나 1910년 10월, 성-페테르부르그 중앙정부와 신성종무원에 날아든 1건의 보고서는 그간의 분위기를 크게 반전시키는 신호탄이 되었다. 1910년 10월 8일에 서울주재 러시아 총영사인 4등문관 소모프(Сомов)는,

> "최근 외국인 선교사들의 조선에 대한 일종의 십자군 원정식 선교활동이 강화되고 있다. 일부 외국인 선교사들은 블라디보스톡 주교구 영역으로 활동무대를 옮기고자 하고 있는데, 이들은 현재 조성되고 있는 러시아인과 한인들 간의 차가운 관계를 이용하고자 계획하고 있다. 그러한 상황은 블라디보스톡 주교구 산하에 거주하는 한인들 사이에서 정교회의 선교활동을 강화시킬 필요성을 불러일으키고 있다. 왜냐하면 정교도 한인들은 러시아 주민들과 빠르게 융화될 수 있기 때문이다. 개신교로 개종한 한인들은 프리아무르에서 항상 불온한 요소들로 남아있게 될 것이다"[297]

라는 내용의 급송전문을 성-페테르부르그 중앙정부에 보냈다. 소모프의 급송전문은 1910년 10월 27일, '신성종무원장과 논의하라'는 황제의 지시와 함께 외무대신에 의해서 1910년 11월 11일에 신성종무원장에게 전달되었다. 이후 블라디보스톡 주교구의 예프세비 주교는 그해 12월 31일자(No.4106) 본 건과 관련한 상황설명보고에서, 조직적인 미국 장로교파 선교단이 한인들 사이에서 성공적으로 선교활동을 하고 있음을 고려해볼 때, 블라디보스톡 주교구 영내에 거주하는 한인들 사이에서 정교회 선교활동을 강화할 필요성이 있음을 인정하고,[298]

297) РГИАДВ, Ф.702, Оп.3, Д.443, Л.21; А. Волохова, "Из истории российской политики на Дальнем Востоке: МИД, министерство Финансов и учреждение Российской Духовной Миссии в Корее," Д. Поздняев(Сост.), *История российской духовной миссии в Корее* (сборник статей), М., 1999, с.335.

298) Там же, Л.21.

장로교파에 대항한 대책 마련에 들어갔다.

정교회 지도부는 장로교파의 확산을 막고 그들의 세를 제압하는 데 철저하게 세속 권력에 의지했다. 또한 그 실천 방안으로써 장단기 적인 조치들을 통해서 정교회 지도부는 장로교파의 침투와 확산에 대응해 나갔다. 정교회 지도부는 먼저 최관흘을 중심으로 하는 장로 교파의 침투에 대해 단기적인 임시방편책으로 호소문을 통한 한인들 의 감정을 자극하는 방법을 사용했다. 블라디보스톡 주교구의 예프세 비 주교는 블라디보스톡 포크로프 교회의 포포프(В.Попов) 사제를 통 해 한인들에게 전하는 호소문을 작성했다. 그는 1911년 3월 9일에 동 방대학 학장에게 대학 인쇄소에서 호소문 3,000부를 인쇄해 줄 것을 요청했으며,[299] 호소문을 통하여 한인들로 하여금 정교회로 다시 돌 아올 것을 강하게 권면했다.

[그림 4] 해삼위 포크로프 교회 포포프 사제

출처: 『대한인정교보』 1912년 5월 (3호), p.2.

---

299) РГИАДВ, Ф.226, Оп.1, Д.375, Л.1. 『1911년 3월 9일 블라디보스톡 및 캄차트 카 주교 예프세비가 동방대학교 학장에게 보낸 요청서신서 및 호소문 '한 인들에게 고하는 말'』.

호소문은 오 바실리 사제에 의해 조선어로 번역되어 배포가 되었
다. 조선어로 번역된 호소문에서 정교회 지도부는,

> "아라스 디방에 거류ᄒᆞᄂᆞ 여러 한인들의게 진실되고 ᄉᆞ랑ᄒᆞᄂᆞ 말로 고
> ᄒᆞ노니....이 나라 샹하 인민이 붉히 알기ᄂᆞ 구원ᄒᆞᄂᆞ 도리ᄂᆞ 오직 이 ᄒᆞᆫ
> 정교 뿐이오....만일 이 정교가 확실히 바른 교쥴 아ᄂᆞ 자리에 엇지 다른
> 사름의 새로 젼ᄒᆞᄂᆞ 쟝로교를 좃츠리오....슬프다 임의 아라스 백성이 된
> 이와 정교의 셰례 밧은이가 쟝로교로 옴가간다ᄒᆞ니 엇지 잘못 생각이 아
> 닌가. 이것이 진실로 아라스 황뎨와 백성을 격노케ᄒᆞᆷ이 아니며 년래로 ᄉᆞ
> 랑ᄒᆞ여준 은혜를 져ᄇᆞ림이 아니리오....이 나라 백성과 동포가 될 ᄆᆞᄋᆞᆷ 잇
> ᄂᆞ이ᄂᆞ 쟝로교에서 젼ᄒᆞᄂᆞ 말을 듯지말고 다만 이 정교만 밋어 이 나라
> 사름과 더브러 이 교로 말미암아 ᄒᆞᆫ 형뎨가 되기를 간졀히 ᄇᆞ라노라"[300]

며 한인들의 장로교 입교를 강하게 만류했다. 호소문에서 드러나듯
이 정교회 지도부는 러시아 황제의 은혜를 받고 백성된 자가 장로
교로 개종하는 것은 배신적인 행위라며 은근히 감정적인 질타와 위
협을 가하고 있다. 또 다른 한편으로 정교회 지도부는 구원의 진리
는 오직 정교신앙을 통해서 얻을 수 있다는 배타적인 신앙관을 강
조하고 있다.

한편 최관흘이 활동하던 무렵은 1873년 형성되었던 블라디보스톡
시내의 한인중심지였던 한인촌(Корейская слобоdка, 구개척리)을 시 외곽
의 새 집거지인 신한촌(Ново-корейская слобоdка)으로 이전시키려는 계획
이 실행에 옮겨지고 있던 시점이었다. 여기서 1937년 강제이주 이전
까지 프리아무르 한인사회의 중심이었던 신한촌의 조성 역사에 대
해서 그 상징성을 감안하여 잠시 살펴 볼 필요가 있겠다. 한인촌의
이전 계획은 이미 1890년대 초에 블라디보스톡 시두마(Влаdивостокская

---

300) Там же, Л.2-2об.; 조선어 번역 호소문.

Городская Дума, 시의회)에 의해 결정이 내려졌다.[301] 이후 본격적으로
1899년 9월 28-29일에 시두마에 의해 새로운 중국인 및 한인정착촌과
공동묘지, 전염병 진료소 용도로 쿠페로프스카야 파지(Куперовская Падь)
를 포함한 3개 지역이 선정되었다.[302] 이후 최종적으로 쿠페로프스
카야 파지 너머의 아무르만 산기슭의 비탈비역이 중국인 및 한인을
위한 새로운 특별거주구역으로 최종 선정되었다.[303] 1911년도 작성
된 중국인 및 한인정착촌 조감도를 보면, 산기슭의 우수리철도로부터
평행하게 철로 거리, 아무르 거리, 하바로프스크 거리, 니콜스크 거리
등의 주요 거리가 지나고 있다. 또 이들 거리들을 가로질러 서울 거리,
시장 거리 등이 가로 질러 구획되었고, 45구역부터 65구역까지 20여개
의 거주 구역이 설정되었다.[304] 이러한 기존 한인정착촌의 이전은 바
닷길이 열리면서 증가된 중국인들의 유입과 기존의 한인 및 중국인
거주지역에 대한 위생 및 전염병 문제가 계속 거론되어온데 따른 것
이었다(그림 5)에서 2개의 둥근 원 표시-신한촌).

---

301) РГИАДВ, Ф.28, Оп.1, Д.176, Л.56-56об. 『1893년 4월 30일 열린 블라시보스톡
　　　시두마의 결정』, Л.58-58об. 『한인촌 한인들이 블라디보스톡 시참사회에
　　　보낸 청원서』.
302) Там же, Д.234, Л.106-106об. 『1899년 12월 8일 중국인 및 한인 정착촌, 공동
　　　묘지, 전염병 진료소 용도로 선정된 부지 승인에 관한 시두마 보고서와
　　　정착촌 설립안』.
303) Там же, Л.138-138об. 『1901년 3월 23일 열린 블라디보스톡 시두마(의회)의
　　　한인정착촌 부지 선정 관련 결정안 사본』.
304) Там же, Д.377, Л.2-3. 『1911년도 중국인 및 한인정착촌 조감도』. 신한촌은
　　　단순한 한인정착촌이 아니다. 신한촌 내에는 최재형, 이상설 등이 참여한
　　　권업회와 한민학교, 고려극장, 선봉신문사 등, 항일적인 성격의 민족단체
　　　들이 만들어졌으며, 이곳을 중심으로 한민족의 역사와 전통문화 보존을
　　　위한 노력들이 행해졌다. 비록 1920년 4월에는 일본군들에 의한 잔인한
　　　학살만행이 자행되는 등의 슬픈 역사를 간직하고도 있지만, 신한촌은
　　　1937년 강제이주 이전까지 변함없이 프리아무르 지방의 항일운동 및 한인
　　　사회의 중심지 역할을 해나간 곳이다.

[그림 5] 1917년경 연해주 블라디보스톡 시구역도

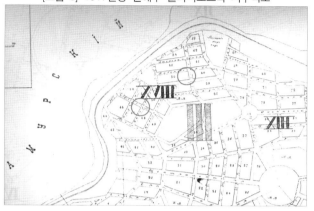

출처: РГИАДВ, Ф.28, Оп.1, Д.898, Л.156.

실제로 1886년 8월에 블라디보스톡에서는 중국으로부터 유입된 콜레라로 러시아인 11명(23명 발병), 한인 45명(71명 발병)이 사망했고, 그때부터 러시아 정부는 특히 열악한 위생상황 속에 놓여있던 한인들에 대한 관리를 심화시켜나가기 시작했다.[305] 게다가 1905년 10월 30-31일의 블라디보스톡 시가지에 대한 폭격으로 많은 건물들이 붕괴되었고, 이에 따른 인구과밀과 발생할 수도 있을 전염병 방지를 위해 외국인 노동자들에게 새 집거지를 마련해줄 필요성이 제기되었던 것이다.[306]

프리아무르 당국은 본격적인 이주에 앞서서 몇 해 동안 선정된 새 부지의 임대를 통해서 세금 징수를 시행했다. 또한 임대를 통해 임대인들로 하여금 자비로 필요한 숙소, 마구간, 창고, 배수용 석조관, 비

305) Н. П. Матвеев, указ. соч., с.121-123.
306) РГИАДВ, Ф.28, Оп.1, Д.234, Л.373. 『중국인 및 한인 정착촌 건립과 마부들을 위한 토지(участок) 할당 문제에 관한 3월 22일자 블라디보스톡 시두마 결정안 발췌본』.

포장 길 등의 부대시설들을 갖추도록 유도했다.[307] 1906년 4월 25일자 결정으로 새 정착촌에는 원칙적으로는 러시아 국적자나 블라디보스톡에 동산 소유물을 보유하고 있는 자들만 거주할 수 있었지만,[308] 실제적으로는 부지(участок) 임대를 통해서 조선국적의 한인들도 거주했다.[309] 1911년 초부터 본격적으로 프리아무르 당국에 의해 재이주 정책이 시행에 들어가기 시작했다. 흥미로운 것은 신한촌으로의 이주와 정착 및 거주비용이 전적으로 재이주 한인들의 비용으로 충당되어야 했다는 점이다. 한인들은 블라디보스톡 시당국으로부터 No.47, 48, 49, 51, 52, 64구역 등의 거주구역을 배정받았다.[310] 하지만 이주 직후 곧바로 건축을 시작해야하고 반년분의 임대료를 지불해야 하는 등 신한촌 이주는 적지 않은 부담과 강제성을 띤 채 이루어졌다. 당시 한인들은 1911년 4월 15일 경까지 기존의 한인촌을 비우라는 철거 지시를 받은 상태였다. 많은 한인들은 농업적, 경제적, 시간적 이유를 들어 여러 차례 철거 및 이주 연기를 요청해야 했으며, 게다가 이주 후에는 부지 임대료를 납부해야 했다.[311]

---

307) Там же, Л.375-375об. 『1906년 4월 10일 블라디보스톡 시와 'А'간에 체결된 협정 안』.

308) Там же, Л.366. 『1906년 한국국적 한인들 대표 김치보, 김약운, 김한조, 김일온, 김효가 연해주지사에게 보낸 청원서』; Л.371-372. 『중국인 및 한인 정착촌 건립과 마부들을 위한 토지(участок) 할당 문제에 관한 규정』; Л.373. 『중국인 및 한인 정착촌 건립과 마부들을 위한 토지(участок) 할당 문제에 관한 3월 22일자 블라디보스톡 시두마 결정안 발췌본.』.

309) Там же, Д.377, Л.27. 『1911년 4월 13일 블라디보스톡 시참사회에서 블라디보스톡 경찰국장에게 보낸 조선국적의 한인명단』.

310) Там же, Л.28-28об. 『1911년 4월 1일부터 한인촌 토지를 임대한 한인들의 명단』.

311) Там же, Л.45-45об. 『1911년 3월 9일 프토라야 레츠카 지역의 한인촌 한인 전권대표가 블라디보스톡 시참사회에 보낸 청원서』; Л.46. 『1911년 3월 17일 블라디보스톡 시공공관리국(ВГОУ) 산하 블라디보스톡 시 책임자가 연해주지사에게 보낸 청원서』; Л.17-17об. 『1911년 3월 19일 한인촌 한인들이

한인들의 열악한 상황으로 인해서 새로운 집거지인 신한촌으로의 이주와 정착은 더디게 진행되었다. 1911년 5월 현재 200여 채의 주거 공간이 필요한 상황에서 예정된 이주자의 1/3정도만이 건물을 지은 상황이었다. 따라서 블라디보스톡 시참사회는 신한촌에 건축비용으로 30만 루블의 무이자 대출을 지원해줄 것을 청원하기에 이르렀다.[312] 게다가 신한촌에 정착한 한인들 또한 시당국과 아무런 임대계약을 체결하지 못하고 있었고, 한인들은 생존권과 직결시키며 신한촌의 부지를 36년간 장기 임대해 줄 것을 청원하고 있었다.[313] 우여곡절을 겪으면서 한인들의 신한촌 이주는 연해주 주정부와 시경찰국의 주도 하에 시행되어 나갔다. 1913년 5월 현재 신한촌 내에서는 211채의 단조로운 형태의 러시아식 목조 및 석조 주택들이 들어서게 되었고, 러시아 국적의 한인들은 연해주 당국과 36년 간의 장기 임대계약 하에 거주하게 되었다.[314] 이렇게 해서 블라디보스톡 외곽의 아무르만 산기슭에는 한인-중국인 집성촌인 신한촌이 자리잡게 되었고, 1937년 강제이주 이전까지 프리아무르 한인사회의 중심으로 자리 잡아나 갔다.

프리아무르 군사령관지사에게 보낸 청원서』; Л.19. 『1911년 4월 4일 신한촌 시 소유 토지 임대조건을 한인들에게 완화시켜주는 문제에 관한 블라디보스톡 시의회에 대한 추가보고서』; Л.46об. 『1911년 4월 19일 연해주지사가 블라디보스톡 시 책임자에게 보낸 지시문』; Л.49. 『1911년 4월 30일 한인 니 니콜라이 이사코비치가 블라디보스톡 시참사회에 보낸 청원서』; Л.100-100об. 『1912년 1월 14일 블라디보스톡 신한촌 주택소유자들의 위임을 받아 폴랴노프스키 보리스와 김 니콜라이가 블라디보스톡 시의회에 보낸 청원서』.

312) Там же, Л.38. 『1911년 5월 16일 블라디보스톡 시참사회가 한인촌 건립 무이자대출 청원을 재개하는 문제로 시의회에 보낸 추가보고서』.

313) Там же, Л.127-127об. 『1912년 7월 16일, 26일 블라디보스톡 시참사회가 시의회에 보낸 추가보고서』.

314) Там же, Л.156-156об. 『1913년 5월 7일 블라디보스톡 시참사회에서 연해주지사에게 보낸 보고서』.

　　다시 최관흘의 이야기로 돌아가 보자. 신한촌은 프리아무르 한인
사회의 최대의 중심이었던 만큼 최관흘에게나 러시아 측 모두에게
상징적으로 큰 의미를 갖는 곳이었다. 한인들에 대한 호소문에 이어,
정교회 지도부는 신한촌 이전 한인사회의 중심인 한인촌의 한인들에
게 정교신앙을 불어넣는데 역점을 두고 재빨리 교리문답학습을 위한
공간 확보에 들어갔다. 1911년 3월 13일, 블라디보스톡 포크로프 교회
의 포포프 사제는 "정교회 세례를 받은 한인들의 지속적인 교리문답
학습을 위해 한인협회가 임차한 No.375번지 건물을 새로운 한인정착
촌인 신한촌에 정교회 성전을 건축할 때까지 한인촌의 교리문답학습
건물을 남겨줄 것"[315]을 요청했다. 여기에 더해서 블라디보스톡 주교
구는 특별자치선교단을 조직하여 장로교로 개종하는 기존의 정교도
한인들을 보호하는 조치들을 취해나갔다. 이를 위해 블라디보스톡 주
교구 지도부는 블라디보스톡에 정교회 성전 및 학교를 건립하기로
결정했다. 이를 토대로 주교구지도부는 언급된 건물들의 용도로 신한
촌에 일정한 크기의 종교 부지를 할당해 줄 것을 블라디보스톡 시참
사회에 요청했다. 뿐만 아니라, 블라디보스톡 한인촌 선교사-사제 김
로만과 주교구 한인선교부 또한 공공건물 용도로 남아있던 신한촌의
No.50 블록의 4개 부지(участок)(No.410, 410-412, 411, 411-413)를 정교회
교회와 사역자들의 집, 교회교구학교 건축 용도로 할당해 줄 것을 블
라디보스톡 시참사회에 요청했다.[316] 이러한 조치는 기존의 한인촌이
이전되는데 따른 상황적인 요인도 있었지만, 한편으로는 장로교파가
세력을 확대해 가는 상황에서 안정적으로 확보된 공간에서 지속적인

교리문답학습을 통해 세례받은 한인들의 신앙적 기초를 확고히 하고, 이를 통해 흔들림없는 정교도 한인으로 훈련시키고자 하는 의도에서 이루어진 조치들이었다.

나아가 정교회 측은 '정교회신봉자협회'를 통해서도 장로교파에 맞서 나갔다. 당시 한인들이 장로교파에 호의적인 태도를 보였음에도 정교도 한인들 중에서는 장로교파의 침투를 반기지 않는 이들이 많았다. 이러한 기존의 정교도 한인들은 블라디보스톡 포크로프 교회의 교구 성직자에게 정교회 선교활동을 증가시켜 줄 것을 호소했고, 결과적으로 정교회신봉자협회가 결성되기에 이르렀던 것이다. 정교회신봉자협회는 한인들에게 정교를 보급하고, 정교신앙 강화를 목적으로 결성된 조직이다. 이 조직은 1909년 12월에 계획안이 작성되었고, 1910년 9월에 블라디보스톡 대주교 예프세비와 1911년 5월에 신성종무원에 의해 최종 승인되었다. 이 협회는 블라디보스톡 주교구의 비호를 받았고, 정회원의 자격을 귀화한인으로 제한했으며, 연해주지사의 행정적인 감독 하에 있었다. 협회에 의해 두 명의 한인인 오 바실리와 황공도가 블라디보스톡에 교리문답교사로 임명되었고,[317] 이들의 활동으로 정교도 한인들의 결속이 강화되고 많은 한인들이 정교신앙에 입교하는 결과를 낳기도 했다.

그러나 장로교파의 확산에 대응한 정교회 측의 노력들은 여전히 불안한 주변 상황 속에 놓여있었다. 조선인 및 미국 출신의 장로교 선교사들이 곧 블라디보스톡에 입성한다는 소식은 정교회 측을 더욱 초초하게 만들었다. 게다가 전적으로 정교회 편에 서있지 못한 당국의 미진한 행정적 조치들 또한 지역 정교회를 초초하게 만드는 요인들이었다. 하지만 정교회 측의 처지를 더욱 비참하게 만든 것은 블라

---

317) 이상근, 앞의 책, pp.213-216, 286-291. 협회규약에는 한인들의 교화차원에서 지나친 아편 흡입자는 협회회원으로 받아들이지 않는다는 조항도 있다.

디보스톡 주교구의 선교부가 재정 부족으로 인해서, 그리고 주교구를
순회하며 정교도 한인들에게 정교신앙을 전하고 교리학습을 시킬 교
리문답교사 등 인력이 전적으로 부족하여 장로교파에 대항할 여력이
현실적으로 없다는데 있었다. 이것이 바로 정교회 지도부가 왜 장로
교파의 세력 확장에 대해 그토록 크게 우려를 했는지에 대한 근본적
인 이유이기도 하다.

결국 정교회 지도부는 세속 당국에 대해 더욱더 강하게 행정적인
압력을 행사해 주도록 건의하기에 이르렀다. 1911년 10월, 블라디보스
톡 예프세비 주교는,

> "미국 출신의 부목사를 선교단의 책임자로 하고 조선인 선교사 안봉주
> 와 양전박, 그리고 미국에서 한인 부목사와 약간 명의 성서 행상-선교사들
> 이 블라디보스톡 한인들에게 장로교 신앙을 전파할 목적으로 들어올 것이
> 라고 한다. 하지만 유감스럽게도 현재 블라디보스톡 주교구의 선교부 상
> 황 속에서는 재정 및 인력 부족으로 장로교에 대항할 여력이 없다"[318]

며 연해주지사에게 지원을 요청하는 서신을 보냈다. 그러면서 예프세
비 주교는 "현재 러시아 한인들의 상황에서 볼 때, 기존의 정교도 한인
들과 이교도 한인들을 장로교 신앙으로부터 보호하기 위한 최상의 방
법은 장로교 신앙을 받아들이는 자는 러시아 국적에 편입되지 않을 것
이라는 포고문을 발표하는 것"[319]이라며 장로교파에 대해 분명한 압박
을 가해주도록 연해주지사에게 요청했다. 이에 대해 연해주지사는,

---

318) РГИАДВ, Ф.1, Оп.11, Д.164, Л.3-3об. 『1911년 10월 19일 블라디보스톡 및 캄
  차트카 대주교 예프세비가 한인들의 장로교 수용 제한을 위한 포고령 발
  포 요청과 관련 연해주지사에게 보낸 요청서』.
319) Там же, Л.3об.-4.

　　"장로교 수용과 국적부여 문제를 연결시키는 것은 충분한 법적인 근거
　가 없으며, 장로교파에 대응하는 유일한 해결책은 바로 장로교 선교사들
　과의 정면적인 투쟁밖에 없다. 또한 이미 장로교를 받아들인 한인들이 그
　와 같은 조치들로 인해 다시 정교신앙을 받아들인다 하더라도 진정한 정
　교도인은 될 수가 없다고 생각된다"[320]

며 장로교파에 대한 행정적인 제재를 유보했다.

　흥미로운 사실은 지금까지 정교회 측이 건의한 일련의 제재 요청
에 대해 세속 당국은 교회 측의 요구를 온전히 수용하기 보다는 어디
까지나 법치주의에 입각한 행정수행의 의지를 표명했다는 사실이다.
이는 러시아 정교회와 국가 간에 호흡이 불일치하고 있다는 것을 의
미하며, 나아가 한인을 바라보는 양자 간의 시각이 서로 불일치하고
있었다는 것을 반영하는 대목이기도 하다. 세속 당국과 정교회 지도
부 간의 이러한 미묘한 불일치는 앞서 언급한 바와 같이 1905년의 10
월선언에서 그 주된 요인을 찾아볼 수 있을 것이다. 즉 교회와 전제
정 간의 돈독했던 강한 연결고리는 더 이상 존재하지 않게 되었던 것
이다. 그러한 상황변화 속에서도 교회는 여전히 세속 정부에 대해 교
회의 보호 및 재정 지원이라는 전적인 지원을 요청하고 있으며, 이는
결과적으로 여전히 교회 측이 시대착오적인 판단 속에 놓여있음을
보여주고 있는 것이라 생각해 볼 수 있다.

　그럼에도 한편으로는 최관흘을 중심으로 하는 장로교파에 대한 세
속 당국의 감시는 계속 이어졌다. 장로교파에 대한 행정적인 감시와
이들에 대한 첩보활동을 계속해 나가던 연해주 당국은 마침내 최관
흘이 예배허가 전제조건을 위반하고 있다는 첩보를 근거로 행정적인
조치에 들어갔다. 1911년 11월, 우수리철도 헌병경찰관리국장(начальник

---

320) Там же, Л.6-6об. 『1911년 11월 7일 블라디보스톡 및 캄차트카 대주교 예프
　　세비의 동년 10월 19일자 요청서에 대한 연해주지사의 답변 공문』.

жандармского полицейского управления Уссурийской железной дороги)은,

> "최관흘이 신한촌 니콜라예프스카야 거리의 №761 블록에 있는 건물에
> 서 체류하며 선교활동을 하고 있다. 이 건물은 특별히 지정된 용도로만
> 시참사회의 허가를 받고 건립되었으며, 최관흘의 명의로 되어있다. 예배
> 와 설교에는 한인들뿐만 아니라 축일 기간에는 러시아 수비대원들과 침
> 례교 신자들로 보이는 러시아인들도 참석을 하고 있다. 입수한 정보에 따
> 르면, 최관흘은 설교 중에 정교신앙을 비난하고 장로교로 개종할 것을 종
> 용하고 있다"[321]

고 연해주지사에게 보고했다. 이에 연해주지사는 우수리철도 헌병경
찰관리국장의 비밀보고서를 첨부하여 1911년 12월 5일에 프리아무르
군사령관지사에게 보고서를 보냈다. 그는 보고서에서 "최관흘이 더
큰 규모의 수비대들이 있는 연해주의 다른 지역들로 자신의 선교지
를 이동할 수 있다는 점을 고려하여, 1908년 7월 29일에 승인된 국무
협의회 규정에 의해 부여된 권한으로 최관흘을 비도덕적인 인물로
규정하고, 조선으로 추방할 것을 결정했다"[322]고 전했다. 나아가 연해
주지사는 이와 같은 유사한 내용을 블라디보스톡 요새 위수사령관(ко
мендант Владивостокской крепости)과 우수리철도 헌병경찰관리국장에게도
알리며 최관흘 이외에도 연해주 지역에 적지 않게 남아있는 장로교
도들을 추방할 수 있도록 정보를 제공해 줄 것을 요청했다.[323] 또한

---

321) Там же, Л.8-8об., Л.14-14об., 33-33об. 『1911년 11월 17일 우수리철도 헌병경
    찰관리국장이 최관흘의 불법적인 예배 및 설교 활동과 관련 연해주지사
    에게 보낸 보고서』.

322) Там же, Л.12-12об. 『1911년 12월 5일 연해주지사가 최관흘 추방 조치와 관
    련 프리아무르 군사령관지사 사령부에 보낸 결과 보고서』.

323) Там же, Л.13-13об., 15-15об. 『1911년 12월 5일 연해주지사가 최관흘 추방과
    관련 블라디보스톡 요새 위수사령관에게 보낸 통보서』, 『1911년 12월 연

그는 이틀 후에는 "최관흘을 비도덕적인 외국인으로 간주하고, 재산처분을 위한 1주일의 준비 기한을 준 후 최관흘을 조선으로 추방할 것을 블라디보스톡 시경찰국에 지시했다."[324]

연해주지사 마나킨(М.М.Манакин, 1911-13)의 이러한 지시는 앞서 보여 온 그의 행보로 볼 때 특별히 정교회측만을 배려한 조치였다기 보다는 장로교파로부터 수비대원과 일반 러시아인들을 보호하기 위한 사회 질서유지 차원의 일반적인 행정 조치적인 성격도 적지 않게 작용했으리라 여겨진다. 이는 연해주지사가 최관흘이 더 큰 규모의 수비대들이 있는 연해주의 다른 지역들로 자신의 선교지를 이동할 수 있다는 점을 고려했다는 점에서 짐작해 볼 수 있다.

어찌되었든 수배령이 내려진 최관흘은 당국의 체포를 피해 블라디보스톡에서 벗어나 은밀히 활동을 계속해 나갔다. 프리아무르 당국의 최관흘 및 장로교 세력의 분쇄를 위한 노력은 점차 단순히 위협적인 수준에 머무르지 않고 실제적인 집행으로 이어져 나갔다. 연해주 주관리국(Приморское областное правление)은 입수된 정보에 따라 최관흘이 라즈돌노예(하마탕) 지역으로 갔고, 12월 말에 블라디보스톡으로 돌아온다는 정보를 지역 관계당국과 나누며 최관흘의 동태를 계속해서 파악해 나갔다. 한편으로는 최관흘 체포와 관련된 1911년 12월 7일자 연해주지사의 지시가 언제 집행되는지를 계속해서 블라디보스톡 시경찰국에 의뢰하는 방법으로 지역 관계당국자들을 독려했다."[325]

해주지사가 최관흘 추방과 관련 우수리철도 헌병경찰관리국장에게 보낸 추가 공문』.

324) Там же, Л.9-9об. 『1911년 12월 7일 최관흘의 조선으로의 추방에 관한 연해주지사의 명령문』.

325) Там же, Л.19, 20-20об. 『1911년 12월 20일 연해주 주관리국에서 최관흘의 추방명령 시행과 관련 블라디보스톡 시경찰국에 보낸 공문』, 『1911년 12월 20일 연해주 주관리국에서 최관흘의 추방명령 시행과 관련 블라디보스톡 시경찰국에 보낸 공문 및 통지문』.

그러나 최관흘에 대한 체포는 이듬해인 1912년 초 봄 무렵까지도 이루어 지지 않았다.

한편 최관흘에 대해 체포와 추방 조치를 내린 프리아무르 당국은 1911년 12월 중순 경에 당시 신한촌을 근거지로 두고 활동하던 신윤협(申允協)과 이재순(李載淳)에 대해서도 추방 조치를 내렸다. 두 사람은 같은 해 11월 19일에 평양에서 입국한 장로교 선교사들이었다. 그들은 신한촌 서울 거리 №4번지에 임시거주지를 두고 블라디보스톡과 니콜스크-우수리스크(현재 우수리스크)를 선교지로 활동해오고 있었다.[326] 연해주 당국은 이들에 대해서도 비도덕적인 외국인들로 규정하고 선교활동 정리를 위해 1주일의 기한을 부여 한 후 조선으로 추방할 것을 블라디보스톡 경찰국에 지시했다.[327] 그 결과 신윤협과 이재순은 1912년 1월 10일에 절차에 따라 조선으로의 추방을 위해 포시에트 지구 노보키예프스코예 경찰서로 이송되었다.[328]

러시아 비자와 조선총독부에서 발급된 일본 여권을 소지하고 성서매서인-선교사들로 활동했던 이들 2인을 프리아무르 당국이 체포해 투옥한 사건은 당시 조선예수교장로회 총회에서도 다루어졌을 정도로 큰 관심을 불러일으켰다.[329] 특히 당시 서울주재 영국 총영사관과 영국외국성서협회(The British Foreign Bible Society) 서울사무소는 이들 2인이 영국외국성서협회 소속이며, 이들이 어떤 이유로 체포되었는지를 서울주재 러시아 총영사관에 요청하고 항의의 메시지를 전하

---

326) Там же, Л.22, 35. 『1911년 12월 19일 우수리철도 헌병경찰관리국장이 2인의 조선인(평양) 선교사(이재순/신윤협)의 블라디보스톡 입국과 관련 연해주 지사에게 보낸 보고서』.

327) Там же, Л.23-23об. 『1911년 12월 26일 신윤협과 이재순에 관한 연해주지사의 명령문』.

328) Там же, Л.28. 『1912년 1월 12일 블라디보스톡 시경찰국장이 연해주지사에게 보낸 보고서』.

329) 『조선예수교장로회총회 제1회 회록』, 1912년 9월 1일-4일.

기도 했었다.[330] 이들에 대한 프리아무르 당국의 추방 조치는 서울주
재 영국 총영사관과 러시아 총영사관 간의 미묘한 신경전으로까지
번졌다.

　필자는 이상의 일련의 조선 장로교 선교사들에 대한 세속 당국의
행정적, 사법적 조치가 반드시 러시아 정교회 측의 요청에만 따른 것
은 아니었으며, 연해주 당국이 무조건적으로 장로교를 배타적으로만
대한 것은 아니었다고 판단된다. 신윤협과 이재순의 경우, 이들은 체
포되기 전에 서울 영국외국성서협회에서 발간된 5권의 성서를 연해
주에 배포할 수 있도록 허가해 줄 것을 연해주당국에 청원했었다. 이
에 연해주지사는 출판 및 검열법 177조 2항에 근거하여, 서적의 사전
검열과 사전에 1루블의 인지세를 연해주 주관리국 1과에 지불해야 함
을 관계자들을 통해 이들 2인에게 알릴 것을 지시한 바가 있기 때문
이다.[331] 정교 국가였던 러시아 정부는 어디까지나 이방 종교에 의한
민심의 동요를 막고 사회 질서 및 풍기 유지 차원에서 사전에 이를
막고자 하는 행정적 조치 측면이 강했던 것으로 보여진다. 이는 예배
를 허가하고 교회 부지까지 허락했던 세속 당국이 일반 러시아인들
과 수비대원들에게까지 장로교파가 접근해 가고 있음을 포착한 시점
에서부터 간섭이 시작되었다는 점에서도 어느 정도 짐작해 볼 수 있
다. 만약 프리아무르 당국이 정교회 측의 요청대로 순수하게 정교회
를 보호하고 정교회 측의 요구만을 수용할 의도가 있었다면, 당국은
처음부터 장로교파의 예배 허가 요청과 교회 부지 할당 요청을 거절
했었을 것이며, 성서 판매 또한 금지시켰을 것이기 때문이다.

　최관흘 선교사와 신윤협, 이재순 선교사에 대한 체포 및 추방 조

---

330) РГИАДВ, Ф.1, Оп.11, Д.164, Л.29. 『1912년 1월 19일 조선주재 러시아총영사
　　가 이재순과 신윤협의 구금에 관해 연해주지사에게 보낸 문서』.
331) Там же, Л.37-37об. 『1911년 12월 22일 연해주 주관리국(연해주지사)이 서적
　　보급 절차와 관련 블라디보스톡 시경찰국에 보낸 공문』.

치를 내렸던 연해주 당국은 이번에는 장로교파의 예배 금지와 교회 폐쇄 조치를 검토하기 시작했다. 이는 장로교파 측이 1910년 3월에 예배 허락을 받으며 부여받았던 전제조건, 즉 정교도 한인 및 러시아인에 대한 선교활동 금지와 정교회에 대한 비방 금지, 예배 시간 사전 통보 등의 조건을 계속해서 위반하고 있다고 프리아무르 당국이 판단했기 때문이었다. 프리아무르 당국은 정교도 한인뿐만 아니라, 러시아인, 특히 러시아 하급관리들의 장로교 예배 참석에 대해 크게 우려했다. 결국 연해주 지역 당국은 1912년 1월 중순과 2월 말 두 차례에 걸쳐 예배 모임 및 예배소 폐쇄 조치를 내리기에 이르렀다.[332]

프리아무르 당국의 주장에 전적으로 동감하는 바는 아니지만 개신교단의 전통적인 선교 방식과 성향을 감안해 볼 때 프리아무르 당국의 주장에 대해 어느 정도는 수긍이 가는 측면이 있다. 개신교인 장로교파 측은 같은 기독교 종파인 정교회 측과 그 외의 정교회 분파 종파들에 대해서 개종을 권유했으며, 특히 그러한 측면에서 정교회 측의 반감을 샀을 것이다. 이는 무엇보다 개신교파 기독교가 또 다른 기독교 형제인 정교회를 개종시키고자 하는 개신교의 진취적인 복음 전도 전략에서 빚어진 것으로 보인다. 하지만 더 심각한 것은 정교회 신앙의 역사적 깊이를 제대로 이해하지 못한 개신교 선교사들의 무지함이나 궁극적으로는 기독교 형제인 정교회나 심지어 카톨릭 종파에 대해서 조차도 이단시하는 지극히 배타적인 구원론과 삐뚤어진 이기적인 신앙관 또한 적지 않게 영향을 미쳤으리라 여겨진다.

프리아무르 당국과 정교회 측이 장로교파에 대응하는 과정에서 양자 간에는 대응에 따른 방식 및 시점에 있어서 상황에 따라서 미묘

---

332) Там же, Л.10-11, Л.38-38об., 32-32об. 『1912년 1월 17일 연해주지사가 9인의 러시아 하급관리의 장로교 예배 참석 관련 블라디보스톡 시경찰국에 보낸 지시문』, 1912년 2월 29일 연해주 주관리국이 장로교 측의 규정 불이행과 관련 블라디보스톡 시경찰국에 보낸 추가 지시문』.

한 입장 차이가 드러났다. 그러나 이것이 국가와 교회가 추구하는 목표가 근본적으로 다른데서 오는 불일치는 아니었다고 본다. 1905년 10월선언 이후 세속 당국으로서는 공식적으로 이민족을 포함한 지역 거주자들에 대해 이전과 같은 노골적인 정교도화를 추진하지 못하게 되는 상황에 이르게 되었다. 교회는 장로교에 대응해 부족한 자원과 인력을 국가의 공권력으로 채우고자 하는 의도 또한 갖고 있었으나 의도대로 관철되지 못했다. 그러나 국가는 여전히 공권력이라고 하는 무기로 종국에 가서는 교회 측을 지원해 주었다. 즉 프리아무르 당국의 최관흘에 대한 노골적인 행정적 압박과 첩보활동은 실효성을 거두었고, 그에 따른 후속 조치 또한 충분히 탄압적인 성격을 띠었다고 볼 수 있다. 결과적으로 국가와 교회는 장로교라는 타종파로부터 정교회의 보호와 러시아인 및 한인 정교도의 보호라고 하는 동일한 목표를 지향했고, 그 목표를 이루었다고 볼 수 있다.

나아가 제도적이고 장기적인 대응책으로 블라디보스톡 주교구는 선교사 고급양성과정(Высший миссионерский курс)인 3년제 선교사양성 전문학교(Миссионерский институт)을 신설하여 장기적이고 체계적으로 이민족 선교활동을 추진해 나가고자 했다. 이는 물론 장로교파에 한정되어 추진된 사업만은 아니었다. 선교사양성 전문학교는 프리아무르 지방의 이민족 선교부에서 뿐만 아니라, 조선, 중국, 일본 등의 해외에서도 이민족을 상대로 선교활동을 하는 요원들을 대상으로 실제적이며 이론적인 교육을 목적으로 설립되었다. 모든 수강생들은 동방 대학의 청강생으로 등록되었다. 이들은 4개 학과(중국어과, 조선어과, 몽골어과, 일본어과)에 소속되어 해당 국가의 언어와 영어, 해당 국가의 역사, 지리, 인종지학을 배웠고, 졸업 후에는 해외선교부나 이르쿠츠크, 자바이칼, 블라고베쉔스크 선교부에서 활동하게 했다. 특히 중국인과 한인들은 블라디보스톡 선교부에서 자민족을 대상으로 사역을 감당하도록 했다.[333]

장로교파와의 투쟁에 직면한 블라디보스톡 주교구는 한편으로는 장로교파의 침투에 대비하며, 다른 한편으로는 장기적인 한인선교 사업의 향상과 발전을 위해 체계적이고 제도적인 계획수립에 착수했다. 블라디보스톡 주교구는 첫째로 서울선교부의 활동을 블라디보스톡 주교구 내 한인선교부의 활동과 통합시키고, 통합선교부의 책임자로는 본 주교구의 보좌주교(викарий) 급의 주교를 임명해 주도록 제의했다. 둘째로 주교구는 4개의 선교지구를 신설하여 2개는 수찬강 유역, 1개는 아디미 선교지구 지역, 나머지 1개는 얀치헤 선교지구 지역에 신설하고, 블라디보스톡에 특별선교직을 신설할 것을 제의했다. 셋째로 주교구는 각각의 선교지구에 1명의 교리문답교사와 블라디보스톡에 2-3명의 교리문답교사들을 두어 결과적으로 기존의 9개 선부지구와 신설될 4개의 선교지구를 포함, 총 16명의 교리문답교사직을 신설해 주도록 신성종무원에 제의했다.[334]

나아가 블라디보스톡 주교구는 한인선교를 감당하고 있는 한인선교부에 대한 국고지원의 문제를 해결하기 위해 법적절차를 마련해 달라는 청원을 신성종무원에 제기했다. 이에 신성종무원 산하 국내외 선교문제 특별협의회는 1914년부터 시작해서 1년에 총 23,900루블씩을 국고에서 지원하기로 결정하고 예산안을 국가두마에 상정했다. 이 금액에는 블라디보스톡 주교구의 보좌주교이자 한인선교부 책임자의 봉급 5,000루블과 블라디보스톡 선교사에게 지급되는 2,400루블이 포함되었다. 또 새로 조직되는 선교지부의 4명의 사제에게 1,200루블씩, 4명의 시낭송자에게 400루블씩, 16명의 교리문답교사들에게 600루블씩, 블라디보스톡 지역 교리문답교사 3인의 방문사역 비용으로 500루

---

333) РГИАДВ, Ф.702, Оп.3, Д.443, Л.13-14.
334) Там же, Л.21об. 『1914년 1월 4일 블라디보스톡 주교구가 한인 개종을 위한 한인선교부를 조직하는데 국고 지원하는 문제와 관련 신성종무원 경제국이 국가두마에 제출한 보고서-사업설명』.

블씨이 포함되었다.[335] 그러나 상정된 예산안이 이후 집행되었는지에 대해서는 알 수가 없다. 무엇보다 1906년 5월에 제1차 국가두마가 소집되기 전날 밤에 공포된 기본법으로 국가두마는 입법 및 예산에 관한 중요한 권리가 크게 제한되었다. 즉 육군, 해군, 황궁, 국채 등과 같은 항목을 포함하는 국가예산의 거의 40%가 국가두마의 권한 밖에 있게 되었다.[336] 또한 시기적으로 1914년부터는 러시아가 제1차세계대전의 소용돌이에 빠져들게 되고, 얼마 안있어 사회주의 혁명을 맞이했기 때문이다.

어찌되었든 1910년대 들어서 정교회 지도부는 일련의 정치적, 종교적 요인들 속에서 결과적으로 한인선교의 호기를 맞이해 나가기 시작했다. 특히 장로교파에 대응하는 과정에서는 뒤늦은 감이 있지만 1914년부터는 인력증원, 조직개편, 재정확보를 통해 선교조직 및 체제의 보강과 개선을 계획해 나갈 수 있게 되었다. 그러나 장로교파에 대응하는 과정에서 정교회 지도부는 결과적으로는 프리아무르 한인선교에서 이미 제기되어 왔던 근본적인 문제들과 한계점들을 다시한번 분명하게 확인시켜주는 결과를 초래하고 말았다. 즉 이처럼 정교회 측이 장로교파의 침투에 효율적인 대처를 하지 못한 데에는 기존의 문제점들이 여전히 주요 요인으로 작용했기 때문이다.

우선은 광활한 프리아무르 전역에 산재해 있는 10만여 명에 이르는 한인들을 상대하기에 선교사가 턱없이 부족했다는 점을 들 수 있다. 당시 프리아무르 한인의 수는 실제적으로 10만여 명에 이르고 있었고, 이들을 상대하는 선교사의 수는 9명에 불과했다. 게다가 선교사들은 정교신앙 전도뿐만 아니라 장로교파를 상대로 한 투쟁을 전개하며 정교도들을 보호해야 하는 이중적인 어려움 속에 처해 있었

---

335) Там же, Л.25-26.
336) 니콜라이 V. 랴자노프스키, 김현택 옮김, 『러시아의 역사 II』, 앞의 책, p. 134.

다. 또 하나는 열악한 재정상황 때문이었다. 선교사들은 봉급으로 교구사제와 같은 액수인 500루블을 받았으나 이는 생계를 유지해 나가기조차도 힘들 정도의 낮은 금액이었다. 따라서 선교사들은 사역보다는 선교사역에서 벗어날 궁리를 하거나 선교업무에 대한 의욕을 상실한 상태에 처해 있었다. 다른 하나는 조선어로 예배와 설교를 집전할 수 있는 사제들이 거의 없었기 때문이다. 짧은 선교활동에도 불구하고 장로교파에 한인들이 많이 모일 수 있었던 것은 최관흘의 선교와 설교가 조선어로 이루어졌기 때문이었다. 마지막으로 프리아무르 당국의 한인들에 대한 부정적인 태도 또한 적지 않은 영향을 들 수 있다. 즉 1910년대 들어서까지 정교회 지도부와 사제들은 한인들을 곧 추방당할 수 있을 임시거주자로 보고자 하는 측면이 있었다. 따라서 정교회 지도부 또한 선교사와 교구사제들에게 한인들에 대한 특별한 적극적인 사역을 요구할 수 없는 상황이 일정 부분 존재했었다.[337]

선교사의 소명의식과 자질 문제, 언어습득 문제 등의 사안들은 실제적으로 본고에서 언급되는 마지막 시기까지 지속되었다. 1914년 1월, 신성종무원은 한인선교 활동 관련 국가두마에 대한 선교사업 보고에서,

"극히 일부를 제외하고 블라디보스톡 주교구 내의 대부분의 선교사들이 선교사역에 우연하게 입문한 자들이 많다. 대부분이 선교사역에 소명을 받았거나 준비됨이 없이 단지 교회 규정이나 정교회 지도부의 의지에 따라 선교사가 되었다. 블라디보스톡 주교구의 현재 상황을 비극적이라고 인정하지 않을 수 없다....뿐만 아니라 선교사들의 물질적인 삶은 그다

---

337) РГИАДВ, Ф.702, Оп.3, Д.443, Л.22об.-24об. 선교사들이 교구 사제처럼 연 500루블을 받았지만, 교구사제들은 교구민들로부터 부차적인 사역활동 (세례비, 결혼식 집전 등)에 대한 대가를 받았고, 반면 선교사들은 이민족들로부터 받을 것이 없었다.

지 중요하지 않은데도 모든 선교사들이 자신의 선교사역보다는 사역지로
부터 벗어날 궁리만 하고 있다...따라서 열악한 물질적인 어려움에 부딪
힐 때 선교사들은 곧 선교임무에서 벗어나 러시아인이 있는 교구에서 사
역하기를 원하고 있다"[338]

며 선교사의 소명 및 자질 문제에 대해 자성과 비판의 목소리를 내고
있다. 신성종무원은 또한 계속해서 같은 보고서에서 "타 주교구 출신
이거나 타지역 출신의 대부분의 사제들이 지역 교구민들의 언어, 관
습, 신앙에 대해서 전혀 모른 채 사역을 하고 있다. 특히 언어를 전혀
습득하지 못한 관계로 교구민들에게 제대로 된 기독교 신앙을 전달
해 주지 못하고 있다"[339]며 선교사의 이민족 언어습득을 강하게 촉구
하고 있다. 계봉우는 선교지에서 선교사와 한인들과의 관계와 관련,

> "우리 한인 중에는 큰 (고위성직자·필자) 된 자는 1인도 업고, 다만 불목
> 즁갓흔 신부는 몃십명이 되엿섯다. 즁들의 하는 일은 절당에서 향을 분
> (焚)하는 것과 축(燭)을 혀는 것과....상제(上帝)의 진리를 신통하게 강해
> (講解)하야 남녀신도에게 정신상 유익주는 것은 반점도 업다. 신부는 결혼
> 이나 장례(葬禮)나 개학(開學) 등의 모든 의식을 반드시 집행하는 직권이
> 유(有)한데 적어도 몃십원 밧지안코는 집례하야 주지 안는다. 그리하야 정
> 액(正額)한 월봉(月俸) 외에 불항수입(不恒收入)이 적지아니하엿다"[340]

며 사제들의 삐뚤어진 물질관에 대해 비판적인 시각으로 보았다. 그
러나 그는,

---

338) Там же, Л.22об.-22а.

339) Там же, Л.22об., 23.

340) 『獨立新聞』 대한민국 2년(1920) 4월 1일, 제60호, 뒤바보『俄領實記』 제10호
(宗敎).

"그곳(연해주-필자) 이주한 우리 한인은 마음에 업는 입적(入籍)하는 동시에 겸(兼)하야 밋기스린 희랍교의 세례를 수(受)하게 되엇다....시가(市街)와 농촌을 물론하고 절당이 유(有)한 처(處)에는 그네들(신부-필자)이 다 주차(主着)하야 세권(勢權)을 남용(濫用)하며 인민을 우매케하야 무상한 해독(害毒)을 일반사회에 유(遺)하엿다. 차(此)는 신부 그네의 고의는 아니다. 아황실(俄皇室)의 치국책이 그리하엿다. 이금(而今)에는 아황실과 함께 복망(覆亡)의 운(運)을 고하야 세계종교상에 추구(蒭狗)가 되고 말엇다"[341]

고 언급하며 한인들의 세례와 개종은 생존을 위한 선택이었으며, 사제들의 잘못은 근본적으로 러시아 정부의 잘못된 한인정책에서 비롯된 것으로 보고 러시아 정부의 치국책을 비판했다.

결국 운테르베르게르와 블라디보스톡 주교구의 불신과 우려는 1910년대 들어 장로교파에 대응하는 과정에서 현실로 드러났다고 볼 수 있다. 이상의 언급된 사안들은 한인선교의 전 시기를 거치며 끊임없이 제기되어 왔던 문제들이다. 1914년부터 정교회 지도부가 중앙정부에 대한 재정적인 지원요청과 인력, 조직의 보강 및 개편을 통해서 한인선교의 현장에서 일고 있는 부흥의 흐름을 타려고 했다. 그러나 이러한 바램은 1905년 10월선언 이후 국가와 교회 간의 느슨한 관계 속에서, 그리고 이어지는 제1차세계대전과 1917년 혁명의 폭풍 속에서 사라져가고 말았다. 뿐만 아니라 1910년대 들어서 비로소 진지하게 정교에 귀의해 나가기 시작하던 한인들의 정교신앙 생활 또한 다시 물거품처럼 사라지고 말았다. 결국 러시아 정교회 지도부와 이를 총체적으로 지휘해야 했던 세속 당국은 50여 년의 프리아무르 한인선교의 근본적인 문제와 한계를 극복하지 못한 채 한인선교를 수행해 온 것이라 볼 수 있다.

---

341) 위와 같음.

제 V 장 책을 마무리하며

이상에서와 같이 러시아 프리아무르 정부의 한인정책과 러시아 정교회의 프리아무르 한인선교 활동을 통해서 정교회 한인선교의 성격 규명을 시도해 보았다.

필자는 이러한 문제의식의 해결을 위해 먼저 19세기 러시아 정교회의 시베리아 및 프리아무르 지방에서의 전반적인 이민족 선교활동을 살펴보았다. 이를 통해서 '러시아의 영토적 확장과 더불어 정교회의 이민족 선교가 동시에 진행되었고, 정교회는 러시아 국가의 봉사자로서의 선교활동을 한 측면이 강했다. 또한 19세기 후반에는 러시아 국가가 선교적 목표로 이민족의 기독교화와 러시아화를 추구하면서도 정교신앙을 통한 기독교화보다는 교육을 통한 러시아화에 더역점을 두는 경향을 보이기 시작했다'는 점을 알게 되었다. '나아가국가에 예속된 신성종무원 체제 하에서 수행된 선교사업은 관료주의적이고 획일적인 업무처리 방식으로 인해 선교의 효율성이 떨어지는결과들을 낳았다. 러시아 국가는 온전한 국가의 통합과 소수민족의동화를 위한 방법으로 정교신앙을 통한 기독교화와 러시아어 및 문화전수를 통한 러시아화 사이에서 갈등하면서 이민족 선교를 수행해나갔다'는 결론에 이르게 되었다.

결과적으로 19세기 러시아 정교회의 시베리아 선교활동을 통해서전반적으로 러시아 정교회는 러시아 국가의 행정적, 재정적 예속 상태에서 정교신앙과 교육을 통한 이민족의 기독교화와 러시아화를 위해 국가-정치적인 성격의 선교활동을 국가를 대신해 수행해 왔다고할 수 있다.

프리아무르 당국의 전 시기에 걸친 한인정책은 러시아 중앙정부의 동아시아 및 한반도 정책과 맞물리면서 진행되어 왔다고 볼 수 있다. 언뜻 보기에 프리아무르 당국이 취한 대 한인정책은 조령모개(朝令暮改)식의 일관성이 결여된 정책으로 이해될 수도 있다. 그러나 1884년 이전의 '수용 및 지원정책기(1865-1884)'와 이후의 '포용 및 분리정책기(1884-1916)'의 프리아무르 당국자들의 근본적인 경제적, 안보적인 시각과 의도 등을 볼 때, 프리아무르 당국의 한인정책의 근본 기조는 동일했다고 볼 수 있다. 심지어 포용 및 분리정책기에도 1905년을 전후로 확연할 정도의 대비되는 한인정책이 취해졌음에도 불구하고 프리아무르나 지방 당국이나 군사령관지사들의 기본적인 프리아무르의 개발 및 안보 정책은 동일한 것으로 나타나고 있다. 이러한 동일한 정책적 기조의 원인은 바로 러시아 중앙정부의 동아시아 및 한반도 정책이라는 큰 구조 속에서 프리아무르의 개발 및 안보문제가 동시에 맞물려 수행되어 나갔기 때문이다.

하지만 동일한 정책적 기조 속에서도 군행정 최고책임자들의 정책적인 집행 방법과 한인에 대한 인식에 있어서는 시기에 따라 차이를 드러내고 있는 점은 부인할 수 없다. 가령 '수용 및 지원정착기'의 경우, 동시베리아 지방 당국의 군사령관지사들인 무라비요프-아무르스키(1847-61), 코르사코프(1861-71), 시넬니코프(1871-74), 프레데릭스(1875-78), 아누친(1880-84)으로 이어지는 한인정책에서 한인에 대한 인식과 정책은 동일하게 표출되었다고 볼 수 있다. 군사령관지사들은 동일하게 한인 이주자들을 수용했으며, 이들에 대해 행정적 지원을 했다. 이 시기의 한인에 대한 동일한 인식과 정책의 요인은 아직까지는 러시아와 조선 간에 외교관계가 없는 상태에서 러시아 중앙정부의 동아시아 및 한반도 정책이 구체적으로 추진되지 못하고 있었기 때문이다. 또한 러시아인의 인구수가 한인들에 비해 적었고, 1차적으로 한인들을 통한 프리아무르의 개발을 추진해 나갔기 때문이다. 이러한 한인에 대한 동일한 인식과 정책은 정교회의 한인선교 활동에서도 그대로 반영되어 나타났으며, 많은 한인들을 개종으로 이끄는 결과를 낳게 되었다.

반면 '포용 및 분리정책기'의 경우, 총 8명의 군사령관지사들인 코르프(1884.5-93.2), 두호프스코이(1893.3-98), 그로데코프(1898.3-1902), 숩보티츠(1902-03), 리네비츠(1903-04), 흐레샤티츠키(1904-05), 운테르베르게르(1905-10), 곤닷티(1911.1-17.5)로 이어지는 한인정책에서 한인에 대한 인식과 정책은 1905년 러일전쟁을 기점으로 사뭇 다르게 표출되고 있는 것으로 나타났다. 우호적이었던 한인에 대한 인식은 1905년 러일전쟁 이후에는 비우호적으로 바뀌게 되고, 운테르베르게르의 경우 가장 강경한 한인탄압책을 취했다. 이는 프리아무르 당국이 러일전쟁의 패배에 따른 프리아무르의 정치적, 경제적 안보 및 이해를 더 고려해야 하는 상황에 이르게 되었으며, 일본의 외교적 간섭 또한 더 심화되어 가고 있었기 때문이다. 따라서 조선국적의 한인들은 물론 한때는 러시아 국적의 한인들까지 탄압을 받았으며, 한인 항일운동 세력들은 프리아무르 정부의 강한 감시와 탄압의 대상이 되었다. 결과적으로 1905년을 전후한 프리아무르 당국의 한인정책의 변화는 이후의 정교회를 통한 한인선교 활동에도 고스란히 반영되어 나타나게 된다.

마지막으로는 언급할 수 있는 것은 프리아무르 한인의 특수성이다. 프리아무의 한인들이 전 시기를 두고 생존할 수 있었던 가장 큰 무기는 자타가 공인했던 농업경영의 우수성이었다. 한인의 우수한 경작 능력은 프리아무르 당국의 한인들에 대한 이중적인 시각과 이중적인 토지정책을 추진하게 만드는 요인 중의 하나가 되었다. 즉 프리아무르 당국은 프리아무르의 개발을 위해 농업 개발 잠재력이 우수한 한인들을 통해 토지이용과 개발을 바라면서도, 한인들의 견고한 토지정착을 두려움을 가지고 우려했다.

그렇지만 극단적인 민족주의적인 성향을 표출시킨 운테르베르게르 치세기를 제외하고는 대체적으로 한인의 우수성은 인정을 받고 있었다. 또한 러시아인 노동력으로는 감당할 수 없는 곳에서의 한인 노동력의 유용성이나 경쟁력있는 저가의 한인 노동력 등은 러시아인 노동자가 감히 경쟁할 수 없는 한인만의 우월한 경쟁무기였다고 볼 수 있다. 이러한 한인의 특수성은 한인들로 하여금 프리아무르 당국의 전원 추방이라고 하는 극단적인 행정제재는 피해갈 수 있게 했으며, 마지막에 이르러서는 비록 토지는 없지만 러시아 국적에 편입되기에 이르렀다. 궁극적으로 프리아무르 당국은 비록 기존의 토착민족(골드족, 길랴크족, 타스족 등)은 아니지만 변방지역의 개발과 안보구축이라는 과제를 실현해 나가는데 있어서 한인을 동화시켜 안고가야 할 민족으로 인식할 수밖에 없는 상황에 이르렀던 것이다.

다음으로 필자는 정교회의 프리아무르 한인선교 활동을 살펴보았다. 그 과정에서 또한 프리아무르 한인선교의 성격을 특징지울 수 있는 몇 가지 사안들을 확인할 수 있었다.

첫째는 프리아무르 한인선교는 러시아 중앙정부의 동아시아 및 한반도 정책이라는 국가정책의 틀 속에서 영향을 받으며 수행되어 나갔다는 점이다. 프리아무르 한인선교는 직접적으로는 이러한 국가정책의 실행의 중심에 서있었던 프리아무르 당국과 군사령관지사들의 세속적인 한인정책의 변화 속에서 수행되었다.

둘째는 1905년 10월선언을 전후로 국가와 교회 간의 협력관계에서 생긴 변화가 한인선교에 영향을 미쳤다는 점이다. 즉 10월선언으로 러시아의 절대적인 전제정은 막을 내리고, 더 이상 전제정과 교회 간의 강력한 고리는 존재하지 않게 되었다. 정교회 지도부는 세속 당국의 전폭적인 지원과 지지로부터 벗어나게 되었고, 프리아무르 세속 당국 또한 노골적인 국민의 정교도화를 추진할 수 없게 되었으며, 대신 공권력을 이용한 측면지원 등의 방법으로 교회를 지원해 나갔다.

정교회 측의 계속적인 요구에 대해 연해주 당국의 노골적인 장로교
파에 대한 압박과 첩보 및 체포활동이 실효를 거두었던 점을 대표적
인 예로 들 수 있다.

셋째는 1905년 10월선언에도 불구하고 한인의 교육활동은 크게 위
축되지 않고 진행되어 나갔다는 점이다. 이는 19세기 후반 이전까지
정교신앙을 통한 기독교화 선교활동이 반드시 러시아화로 이어지지
는 않았다는 국가 차원의 인식 속에서 세속 당국이 교회의 정교신앙
을 통한 선교활동과 관계없이 학교교육을 통해서 이민족의 러시아화
를 추구해 나간 것과 맥을 같이 한다고 할 수 있다. 오히려 1899년 블
라디보스톡 주교구 설립 이후 한인교육은 학교, 학생의 증가로 이어
졌고, 한편으로는 국가는 동방대학(1899) 등의 고등교육기관의 설립을
통해 한인을 포함한 이민족 교육을 측면 지원해 나갔다. 이러한 움직
임은 1910년대에도 이어졌고, 동방대학 조선문학 교수인 포드스타빈
으로 하여금 연해주 전 지역의 한인학교의 교육실태를 파악하고 발
전방안을 모색해 나가기에 이르렀다.

넷째는 1910년대 들어서 프리아무르 전 지역에 걸쳐서 한인 출신
의 전도사나 사제의 선교활동이 정교회 지도부의 한인선교 정책에
큰 기여를 했다는 점이다. 특히 연해주의 오 바실리, 박 페오도르 사
제, 아무르주의 김봉초, 자바이칼주의 이강, 황공도 등의 역할을 들
수 있다. 한인 전도사나 사제들의 역할이 중요성을 갖는 이유는 1905
년 10월선언 이후의 상황 변화 속에서 찾아볼 수 있다. 즉 전제정부와
교회 간의 관계가 느슨해지고, 세속 당국이 전폭적인 종교적 지원을
해주지 못하고 있는 상황에서 한인 전도사나 사제들이 거리상의 부
담과 재정적인 지원의 부족으로 선교의 손길이 쉽게 미치지 않는 프
리아무르의 산악지대에서 생활하는 한인노동자들을 상대로 정교신앙
을 전달하는 선교활동을 수행했기 때문이다. 따라서 한인 전도사나
사제의 존재는 정교회 지도부로서는 중요한 선교인력 자원이 아닐

수 없었다.

다섯째는 1910년대 전후로 한인의 정교신앙에 대한 태도에 진지한 변화가 생겼다는 점이다. 그 이전 시기까지 한인의 세례와 개종은 국적편입과 토지분여를 받기 위한 하나의 방편으로 형식적으로 이루어진 측면이 강했다. 하지만 1910년대 들어서는 정교회 지도부의 지원과 1910년 한일합방에 따른 한인 스스로의 종교적 귀의, 특히 조선어를 구사하는 한인 사제 및 전도사나 교리문답교사들의 참여에서 비롯된 측면이 강했다고 할 수 있다.

물론 프리아무르 한인선교의 한계적인 측면들도 무시할 수 없다.

무엇보다 정교교리를 심어주고 지속시켜 줄 교회가 절대적으로 부족했다. 또한 선교사의 조선어 미습득으로 한인과의 의사소통이 불가능했으며, 준비되지 않고 소명의식이 부족한 선교사들에 의해서 현장사역이 수행되는 경향이 많았다는 점을 들 수 있다. 실제적으로 10만명 정도에 이르렀던 한인들을 상대하기에 선교사의 수가 10명 내외로 너무 적었고, 열악한 봉급 수준으로 선교사들의 선교의욕은 극히 낮았다. 그런 가운데 조선어를 모르는 상태에서 한인선교가 이루어짐으로써 한인선교는 피상적인 성과만을 얻을 수 있었다. 이런 문제들은 본고의 마지막 시기까지 개선되지 않고 있었으며, 세례받은 한인들로 하여금 정교의 기본교리도 제대로 알지 못한 채 마지막 시기까지 이교도의 모습으로 남아있게 만드는 결과를 낳았다.

다음으로 지적해야 할 점은 확대되어 가는 프리아무르 지방에서의 종교 및 선교업무를 통괄해 나갈 중심기관과 이를 지원해 줄 부속기관들이 절대적으로 부족했다는 사실이다. 이는 50여년의 프리아무르 지방의 한인선교 역사를 갖고 있는 러시아 정부와 정교회 지도부의 선교사업이 대체적으로 비조직적이고 적절한 준비가 결여된 채로 진행되었음을 의미하는 것이기도 하다. 가령 본고의 마지막 시점까지 블라고베쉔스크를 제외한 프리아무르 전 지역에 신학교(Духовная семинария)는 단 1개도 없었다. 한인사회의 중흥기라 할 수 있는 두호프스코이-그로데코프 시기부터 이민족의 체계적, 조직적인 교리학습, 선교사 및 사제 양성을 위해 블라디보스톡에 신학교 설립 문제가 제기되는 등 보다 바람직한 방향을 지향했던 것은 사실이나 마지막 시기까지 문제의 해결은 이루어 지지 않았다. 신학교의 부재로 지역 교구들과 교회교구학교들에 성직자들과 교사들이 원활히 공급되지 못했다. 또한 이민족들에게 보다 체계적인 정교교리를 전하고, 개종자들을 사후 관리할 수 있는 인력의 확보가 제대로 이루어지지 못함으로써 프리아무르 한인선교의 구조적인 한계성이 드러나고 있다.

그 밖에 한인의 러시아화를 위한 국가 차원의 노력과 관심이 부족했다는 점도 지적할 수 있다. 대표적으로 블라고슬로벤노예 마을의 경우를 들 수 있다. 이주 및 정착의 배경을 고려해 볼 때, 러시아 정부로서는 가장 빠른 동화와 러시아화를 기대해 볼 수 있는 지역이었다. 그러나 오히려 블라고슬로벤노예 마을의 한인들은 더 견고하게 조선적인 전통과 고립적인 생활방식을 유지해 나갈 수 있도록 방치되었으며, 지방 당국의 관심 또한 적극적으로 표출되지 못한 측면이 많다. 키릴로프나 외무부 프리아무르 전권대표 그라베 등이 러시아 정부가 한인들에게 국가성을 심어주기 위해서 아무 것도 해준 것이 없다고 비난하고 있을 정도로 러시아 정부는 자신들의 발의로 거액의 국고를 들여 이주시킨 한인들에 대해서조차 지속적인 관심과 충분한 지원을 하지 않았다. 이는 결국 마지막 시점에 이르러서까지 한인들의 러시아화 상태가 낮은 수준에 머물러 있게 만드는 결과를 낳았다.

뿐만 아니라 한인들에 대한 기독교화 및 러시아화를 시키기 위한 러시아 정부의 의지가 결과적으로 한인들에게 체감되지 못했다는 점도 지적되어야 한다. 즉 프리아무르의 주요 32개 한인마을들 중에서 제대로 된 규모의 교회를 보유하고 있는 마을은 아무르주의 블라고슬로벤노예 마을을 포함해서 5개 정도였으며, 학교는 10여개에 불과했다. 따라서 정교회 사제들이 각각의 한인마을을 1년에 1-2차례 정도밖에는 방문하지 못했으며, 그로 인해 한인들이 정교회의 교리를 배울 수 있는 기회를 가질 수 없었다. 뿐만 아니라 학교의 숫자 자체가 적고, 그 거리 또한 너무 멀어서 러시아 정부가 의도했던 바 교육을 통한 한인의 러시아화를 이루기에는 무리가 있었다.

마지막으로 정교회의 50여년의 선교활동의 가시적인 결과 및 한인들의 기독교화를 감안해 볼 때 한인선교가 성공적이었다고 표현하기에는 다소 무리가 있어 보인다. 1910년도 블라디보스톡 주교구 정교선교협회 자료에는 한인정교도가 10,237명(남자-5,955명, 여자-4,282명)으로 전체 한인의 28.5%를 차지하고 있는 것으로 나타나고 있다. 이는 당시 러시아 정부가 공식적으로 집계하고 있는 전체 한인 인구의 약 1/5에 해당하는 수준이다. 여기에 거주증을 구입하지 못해 통계에 잡히지 않은 한인들까지 포함했을 때 전체 한인의 수는 적어도 7-8만명에 이를 것이다. 즉 수치적으로도 한인의 개종율은 낮았고, 게다가 한인들의 정교교리에 대한 낮은 이해수준을 감안했을 때, 정교회의 프리아무르 한인선교는 성공적이었다고 표현하기에는 아쉬운 부분이 적지 않다.

바로 위에 열거된 사안들은 러시아 정교회가 프리아무르 한인선교를 수행해 나가는 과정에서 안고 있던 가장 큰 문제점이자 한계였다고 볼 수가 있다. 결국 이러한 문제들은 1910년을 전후로 블라디보스톡에 타종파인 장로교파가 진출하여 정교도 및 비정교도 한인들을 상대로 한 선교활동을 시작했을 때, 그리고 프리아무르 당국과 정교회 지도부가 장로교파에 대항하는 과정에서 종합적으로 혼재되어 나타나며 프리아무르 한인선교의 한계성을 여실히 보여주었다.

이상에서 드러난 내용들을 통해서 볼 때, 러시아 정교회의 프리아무르 한인선교는 프리아무르의 개발 및 태평양 지역의 안보구축이라는 정치-경제적인 상황 속에서, 다른 한편으로는 한인의 우수한 농업 경영 능력은 인정하면서도 토지정착에 대해서는 두려워했던 프리아무르 당국의 한인에 대한 이중정책 속에서 수행되었다고 할 수 있다. 러시아 중앙정부와 프리아무르 지방 당국은 러시아인 농민의 유입과 그에 따른 토지확보의 필요성의 대두, 1905년 10월선언 이후 교회에 대한 적극적인 지원능력의 상실, 러일전쟁 패배 이후 프리아무르 지방의 불안정한 국가 안보적 상황, 그리고 일본의 외교적 압박 등 일련의 상황들 속에서 한인에 대해 탄압적인 태도를 취하며 불안정한 모습을 보여주었다. 뿐만 아니라 장로교파 대응과정에서 총체적으로 노출되었듯이 정교회 지도부는 국가-정치적인 성격의 선교가 시행되었다고 보기에는 의구심이 들 정도로 가장 근본적인 약점과 한계성을 드러내고 말았다. 프리아무르의 특수한 정치-경제적, 안보 상황과 한인의 이중적인 존재가치와 특수성은 프리아무르 당국으로 하여금 한인에 대한 국적에 따른 포용과 분리 정책을 취하도록 만들었다. 그런 상황 속에서 정교회의 한인선교 활동은 상시거주하는 조선국적의 모든 한인들에게 미치지 못하고, 전체 한인의 1/3에 해당되는 주로 러시아 국적의 한인들을 중심으로 제한적으로 수행되는 양상을 보여주었다.

하지만 전 시기를 통해서 볼 때, 프리아무르 당국은 한인들을 프리아무르 개발의 식민요소로 활용하려고 했으며, 이를 위해 안고 있던 근본적인 문제와 한계에도 불구하고 정교회의 선교활동을 통해 한인을 기독교화 및 러시아화의 대상으로 삼고자 했다. 이는 1905년 10월선언을 기점으로 정교회의 국가선교적인 위용은 점차 사라져가고 있는 반면, 세속 당국의 교육을 통한 한인 러시아화 정책은 지속되어 나가고 있는 것에서 찾아볼 수 있다. 즉 1899년에 신설된 블라디보스톡 주교구와 동방대학교의 포드스타빈 교수를 통한 한인교육의 발전방안을 모색하는 등의 모습 속에서 프리아무르 당국의 교육을 통해 한인을 러시아화 시키고자 하는 의도는 분명히 지속되고 있음이 확인된다.

결론적으로 러시아 정부는 한인의 존재를 끌어 안고가야 할 포용의 대상이자 기독교화 및 러시아화의 대상으로 여겼으며, 여러 한계에도 불구하고 한인들을 국가정치적인 선교의 대상으로 인식하고 프리아무르 한인선교를 수행해 왔다고 할 수 있다.

【부록】

본고에 활용된 주요 1차 사료들
(문서, 보고서, 신문, 학술지 등)

РГИАДВ, Ф.1, Оп.2, Д.2020, Л.1. 『1909년 11월 5일 조선국적 장로교 최관흘 선교사가 연해주지사에게 보낸 장로교단 공동체 설립청원서』

■ 전문: 블라디보스톡 신한촌에 거주하는 조선국적의 한인들 사이에서 60여 명 정도가 장로교 신앙을 따르고 있습니다. 본인은 이들 장로교 신자들의 요청에 따라 현지 한인사회에 장로교단 공동체를 설립하고, 정교도 한인들과는 무관하게 조선어로 복음을 전하기 위해서 입국했습니다. 이에 장로교 교회를 세우고, 일주일에 두 번, 수요일과 일요일에 예배를 볼 수 있도록 허가해 줄 것을 요청하는 바이며, 기도 장소로는 신한촌의 한 건물이 사용될 것입니다.

РГИАДВ, Ф.1, Оп.2, Д.2020, Л.3. 『1909년 12월 23일 블라디보스톡 주교구 종교감독국이 최관흘의 장로교단 설립불허와 관련 연해주지사에게 보낸 요청서』

■ 전문: 블라디보스톡 주교구 종교감독국은 최관흘이 연해주지사에게 보낸 청원서와 관련 조선국적 장로교 목사 최관흘의 청원서 원본을 반송하며 다음 사항을 전합니다. 블라디보스톡에 입국한 최관흘은 기존에 장로교 신앙을 받아들인 자들에 대한 단지 신앙적 보살핌 때문만이 아니라, 블라디보스톡 한인사회에서 장로교 신앙을 보급할 목적으로 입국했다고 합니다. 하지만 그는 이에 대한 법적 권리와 근거를 갖고 있지 못합니다. 주교구 지도부가 파악한 바에 따르면, 최관흘이 조직한 모임에 장로교파 신자들뿐만 아니라 비세

례자들, 심지어는 정교도 한인들까지 모여들고 있다고 합니다. 이에 종교감독국은 1906년의 외국인 종교에 관한 규정에 따라, 조선 국적 최관흘에게 블라디보스톡 신한촌에서, 나아가 연해주 내에서의 장로교단 공동체 설립을 불허해 줄 것을 요청합니다. 이방 신앙의 선교사들에게는 정교 러시아 땅으로 들어올 필요성이 없습니다. 조선이나 일본, 중국에서 그들은 합법적으로 자신들의 신앙을 포교할 수 있을 것입니다. 최관흘은 바로 조선에 남아있는 것이 더 좋을 것이며, 그곳에서 넓은 선교지를 찾게 될 것입니다.

РГИАДВ, Ф.1, Оп.2, Д.2020, Л.6. 『1910년 2월 9일 내무부 종무국 (Департамента Духовных дел) 이민족선교분과에서 최관흘의 장로교단 설립과 관련 연해주지사에게 보낸 통지문』

전문: 내무부 종무국은 1910년 1월 4일자 보고서와 관련 다음 사항을 알린다. 지역 한인들 사이에서 장로교단 공동체를 구성하도록 허가해 달라는 조선국적 최관흘의 청원은 분파교 종교 공동체의 구성 절차를 규정하고 있는 1906년 10월 17일자 황제령의 1조 2항에 따라 분파교 공동체의 구성 권리는 예외적으로 정교회로부터 분리된 분파교들에게만 속한다는 점에 근거하여 받아들여 질 수 없다. 장로교 신자들의 예배모임 허가 청원과 관련해서는, 1905년 4월 17일과 10월 17일 규정에 따라 광신적인 종파를 제외하고 제국 내의 모든 종파들은 자유로운 신앙생활과 신앙의식에 따른 예배행위를 할 권리를 갖는다. 따라서 최관흘과 그의 추종자들의 예배모임은 지난 해 1월 12일자 내무부의 지시에 근거하여 예배모임 장소와 시간에 대해서 사전에 지역 경찰 당국에 알린다는 조건으로 허용된다. 또한 지역 당국은 예배모임 중에 법적으로 금지된 선전이나 정교회를 음해 및 비난하는 일이 발생하지 않도록 감독해야 하며, 만일 그와 같은 범죄 행위가 행해지는 경우에는 주동자에게 법적 책임을

묻는다.

РГИАДВ, Ф.1, Оп.11, Д.164, Л.3-4. 『1911년 10월 19일 블라디보스톡 및 캄차트카 대주교 예프세비가 한인들의 장로교 수용 제한을 위한 포고령 발포 요청과 관련 연해주지사에게 보낸 요청서』

■ 전문: 본인이 입수한 정보로는 블라디보스톡으로 조선인 선교사들인 안봉주와 양전박, 그리고 미국에서 한인 부목사와 약간명의 성서행상-선교사들도 들어올 것이라고 합니다. 선교단의 책임자는 미국 출신의 부목사이며, 이들의 입국 목적은 러시아 땅에 거주하는 한인들에게 장로교 신앙을 전파하는데 있습니다....하지만 유감스럽게도 지금의 블라디보스톡 주교구의 선교부 상황 속에서는 재정 및 인력 부족으로 장로교에 대항할 여력이 없습니다. 일전에 본인은 이미 블라디보스톡에 선교지구 개설에 관한 청원을 제기하고, 또한 마치 장로교 선교사들처럼 정교회 교리문답교사(전도사)들이 한인들을 정교신앙으로 인도하고, 한편으로 장로교에 대응할 수도 있도록 주교구를 순회하고 한인들을 방문할 수 있도록 자금 방출에 관한 청원을 제기한바 있습니다. 하지만 아직까지 청원은 시행되고 있지 않습니다. 그 와중에 장로교는 성장하고 강해지고 있으며, 시간이 지나면 지날수록 그들과의 투쟁은 더 어려워질 것입니다. 최근까지 블라디보스톡 포크로프카 교회에서 근무해온 두 명의 교리문답교사들이 장로교에 대응해 왔습니다. 이중 한 명은 모스크바 목회자 과정에 입학했으며, 다른 한 명은 블라디보스톡에 꼭 필요하지만 주교구를 순회할 수 없는 상황입니다. 교리문답교사들을 유지할 재정이 현재로서는 매우 제한되어 있습니다. 이러한 상황을 본인은 매우 우려스럽게 여기는 바이며, 장로교에 대응해 상응하는 조치들을 취해줄 것을 요청합니다. 본인의 생각으로는 현재 러시아 한인들의 상황에서 볼 때, 기존의 정교도 한인들과 이교도 한인들

을 장로교 신앙으로부터 보호하기 위한 최상의 방법은 장로교 신앙을 받아들이는 자는 러시아 국적에 편입되지 않을 것이라는 포고문을 발표하는 것이라고 생각합니다. 어찌되었든 본 문제에 깊은 관심을 가져주시고, 결과를 통보해 줄 것을 요청합니다.

РГИАДВ, Ф.1, Оп.11, Д.164, Л.5-6об. 『1911년 11월 7일 블라디보스톡 및 캄차트카 대주교 예프세비의 동년 10월 19일자 요청서에 대한 연해주지사의 답변 공문』

■ 전문: 조만간 있을 조선인 장로교 선교사들의 블라디보스톡 입국과 정교신앙을 받아들인 한인이나 이교도 한인들의 장로교 신앙 활동과 관련한 1911년 10월 19일자 귀하의 요청서와 관련, 기존의 정교도 한인들과 이교도 한인들을 장로교 신앙으로부터 보호하기 위한 최상의 방법은 '장로교 신앙을 받아들이는 자는 러시아 국적에 편입되지 않을 것이다'라는 포고문을 발표하는 것이라는 귀하의 의견은 충분한 법적인 근거가 없기에 받아들여질 수 없다. 또한 이미 장로교를 받아들인 한인들이 그와 같은 조치들로 인해 다시 정교신앙을 받아들인다 하더라도 진정한 정교도인은 될 수가 없다고 본다. 이 경우 유일한 해결책은 바로 장로교 선교사들과의 정면 투쟁이라고 여겨진다.

РГИАДВ, Ф.1, Оп.11, Д.164, Л.9-9об. 『1911년 12월 7일 최관흘의 러시아 추방에 관한 연해주지사의 명령문』

■ 전문: 1911년 11월 17일자 우수리철도 헌병경찰관리국장의 비밀 보고서를 검토한 결과 조선국적 최관흘은 비도덕적인 외국인으로 여겨진다. 본인은 1908년 7월 29일 승인된 국무협의회 규정 지침에 따라 최관흘을 추방할 것과 또한 이에 관한 시행을 위해 최관흘에게 재산 처분을 위한 1주일의 기한을 부여하도록 블라디보스톡 경찰

국에 지시할 것을 결정 및 명령한다.

РГИАДВ, Ф.87, Оп.1, Д.278, Л.19. 『1865년 1월 22일 세례확인증명서』

■ 전문: 1865년 1월 22일 본인(발레리안-필자)은 블라디보스톡 교회 사
제로서 다음 사항을 노브고로드 수비대 책임자에게 확인 및 증명
합니다. 1865년 1월 17일 한인 표트르 운국(최운국, 세례명 '표트르
세묘노프'-필자) 부부(아내-나리야)와 한인 안톤 부부(아내-페오도시
야)가 세례를 받았으며, 그리고 같은 달인 1월 21일에는 한인 파벨
부부(아내-크세니야)가 본인에 의해서 세례를 받았습니다. 블라디
보스톡 교회 발레리안 선교사는 이상의 한인들의 세례 사항을 증
명합니다. 선교사 발레리안 사제, 사실확인, 2등대위, 서명.

РГИАДВ, Ф.87, Оп.1, Д.1566, Л.3. 『이교도를 위한 러시아 국적편입 선서
문』

■ 발췌문: 과거 조선국적자였던 본인은 본인의 성을 걸고 제국러시아
황제 니콜라이 알렉산드르비치와 황태자 그레고리 알렉산드로비치
의 충실하고 선하며, 순종적인 공민이 될 것과 황제의 허가와 지시
없이는 해외로 나가거나 타국의 공직에 몸담지 않을 것을 모든 신
들과 조상 및 고인들 앞에서 약속 및 선서합니다.

РГИАДВ, Ф.702, Оп.3, Д.443, Л.21-26. 『1914년 1월 4일 신성종무원 산하
경제국이 '블라디보스톡 주교구의 한인 개종을 위한 한인선교부의 조직에
국고지원하는 문제에 관하여' 국가두마에 대한 보고서(사업설명)』

■ 발췌문: 최근 외국인 선교사들의 조선에 대한 일종의 십자군 원정
식 선교활동이 강화되었고, 일부 선교사들은 블라디보스톡 주교구
영역으로 활동무대를 옮기고자 하고 있으며, 이들 선교사들은 러시
아와 조선인들 간에 형성된 냉각관계를 이용하고자 계획하고 있다.

정교도 한인들이 러시아 주민들과 빠르게 결합되기 때문에, 이런 상황은 블라디보스톡 주교구 산하에 거주하는 한인들 사이에서 정교회의 선교활동을 강화시킬 필요성을 야기시키고 있다. 개신교로 개종한 한인들은 프리아무르 지방에서 영원히 불건전한 요소들로 남아있을 것이다....조직적인 미국 장로교파 선교단이 한인들 사이에서 성공적으로 선교활동을 하고 있음을 고려해볼 때, 블라디보스톡 주교구 영내에 거주하는 한인들 사이에서 정교회 선교활동을 강화할 필요성이 있다....(1)서울선교부의 활동을 블라디보스톡 주교구 내 한인선교부의 활동과 통합시키고, 통합선교부의 책임자로는 본 주교구의 보좌주교(викарий) 자격을 가진 주교를 임명하며, (2)1-4개의 선교지구를 신설하는데, 2개는 수찬(수청)강 유역, 1개는 아디미 선교지구 지역, 나머지 1개는 얀치혜(연추) 선교지구 지역에 신설하며, (2)2-블라디보스톡에 특별선교직을 신설하며, (2)3-각각의 선교지구에 1명의 교리문답교사(катехизатор)를 두고, 블라디보스톡에는 2-3명의 교리문답교사들을 두어 결과적으로 기존의 9개 선부지부와 신설될 4개의 선교지구를 포함, 총 16명의 교리문답교사 직을 신설해야 한다....블라디보스톡 주교구의 보좌주교에 대한 봉급으로 5,000루블(4,000루블-봉급, 1,000루블-활동비)을 정했으며, 블라디보스톡 선교사에게는 2,400루블, 새로 조직된 선교지구 사제에게는 1,200루블씩, 시낭송자(псаломщик)에게는 400루블씩, 교리문답교사들에게는 600루블씩과 활동비로 1년에 500루블의 봉급을 지급한다....상술된 신성종무원의 결정사항들을 이행한 블라디보스톡 주교는 1911년 11월 15일자 No.3258 신성종무원에 보내는 보고서에서, 1911년도 연해주 행정 통계위원회 자료를 토대로, 연해주에 거주하는 한인들은 총 58,635명(남자-33,745명, 여자-24,890명)으로, 이중 러시아 시민권자(귀화자)가 17,188명(남자-9,603명, 여자-7,585명), 비시민권자(비귀화자)가 41,447명(남자-24,142명, 여자-17,305명)으로 보고했다.

하지만 이 통계자료는 현실과는 거리가 멀다....종교와 관련해서 한인들은 이교도-불교도들이다. 러시아 국적을 취득한 한인들을 상대로 9개의 선교지구가 존재하고 있는데, 이중 6개 선교지구는 포시에트 지구(조선 및 중국과 인접한 국경지역에 위치한)에, 3개 선교지구는 수이푼 지구(니콜스크-우수리스크와 가까운 곳에 위치한)에 위치하고 있다. 이 선교지구들은 기독교의 빛으로 러시아 국적 한인들을 교육시킬 목적으로 설립되었으며, 상황에 따라 최근 러시아 국적 한인들 사이에 이주정착해온 조선국적 한인들도 기독교 신앙으로 교화시켜야 했다. 이러한 상황으로 인해서 아디미와 얀치헤 등의 일부 선교지구들과 12,000명 이상의 한인들이 거주하는 지역들에서 선교사들의 활동은 크게 증대가 되었으며, 한 명의 선교사로는 힘에 부치는 상황이 되었다....블라디보스톡 정교회 선교부의 한인들 사이에서의 현재 활동상황은 선교부와 관련되고, 또한 1910년 7-8월에 이르쿠츠크 선교회의에서 논의에 부쳐졌던 문제들과 관련, 물질준비위원회의 잡지에 다음과 같이 나타나 있다: 준비위원회 위원들의 성명을 통해서, 현 정교회 선교부 조직이 선교활동에 악영향을 주는 많은 심각한 부족함들로 인해서 블라디보스톡 주교구 산하의 이민족들 사이에서 고전을 하고 있음을 알게 되었다. 블라디보스톡 주교구의 선교사들은 유일하게도 완전히 우연한 계기로(자신의 의지와 관계없이) 선교업무에 입문한 사람들이다. 즉 선교사들의 대부분이 선교활동에 대한 소명의식을 느꼈다거나 혹은 이에 준비되어 있어서가 아니라, 다만 교회의 자체규율과 고위성직자에 대한 복종의 결과로 선교사가 되었다. 이 경우에 있어서 블라디보스톡 주교의 상황도 비참함을 인정하지 않을 수 없다....즉 주교구에는 특별한 선교학교들은 말할 것도 없이 단 한 개의 신학교도 없었다. 또 대부분의 사제들은 다른 주교구에서 온 사람들이고, 혹 지역출신의 사제들이라 할지라도 현지 이민족들의 언어, 관습,

신앙, 습관도 전혀 모르는 사람들이었다. 이민족들을 알고 있는 적임자들을 찾아내는 일 또한 불가능했는데, 이는 주교구 내에는 그런 인물들이 없기 때문이었다. 유일한 교육기관으로 동양민족들의 언어를 가르치는 동방대학교(Восточный Институт)가 있었지만, 너무 전문적으로 자신들 자체의 목적, 즉 완전히 비선교적인 목적을 추구하는 기관이었다. 본 대학이 기능해온 10년 동안 단 한 명의 선교사 - 전(前) 정교회 서울선교부 책임자인 수도사제(архимандрит, 수도원장) 파벨 이바노프스키(Павел Ивановский) - 가 배출되었을 뿐이다....문제는 모든 선교사들이 자신의 업무에 관해 생각하고 있는 것이 아니라, 어떻게든지 빨리 선교부를 떠나려고 생각하고 있을 정도로 선교사들의 물질적인 조건이 열악하다는데 있다. 현재 선교사는 대부분의 경우에 교구사제(приходский священник)가 받는 만큼(1년-500루블)의 봉급을 받고 있다....그럼에도 하느님께 감사드리고 싶은 것은 그러한 선교 구성요원들 하에서도 선교부는 여전히 무언가를 이루어내고 있으며, 이는 블라디보스톡 정교선교협회 위원회의 보고서에 나타난 이민족 세례자 수를 통해서 알 수가 있다.... 현재 이러한 상황은 연해주 내에서 미국에서 건너온 장로교파의 선교활동이 강화되면서 더 복잡해지고 있다. 이러한 장로교 선교활동의 위험성은 서울주재 러시아 총영사가 외무대신에게 사전에 통보를 하고, 외무대신은 황제에게 보고할 정도로 컸다....장로교의 이와같은 열정적인 선교활동의 결과 1911년 초에는 상기된 도시들에서 장로교 공동체들이 조직되었다. 그 해 초 장로교 신도들의 수 또한 블라디보스톡에 300명, 니콜스크-우수리스크에 100명, 하얼빈에 200명, 농촌주민들 가운데에 200명으로, 총 800명에 이르렀다. 한인들에 대한 장로교 선교활동의 성공은, 장로교 선교사들의 엄한 조직력과 준비성은 제외하더라도, 장로교의 선교활동이 러시아 당국이 한인들에 대해 특히 엄한 태도를 취하던 바로 그 시기와 일치했으며, 그 결과 한인들 사이에서 불만이 생겨나고, 이를 장로교 선교사들이 이용했다는 점에서 찾아볼 수 있다. 나아가 현재 장로교파 한인들이 러시아 분파교도-침례교도들과 연합하고 있으며, 침례교도들은 장로교파에 각종 지원과 도움을 주고 있다는 점 또한 들 수 있다....이에 관한 신성종무원의 보고서에 따라서 1912년 6월 14일에 신설된 보좌주교에게는 '니콜스코-우수리스키(Никольско-Уссурийский)' 보좌주교라는 명칭이 부여되고, 이를 위해서 국고에서 자금이 방출되기 전까지 신성종무원 자금으로 이 보좌주교직을 유지한다는 내용과 함께 블라디보스톡 주교구에 보좌주교직의 조직에 대한 황제의 허락이 나왔다. 새로 조직된 보좌주교직에는 조선의 서울선교부 책임자인 파벨 이바노프스키 수도사제가 임명되었으며, 서울선교부 책임자에는 차리츠인 성령수도원(Царицынский Свято-Духова монастырь)의 수도원장 프리나르흐(архимандрит, Принарх)가 임명되었다.

РГИАДВ, Ф.702, Оп.5, Д.143, Л.64-71об. 『포시에트 지구 한인선교활동 및 선교사, 교회건축, 선교지구 설립, 교육발전에 관한 문서』

■ 발췌문: 1856년 신성종무원은 아무르 지역의 이민족들에 대한 공개적인 정교회 선교활동을 허가했다. 인노켄티 베니아미노프(Иннокентий Вениаминов) 주교는 1864년 러시아 영토로 들어와 노브고로드만 주변에 보금자리를 틀기 시작한 한인들에게 관심을 쏟았다. 최초의 선교사는 발레리안(Валериан, 1865-70) 수도사로서, 그는 새롭게 개종된 한인 정교도들을 위해서 포시에트 지구에 최초의 기도소(часовня)를 세웠다. 발레리안 선교사의 뒤를 이어 티혼(Тихон, 1871) 수도사가 니콜스크-우수리스크에서, 요안 베레샤긴(И.Верещагин, 1871-73) 주임사제가 블라디보스톡에서 활동을 했다....퍈코프 사제는 초기 한인정착촌인 티진헤와 얀치헤 마을에 농가식 기도소들을 세웠으

며, 이 기도소들은 전자는 1882년에, 후자는 1883년 5월 4일에 낡아서 철거되었다. 특히 1873년에는 알렉세이 알렉산드로비치 대공의 남우수리스크 지방 방문 기념으로 크랍베 반도의 하드쥐다 마을에 기도소가 세워졌다. 뿐만 아니라 1872년 퍈코프 사제에 의해 티진헤 마을에 최초의 한인 학교가 세워졌다. 퍈코프 사제에 이어 요시프 니콜스키(И.Никольский, 1872-80), 포시에트 교회 사제 요안 세치코(И.Сечко, 1876-82) 등이 남우수리스크 지방의 한인선교를 이끌었다....마침내 1882년 정교회 지도부에 의해 한인정착촌들에서 보다 체계적인 선교활동을 목적으로 최초의 독립적인 얀치헤 선교지구가 조직되었다. 얀치헤 선교지구에는 티진헤(1864년 건립), 얀치헤, 시디미(1866), 바라노프카(1869년), 크랍베(1872), 아디미(1873), 파타쉬(1878), 노바야 데레브냐(1879), 크라스노예 셀로, 나고르나야, 자레체, 랴자노보(1880), 페스차나야, 케드로바야 파지(1884), 수하노프카, 몽구가이(1885), 브루세(1889) 마을이 포함되었다....1882년 7월 말에 블라고베쉔스크 정교선교협회 위원회가 할당한 지원금과 지역 한인들이 지원한 건축 재료로 하얀치헤 마을에 필립(Филипп) 모스크바 수좌대주교(митрополит)와 인노켄티 이르쿠츠크 초대 주교를 기리는 목조교회 착공식이 있었으며, 이듬해인 1883년 9월에 캄차트카, 쿠릴 및 블라고베쉔스크 주교였던 마르티니안(Мартиниан)에 의해 헌당식이 치러졌다. 아울러 얀치헤 선교지구 초대 선교사로 캄차트카 주교구 최초의 토착민 사제인 우크라이나인 출신의 필립 티프체프(Ф.Типцев, 1882-85)사제가 임명되었다. 이후 알렉산드르 브이스트리츠키(А.Быстрицкий, 1886-88), 야곱 크라흐말레프(Я.Крахмалев, 1888-91), 표트르 야호츠키(П.Ляхоцкий, 1891.1월-9월), 세르게이 레베데프(С.Лебедев, 1891-94), 미하일 텔랴테프(М.Телятьев, 1894-1898), 블라디미르 미할추크(В.Михальчук, 1898-1900.3) 등이 얀치헤 선교지구에서 한인들에 대한 선교활동을 감당해 나갔다....얀치헤 선교지구는 관할지역이 넓고, 거주 한인들의 수가 9,000명(1,600가구)까지 증가된 관계로, 캄차트카, 쿠릴 및 블라고베쉔스크 주교였던 구리 주교의 청원과 신성종무원의 허가에 따라, 1888년에는 몽구가이 선교지구, 1891년에는 티진헤, 아디미, 자레체 선교지구가 분리 조직되었다. 하지만 이는 명목상의 분리였고, 1899년 1월 1일 블라디보스톡 주교구와 동년 10월 10일 블라디보스톡 주교구 정교선교협회 위원회가 조직된 직후에 얀치헤 선교지구는 포시에트 선교지구를 포함, 6개의 선교지구로 분리 재조직되었다. 아울러 12월에는 티진헤와 얀치헤 선교지구에 카잔 신학 아카데미 출신의 선교사들 - 이오사프(티진헤), 바시이(얀치헤) - 이 임명되었다. 그 외 선교지구는 대체할 인력의 부족으로 자레체 선교지구는 1900년까지, 포시에트 선교지구는 1903년 가을까지, 몽구가이 선교지구는 1902년 6월까지 특별한 책임자들이 없이 운영되었다....1899년 10월 블라디보스톡 예프세비 주교의 발의로 설립된 주교구 정교선교협회 위원회는 적은 할당 자금, 부족한 수의 선교요원과 부족한 자금 조달에도 불구하고, 남우수리스크 지방 한인들의 교육 사업에 폭넓은 지원을 하고자 했다. 또한 제한된 예산에도 불구하고 당시 존재하고 있던 골드족과 길랴크족 등의 선교지구에 보다 9개 한인 선교지구 발전에 더 많은 예산지원을 했다.

『블라디보스톡 주교구 및 블라디보스톡 주교구 관리국 규정 제정에 관한 국무협의회 승인』

ГАХК, Собрание узаконений и распоряжений Правительства, издаваемое при Правительствующем Сенате, 25 сентября, 1898, №118, с.5741-5745, Инв.№ 2808.

- 발췌문: 1898년 6월 4일 국무협의회는 블라디보스톡 주교구 신설과 관련한 신성종무원장의 보고서를 총회에서 심의하며 다음과 같이

결정한다. 1) 캄차트카 주교구 관할 하에 있던 블라디보스톡시, 사할린섬, 연해주 여러 행정관구들 – 코만도르스크 섬들, 페트라파블로프스크, 아나드이르, 기쥐가, 남우수리스크, 체무칸 곶의 우드 교구교회를 포함한 우드지역, 인접한 아얀스크 교회 – 을 주교구는 '블라디보스톡 주교구'로, 주교는 '블라디보스톡 및 캄차트카 주교'라는 명칭과 함께 독자적인 주교구로 분리시킨다. 2) 캄차트카 주교구는 '블라고베쉔스크 주교구'로, 주교는 '프리아무르 및 블라고베쉔스크 주교'로 지칭한다. 3) 연해주의 오호츠크 관구는 '블라고베쉔스크 주교구'로 개칭된 캄차트카 주교구에서 야쿠츠크 주교구로 포함시킨다. 4) 1899년부터 매해 블라디보스톡 주교구 유지비용으로 신성종무원의 지출예산안 세목에 33,110루블을 포함시킨다. 5) 본 결정안은 1899년 1월부터 그 효력을 발생한다.

『1896-97년도 프리아무르 지방의 종교 현황에 관한 프리아무르 군사령관지사 육군중장 두호프스코이의 보고서』

ГАХК, Всеподданнейший отчёт Приамурского генерал-губернатора генерал-лейтенанта С.М.Духовского за 1896-1897 годы, СПб., 1898.

▪ 발췌문: 1895-97년 시기 동안에 30개의 교회가 세워졌으며, 144개의 교회교구학교와 82개의 문자해득학교가 기능하고 있다....하지만 유감스럽게도 아직까지 캄차트카 주교구의 분리와 블라디보스톡에 독자적인 주교구를 설립하는 중요한 문제에 대한 공식적인 허가는 아직 받지 못하고 있다. 블라고베쉔스크에서 거주하고 있는 캄차트카, 쿠릴 및 블라고베쉔스크 주교가 2백만 평방미터에 걸쳐서 거주하고 있으며, 어떤 경우에는 주교구에서 6,000베르스타나 떨어져 있는 주민들을 상대로 실제적으로 영적인 지도력을 발휘할 수 없으며, 이로 인한 어려움이 커지고 있다. 특히 블라디보스톡과 연해주 북방 변두리 지역에서 주교구의 영향력이 제대로 미치지 못하고

있다. 따라서 블라디보스톡 주교구의 설립과 더불어 블라디보스톡
에 신학 세미너리와 전문학교를 개설해야 한다. 현재 프리아무르지
방 전지역에서 블라고베쉔스크에 단지 1개의 신학 세미너리만 있
어서, 지역 교구들과 교회교구학교들에 성직자들과 교사들이 원활
히 공급되지 못하고 있다. 가능하다면 자바이칼 주교구를 위해서
치타에 신학 세미너리를 세우는 것도 요구된다.

『1898-1900년도 프리아무르 지방의 종교현황에 관한 프리아무르 군사령관
지사 보병대장 그로데코프의 보고서』
ГАХК, Всеподданнейший отчёт Приамурского генерал-губернатора генерала
от инфантерии Гродекова за 1898-1900 годы, Хабаровск, 1901.

▪ **발췌문**: 프리아무르 지방의 종교활동과 관련, 본 시기에 가장 획기
적인 사건은 1899년 1월 독자적인 블라디보스톡 주교구가 신설된
것이다. 주교구 관할로 블라디보스톡, 사할린, 연해주 주변 지역들
이 포함된다.... 남우수리스크 지방의 가장 밀집된 농민 및 이민족들
의 중심에 있는 니콜스크-우수리스크 주변에 생겨난 성모강탄 여성
공동체는 종교-윤리적 측면에서 연해주 주민들, 특히 여자아이들의
교육을 통해서 이민족들에게 중요한 이익을 가져다 줄 것이다.... 새
롭게 건축된 성전들 중에서 니콜스크-우수리스크에 세워진 성전이
가장 눈에 아름답다. 이 성전은 1894년에 시작되어 1899년에 완공된
것으로 건축비가 약 15만 루블이 소요되었으며, 시협회의 지원과
개인 기부자들, 그리고 수도대사제 미추린의 열의와 헌신으로 세워
졌다. 성직자들의 윤리적, 지적 수준을 함양시키기 위해서는 사역
자들의 영적-교육적 발전에 필요한 많은 재원을 주교구 지도부의
관할로 위임하는 것이 필요하다. 1898년 6월 5일 신성종무원이 자바
이칼 주교구의 영적인 필요를 위해 치타에 신학 세미너리 신설을
사전 결정한 것 또한 기쁜 일이 아닐 수 없다.... 블라디보스톡 주교

구의 신설과 더불어 또한 블라디보스톡에 신학 세미너리와 전문학
교를 설립하는 것이 실제적으로 필요하다. 그렇게 되면 프리아무르
지방에 있는 세 개의 주교구가 각각의 인재배출을 해내는 묘상을
갖고 자신들의 교구와 교회교구학교에 사역자들과 교사들을 무리
없이 공급할 수가 있게 될 것이다....현재 프리아무르 지방의 다수
의 소수민족 사이에서 복음을 전하고, 정교회로 개종한 정교도 소
수민족 사이에서 그리스도 신앙을 확고하게 심어주고 발전시켜 나
가는데 있어서, 자바이칼주에서는 자바이칼 선교부가, 아무르주에
서는 캄차트카 선교부가, 연해주에서는 1899년 말에 설립된 블라디
보스톡 주교구 정교선교협회 위원회가 활동하고 있다. 아무르지역
의 이민족들은 엄격하게 일정한 종교와 승려 계층을 갖고 있지 않
기 때문에, 이들을 정교회로 개종시키는 일은 특별한 어려움을 수
반하지 않으며, 단지 시간의 문제일 뿐이다. 현재 이민족들 사이에
서 성공적인 복음 전도에 있어서 주요 장애물은 선교사들의 선교
사역에 대한 불충분한 준비성이다. 즉 잦은 교체로 인해서 선교사
들은 이민족의 관습에 제대로 적응하지 못하고 있으며, 이민족들로
부터도 제대로 신뢰를 얻지 못하고 있다. 중요한 것은 이민족들의
언어를 배워야 한다는 것이다. 선교사들 내에 통역관이 없을 정도
로 선교부의 수준을 끌어올리는 일은 선교지 지역민 출신의 성직
자들을 양성할 수 있는 신학 세미너리를 통해서만이 이루어질 수
있을 것이다.

『1901-1902년도 프리아무르 지방의 교회건축 재정지원 상황에 관한 프리아
무르 군사령관지사 보병대장 그로데코프의 보고서』
ГАХК, Всеподданнейший отчёт Приамурского генерал-губернатора генерала
от инфантерии Н.И.Гродекова за 1901-1902 годы, Хабаровск, 1902.
  ■ 발췌문: 프리아무르 지방에서 교회 건축사업에 여전히 '알렉산드르

3세 교회건축 기금'이 큰 지원을 하고 있다. 지난 5년 동안 이 기금에서 134,212루블이 지원이 되었으며, '시베리아 철도위원회'가 38,000루블을 지원했다. 지금까지 프리아무르 지방의 우수리(연해주) 지방에 23개, 아무르주에 2개, 자바이칼주에 5개의 교회들이 건축되었다....현재 프리아무르 지방에서 당면한 종교적인 필요성 중의 하나는 블라디보스톡에 이민족 언어로 가르치는 신학 세미너리와 전문학교를 설립하는 것이다. 나아가 종교관리국(духовное ведомство)의 사역자와 학교 교원들의 목회자 및 선교활동에 대한 합당한 준비만이 지방 이민족들 사이에서 복음의 빛을 전하는데 있어서 선교사들의 성공적인 선교활동의 담보가 될 수 있다.

『1900년도 연해주 지역 정교회 선교활동에 관한 연해주지사 육군중장 치차고프의 보고서』

ГАХК, Всеподданнейший отчёт военного губернатора Приморсеой области генерал-лейтенанта Н.М.Чичагова за 1900 год, Владивосток, 1901.

■ 발췌문: 선교사업이 느리지만 발전해 나가고 있다. 포시에트 지구에는 9개의 한인 선교지구들이 있으며, 한인들은 정착을 하고 러시아 시민의 권리를 얻게 된 이후에는 러시아적인 요소에 매우 잘 동화되고 있다. 1900년도 동안에 850명의 한인들이 세례를 받았으며, 이들 사이에서 교육 사업도 성공적으로 진행되고 있다. 그럼에도 새로운 세례자들은 이중 신앙자들로 남아있으며, 복음의 진리를 완전히 인식하지 못하고 있다. 따라서 조속히 성서들을 조선어로 번역해서 한인들에게 보급할 필요성이 있다. 선교사들의 거의 대다수가 조선어를 구사하지 못하고 있으므로, 바로 한인들 가운데에서 선발하여 선교사를 양성할 필요가 있다. 그렇게 되면 한인출신의 선교사들은 한인들과 가까이하며 그들의 영적인 욕구를 더 잘 만족시켜줄 수가 있을 것이다....골드인(5개 선교지구)과 길랴크인, 네기달

레츠인들(9개 선교지구)의 선교부는 여전히 크게 자체 동족 출신의
선교사들이 부족하다. 왜냐하면 설교가 순례설교 형태로 진행해야
하고, 학교에는 매우 적은 수의 학생들이 공부를 하고 있기 때문이다.

『한인들 사이에서의 정교회 선교부』

ГАХК, 『Приамурские Ведомости』, 4 марта, 1914.

■ 발췌문: 1911년 연해주 주관리국 통계위원회 자료에 따르면, 연해주
에 58,635명의 등록 한인들이 거주하고 있으며, 비등록 한인을 포함
하면 훨씬 많은 한인들이 거주하고 있다. 한인들은 땅을 매우 사랑
하며, 매우 유용한 민족이다. 그렇기 때문에 이들의 러시아 국적편
입 문제가 제기된 것이다. 이와 함께 정교회 지도부에 의해 한인들
을 개종시키기 위한 조치가 취해지고 있다. 한인들의 대다수는 불
교를 신봉하고 있으며, 이러한 상황으로 인해 연해주 내에는 9개의
한인 선교지구(6개-포시에트 지구, 3개-수이푼 지구)가 기능을 하고
있다....한편으로 최근 조선에서는 외국인 선교사들의 활동이 강화
되었는데, 이중에서 일부 선교사들이 활동영역을 블라디보스톡 주
교구 관할지역으로 옮기려는 움직임을 보이고 있다. 뿐만 아니라
연해주 내의 정치적 상황도 복잡해지고 있다: 일반적으로 정교로
개종한 한인들은 빠르게 러시아인들과 동화가 되어왔었는데, 비정
교회인 개신교단의 선교활동이 이러한 흐름을 저해하고 있고, 결국
개신교-한인들은 극동 지방에서 불온한 세력들로 남아있게 될 것이
다. 한인들 사이에서 성공적인 선교활동과 강하고, 엄하게 조직적
으로 전개되는 장로교 선교활동과의 성공적인 투쟁을 위해, 종교관
리국에 의해 블라디보스톡에 보좌주교구를 신설하는 문제가 제기
되었고, 아울러 선교사 및 관련 사역자들의 봉급인상의 필요성이
제기되었었다. 또한 선교활동 교육을 받은 한인출신의 교리문답교
사직 신설의 필요성이 인정되었었다. 현재 신설된 보좌주교구 책임

자로 서울선교부 책임자였던 파벨 수도대사제가 임명되었고, 그 자리에 전(前) 차린스크 성령 수도원장 이리나르흐가 임명되었다.... 현재 블라디보스톡 주교구 관할지 내의 한인 사회에 선교부 설립을 위해 1914년부터 매해 23,900루블 규모의 국고지원과 관련, 신성 종무원에 의해 국가두마에 입법안이 상정되었다.

『연해주 남부의 이민족들』

Н. М. Пржевальский, "Инородческое население в южнойчасти Приморской области," ИРГО, СПб., Т.5, No.5, отд.2, 1869.

■ 발췌문: 조선 정부의 항의에도 불구하고, 우리 측에서 볼 때 한인들의 이주 청원은 충분한 동정 속에서 받아들여졌으며, 1864-65년 겨울에 한인 10가구가 이주해 왔다. 1866년에는 큰 규모로 133가구가 이주해 왔으며, 이전의 10가구를 더해 총 850명(남자-419명, 여자-331명)의 한인들이 있었다. 이들 143가구는 3개 주요 한인마을들 - 티진혜, 시디미, 몽구가이 - 에 정착했다....현재 4개의 한인마을 - 티진혜, 얀치혜, 시디미, 몽구가이 - 에 223가구, 1315명의 한인들이 거주하고 있다....가장 넓고 오랜된 한인정착촌인 티진혜 마을을 소개하고자 한다. 이 마을은 노브고로드항에서 18베르스타 거리에, 동일한 명칭의 강물로 관개가 이루어지는 비옥하고 기름진 평야에 위치하고 있다....구불구불 빠르게 흐르는 티진혜강이 기름진 들판의 한복판을 가로질러 흐르고 있다....티진혜 마을은 10베르스타에 걸쳐서 펼쳐져 있으며, 100-300보 간격으로 불규칙하게 한인 농가들이 늘어서 있다. 한인 농가는 외적인 모습과 내부 구조에 있어서 중국인 농가와 큰 차이가 없다....이주 한인들 중의 일부는 정교신앙을 받아들였으며, 티진혜 마을에는 마을 촌장을 포함, 현재 17명의 남녀 한인 개종자들이 있다. 개종한 촌장의 예전 이름은 최운국으로, 세례명은 러시아인 장교의 이름을 따라 최 표트르 세묘노프

라고 불린다. 48세의 최운국은 어눌하지만 러시아어를 구사했으며, 중국어도 조금 구사했다. 그는 러시아식 복장과 머리 모양을 하고, 러시아식 농가에 살고 있었다....티진헤 마을에 머무는 이틀동안 촌장 최운국은 내 곁에서 떨어지지 않고 이곳 저곳 안내와 설명을 해 주었다....현재 한인들은 러시아인 농민들과는 적어도 200베르스타 떨어진 국경지대에서 독립적인 공동체를 이루며 거주하고 있다. 이들의 빠른 러시아화를 위해서는 한카호수와 수이푼강 사이의 부근에 있는 러시아인 정착촌으로 이주시켜, 러시아적인 것을 받아들이게 하는 것이 필요하다. 나아가 조금씩 정교신앙과 함께 한인들에게 러시아어와 러시아 관습을 심어주어야 할 필요가 있다.

『아무르의 한인들』

В. Вагин, "Корейцы на Амуре," (Сборник исторических и статистических сведений о Сибири и сопредельных ейстранах), СПб., Т.1, 1875.

- **발췌문**: 한인들의 이주 이후 얼마 안있어 한인들의 개종이 시작되었다. 한인들은 아마도 종교와 국적을 분리해서 생각하지 않는 것 같다. 그들은 자신들의 개념상 러시아 국적편입을 정교회 수용과 동일시 하는 것 같다. 따라서 한인들에게 있어서 세례는 국적을 확인시켜주는 평범한 의식이 되고 있다. 남우수리스크 지방에서 세례받은 한인들은 적은 수이지만 이미 프르줴발스키 시기에 등장했다. 프르줴발스키는 한인들 사이에서 기독교 복음전도 활동이 매우 더디게 진행되고 있는데, 이는 당시 활동하고 있던 2명의 선교사들의 개인적인 역량부족 때문이라고 보았다....1870년 남우수리스크 지방을 방문한 동시베리아 군사령관지사 코르사코프는 지역 당국과 한인들의 청원을 통해서, 만일 교회와 세속 당국이 한인 세례에 관심을 가져준다면, 한인들이 기꺼이 정교신앙을 받아들이게 될 것이라는 확신을 작게 되었다. 코르사코프는 아무르주의 베니아민 주교에

게 한인들의 세례와 개종에 착수할 것을 제의했다. 이에 베니아민 주교는 마침 남우수리스크 지방에서 활동하고 있던 2명의 성직자들에게 한인들의 세례와 개종활동에 힘쓸 것을 지시했다....한편 최근 세례받은 한인들의 수는 크게 증가했으며, 그 수가 100여 가구에 이른다. 하지만 이 세례가 단지 하나의 외적인 의식(儀式) 수준에 머무는 것 같다. 많은 한인들이 심지어는 자신의 세례명을 기억하지 못하고 있는 경우가 많다.

『블라고슬로벤노예 마을의 한인들』

А. В. Кириллов, "Корейцы села Благословенного," (историко-этнографический очерк), 『Приамурские ведомости』, №№58,59, Приложения, 1895.

■ 발췌문: 한인들이 기독교 신앙과 삶의 근본 토대로 자리잡아야 하는 윤리적 개념 및 이상들을 잘 소화하고 있다고 말할 수 없다. 짧은 기간 동안 기독교 신앙은 한인들 사이에서 아직 뿌리를 내리지 못하고 있으며, 그들의 마음 속 깊은 곳까지 침투하지 못하고 있다. 물론 이제는 주변에 한인 이교도들은 없으며, 정교도인들로 포함되고 정교회 의식을 행하고 있다. 하지만 다른 한편으로 한인들은 예배 동안에도 과거의 세상살이에 대해 시끄럽게 대화를 나누기도 하며, 양반 자세로 앉아 화투를 치며 담배를 피우고 있다. 이러한 행위는 한인들의 옛습관과 싸우는 사제들의 마음을 적지 않게 어렵게 하고 있다. 많은 한인들이 외형적으로는 정교를 믿고, 정교회 의식을 행하지만, 그런 한편으로는 여전히 과거의 이교 신앙과 의식을 유지하고 있다. 특히 옛종교의 광신적인 추종자들은 가장 보수적인 노인들이다....그렇게 기독교적 원리가 약하게 침투해 있는 상황 속에서는 한인들의 도덕적인 재탄생은 있을 수 없다는 것은 자명하다. 사실 한인들은, 특히 노인들은 조선에서 이주해왔던 거의 그대로의 이교도의 모습으로 아직까지 남아있다....블라고슬로

벤노예 마을 노인들은 모두가 고개를 숙일 정도로 큰 영향력을 행사하고 있다. 이들의 목소리는 항상 모든 일에서 결정의 의미를 갖는다....노인들이 생각하고 조언하는 것은 마치 명령처럼, 논쟁의 여지가 없는 성스러운 진리처럼 무조건적으로 받아들여진다.

『프리아무르 지방의 한인들』

H. A. Насекин, "Корейцы Приамурского края," (Краткий исторический очерк переселения корейцев в Южно-Уссурийскийкрай), Труды Приамурского отдела ИРГО, Вып.1(Т.11), Хабаровск, 1895.

■ 발췌문: 광활한 지역에 산재해 있는 32개 한인정착촌들에 4개 교회와 4개의 선교지구만이 있을 뿐이며, 서로간의 배치거리 또한 균등하지 못하다. 수이푼 지구의 4개마을 중에서 3개 마을-시넬니코보, 푸칠로프카, 코르사코프카에 교회와 선교지구들이 있다....포시에트 지구의 22개 한인정착촌에는 얀치헤 마을에 1개의 교회가 있을 뿐이고, 거리 또한 크라스노예 셀로 마을과 표트르대제만으로부터 200베르스타 이상이나 떨어져 있다. 아마도 얀치헤 교회의 사제는 신생아 세례를 위해 순회하거나, 자신의 선교지구나 교구민의 장례식에 참석하기도 불가능할 것이다....선교활동 자체와 관련해서, 선교활동의 결과가 보잘것없고, 눈에 띠지 않을 정도라는 슬픈 사실을 인정하지 않을 수 없다....비록 정교도 한인들의 수가 많아졌지만 이들의 (신앙적) 질은 보잘 것 없다. 선교사들이 적거나 자신의 양들(신도들-필자)의 언어를 거의 모르는 상황에서, 복음 전도의 성공을 기대하기란 어렵다. 따라서 무엇보다 먼저 선교사들이 조선어를 잘 배우던지, 혹은 한인들에게 러시아어를 가르치고 복음 전도를 시작하는 것이다. 이러한 조건들이 부재한 상황 속에서 세례와 개종 자체는 순전히 피상적이고 헛된 일이 될 것이다....예로 나는 정교도 남편과 불교도 아내가 있는 많은 한인 가정들을 접하거나,

혹은 가족 구성원의 신앙이 여러 가지로 다른 경우도 접했다. 이러
한 사실은 전혀 정상적이지 못하며, 게다가 정교도와 비정교도 간
의 결혼은 정교회에서 허용되지 않고 있다.

『연해주, 1906년-1910년』

П. Ф. Унтербергер, "Приамурский край, 1906-1910г.г.," (Очерк с 6 картами,
21 таблицейприложенийий с 55 рисунками на 22 листах П.Ф.Унтербергера),
Записки ИРГО по отделению статистики, Т.8, СПб., 1912.

- **발췌문**: 1860년대 말과 1870년대 초에 조선 북부지역의 많은 한인들
이 기근을 피해 연해주 포시에트 지구와 수이푼강 평야로 이주해
왔다....한인들의 일부는 시넬니코프 동시베리아 군사령관지사의
지시에 따라 아무르강 좌안의 푸지노 카자크 마을 근처에 이주정
착 되었고, 카자크지구에서 가장 좋은 토지들을 이용하며 한인정착
촌 블라고슬로벤노예 마을을 형성했다....통계 조사에 따르면, 1907
년도에 남우수리스크 지방에만 귀화한인 14,000명과 비귀화한인
26,000명이 거주하고 있었다. 하지만 등록 업무가 주로 인구집중지
역에서만 실시되었기 때문에, 비귀화자자의 수는 적어도 10,000명정
도 더 많은 것으로 보아야 한다....한인들의 동화문제와 관련해서,
유감스럽게도 40년간의 경험은 완전히 부정적인 결과들을 주었음
을 확인할 필요가 있다. 자신들의 조국에서 수천년을 고립적인 삶
을 살아온 한인들의 농업방식과 세계관은 독특하고, 슬라브 민족의
그것과 다르며, 따라서 향후에라도 한인들의 동화를 기대하기란 어
렵다. 우리는 기다려서는 안되며, 가능하면 빨리 황색인종의 등장
에 대비해 극동 지역에 강하고 동질적이고 유대감있는 슬라브 요
새(보루)를 구축해야 한다....한인과 러시아인과의 혼인도 매우 드
물다. 이 또한 한인들의 가정생활방식이 러시아인 농민가정의 그것
과 아무런 공동점이 없기 때문이다....한인들의 기독교로의 개종과

러시아식 학교의 조직은 표면적인 성격을 띠고 있는데, 러시아인들과 동화하고자 하는 한인들의 어떠한 바램도 찾아볼 수가 없다.... 어쨌든 극동지역에 거주하는 아시아 민족들의 동화문제에 있어서 결과는 항상 만족스럽지 못했다....보다 쉽게 러시아 국적에 편입하기 위해 최근 한인들의 집단적인 정교회 수용 현상이 나타나고 있다. 한인들 사이에서의 러시아인 선교사들의 선교활동을 존중하지만, 그럼에도 일반적으로 선교사들이 조선어를 모르기 때문에, 정교신앙의 교리를 전할 시에 한인들의 영적인 면에 미치는 영향은 기대하는 만큼의 결과에 이르지 못하고 있음을 확인할 필요가 있다. 세례받은 한인들에 의해서는 대부분의 경우 단지 신앙의 외적이고 의식적인 측면만이 받아들여지고 있으며, 이들 또한 사제들의 관리 소홀과 비기독교 한인들과의 더 잦은 접촉으로 쉽게 상실되고 있다. 특히 한인 여성들 사이에서 기독교 전도는 그다지 성공적이지 못하다.

『프리아무르의 중국인, 한인, 일본인들』

В.В.Граве, "Китайцы, корейцы и японцы в Приамурье," (Отчёт Уполномоченного Министерства Иностранных Дел В. В. Граве), Труды командированной по Высочайшему повелению Амурской экспедиции, Вып.11, СПб., 1912.

- 발췌문: 1863년 한인들의 가족 단위로 한 이주가 시작되었으며, 최초로 한인 13가구가 이주해와 노브고로드곶 연안의 포시에트 지구의 국유지를 점유했다....한인들의 러시아화에 대한 열망은 특히 러시아인들과의 상시적인 접촉이 이루어지는 곳에서는 크다. 반대로 조선과의 국경지대에 위치한 곳에서는 매우 약하다. 즉 그런 한인들은 양쪽 국경지역 주민들과의 관계망을 유지하고 있으며, 이는 아버지 나라의 윤리와 관습을 유지하도록 영향을 주고 있다. 광산지역, 아무르주의 중심 도시들, 니콜라예프스크, 블라디보스톡 등

지의 한인들은 강하게 동화되고 있다. 이런 지역의 한인들은 러시아식 복장을 하고, 대부분 러시아어를 이해하고 말하고 쓸 줄 안다. 취학 아동들은 러시아인 학교를 다니며, 빠르게 러시아어를 습득하여 성적상 1등을 차지하기도 한다....러시아인들과 떨어져 있는 마을들에서는 도시나 큰 중심지들에서 보다 한인들의 동화가 느리게 진행된다. 이중 가장 전형적인 곳이 바로 블라고슬로벤노예 마을이다....이 마을을 방문했을 때, 신구세대 간의 갈등이 곧바로 눈에 띄었다. 이주 후에 태어난 신세대들은 외적으로는 완전히 러시아화가 된 것처럼 보였지만, 노인들은 여전히 한인들로 남아있었다. 마을에는 일반적으로 러시아적인 문화와 한민족 적인 문화가 혼재하고 있었다....마을민들의 기본적인 생활방식은 한민족 적이지만, 현재 신구세대, 즉 1871년 이주자와 이후 출생 세대(35-36세 미만) 간의 갈등이 일고 있다. 첫째는 비록 정교신앙, 언어, 의복을 받아들였을 지라도, 관습과 신앙 문제에 있어서, 둘째는 동화 문제에 있어서 갈등이 생기고 있다. 러시아 동화 문제가 심각한데 신세대들은 러시아어를 구사하고 댕기머리를 기르지 않으며, 러시아식 재킷을 입고 한자를 잘 읽지 못하며, 군복무 소집에 매우 기뻐한다. 하지만 노인에 대한 강한 공경심이 남아있기 때문에, 타협을 통해 문제를 해결하려고 노력하며, 노인들과의 극단적인 마찰은 야기시키지 않는다. 마을민들의 영적인 욕구 충족을 위해 마을에는 2개의 교회가 있는데, 하나는 낡은 건물로 허물어져가고 있으며, 다른 하나는 신 건물 교회로 예배가 드려지고 있다. 이 교회는 1908년 14,000루블을 들여서 완공한 것으로, 러시아인 사제와 한인 시낭송자(псаломщик)가 사역하고 있다. 지역 사제에 따르면 한인들의 정교입교에 대한 태도가 순전히 외형적이라고 한다. 성례와 의식이 집전되고 집집마다 성상화가 있으며, 일부 한인들은 집에 들어서며 성호를 긋고 기도를 드린다. 하지만 많은 이들은 방안에서 갓을 쓰고 있다. 정교신앙과 나란히 특히 노년층 사이에서 샤마니즘도 크게 번성하고 있는데, 지난 해에는 마을 회의를 통해서 샤마니즘을 금지시킬 수 있었다. 아울러 마을 사제는 한인들 사이에서 정교회를 강화시키기 위해서 젊은 층의 도움으로 정교 형제단(Братство) 조직 안을 마련했다. 형제단은 자발적인 기부금과 단원 회비로 구성되는 형제단 자금에서 단원들이 보조금을 받으며 교육을 계속할 수 있게 할 것이다....러시아식 학교를 통한 한인 교육은 정교회 선교사업과 밀접한 관계가 있으며, 정교회 선교부가 많은 관심을 기울였다. 한인 교육을 통한 선교활동의 시작은 1860년대로 거슬러 올라가는데, 인노켄티 베니아미노프 주교가 남우수리스크 지방에 관심을 두면서부터이다. 그의 노력으로 노브고로드 항구 주변의 한인들이 정교를 받아들였다....동시에 선교지구들도 조직되었고, 현재 9개 선교지구가 활동하고 있으며, 그 덕분에 많은 학교들이 건립되었다. 하지만 유감스럽게도 선교부 활동의 또 다른 측면들, 즉 예배, 그리고 기독교 윤리의 실행과 나란히 한인들 사이에서 기독교적 가르침의 강화라는 측면은 심하게 절름발이 신세를 면치 못하고 있다. 이는 선교사 자신들도 인정하고 있다. 이러한 상황의 주요한 원인은 한인의 러시아 국적편입이 정교회로의 개종을 전제로 했다는 점에 있다. 비록 현재는 그러한 요구가 더 이상 제기되고 있지는 않지만, 정교에 대한 시각은 국적 권리를 받기 위한 수단으로서 한인들 사이에서 존재하고 있으며, 따라서 개종자들의 수가 해마다 증가하고 있다....통계자료에 따르면, 현재 한인 정교도는 수적으로 약 28.5% 정도이며, 예로, 1910년도 연해주 내의 한인 정교도의 수는 총 10,237명(남-5955, 여-4282명)이었다....유감스럽게도 선교사 구성원들은 의당 해야 할 일들을 못하고 있다. 이들은 일부를 제외하고는 관념적이지 않으며, 단지 수입을 위해 일하는 관리에 불과하다. 자신의 업무에 대한 태도는 지극히 형식적이며, 한인들의 삶속으로 들어가기를 바라지 않는다....선교 사업에 있어서 개혁은 특히 지금, 조선에서 미국 장로교 선교사들에 의해 장로교가 확산되고 있는 이 시점에서 필요하다. 장로교의 선교활동의 흔적은 블라디보스톡에서도 관찰되고 있는데, 지역 헌병 관리국에 따르면, 그곳에는 많은 추종자들을 확보하고 있는 한인 장로교 사제(최관흘-필자)가 거주하고 있다....러시아 정부가 마을 한인들에게 러시아 국가성을 심어주기 위해 지난 25년 동안 행한 것은 아무 것도 없다. 다만 아무르주 당국은 폐쇄적인 블라고슬로벤노예 마을 한인들의 러시아인들과의 동화를 위해 러시아인 농민 가족을 이주시키려 시도했지만 실행으로 옮기지 못했고, 결국 그것으로 더 이상의 한인의 동화를 위한 노력은 끝이 났다.

『아무르에 정착한 한인 사회에서의 정교회 선교활동』
『Миссионер』, 1874, No.26. 『Миссионерская деятельность между корейцами, переселившимися на Амур』

■ 전문: 1872년에 블라고슬로벤노예 마을에서 최초의 한인 세례는 후계자 알렉산드르 알렉산드로비치 대공의 생일날인 2월 26일에 행해졌다. 한인들 스스로가 여러 차례 세례를 받고자 했지만, 한인들의 성향이나 종교적인 신앙을 잘 알지 못했던 사제(요안 곰쟈코프)는 처음에는 세례를 주기를 꺼려했다. 마지막 선교여행에서 그는 만일 한인들이 확실하게 세례받을 것을 결심했다면, 희망자들이 직접 교구교회로 세례를 받으러 오라고 말했다. 이렇게 해서 15세에서 25세 미만의 11명의 세례 희망자가 예카테리노-니콜스코예(с.Екатерино-Никольское) 카자크 마을로 왔다. 이에 곰쟈코프 사제는 한인들이 진실로 정교 신앙을 받아들일 것을 희망하고 있음을 확인하고, 이후 필요한 신앙적인 말씀을 전한 후에 세례를 베풀었다. 세례가 끝난 후 요안 곰쟈코프 사제는 정교도로서 어떻게 몸가짐을 해야하는지

에 대해서 다시 설교를 했으며, 모든 세례자들을 이콘(성상화)으로 축복한 후 교부들과 함께 돌려보냈다. 대육식금지기간(великий пост) 에는 교구민들에게 성만찬식을 베풀기 위해 교구를 순회했고, 둘째 주에는 성만찬식 사전 준비를 위해 블라고슬로벤노예 마을을 방문 했다. 그는 새로운 한인 정교도들에게 참회식과 성찬식의 본질과 구원에 대해 설명하고 금식할 것을 제의했으며, 50명 정도의 모든 정교도들에게 성만찬식을 베풀어 주었다. 이 일이 있은 후 세례를 받고자 원했던 서너명의 한인들에게 대육식금지기간 동안에 추가 로 세례가 주어졌고, 동시에 추가 세례자들에게 그리스도의 신앙과 삶이 담긴 설교를 해 주었다.

『19명 한인들의 세례식』

『Миссионерское обозрение』, Март, 1911『Просвещение св.крещением 19че-ловек корейцев』

■ **전문**: 러시아 황후 마리야 페오도로브나의 성대한 생일날에 '이르 쿠츠크 그리스도 변용(變容)교회(Иркутская Преображенская церковь)에 서 예배와 감사기도가 끝난 직후 19명 한인들의 세례식이 거행되었 다. 그리스도 변용교회의 책임자이자 선교교회(Миссионерская Церковь) 의 구역교구장(благочинный)인 주임사제 니콜라이 인노켄테비치 자 토플랴예프(Н.Затопляев)와 예수승천 수도원의 수도사 레온티(Leontii) 사제, 주임사제 콘스탄틴 티호미로프(К.Тихомиров), 그리스도 변용교 회의 사제 알렉산드르 세메노비치 피사레프(А.С.Писарев) 사제가 황 금빛 성의를 입고 모습을 드러냈다. 세례를 준비해온 사람들의 얼 굴에는 진정한 기쁨이 넘쳐났다. 세례식에 따라 세례받는 자들은 힘차게 악한 령들을 향해 침을 뱉고 물러가라 외쳤다. 세례 과정에 서 자토플랴예프 구역교구장은 물 세례를 행했고, 레온티 사제는 성유를 발라주었으며, 주임사제 콘스탄틴은 향유를, 피사레프 사제

는 닦아주고 삭발례를 시켰다. 촛불이 담긴 성수반(聖水盤)을 들고 19명의 새 세례자들이 선임 사제들과 함께하는 둥근 행렬을 보는 것은 감동적이었다. 세례가 끝나고 새 세례자들은 교회로 인도되었다. 손에 회생(回生)의 십자가를 들고 구역교구장은 다음과 같은 인사말을 전했다: "새롭게 선택받은 그리스도의 양떼들의 세례식을 축복합니다. 필립 사도의 날에 세례가 행해진 것이 단순한 상황의 일치는 아니라고 생각합니다. 필립 사도는 구세주의 부름으로 사도의 사명 길에 들어선 분이며, 여러분을 그리스도 안에서 새로운 삶으로 인도했습니다. 인간의 원죄로 말미암아 우리의 조상들과 모든 후손들의 삶은 위안이 없는 우울한 삶이었는데, 이제 이 땅에 그리스도가 오심으로 기쁜 삶이 되었습니다. 구세주께서 오심으로 온누리에 진리의 태양이 빛나고, 구세주가 오심으로 천국의 문이 다시 열렸습니다. 우리 모두를 위해서 열렸으며, 새롭게 세례받은 여러분 모두를 위해서 천국의 문이 열렸습니다. 여러분은 모두가 축복의 의미로 인노켄티 사도 수도원으로부터 성상화를 받으셨습니다. 이 성상이 여러분의 기쁜 세례의 날을 기억나게 할 것이며, 언제나 몽골계민족들 사이에서 위대한 그리스도 신앙 전도자의 경이로운 모습을 상기시켜 주기를 소망합니다. 이제 세례자들은 하느님의 잔을 들고 지극히 순결한 그리스도의 살과 피를 드시고, 하느님을 깨달으시기 바랍니다." 이후 19명의 세례자들에게 그리스도 성찬식이 베풀어 졌다. 그런 후에 구역교구장의 집에서 새 세례자들과 참석자들에게 환영만찬이 베풀어 졌다. 만찬 후에 주임사제는 새 세례자들이 그리스도적인 삶을 살아갈 것과 참회식과 성찬식을 통해서 점차 신앙적인 교제를 나누고, 선을 추구할 것을 기원하는 메시지를 전했다.

『자바이칼선교부 교리문답교사 이강의 선교순례여행기』

『Православный благовестник』, 1914, No.1. 『Миссионерская поездка катихи-затора Забайкальской миссии корейца А.Е.Лиганга』

■ **발췌문:** 카렐로보(Карелово)는 두 개의 산 가운데 위치하고 있었다. 사람들은 토굴에서 살고 있었다. 광산은 규모가 컸으며, 넓이가 약 300베르스타 정도이고, 길이는 약 13-14베르스타에 이르렀다. 그곳에서는 약 1,500명의 한인과 약 800명의 중국인, 약 300명의 러시아인들이 노동을 하고 있었다. 식료품은 매우 비쌌다. 빵 1푼트(0.41kg)에 15코페이카였고, 고기 1푼트는 30-35코페이카였다. 하지만 먼 북쪽 지방에서 나(이강-필자)를 놀라게 한 것은 고물가의 생활이 아니라, 노동자들의 무식과 무례함, 그리고 종교적 관심에 대한 완전한 부재와 낮은 수준의 도덕성이었다. 보드카는 한 병에 1.5루블이었는데, 축제기간에는 폭음이 난무하고, 갖가지의 무질서와 범죄를 야기시켰다. 목자잃은 양들은 나의 마음속에 연민을 불러일으켰으며, 이들을 대할 때마다 불신자 유대인들에게 베드로 사도가 했던 말들이 떠오르곤 했다 : "나의 형제 곧 골육의 친척을 위하여 내 자신이 저주를 받아 그리스도에게서 끊어질 지라도 원하는 바로라"(로마서 9:3). 카렐로보에서 19일을 보내며 많은 이들에게 하느님의 말씀을 전했는데, 무리들 중에는 나에게 적대적인 자들도 있었다. 이들은 나의 종교적인 호소가 사람들에게 확산되지 않도록 온갖 행동을 했으며, 나와 나의 말을 믿지 않도록 사람들을 부추겼다. 소수지만 아예 나의 말에 무관심한 자들도 있었고, 안타깝게도 세례받을 준비가 되어있는 사람들도 적었다. 세례받기를 희망하는 자들은 20여명정도였는데, 나와 생각을 같이 하면서도, 다른 무리들 속에 있을 때에는 혹시라도 나와 나의 말에 적대적인 사람들의 희생양이 될 수도 있다는 우려 때문에 나를 지원해 주지 않았다. 한번은 이들이 위대한 은혜의 신이라고 간주하는 이교신(우상)에게 희생물

을 바치기 위해서 모인 현지 한인들 회의에서 말할 기회가 있었는데, 이들은 자신들이 열심히 희생물을 바치면 자신들의 이교신이 복을 가져다 줄 것이라 굳게 믿었다. 나는 이들에게 당신들은 잘못 생각하고 있으며, 그런 이교적인 의식(儀式)들은 어리석은 짓이며 거짓된 것이라고 말함으로써 사람들의 감정을 상하게 만들었다. 나의 말은 사람들로 하여금 나를 적대시하고, 분노하게 만들기에 충분했으며, 음식물을 빼앗으려고까지 준비를 하고 있었다. 하지만 나의 자제력과 조용하고 침착한 성격덕분에 이러한 상황에서 벗어날 수 있었다. 사람들의 분노가운데에서도 나는 평온함을 느꼈고, 하느님의 진실이 승리할 것이라 믿었다. 비록 사람들이 나를 죽이고자 했지만 아무도 먼저 나서서 나를 해하려 하지 않았다. 아마도 보이지 않는 하느님 앞에서 자신들의 마음 속에서 느끼는 책임감을 꺼려했던 것 같다. 그들은 단지 자신들의 회의에서 나를 제외시켰고, 나는 이에 순응했다. 이 일이 있은 후 많은 사람들은 나의 신앙적인 강직함을 보고 기회를 봐서 기독교 신앙을 받아들이고자 했다. 하지만 여전히 나는 원했던 결과에는 이르지 못하고 말았다. 갑자기 쉴새없이 내린 폭우로 저지대가 물에 잠기고, 앞으로 닥쳐올 굶주림에 사람들의 주의를 빼앗기고 말았다. 더 이상 사람들에게 말을 건넬 수가 없게 되었다. 하지만 뿌려진 복음의 씨는 죽지 않으며, 싹이 트고 열매를 맺을 것이라 생각하고 믿는다.

【참고문헌】

1차 자료

〈고문서〉

РГВИА(Российский ГосударственныйВоенный Исторический Архив)

Ф.2000, Оп.1, Д.4107, Л. 『프리아무르 대군관구 사령부로 보내는 1909년 11월 11
일자 첩보보고서』.

АВПРИ (Архив Внешней Политики Российской Империи)

Ф.ЯС, Оп.487, Д.767, Л.24-26. 『1915년 8월 16일(29일)에 페트로그라드 일본대사관
에서 러시아 외무부에 보낸 구두문서』.

_____, Л.28-31. 『1915년 10월 16일(29일)에 페트로그라드 일본대사관에서 러시
아 외무부에 보낸 구두문서에 대한 첨부문서』.

_____, Л.32. 『1915년 12월 9일(22일)자 일본대사관에서 러시아 외무부에 보낸
일본대사관의 사본 문서』.

_____, Л.40. 『1915년 12월 9일(22일)에 페트로그라드 일본대사관에서 러시아 외
무부에 보낸 문서』.

_____, Л.115. 『1916년 9월 19일(10월 2일)에 페트로그라드 일본대사관에서 러시
아 외무부에 보낸 구두문서』.

_____, Оп.493, Д.1968, Л.4. 『남우수리스크 노보키예프스크 국경행정관 스미르
노프가 연해주지사 프루그(В.Е.Флуг)에게 보낸 1908년 4월 5일자 전문』.

_____, Л.6. 『내무성 부내무대신 이즈볼스키에게 보낸 1908년 5월 8일자 전문』.

_____, Л.12. 『1908년 5월 24일 플란손(Плансон)이 작성한 이범윤관련 메모』.

ГАХК(ГосударственныйАрхив Хабаровского Края)

Ф.304, Оп.1, Д.12, Л.1-27об. 『극동의 한인 문제-한인의 토지 정착 문제, 1926』.

Ф.П-2, Оп.1, Д.112, Л.1-41. 『극동의 한인 문제』.

Ф.П-442, Оп.1, Д.476, Л.9. 『혁명 전사 김-스탄케비치 알렉산드라 페트로브나』.

_____, Оп.2, Д.18, Л.39-41. 『1905-1918년 시기 김-스탄케비치 알렉산드라 페트로

브나의 혁명 활동에 관한 여동생 김 마리야 페트로브나의 회상기』.

_____, Λ.55. 『여성혁명가 김 알렉산드라 페트로브나』.

_____, Д.273, Λ.13. 『김-스탄케비치 알렉산드라 페트로브나』.

РГИАДВ(Российский Государственный Исторический Архив Дальнего Востока)

Ф.1, Оп.2, Д.2020, Λ.1. 『1909년 11월 5일 조선국적 장로교 최관흘 선교사가 연해
주지사에게 보낸 장로교단 공동체 설립청원서』.

_____, Λ.3. 『1909년 12월 23일 블라디보스톡 주교구 종교감독국이 최관흘의 장
로교파 설립불허와 관련 연해주지사에게 보낸 요청서』.

_____, Λ.6. 『1910년 2월 9일 내무부 종무국 이민족선교분과에서 최관흘의 장로
교단 설립과 관련 연해주지사에게 보낸 답변서』.

_____, Оп.10, Д.326, Λ.12, 16-16об., 18-18об., 20, 24-25об., 30-32об., 39.

_____, Λ.13-17об.; Λ.67, 76, 77.; Λ.101-104.

_____, Д.327, Λ.4об. 『이범윤 심문 조서-1』.

_____, Оп.10, Д.327, Λ.7-8. 『블라디보스톡 경비대장이 연해주지사에게 보낸
1910년 10월 27일자 전문』.

_____, Оп.11, Д.164, Λ.3-3об. 『1911년 10월 19일 블라디보스톡 및 캄차트카 대주
교 예프세비가 한인들의 장로교 수용 제한을 위한 포고령 발포 요청과
관련 연해주지사에게 보낸 요청서』.

_____, Λ.4а-4аоб./Λ.36. 『통지문-블라디보스톡에 장로교단 설립과 관련 내무부
종무국 이민족선교분과에서 연해주지사에게 보낸 추가 통지문』.

_____, Λ.6-6об. 『1911년 11월 7일 블라디보스톡 및 캄차트카 대주교 예프세비의
동년 10월 19일자 요청서에 대한 연해주지사의 답변 공문』.

_____, Λ.8-8об., Λ.14-14об., 33-33об. 『1911년 11월 17일 우수리철도 헌병경찰관리
국장이 최관흘의 불법적인 예배 및 설교 활동과 관련 연해주지사에게
보낸 보고서』.

_____, Λ.12-12об. 『1911년 12월 5일 연해주지사가 최관흘 추방 조치와 관련 프
리아무르 군사령관지사 사령부에 보낸 결과 보고서』.

_____, Λ.13-13об. 『1911년 12월 5일 연해주지사가 최관흘 추방과 관련 블라디보
스톡 요새 위수사령관에게 보낸 통보서』.

_____, 15-15об. 『1911년 12월 연해주지사가 최관흘 추방과 관련 우수리철도 헌
병경찰관리국장에게 보낸 추가 공문』.

_____, Λ.9-9об. 『1911년 12월 7일 최관흘의 조선으로의 추방에 관한 연해주지사

의 명령문』.

_____, Λ.19. 『1911년 12월 20일 연해주 주관리국에서 최관흘의 추방명령 시행과 관련 블라디보스톡 시경찰국에 보낸 공문』.

_____, 20-20об. 『1911년 12월 20일 연해주 주관리국에서 최관흘의 추방명령 시행과 관련 블라디보스톡 시경찰국에 보낸 공문 및 통지문』.

_____, Λ.21-21об. 『1912년 4월 28일 연해주 주관리국에서 보낸 공문』.

_____, Λ.22, 35. 『1911년 12월 19일 우수리철도 헌병경찰관리국장이 2인의 조선인(평양) 선교사(이재순/신윤협)의 블라디보스톡 입국과 관련 연해주지사에게 보낸 보고서』.

_____, Λ.23-23об. 『1911년 12월 26일 신윤협과 이재순에 관한 연해주지사의 명령문』.

_____, Λ.28. 『1912년 1월 12일 블라디보스톡 시경찰국장이 연해주지사에게 보낸 보고서』.

_____, Λ.29. 『1912년 1월 19일 조선주재 러시아총영사가 이재순과 신윤협의 구금에 관해 연해주지사에게 보낸 문서』.

_____, Λ.37-37об. 『1911년 12월 22일 연해주 주관리국(연해주지사)이 서적 보급 절차와 관련 블라디보스톡 시경찰국에 보낸 공문』.

_____, Λ.10-11. 『1912년 1월 17일 연해주지사가 9인의 러시아 하급관리의 장로교 예배 참석 관련 블라디보스톡 시경찰국에 보낸 지시문』.

_____, Λ.38-38об., 32-32об. 『1912년 2월 29일 연해주 주관리국이 장로교 측의 규정 불이행과 관련 블라디보스톡 시경찰국에 보낸 추가 지시문』.

Ф.2, Оп.1, Д.35, Λ.123об.-124, 138об.-141, 145об.-146.

Ф.28, Оп.1, Д.176, Λ.56-56об. 『1893년 4월 30일 열린 블라시보스톡 시두마의 결정』.

_____, Λ.58-58об. 『한인촌 한인들이 블라디보스톡 시참사회에 보낸 청원서』.

_____, Д.234, Λ.106-106об. 『1899년 12월 8일 중국인 및 한인 정착촌, 공동묘지, 전염병 진료소 용도로 선정된 부지 승인에 관한 시두마 보고서와 정착촌 설립안』.

_____, Λ.138-138об. 『1901년 3월 23일 열린 블라디보스톡 시두마(의회)의 한인정착촌 부지 선정 관련 결정안 사본』.

_____, Λ.373. 『중국인 및 한인 정착촌 건립과 마부들을 위한 토지(участок) 할당 문제에 관한 3월 22일자 블라디보스톡 시두마 결정안 발췌본』.

_____, Λ.375-375об. 『1906년 4월 10일 블라디보스톡 시와 'A'간에 체결된 협정안』.

_____, Λ.366. 『1906년 한국국적 한인들 대표 김치보, 김약운, 김한조, 김일온,

김효가 연해주지사에게 보낸 청원서』.

_____, Л.371-372. 『중국인 및 한인 정착촌 건립과 마부들을 위한 토지(участок) 할당 문제에 관한 규정』.

_____, Л.373. 『중국인 및 한인 정착촌 건립과 마부들을 위한 토지(участок) 할당 문제에 관한 3월 22일자 블라디보스톡 시두마 결정안 발췌본』.

РГИАДВ, Ф.28, Оп.1, Д.377, Л.2-3. 『1911년도 중국인 및 한인정착촌 조감도』.

_____, Л.27. 『1911년 4월 13일 블라디보스톡 시참사회에서 블라디보스톡 경찰국장에게 보낸 조선국적의 한인명단』.

_____, Л.28-28об. 『1911년 4월 1일부터 한인촌 토지를 임대한 한인들의 명단』.

_____, Л.45-45об. 『1911년 3월 9일 프토라야 레츠카 지역의 한인촌 한인 전권대표가 블라디보스톡 시참사회에 보낸 청원서』.

_____, Л.46. 『1911년 3월 17일 블라디보스톡 시공공관리국(ВГОУ) 산하 블라디보스톡 시 책임자가 연해주지사에게 보낸 청원서』.

_____, Л.17-17об. 『1911년 3월 19일 한인촌 한인들이 프리아무르 군사령관지사에게 보낸 청원서』.

_____, Л.19. 『1911년 4월 4일 신한촌 시 소유 토지 임대조건을 한인들에게 완화시켜주는 문제에 관한 블라디보스톡 시의회에 대한 추가보고서』.

_____, Л.46об. 『1911년 4월 19일 연해주지사가 블라디보스톡 시 책임자에게 보낸 지시문』.

_____, Л.49. 『1911년 4월 30일 한인 니 니콜라이 이사코비치가 블라디보스톡 시참사회에 보낸 청원서』.

_____, Л.100-100об. 『1912년 1월 14일 블라디보스톡 신한촌 주택소유자들의 위임을 받아 폴랴노프스키 보리스와 김 니콜라이가 블라디보스톡 시의회에 보낸 청원서』.

_____, Л.38. 『1911년 5월 16일 블라디보스톡 시참사회가 한인촌 건립 무이자대출 청원을 재개하는 문제로 시의회에 보낸 추가보고서』.

_____, Л.127-127об. 『1912년 7월 16일, 26일 블라디보스톡 시참사회가 시의회에 보낸 추가보고서』.

_____, Л.156-156об. 『1913년 5월 7일 블라디보스톡 시참사회에서 연해주지사에게 보낸 보고서』.

_____, Л.40-40об. 『1911년 3월 13일 블라디보스톡 포코로프카교회 책임자가 블라디보스톡 시참사회에 보낸 청원서』.

_____, Л.24-24об. 『1911년 4월 18일 블라디보스톡 주교구 종교감독국에서 블라

디보스톡 시두마(의회)에 보낸 요청서』.

_____, Л.29-29об. 『1911년 4월 18일 토지위원회에서 토지문제 관련 블라디보스톡 시두마(의회)에 보낸 문서』.

_____, Л.25. 『1911년 3월 24일 한인촌에 거주하는 장로교 최관흘 선교사가 블라디보스톡 시참사회에 보낸 청원서』.

_____, Л.29-29об. 『1911년 4월 18일 토지위원회에서 토지문제 관련 블라디보스톡 시두마(의회)에 보낸 문서』.

Ф.87, Оп.1, Д.278, Л.1. 『Рапорт командующего 3-й ротойлинейного батальона Восточной Сибири поруча Резанова военному губернатору Приморской области от 20 ноября 1863г., №205』.

_____, Л.9. 『Докладная записка и.д. инспектора линейных батальонов Восточной Сибири, расположенных в Приморской области полковника Ольденбурга военному губернатору Приморской области от 25 сентября 1864г., г.Николаевск』.

_____, Л.9-10об. 『Докладная записка и.д. инспектора линейных батальонов Восточной Сибири, расположенных в Приморской области полковника Ольденбурга военному губернатору Приморской области от 25 сентября 1864г., г.Николаевск』.

_____, Л.15-16об. 『Донесение военного губернатора Приморской области П.В.Казакевича председательствующему в Совете ГУВС о переселении корейцев от 14 января 1865г., г.Николаевск』.

_____, Л.15. 『Донесение военного губернатора Приморской области П.В. Казакевича председательствующему в Совете ГУВС о переселени и корейцев от 14 января 1865г., г.Николаевск』.

_____, Л.19. 『Свидетельство о крешении корейских переселенцев, 22 января 1865г.』.

_____, Л.61-70. 『Рапорт чиновника особых поручении при Приморском о бластном правлении Ф.Ф.Буссе военному губернатору Приморской области от 6 марта 1867г.』.

_____, Д.1007, Л.1-1об. 『Записка генерал-губернатора Восточной Сибири М.С.Карсакова о выделении средств на создание школы для корейцев, направленная военному губернатору Приморской области, 30 августа 1866г.』.

_____, Д.1566, Л.3. 『이교도를 위한 러시아 국적편입 선서문』.

Ф.143, Оп.5, Д.143, Л.72. 『블라디보스톡 주교구의 한인 선교활동 발전을 위한

조치』.

Ф.226, Оп.1, Д.350, Л.124-125об.『1913년 1월 8일 동방대학 조선문학 교수 포드스
타빈이 프리아무르 군사령관지사 곤달티에게 보낸 서신』.

_____, Л.123.『1914년 7월 25일 동방대학 교수 4등문관 포드스타빈이 연해주지
사에게 보낸 서신』.

_____, Д.375, Л.1-2об.『Слово к Корейцам, проживающим в Приморской области (по
поводу пропаганды пресвитерианского учения)』.

_____, Д.429, Л.1-17.『연해주 한인정착촌의 형성과 발전 개요』.

_____, Д.448, Л.1-3.『Прошение Комитета по устройству празднования 50-летия
переселения корейцев в Приамурский край г.Приамурскому генерал-губернатору
от февраля 1914г., г.Владивосток』.

Ф.244, Оп.3, Д.353, Л.『박 페오도르의 블라고슬로벤노예 학교 졸업증명서』,『1909
년 4월 20일자 프리아무르 대군관구 본부가 발급한 박 페오도르의 근무
확인서』,『1911년 4월 3일자 박 페오도르의 신성종무원 개설 모스크바
목회자과정 이수증명서』,『1911년 4월 5일 박 페오도르 사제가 블라디
보스톡 및 캄차트카 대주교 예프세비에게 보낸 보고서』,『박 페오도르
의 사제 서임선서문』,『박 페오도르의 사제 서임전 서약문』,『1916년 6
월 13일자 박 페오도르 사제의 티진헤 교회에서 황제황구 교회로의 전
임증명서』,『1917년 7월 황제항구 교회 박 페오도르 사제가 블라디보스
톡 및 연해주 대주교 예프세비에게 보낸 청원서』,『1917년 9월 29일 블
라디보스톡 주교구 종교감독국에서 박 페오도르 사제에게 보낸 휴가허
가서』,『1918년 1월 10일 블라디보스톡 주교구 협의회(소비에트) 잡지발
췌문박 페오도르 사제 해임결정안』,『1918년 1월 24일 블라디보스톡 주
교구 종교감독국이 박 페오도르 사제에게 보낸 해임통보서』.

Ф.329, Оп.1, Д.130, Л.114.『1923년 한인문제 전권대표 이규성이 주집행위원회 관
리분과 한인문제 전권대표에게 보낸 보고서』.

Ф.702, Оп.1, Д.334, Л.12.

_____, Л.29.

_____, Д.566, Л.24.

_____, Л.225.『1909년 5월 아무르주지사 스이체프스키(Сычевский)가 블라고베
쉔스크에서 프리아무르 군사령관지사 앞으로 보낸 전문』.

_____, Л.332, 337.『1914년 12월 8일 자레체 선교지구 선교사 요안 톨마체프 사
제가 프리아무르 군사령관지사 곤달티에게 보낸 전문』.

_____, Л.336. 『1915년 1월 1일 연해주 주관리국(4과 2계)에서 프리아무르 군사
령관지사 사령부실로 보낸 보고서』.

_____, Д.590, Л.2-5, 6-8. 『1908년 6월 3일자 중국인 및 한인의 러시아 입국제한
조치관련 국무협의회의(각료회의) 특별회의록 및 규정』.

_____, Д.748, Л.14. 『1912년 4월 30일, 5월 5일 프리아무르 군사령관지사(곤닫티)
사령부실에서 블라디보스톡 및 캄차트카 대주교 예프세비에게 보낸 서
신』.

_____, Л.16. 『1912년 7월 7일 프리아무르 군사령관지사(곤닫티)가 블라디보스
톡 및 캄차트카 대주교 예프세비에게 보낸 전문』.

_____, Оп.3, Д.443, Л.13-14. 『블라디보스톡 3년제 선교사양성 전문학교 규정』.

_____, Л.21-26. 『1914년 1월 4일 블라디보스톡 주교구가 한인 개종을 위한 한인
선교부를 조직하는데 국고 지원하는 문제와 관련 신성종무원 경제국이
국가두마에 제출한 보고서-사업설명』.

Ф.1284, Оп.185, Д.11, Л.38.

『블라디보스톡 한인러시아정교신봉자협회 규약』.

『이르쿠츠크의 동시베리아 군사령관지사가 러시아 외무부 사조노프에게 보낸
1916년 1월 5일자 비밀전문』.

『자바이칼주 헌병국장 직무대리가 자바이칼주지사에게 보낸 1916년 2월 11일자
보고서 사본』.

『한국어 통역관 3등관 팀(С.Тим)이 남우수리스크 국경행정관에게 보낸 1909년 1
월 30일자 보고서』.

〈단행본, 논문, 기타〉

Bishop I.B., Korea and her Neighbours, Ⅰ, Ⅱ, NY., 1898. reprinted by YU Press, Seoul,
1970.

Аносов С.Д., Корейыы в Уссурийском крае (Хабаровск-Владивосток : Книжное дело,
1928).

Баковецкая В.С.(глав.ред.), Коковцов Владимир Николаевич, Из моего прошлого
вспоминания 1903-1919гг., книга 1, 1992.

Вагин В., "Корейцы на Амуре", (Сборник исторических и статистических сведений о
Сибири и сопредельных ейстранах), СПб., Т.1, 1875.

Волохова А., "Из истории российской политики на Дальнем Востоке: МИД,
министерство Финансов и учреждение Российской Духовной Миссии в Корее",

Д. Поздняев(Сост.), История российской духовной миссии в Корее (сборник статей), М., 1999.

Граве В.В., "Китайцы, корейцы и японцы в Приамурье", (Отчёт Уполномоченного Министерства Иностранных Дел В. В. Граве), Труды командированной по Высочайшему повелению Амурской экспедиции, Вып.11, СПб., 1912.

ИвановскийПавел, "Краткий очерк развития миссионерского дела среди корейцев Южно-уссурийского края", Д. Поздняев(Сост.), История российской духовной миссии в Корее (сборник статей), М., 1999.

Кириллов А.В., "Корейцы села Благословенного", (историко-этнографический очерк), 『Приамурские ведомости』, №№58-59, Приложения, 1895.

Кюнер Н.В., 『Корейцы』, рукопись, Архив автора, Санкт-Петербургское отделение Института Этнологии РАН, Ф.8, оп.1, No.253-а.

_____, Статистико-географический и экономический ОЧЕРК КОРЕИ, ныне японского генерал-губернаторства Циосен, Владивосток, 1912.

Матвеев Н.П., Краткий исторический очерк г.Владивостока, 1860-1910, Владивосток, 1910.

Насекин Н.А., "Корейский вопрос в Приамурье", 『Русский вестник』, Т.269, М., 1900.

_____, "Корейцы Приамурского края", (Краткий исторический очерк переселения корейцев в Южно-Уссурийскийкрай), Труды Приамурского отдела ИРГО, Вып.1(Т.11), Хабаровск, 1895.

Надаров И.П., "Южно-Уссурийский край в современном его состоянии", (Сообщение в общем собрании И.Р.Г.О. 1889. 4. 19), Известия императорского русского географического общества, т.25, СПб., 1889.

Недатин С.В., "Корейцы-колонисты", (К вопросу о сближении корейцев с Россией), Восточныйсборник, издание общества русских ориенталистов, Книга 1, СПб., 1913.

_____, Православная церковь в Корее, СПб., 1912.

Панов А.А., "Жёлтый вопрос в Приамурье", (Историко-статистический очерк), Отдельный оттиск из №7 журнала 『Вопросы Колонизации』, СПб., 1910.

Пржевальский Н.М., Путешествие в Уссурийском крае, 1867-1869гг., (СПб.,1870), Владивосток, 1990.(제5판)

_____, "Инородческое население в южнойчасти Приморскойобласти", ИРГО, СПб., Т.5, No.5, отд.2, 1869.

Песоцкий В.Д., "Корейский вопрос в Приамурье", (Отчёт поручика 1-го Сибирского стрелкового ЕГО ВЕЛИЧЕСТВА полка В.Д.Песоцкого), Труды командированной по Высочайшему повелению Амурской экспедиции, Приложение к выпуску 11, Хабаровск, 1913.

Районы Дальневосточного края, 1931.

Россов(동시베리아 제20보병연대 2등대위), Очерк состояния КОРЕИ в конце 1905г. и в начале 1906г. с приложением 4-х схем, Харвин, 1906.

Смирнов Е.Т., Приамурский край на Амурско-Приморской выставке 1899 года в г.Хабаровске, Хабаровск, 1899.

Унтербергер П.Ф., "Приморская область 1856-1898гг.", Записки ИРГО по отделению статистики, СПб., 1900.

_____, "Приамурский край, 1906-1910г.г.", (Очерк с 6 картами, 21 табли цейприложенийи с 55 рисунками на 22 листах П.Ф.Унтербергера), Записки ИРГО по отделению статистики, Т.8, СПб., 1912.

『Первая Всеобщая перепись населения Российской империи 1897г., XXVI, Приморская область』, тетрадь 3, СПб., 1904, с.XVI.

『Первая Всеобщая перепись населения Российской империи 1897г., XXⅡ, Амурская область』, тетрадь 2, СПб., 1904, с.XVI.

십월혁명십주년원동긔념준비위원회, 『십월혁명십주년과 쏘베트고려민족』, 해삼위 도서주식회사, 크니스노예델로, 1927.

베. 카. 아르세니에프 지음, 김욱 옮김, 『데르수 우잘라-시베리아 우수리 강변의 숲이 된 사람』, (극동시베리아탐사기행), 갈라파고스, 2005.

〈일기 및 서신〉

Вениаминов И., 『Речь, сказанная в г.Благовещеннске Н.Н.Муравьеву-Амурскому после молебна по поводу присоединения Амурского края』, Б. Пивоваров(Сост.), Избранные труды святителя Иннокентия митрополита Московского, апостола сибири и Америки (М : 1997).

_____, 『Миссионерские записки из путевого журнала Иннокеннтия, епископа Камчатского, Курильского и Алеутского, веденного им во время первого путешествия его по вверенной ему епархии в 1842 и 1843 годах』, Пивоваров Б.(Сост.), Избранные труды святителя Иннокентия митрополита Московского, апостола сибири и Америки (М : 1997).

_____, 『Миссионерские записки из путевого журнала Иннокеннтия, епископа Камчатского, Курильского и Алеутского, веденного им во второе путешествие его по Камчатке и Охотской области в 1846 и 1847 годах』, Б. Пивоваров(Сост.), Избранные труды святителя Иннокентия митрополита Московского, апостола сибири и Америки (М : 1997).

_____, 『Письмо Толстому Дмитрию Андреевичу, 3 ноября 1866г.』, Б. Пивоваров(Сост.), Избранные труды святителя Иннокентия митрополита Московского, апостола сибири и Америки (М : 1997).

_____, 『Письмо Толстому Дмитрию Андреевичу, 20 февраля 1867г.』,Б. Пивоваров(Сост.), Избранные труды святителя Иннокентия митрополита Московского, апостола сибири и Америки (М : 1997).

〈법령 및 보고서〉

『Polnoe sobranie zakonov rossiiskoi imperii s 1649 goda』, Second Series, Vol. 15, No.14073, Basil Dmytryshyn(ed.), Russian American Colonies, 1798-1867: To Siberia and Russian America, Three Centuries of RussianEastward Expansion, A Documentary Record, Vol.3, Oregon Historical Society Pres, 1989.

ГАХК(Государственного Архива Хабаровского Края), Собрание узаконений и распоряжений Правительства, издаваемое при Правительств ующем Сенате, №118, 25 сентября, Инв.№2808, 1898.

ГАХК, Всеподданнейший отчёт Приамурского генерал-губернатора генерал-лейтенанта С.М.Духовского за 1893-1895 годы, СПб., Инв.№2711(2996), 1895.

ГАХК, Всеподданнейший отчёт Приамурского генерал-губернатора генерал-лейтенанта С.М.Духовского за 1896-1897 годы, СПб., Инв.№2710, 1898.

ГАХК, Всеподданнейший отчёт Приамурского генерал-губернатора генерала от инфантерии Н.И.Гродекова за 1898-1900 годы, Хабаровск, Инв.№2709, 1901.

ГАХК, Всеподданнейший отчёт военного губернатора Приморской области генерал-лейтенанта Н.М.Чичагова за 1900 год, Владивосток, Инв.№2576, 1901.

ГАХК, Всеподданнейший отчёт Приамурского генерал-губернатора генерала от инфантерии Н.И.Гродекова за 1901-1902 годы, Хабаровск, Инв.№2577, 1902.

⟨신문, 잡지⟩

『Владивостокские епархиальные Ведомости』, №11, 1904.

『Владивостокские епархиальные Ведомости』, 1905.

ГАХК, 『Владивостокские епархиальные Ведомости』, №1, 1 января, 1916.

_____, №3, 1 января, 1916.

_____, №14, 15 июля, 1916.

_____, №19, 1 октября, 1916.

_____, №20, 15 октября, 1916.

『Приамурские ведомости』, июнь, No.181, 1897. 『Русско-подданные корейцы в
   Приморской области』.

_____, No.182, 1897. 『Русско-подданные корейцы в Приморской области』.

ГАХК, 『Приамурские Ведомости』, Сшив №703, №194, 14 сентября; №195, 21 сентября;
   №196, 28 сентября; №199, 19 октября, 1897. 『모스크바 수좌대주교 인노켄
   티 베니아미노프의 생애와 업적』.

_____, №205, Сшив №703, 30 ноября, 1897.

_____, №326, Сшив №2154, 25 марта, 1900. 『블라디보스톡 주교구 본성당 건축자
   금 기부문제와 관련 블라디보스톡 주교구 지도부가 정교도 시민들에게
   고하는 호소문』.

_____, №1511, Сшив №407-2, 16 января, 1910. 『1908년도 보고자료를 토대로 게재
   된 '블라디보스톡 주교구 정교선교협회 위원회 활동'에 관한 기사』.

_____, №2107, Сшив №230-1, 4 марта, 1914.

『Миссионер』, No.6, 1874. 『Миссионерская деятельность между корейцами в Камчатской
   епархии в 1872г.』.

_____, №26, 1874. 『Миссионерская деятельность между корейцами, переселившимися
   на Амур』.

_____, No.17, 1877. 『Судьба корейского мальчика』.

『Миссионерское обозрение』, Март, 1911. 『Просвещение св.крещением 19человек
   корейцев』.

_____, No.11, Ноябрь, 1912.

_____, No.4, Апрель, 1998.

『Православный благовестник』, No.9, Май, 1912.

_____, No.13, Июль, 1912. 『Отчёт о состоянии Забайкальской духовной Миссии в
   1911 году』.

_____, No.1, 1914. 『Миссионерское поездка катихизатора Забайкальской миссии корейца А.Е.Лиганга』.

『레닌기치』 1968년 5월 15일, 3면. 『조선말 적기간행물의 어제와 오늘』.

_____, 1972년 10월 25일, 3면. 『첫 조선녀성공산당원, 인민위원』.

_____, 1988년 9월 14일, 2면. 『첫 조선녀성－혁명가, 인민위원－김쓰딴께위츠 알렉싼드라 뻬뜨로브나의 최후 70주년에 즈음하여』.

『대한인정교보』(大韓人正敎報, Православие), 1-11회.

_____, 1912년 1월 (창간호). 『아령한인정교회의근상』, 『교회소식』, 『정교론』, 『우리한국 사름은 급히 정교에 도라올지어다』, 『정교세례밧은쟈에게고흠』, 잡보 『정교학교개교식』.

_____, 1912년 12월 1일 (제7호). 『정교회에셔전도』.

_____, 1914년 2월 1일 (제8호). 『황씨는슈청 최씨는해항』.

『海朝新聞』 제1호, 1908년 2월 16일.

_____, 1908년 2월 26일.

『獨立新聞』(독립신문)(상해판), 1920년 2월 20일-4월 12일, 뒤바보 『俄領實記』(아령실기), 1-12회.

_____, 대한민국 2년(1920) 2월 1일, 제49호. 『俄領實記』-제1호(移植된 原因).

_____, 대한민국 2년(1920) 3월 4일, 제50호. 『俄領實記』-제3호(移植된 原因(續)).

_____, 대한민국 2년(1920) 4월 1일, 제60호. 『俄領實記』-제10호(宗敎).

『勸業新聞』 1913년 2월 17일. 『론설 : 아편 먹는이를 경계ᄒ노라』.

_____, 1912년 7월 21일 (제12호), p. 3. 『축츌을 잠시정지』.

_____, 1912년 8월 4일 (제14호), p. 3. 『황인종 로동쟈 거졀』.

『大東共報』 大韓隆熙 4년 7월 31일(1910. 7. 18, 제2권 41호).

_____, 大韓隆熙 4년 7월 3일(1910. 6. 20, 제2권 23호).

_____, 大韓隆熙 4년 5월 26일(1910, 제23호). 『목사를 환영』.

_____, 大韓隆熙 4년 5월 26일(1910, 제23호). 『최씨 이왕』.

『조선예수교쟝로회총회 뎨1회 회록』, 1912년 9월 1일-4일.

『조선예수교쟝로회총회 뎨2회 회록』, 1913년 9월 1일-4일.

『조선예수교쟝로회총회 뎨5회 회록』, 1916년 9월 2일-7일.

『조선예수교쟝로회총회 뎨8회 회록』, 1919년 10월 4일-9일.

『조선예수교쟝로회총회 뎨9회 회록』, 1920년 10월 2일-7일.

『조선예수교쟝로회총회 뎨10회 회록』, 1921년 9월 10일-15일.

『조선예수교쟝로회총회 뎨11회 회록』, 1922년 9월 10일-15일.

『조선예수교쟝로회총회 뎨14회 회록』, 1925년 9월 12일-18일.
『조선예수교쟝로회총회 뎨15회 회록』, 1926년 9월 11일.

〈고지도〉
ГАХК, Ф.1718, Оп.1, Д.27а, Л.1,2,8,13,4,15,21,22,23.
_____, Л.1. 『Карта Ленинского района(б.Хабаровского округа) ДВК』, Масштаб 1:500,000, Издание "Энциклопедии Дальневосточного Края", Хабаровск, 1930г.,
_____, Л.2. 『Карта Яковлевского района(б.Владивостокского округа) ДВК』, Масштаб 1:400,000, Дальневосточное Краевое Издательство〈Книжное Дело〉, Хабаровск, 1931г.,
_____, Л.9. 『Карта Нижне-тамбовского района(Б.Николаевского округа) ДВК』, Масштаб 1:1,000,000, Дальневосточное Краевое Отделение ОГИЗ, Хабаровск, 1931г.,
_____, Л.13. 『Карта Завитинского района(Б.Амурского округа) ДВК』, Масштаб 1:500,000, Дальневосточное Краевое Издательство〈Книжное Дело〉, Хабаровск, 1930г.,
_____, Л.14. 『Карта Свободненского района(Б.Зейского округа) ДВК』, Масштаб 1:500,000, Дальневосточное Краевое Отделение ОГИЗ, Хабаровск, 1931г.,
_____, Л.15. 『Карта Ивановского района(Б.Амурского округа) ДВК』, Масштаб 1:200,000, Дальневосточное Краевое Отделение ОГИЗ, Хабаровск, 1931г.,
_____, Л.21. 『Карта Тамбовского района(Б.Амурского округа) ДВК』, Масштаб 1:200,000, Дальневосточное Краевое Отделение ОГИЗ, Хабаровск, 1931г.,
_____, Л.22. 『Карта Хингано-Архаринского района(Б.Амурского округа) ДВК』, Масштаб 1:500,000, Дальневосточное Краевое Издательство〈Книжное Дело〉, Хабаровск, 1930г.,
_____, Л.23. 『Карта Советского района(быв.Хабаровского округа) ДВК』, Масштаб 1:1,000,000, ОГИЗ ДальКрайОтделение, Москва-Хабаровск, 1931г.(Составлена по материалам Энциклопедии ДВК, по данным карт землепользования ДВ краевого переселенческого управления и военно-топографическим съёмкам разных лет).
_____, Карта Посьетского района(б.Владивостокского округа) ДВК.
_____, Карта Сучанского района(б.Владивостокского округа) ДВК.
_____, Карта Территории Никольск-Уссурийского горсовета(б.Владивостокского округа)

ДВК.

_____, Карта Шкотовского района(б.Владивостокского округа) ДВК.(Составлена по материалам Энциклопедии ДВК, по данным карт землепользования ДВ краевого переселенческого управления и военно-топографическим съёмкам разных лет), Масштаб 1:200,000, Дальневосточное Краевое Отделение ОГИЗ, Хабаровск, 1931г.

_____, Карта сельской территории Хабаровского горсовета(бывш. Некрасовский район Хабаровского округа), Масштаб 1:500,000, Дальневосточное Краевое Отделение ОГИЗ, Хабаровск, 1931г.

2차 자료

단행본

〈영어〉

Cutiss J.S., Church and State in Russia: The Last Years of the Empire 1900-1917, New York, 1972.

Cunningham J., A Vanquished Hope: The Movement for Church Renewal in Russia (St. Vladimir's Seminary press : N.Y., 1981).

Cairns EarleE., Christianity through the Centuries: A history of the Christian Church (Grand Rapids, Michigan : Zondervan Publishing House, 1981).

Diment Galya, Slezkine Yuri(ed.), Between Heaven and Hell: The Myth of Siberia in Russian Culture (New York : St. Martin's Press, 1993).

Forsyth James, A History of the People of Siberia: Russia's North Asian Colony 1581-1990 (New York : Cambridge Univ. Press, 1992).

Gvosdev N.K., An Examination of Church-State Relations in the Byzantine and Russian Empires with an Emphasis on Ideology and Models of Interaction, Studies in Religion and Society, Edwin Mellen Press, 2001.

Hosking GeoffreyA., Church, Nation and State in Russia and Ukraine (New York : St. Martin's Press, 1991).

Modorov N.S., Rossiia I Gornii Altai: Politicheskie, Sotsialno-Ekonomicheskie I Kulturnie Otnosheniia (XVII-XIX VV.) (Gorno-Altaisk: Izd-vo Gorno-Altaiskogo Universiteta, 1996).

Pospielovsky DmitryV., The Orthodox Church in the History of Russia (New York : St Vladimir's Seminary Press, 1998).

Potapov L.P., Ocherki po Istorii Altaitsev (Moskva: Izd-vo Akademii Nauk SSSR, 1953).

Riasanovsky N., A History of Russia (Oxford Univ. Press, 1984).

Stephan J.J., The Russian Far East: A History (California : Stanford Univ. Press, 1994).

Smirnof Eugene, A Short Account of the Historical Development and Present Position of Russian Orthdox Missions (London: Rivingtons, 1903).

Schroeder Karl-Heinz, "Religion in Russia: To 1917", in Eugene B. Shirley Jr. & Michael Rowe, ed., Candle in the Wind: Religion in the Soviet Union (Ethis & Public Policy Center: Washington. D.C., 1989).

Wood Alan & French R.A., The Development of Siberia: People and Resources(New York : St. Martin's Press, 1989).

Znamenski A.A., Shamanism and Christianity: Native Encounters With Russian Orthodox Missions in Siberia and Alaska 1820-1917 (Westport, Connecticut·London : GREENWOOD PRESS, 1999).

Zemov N., Eastern Christendom (New York: G. P. Putnam's Sons, 1961).

_____, The Russians and their Church (St. Vladimer's Seminary Press: N.Y., 1978).

〈노어〉

Артемьев А.Р., Город и осторги Забайкалья и Приамурья вовторой половине 17-18вв., Владивосток, 1999.

Баковецкая В.С.(глав.ред.), Коковцов Владимир Николаевич, Из моего прошлого вспоминания 1903-1919гг., книга 1, 1992.

Болонев Ф.Ф., Старообрядцы Алтая и Забайкалья: опыт сравнительной характеристики, Барнаул, 2001.

Нерсесов М.Н., Экономические ОЧЕРКИ Дальнего Востока, М., 1926.

Глушкова Вера, Люди и монастыри : Реальные исторические личности-Русские Святые, Воронеж, 1997.

Дубинина Н.И., Приамурский генерал-губернатор Н.Л.Гондатти, Хабаровск, 1997.

_____, Приамурский генерал-губернатор Н.И.Гродеков, Хабаровск, 2001.

Дербер П.Я. и Шер М.Л., ОЧЕРКИ хозяйственной жизни Дальнего Востока, М., 1927.

Ермакова Э.В.(глав. ред.), Приморский Край-краткий энциклопедический справочник, Владивосток, 1997.

Жалсараев А.Д., Поселения, Православные храмы, священнослужители Бурятии, 17-20 столетий, Улан-Удэ, 2001.

Знаменский П.В., История русской церкви, книга 10, М., 1996.

Ким Г.Н., Сим ЕнгСоб, История просвещения корейцев России и Казахстана (Втор. пол. 19в.-2000г.), Алматы, КазГУ, 2000.

Ким Г.Н., Коре Сарам: Историография и библиография, Алматы, 2000.

_____. Корейцы за рубежом : прошлое, настоящее и будущее. Алматы, 1995.

_____. История иммиграции корейцев(книга первая, в.п.19-1945вв.). Ал маты, 1999.

Ким Сын Хва, Очерки по истории советских корейцев (Алма-Ата : Наука, 1965).

Кузин А.Т., Дальневосточные корейцы: жизнь и трагедия судьбы (Южно-Сахалинск : 1993).

Калинина И.В., Православные храмы Иркутской епархии 17-начало 20века, М., 2000.

Мизь Н.Г., Буяков А.М., Вековой юбилей: к 100-летию епархии, Владивосток, 1999.

Нерсесов М.Н., Экономические ОЧЕРКИ Дальнего Востока, М., 1926.

Петров А.И., Корейскя диаспора на Дальнем Востоке России 60-90е годы 19века (Владивосток : 2000).

_____, Корейскя диаспора в России 1897-1917гг. (Владивосток : 2001).

Пак Б.Д., Корейцы В Российской империи (Дадьневосточный период), М., 1993.

Пестерев В., Страницы истории Якутии: в документах, легендах, мифах, Якутск, 2000.

Приморский край (краткий энциклопедический справочник), Владивосток, 1997.

Поспеловский Д.В., Русская православная церковь в Ⅹ Ⅹ веке, М., 1995.

Рудаков А.(Протоиерей), Краткая история христианской церкви (М : 2000).

Русская православная церковь (Устройство, Положение, Деятельность), Издание Московской Патриархии, 1958.

Сотрудники Института истории, археологии и этнографии народов Дальнего Востока ДВО РАН, История Российского Приморья (Владивосток : Дальнаука, 1998).

Сергий, еписков Новосибирского и Бердского(под ред.), Жития Сибирских святых, Новосибирск, 1999.

Смирнов Пётр, История христианской православной церкви (М : Православная Беседа,

1994).

Смолич И.К., История Русской Церкви, 1700-1917, Часть Вторая, М., 1997.

Сыров С.Н., Страницы истории, М., 1975.

Троицкая Н.А., Торопов А.А.(ред.), История Дальневосточного государственного университета в документах и материалах 1899-1939., Владивосток, 1999.

Тырылгин М.А., Истоки феноменальной жизнеспособности народа Саха, Якутск, 2000.

Федоров В.А.(под ред.), История России 19-начала 20вв. (М : 2000).

Федоров В.А., Русская православная церковь и государство (синодальный период 1700-1917), М., 2003.

Цой В.В., Чхве Джехён (Цой Пётр Семёнович), М., 2000.

_____, Чхве Джехён, Цой Пётр Семёнович, издание 2-ое, дополненное, Алматы, 2001.

〈한글〉

고송무, 『쏘련의 한인들, 고려사람』 (서울 : 이론과실천, 1990).

고송무, 『쏘련 중앙아시아의 한인들』(국협총서 제5호), 한국국제문화협회, 1984.

『기독교대백과사전』 14권, (서울 : 기독교문화사, 1984).

국가보훈처, 『국외독립운동사적지 실태조사보고서 2000-2001년도』, 2001.

남정우, 『동방정교회』 (서울 : 쿰란출판사, 1996).

_____, 『동방정교회 이야기』 (서울 : 쿰란출판사, 2003).

독립기념관(한국독립운동사연구소), 『국외항일운동 유적(지) 실태조사 보고서-Ⅱ』, 2002.

閔錫泓, 『西洋史槪論』, 三英社, 1995.

박보리스, 부가이 니콜라이 저, 김광한, 이백용 옮김, 『러시아에서의 140년간』, 시대정신, 2004.

박환, 『러시아한인민족운동사』 (서울 : 탐구당, 1995).

_____, 『在蘇韓人民族運動史』 연구현황과 자료해설 (서울 : 국학자료원, 1998).

반병률, 『임시정부 초대 국무총리 성재 이동휘 일대기』, 범우사, 1998.

이형기, 『세계교회사』(Ⅰ) (서울 : 한국장로교출판사, 2002).

이형기, 『세계교회사』(Ⅱ) (서울 : 한국장로교출판사, 2002).

이철, 『시베리아개발사』 (서울 : 민음사, 1990).

이상근, 『韓人 露領移住史硏究』 (서울 : 탐구당, 1996).

李光奎·全京秀 공저, 『在蘇韓人-人類學的 接近』 (서울 : 집문당, 1993).

현규환, 『韓國流移民史』상, (서울 : 대한교과서주식회사, 1972).

니콜라이 V. 랴자노프스키, 이길주 옮김, 『러시아의 역사 I 』고대-1800, 까치, 1991.
랴자노프스키 니콜라이V., 김현택 옮김, 『러시아의 역사II』 1801-1976, 까치, 1994.
스티븐 니일, 홍치모, 오만규 공역, 『기독교선교사(史)』(서울 : 성광문화사, 2001).
쩨르노프 니콜라이, 위거찬 역, 『러시아 정교회사』, 기독교문서선교회, 1991.
케인 J.허버트, 신서균·이영주 공역, 『세계선교역사』(서울 : 기독교문서선교회,
    1999).
클레데닌 대니엘B., 김도년 옮김, 『동방정교회개론』(서울 : 은성, 2002).

논문

〈영어〉

Armstrong P.ChristopherBruce, "Foreigners, furs and faith: Muscovy's expansion into
    western Siberia, 1581-1649", Ph.D. diss., University of Dalhousie(CANADA),
    1997.

Belov, M., "The Experience of The Russian Orthodox Charch among Koreans 1865-1914",
    (Seoul : Yonsei International Univ. December, 1991).

Ban ByungYool, "Korean nationalist activities in the Russian Far East and North
    Chientao(1905-1921)", Ph.D. diss., August, 1996.

Becker Ceymour, "Contributions to a Nationalist Ideology: Histories of Russia in the first
    half of the Nineteenth Century", Russian History/Histoire Russe, 13-4(1986).

Bulygin I., "The Russian Church in the 18th Century", in Alexander Preobrazhensky, ed.,
    The Russian Orthodox Church: 10th to 20th Centuries (Progress Publisher,
    Moscow, 1988).

Collins D.N., "Colonialism and Siberian Deveolpment: A Case Study of the Orthodox
    Mission to the Altai 1830-1913", Alan Wood & R. A. French ed., The
    Development of Siberia: Peoples and Resources (London: St. Martin's Press,
    1989).

_____, "The Roll of the Orthodox Missionary in the Altai: Archimandrite Makarii and
    V.I.Verbitskii", Geoffrey A. Hosking ed., Church, Nation and State in Russia and
    Ukraine (New York : St. Martin's Press, 1991).

Clay J.Eugene, "Orthodox Missionaries and 'Orthodox Heretics' in Russia, 1886-1917",
    Robert P. Gerasi, Michael Khodarkovsky, Of Religion and Empire(mission,

conversion, and Tolerance, in Tsarist Russia), Cornell Univ. Press, 2001.

Davydova L.A., "Gorno-Altaysk", Krayevedcheskiye zapiski Altayskogo Krayevedcheskogo muzeya.

Edwards D., "The system of Nicholas I in Church-State Relations," in Robert L. Nicholas & Theofanis George Stavrou, ed., Russian Orthodoxy under the Old Regime (Univ. of Minesota Press : Mineapolis, 1978).

Geraci RobertP., "Going Abroad or Going to Russia? Orthodox Missionaries in the Kazakh Steppe, 1881-1917", Robert P. Gerasi, Michael Khodarkovsky, Of Religion and Empire(mission, conversion, and Tolerance, in Tsarist Russia), Cornell Univ. Press, 2001.

_____, "Window on the East: Ethnography, Orthodoxy, and Russian Nationality in KAZAN 1870-1914", Ph.D. diss., University of Berkeley in California, 1995.

Khodarkovsky Michael, "Not by word alone: Missionary policies and religious conversion in early modern Russia", Comparative Studies in Society and History, Vol. 38-Issue 2 (Cambridge: April, 1996).

_____, "The Conversion of Non-Chrtstians in Early Modern Russia", Robert P. Gerasi, Michael Khodarkovsky, Of Religion and Empire(mission, conversion, and Tolerance, in Tsarist Russia), Cornell Univ. Press, 2001.

Klier John D., "State Policies and the Conversion of Jews in Imperal Russia", Robert P. Gerasi, Michael Khodarkovsky, Of Religion and Empire(mission, conversion, and Tolerance, in Tsarist Russia), Cornell Univ. Press, 2001.

Khrapova N.Y., "Zakhvati Zemel Gornogo Altaia Altaiskoi Dukhovnoi Missiiei v Poreformennii Period", in Voproci Sotsialno-Ekonomiccheskogo Razvitia Sibiri v Period Kapitalizma, ed. A. P. Vorodavkin(Barnaul: Barnaulskii Gosudarstvennii Universitet,), 1984.

Kan Sergei, "Russian Orthodox Missionaries at Home and Abroad: The Case of Siberian and Alaskan Indigenous Peoples", Robert P. Gerasi, Michael Khodarkovsky, Of Religion and Empire(mission, conversion, and Tolerance, in Tsarist Russia), Cornell Univ. Press, 2001.

Kobtzeff Oleg, "Ruling Siberia: the imperial power, the Orthodox Church and the native people", St Vladimir's Theological Quarterly 30, No. 3, 1986.

Michaelson A. Neil, "The Russian Othodox Missionary Society, 1870-1917: A study of religious and educational enterprise, 1879-1917", Ph.D. diss., University of

Minnesota, 1999.

Mostashari Firouzeh, "Colonial Dilemmas: Russian Policies in the Muslim Caucasus", Robert P. Gerasi, Michael Khodarkovsky, Of Religion and Empire(mission, conversion, and Tolerance, in Tsarist Russia), Cornell Univ. Press, 2001.

Meyendorff J., "The Church", Auty Robert, Dmitri Obolensky ed., An introduction to Russian History (Cambridge : Cambridge Univ. Press, 1976).

Pak ChongHio, "Ocherk sozdaniia russkoi praboslavnoi tserkvi v Koree", VEPA I ZHIZN', Moskovskii kul'turnyi tsentr 〈pervoe marta〉, 제5권, Moskva, 1996.

Ross King, "Blagoslovennoe: Korea Village on the Amur, 1871-1937", Review of Korean Studies, Vol.4, No.2, 2001.

Rumyantseva V., "The Orthodox Church in the 15h and 16th Centuries", in Alexander Preobrazhensky, ed., The Russian Orthodox Church: 10th to 20th Centuries (Progress Publisher, Moscow, 1988).

Schorkowitz Dittmar, "The Orthodox Church, Lamaism, and Shamanism among the Buriats and Kalmyks, 1825-1925", Robert P. Gerasi, Michael Khodarkovsky, Of Religion and Empire(mission, conversion, and Tolerance, in Tsarist Russia), Cornell Univ. Press, 2001.

Slezkine Yuri, "Savage Christians or Unorthodox Russians? The Missionary Dilemma in Siberia", Galya Diment, Yuri Slezkine, Between Heaven and Hell: The Myth of Siberia in Russian Culture (New York : St. Martin's Press, 1993).

Sagalaev A.M., "Khristianizatsia Altaitsev v Kontse XIX-Nachale XX Veka(Metodi I Resultati)", in Etnografiia Narodov Sibiri, ed. I. N. Gemuevand I. S. Khudiakov (Novosibirsk: Nauka, 1984).

Vsevolod Chaplin, "The Church and Politics in Contemporary Russia", The Politicsof Religion in Russia and the New States of Eurasia, Michael Bourdeaux(ed.), NY: M.E. Sharpe, 1995.

Werth P.William, "Orthodox mission and imperial governance in the VolgaKama region, 1825-1881", Ph.D. diss., University of Michigan, 1996.

Weinermann Eli, "Russification in imperial Russia: The search for homogeneity in the multinational state", Ph.D. diss., Indiana University, 1996.

Znamenski A.A., "Strategies of survival: Native encounters with Russian missionaries in Alaska and Siberia, 1820s-1917", Ph.D. diss., University of Toledo, 1997.

Ziryanov P., "The Orthodox Church in the 19th Century", in Alexander Preobrazhensky, ed., The Russian Orthodox Church: 10th to 20th Centuries (Progress Publisher, Moscow, 1988).

〈노어〉

Артемьев А.Р., "Открытие и начало присоединеия Забайкалья и Приамурья к Российскому государству в середине ⅩⅦ в", А. Р. Артемьев, Русские первопроходцы на Дальнем Востоке в 17-19вв.: Историко-археологические исследования, Том 3, Владивосток, 1998.

Аргудяева Ю.В., "Историко-культурные и семейные связи Русских дальнего востока и Америки", А. Р. Артемьев, Историко-культурные связи между коренным населением тихоокеанского побережья северо-запалной Америки и северо-восточной Азии, Владивосток, 1998.

Августин Никитин, "Православие у корейцев Приамурья и Забайкалья",『Миссионерское обозрение』, No.4, Апрель, 1998.

Бан ИлКвон, "К.П.Победоносцев и распространение церковно-приходских школ в 1884-1904гг.", Кандидатская дессертация, СПб., 2000.

Белов М., "Просветительская деятельность Русской Православеой Церкви среди корейских иммигрантов в дореволюционнойРосси", Актуальные проблемы Российского востоковедения (памяти Ким Г.Ф. ЧК РАН), М., 1994.

Лынша О.Б., "Зарождение школьного образования среди корейского населения Южно-Уссурийского края во втор. пол. XIX века",『역사문화연구』24집 (서울 : 한국외대 역사문화연구소, 1992).

Петров А.И.,"Школа культуры и нравственности: Русская православная миссия в Корее, 1897-1917гг.", Россия и АТр, No.4, Владивосток, 1995

_____, "За любовь и справедливость к корейскому народу", Утро России, 4 февраля, Владивосток, 1998

_____, "Когда же началась корейская иммиграция в Россию?", Россия и АТр, No.2, Владивосток, 2000

_____, "Корейская иммиграция на Дальний Восток России в 1860-1917г г.", Вестник Дальневосточного отделения Российской Академии наук, No.5, Владивосток, 1998.

Смирнов Н.А., "Миссионерская деятельност церкви(Вторая половина XIX в.-1917г.)", А. И. Кливанов(ред.), Русское православие: Вехи истории, М., 1989.

Целищев М.И., "Колонизация", Н. Н. Колосовский(под.ред.), Экономика Дальнего Востока, сборник, 1926.

Чой Доккю, "Внешняя политика России и Корейцы в российской империи (1905-1914)", 『슬라브학보』 제18권, 2호, 2003.

〈한글〉

기연수, "러시아 전제정치의 기원", 한국외국어대학교 정치학박사학위논문, 1983.

남정우, "동방정교회의 선교역사 연구", 『선교와현장』 제10집 (서울 : 장로회신학 대학교 세계선교연구원, 2005).

방일권, "1860년대 러시아 교회와 초등교육", 『국제지역연구』 (서울 : 외국학종합 연구센터, 2000).

반병률, "50만 고려인 역사의 첫 장 연 지신허(地新墟)마을", 『신동아』 6월호, 2003.

박상우, "러일전쟁 전후 한반도 및 동북아 정세 변화: 러시아와 일본의 대외관계 와 국내정세변화를 중심으로", 『슬라브학보』 20권 1호, 2005.

이만열, "한말 러시아 정교와 그 敎弊문제", 『한국기독교와 민족의식』, 지식산업 사, 1991.

이병조, "러시아정교회의 러시아·극동 한인선교(1863-1916)", 한국외국어대학교 석사학위논문, 2002.

_____, "극동지역의 한국학 및 한인자료 현황-기록보존소 및 한인연구 관련기 관을 중심으로", Известия корееведения в центрльной Азии, Выпуск1-2(10), А лматы, 2005.

임영상, "황제교황주의와 러시아정교회", 歷史學會편, 『歷史上의 國家權力과 宗 敎』, 일조각, 2002.

_____, "제정러시아의 교회와 국가", 『외대사학』 (서울 : 한국외대 역사문화연 구소, 1992).

_____, "동방교회와 서방교회", 임영상, 황영삼 편, 『소련과 동유럽의 종교와 민 족주의』(서울 : 한국외국어대학교 출판부, 1996).

_____, "러시아 정교회와 한국 : 서울 선교부의 설립과정과 초기 활동", 『슬라 브연구』 12집 (서울 : 한국외대 러시아연구소, 1996).

임영상, 황영삼 외, 『소련 해체 이후 고려인 사회의 변화와 한민족』 (서울 : 한국 외국어대학교 출판부, 2005).

정균오, "정교회와 개신교회의 러시아 한인 디아스포라 선교 비교 연구", 장로회

신학대학교 석사학위논문, 2003.

전홍찬, "한반도와 러시아", 정한구·문수언 공편, 『러시아 정치의 이해』 (서울 : 나남출판, 1995).

최덕규, "러시아의 동아시아정책과 노령지역 한인(1891-1910)", 『한국사학보』 제19호, 2005.

황영삼, "페레스트로이카와 러시아 정교회의 위상변화", 한국외대 박사학위논문, 1997.

황성우, "러시아의 基督敎 수용과 성격", 한국외대 박사학위논문, 2000.

G.긴스버그, 이계희옮김, "소련내 韓人의 法的 지위", 김학준편, 『現代蘇聯의 解剖』 (서울 : 한길사, 1981).

기타 자료(사전)

Горькин А.П.(глав ред.), Новый энциклопедический словарь, М., 2000.

Прохоров А.М.(глав ред.), Большой энциклопедический словарь, М., 1998.

Пак И.Т.(глав. ред.), Корейцы Казахстана в науке, технике и культуре, Алматы, 2002.

Цой Брони(под ред.), Энциклопедия Корейцев России, М., 2003.

김언호(펴낸이), 『러시아와 독립국가연합을 아는 사전』, 한길사, 1992.

인터넷 자료 및 사이트

『Журнал Московской Патриархии』, No.9, 1999. 『Письмо святителья Иннокентия(Вениаминова) Министру народного просвещения Российской империи А.С.Норову, 30 октября, 1856г.』, http://212.188.13.168/izdat/JMp/99/9-99/13.htm(2007.5.21 검색).

『Историяг.Хабаровска(1946г.иТ.Д.) http://www.khb.ru/history/ist4.html(2007.2.5 검색).

『Миссионерские школы для Корейских детей на территории Приморского края(втор.пол.19в.-н.20в.).』, http://orthodox.fegi.ru/stan1.htm(2002.3.21 검색).

ABSTRACT

The Korean Society and the Mission of Russian Orthodox Church in the Priamurian Region of Russia

"The story of Koreans in the Far East between the middle of the 19century and early 20century"

Lee Byong Jo[*]

This study was purpose to research the characters of mission of Russian Orthodox Church for Koreans in the Priamurian region from the question, that is, 'Is it possible to ordain the mission of Russian Orthodox Church for Koreans, which accepted Caesaropapismic tradition of Byzantine church as well-known, in Priamur with national-political characters'.

In the beginning of this study, through the missions of Russian Orthodox Church in 19 centuries to other tribes in Siberia and Priamurian region, it was ascertained that Russian Orthodox Church had performed missions of national-political characters under subordinated position in administration and finance from the government instead of nation.

It was shown that there were same basic conditions in Korean policy from Priamurian government during the whole period. The same basic conditions were caused of performing development of Priamurian region and national

---

[*] Professor, Department of the Far East
Al-Farabi Kazakh National University

security problems under the main stream in the policy of Russian central government for East Asia and Korean peninsula. But there was divergences depend on periods in recognition to performance ways of Korean policy by Priamurian general-governor, and the changes of Korean policy influenced the mission of Russian Orthodox Church.

Also, the particularity of Korean people was serious variable to Korean policy. The excellent skill for cultivation was one of factors to have dual vision for Korean people and promote double policy for land system from Priamurian government. Namely, Priamurian government expected to use and develop lands by Korean people, having excellent skill for cultivation, for the developing Priamurian region, but they worried stable settlement by Korean people. Although, the prowess of Korean people was generally recognized, except the period of Unterberger, which took the anti-Korean policy. Finally, Priamurian government was under the circumstances they could not refuse to recognize Korean people to assimilate for developing Priamurian region and establishing security.

For the next step, this study researched the mission of Russian Orthodox Church for Koreans in Priamurian region.

Firstly, the mission of Russian Orthodox Church for Koreans in the Priamurian region had performed under the influences by the policy of Russian central government for East Asia and Korean peninsula. Secondly, the changes of cooperation between nation and church influenced the mission for Koreans around the October declaration in 1905. Thirdly, the educational activities had performed without withering in spite of October declaration in 1905. Fourthly, the mission by Korean missionaries and priests in whole areas of Priamurian region from 1910's had contributed greatly to the mission of Russian Orthodox Church for Koreans. Fifthly, there was a serious change of attitude for Korean

Orthodox faith around 1910's.

For the next step, this study researched the limitations in mission of Russian Orthodox Church for Koreans in Priamurian region.

Firstly, there were absolutely insufficient of churches to mission Orthodox doctrine, the communicational impossibility of missionaries to Koran people caused by lack of acquirement in Korean language, and the performances of field missions by missionaries who are not prepared for mission and had not enough consciousness for summon. Secondly, there were absolutely insufficient of main organizations to control religion and mission tasks as well as affiliated organizations to support those missions. Thirdly, there were lack of efforts and concerns from nation for assimilating Korean people with Russia. Fourthly, there were insufficient of transmitting the volition of Russian government to making Christianity and assimilating Korean people with Russia.

Those aspects had showed the total limitations of the mission for Koreans by Priamurian government and the guidance division of Russian Orthodox Church in the process of opposition to Presbyterianism, which appeared in Vladivostok around 1910's and begun to mission.

In conclusion, the mission of Russian Orthodox Church for Koreans in Priamur had performed under double policy as Priamurian government expected to use and develop lands by Korean people, having excellent skill for cultivation, for the developing Priamurian region, but they worried stable settlement by Korean people in political-economical situations, like as developing Priamurian region and establishing security in Pacific regions. Therefore, the Russian government activities and the mission for Koreans of guidance division of Russian Orthodox Church did not effect on all Korean people having Korean nationality, but only those activities and mission had been performed to one-third of total Korean having Russian nationality.

Still, from the whole the period, it is possible that Russian government and Russian Orthodox Church had performed the mission for Koreans in the Priamurian region with thought Korean people as objects for comprehension as well as making Christianity and assimilating Korean people with Russia, furthermore, objects for national-political mission.

찾아보기

[가]

이병조(李秉造; Lee Byong Jo)

한국외국어대학교 노어과 졸업
동 대학원에서 박사학위(Ph.D) 취득
현재 알파라비 카자흐국립대학교 교수
presently Al-Farabi Kazakh National University(professor)

■ 대표 논저
· 「기록보존소 자료를 통해 본 소비에트 시기 최초
  의 한인 해군장교(최 파벨 페트로비치)의 죽음과
  스탈린 탄압의 비극」, 『슬라브연구』 제31권 3호(2015)
· 「19세기 초중반 러시아 정교회의 한인을 포함한 알래스카 및 시베리아-극동
  지역 이민족 선교활동 연구(1823-1868): 인노켄티 베니아미노프(И.Вениаминов)
  주교의 선교활동을 중심으로」, 『슬라브연구』 제30권 3호(2014)
· 「독립국가연합(CIS) 고려인사회 지원에 따른 문제점과 개선 방안」, 『민족연구』
  제54호(2013)
· 「독립국가연합(CIS) 고려인의 전통문화유산에 대한 인식과 전승실태: 중앙아시
  아·러시아의 고려인 무형문화유산을 중심으로」, 『재외한인연구』 제28호(2012)
■ 관심분야
19C중엽~20C초 러시아 정교회 시베리아·극동 선교활동, 러시아 / CIS지역 한인
(고려인)이주사 / 문화, 카자흐스탄을 포함한 중앙아시아 한국학

러시아 프리아무르 한인사회와 정교회 선교활동

The Korean Society and the Mission of Russian Orthodox Church in the Priamurian Region of Russia

초판 인쇄   2016년 05월 10일
초판 발행   2016년 05월 20일 [전체 392쪽(pages)]

저 자   이병조

펴낸이   한정희
펴낸곳   경인문화사
등 록   제406-19736-000003호
주 소   경기도 파주시 회동길 445-1
전 화   (031) 955-9300   팩 스   (031) 955-9310
홈페이지   http://www.kyunginp.co.kr
전자우편   kyunginp@chol.com
ISBN   978-89-499-4204-9   93910

정가 29,000원
© 2016, Kyung-in Publishing Co, Printed in Korea